信托法案例评析

何宝玉／编著

Review of
Trust Law Cases

中国法制出版社
CHINA LEGAL PUBLISHING HOUSE

前　言

拙著《信托法原理研究》着重介绍了信托法基本原理。该书出版后，有读者提出，书中如能增加一些案例，会有助于读者更好地理解信托法原理。因此，作者在2015年准备该书第二版时，曾经试图增加一些典型案例，但由于篇幅所限未能实现。考虑到促进信托法有效实施和信托法教学、研究的现实需要，同时也借鉴英美等国家法学教育普遍采用的同时出版教科书和案例书的做法，作者在修订编写《信托法原理研究》第二版的同时，又编写了这本《信托法案例评析》，两本书可以看作是姊妹篇。

我国《信托法》实施时间不长，信托法知识还不普及，人民法院直接依据《信托法》进行审理并作出判决的信托案件不多，司法实践经验还不够丰富，实践中，各方面对某些案件的性质还存在不同认识，因此，有些案件可能构成信托关系或者涉及信托法，但是人民法院依据其他法律作出了适当的裁决，为了促进信托法的深入实施，本书依据信托法或者信托法原理，结合案情对这些案例加以分析，仅供研究参考。

本书对案例的分析主要是依据我国信托法的规定和信托法基本原理，同时适当地考虑到司法实践中法院和法官面临的现实经济社会环境。对个别案例的分析利用了媒体报道的情况，但并不意味着作者确认媒体报道的准确性；对有些案例，是在裁决之外按照信托法原理进行分析的，目的只是提供一种信托法的审理思路。

本书所选案例主要都是涉及信托法和信托法原理的，其中有些比较复杂的案件可能同时涉及多种法律关系和多部法律，为了把研究的关注点聚焦于信托法，编写时对这些案例中与信托法没有直接关系的内容作了适当缩减，着重选择与信托法相关的部分加以介绍和分析，不是对案件的全面评析。因此，对这类复杂的案件，读者如需全面、深入地了解和研究，请查看人民法院的裁判文书。

鉴于目前我国法院依据《信托法》和信托法原理审理的案件还不多，本书收集的案件难以严格按照信托法的体例编排，只能根据案件情况适当地加以归并，大体按照十个类别进行编排，一些不便归类的案件，如涉及信托收据、著作权信托、公益信托、股权代持、信义关系等的案例，暂归入"其他"类。

书中的货币单位，除另有注明外，一律用人民币单位元。

本书所选案例主要都是根据《中国裁判文书网》和一些人民法院网站公布的裁判文书而编写的，这里对这些网站表示衷心感谢。人民法院公布裁判文书似乎只是司法公开的一小步，其实是迈向司法公正的一大步！

何宝玉

2015 年 12 月

目 录

第一章 委托理财与信托 1

案例 1　武夷实业公司诉天力投资公司委托理财合同纠纷案 3
案例 2　爱建证券公司诉上海交投集团资产管理纠纷案 12
案例 3　宝钛公司诉健桥证券公司委托理财合同纠纷案 20
案例 4　吉钢贸易公司诉德恒证券公司委托理财合同纠纷案 27
案例 5　陈某诉光大银行杭州分行委托理财合同纠纷案 31
案例 6　邬某某诉某公司委托理财合同纠纷案 39
案例 7　徐某庆、陈某诉朱某群、刘某春委托理财合同纠纷案 45
案例 8　党某诉某投资咨询公司及黄某委托理财合同纠纷案 52
案例 9　杨某诉苏某信托投资理财合同纠纷案 56
案例 10　陈某军诉刘某委托理财合同纠纷案 59
附：委托理财纠纷的信托化处理 65

第二章 事实信托关系 85

案例 11　广东轻工业品公司与 TMT 贸易公司商标权属纠纷案 87
案例 12　昌盛食品商行诉济南信托投资公司委托放款纠纷案 99
案例 13　孙某泱诉惠某萍委托理财纠纷案 103

第三章 信托的成立与生效 109

案例 14　三毛纺织公司诉博德基因公司股权转让纠纷案 111

案例 15　大丰银行诉天地冶金工贸公司执行异议案 ………………… *115*

案例 16　刘某焕诉李某新、陈某英委托投资纠纷案 ………………… *123*

案例 17　张某东诉王某坤委托合同纠纷案 …………………………… *126*

案例 18　牟某均与韩某波合伙协议纠纷案 …………………………… *132*

案例 19　某信托公司诉某实业公司案 ………………………………… *136*

案例 20　高某惠诉叶某杰等信托合同纠纷案 ………………………… *140*

第四章　信托纠纷的管辖 ……………………………………………… *147*

案例 21　金谷信托公司诉浙江优选公司营业信托纠纷案 …………… *149*

案例 22　金谷信托公司诉钢固达房地产公司营业信托纠纷管辖权异议案 …………………………………………………………… *155*

案例 23　民生信托公司诉华宝公司借款合同纠纷管辖权异议案 …… *160*

案例 24　四川信托公司与工商银行余姚支行等借款合同纠纷案 …… *164*

案例 25　中诚信托公司诉佳兆业集团信托纠纷案 …………………… *170*

第五章　民事信托 ………………………………………………………… *177*

案例 26　马某华诉杨某修民事信托纠纷案 …………………………… *179*

案例 27　黄甲等诉黄乙民事信托纠纷案 ……………………………… *185*

案例 28　章某虹诉谭某玲委托合同纠纷案 …………………………… *189*

案例 29　刘某辉诉曾某财产损害赔偿纠纷案 ………………………… *194*

案例 30　张某甲、沈某诉齐某等财产继承纠纷案 …………………… *198*

第六章　营业信托 ………………………………………………………… *203*

案例 31　东阁服务公司诉安信信托公司营业信托纠纷案 …………… *205*

案例 32　张某娟等诉安信信托公司营业信托纠纷案 ………………… *213*

案例 33　开封正大公司诉上海帮盈油脂公司信托合同纠纷案 ……… *218*

案例 34　孙某祥诉农业银行上海闵行支行委托理财合同纠纷案 …… *223*

案例 35　陈某诉吕某东等营业信托纠纷案 …………………………… *228*

案例 36　灵宝农信联社诉农行河南分行直属支行信托协议纠纷案…… *231*

第七章　资金信托与贷款信托 …… *239*

案例 37　某教育学院诉中投信托公司资金信托纠纷案 …… *241*
案例 38　上海里奥投资公司诉庆泰信托公司信托合同纠纷案…… *250*
案例 39　邹某诉华宝信托公司资金信托纠纷案 …… *254*
案例 40　某县信用联社诉庆泰信托公司信托合同纠纷案 …… *260*
案例 41　中信信托公司诉天平公司贷款信托合同纠纷案 …… *262*
案例 42　和某珍诉北京恒晟基业公司信托投资纠纷案 …… *267*

第八章　收益权信托与受益权转让 …… *275*

案例 43　安信信托诉昆山纯高投资公司资产收益权信托纠纷案 …… *277*
案例 44　上海岩鑫实业公司诉华宝信托公司信托合同纠纷案…… *298*
案例 45　中融信托诉易融公司信托受益权转让纠纷案 …… *306*
案例 46　成都银行西安分行诉中体产业公司借款合同案 …… *313*

第九章　结构化信托 …… *319*

案例 47　倍力工程机械公司诉上海国际信托公司营业信托纠纷案…… *321*
案例 48　周某诉青海政达矿业公司信托合同纠纷案 …… *330*
案例 49　叶某诉厦门国际信托公司营业信托纠纷案 …… *341*

第十章　其他 …… *347*

案例 50　建设银行荔湾支行诉蓝粤能源公司等信用证融资纠纷案…… *349*
案例 51　建行青岛开发区支行诉青岛中外运物流公司贷款合同纠纷案 …… *360*
案例 52　华融信托公司信托贷款合同纠纷执行异议案 …… *369*
案例 53　中国音著协诉长安影视公司等侵犯著作权纠纷案 …… *373*

案例 54　华宝信托公司诉陈某兴金融借款合同纠纷案 ·················· *383*

案例 55　王某杰诉李某东等信托合同纠纷案 ························· *389*

案例 56　郑某明诉天邦股份有限公司股东资格确认纠纷案 ··············· *394*

案例 57　沈阳玻璃钢风机厂诉戴某羽借款合同纠纷案 ··················· *399*

案例 58　石某斌等诉合肥市虹桥小学财产权属纠纷案 ··················· *408*

附录：信托纠纷涉及的主要法律文件 ································ *415*

第一章

委托理财与信托

案例 1

武夷实业公司诉天力投资公司委托理财合同纠纷案

【案情】

1997年9月1日至2000年12月1日，武夷实业公司及其全资子公司福建中建工程公司作为委托方，天力投资顾问公司、天力投资公司作为受托方，先后签订系列《国债委托管理合同》、《合作投资协议书》、《资产委托管理合同》共计19份。武夷公司及福建中建工程公司将共计1.6亿元国债委托天力投资公司及天力投资顾问公司进行资产管理。其中，天力投资公司分别于2000年10月22日、11月5日与福建中建工程公司签订了理财本金各1500万元、保底收益各75万元的两份《资产委托管理合同》。其余合同的受托方均为天力投资顾问公司。上述理财合同均约定，受托方接受委托，对委托方的国债进行受托投资管理，以获得更高回报；国债属于委托方所有，实行专户管理，未经委托方法人代表签署同意，受托方不得在委托方开设在兴业证券公司直属营业部的资金账户内进行提现、转账等支出行为。每一份合同还约定在一定期限内受托方偿还本金及"承诺回报不低于委托金额的一定比例（大部分合同约定年回报率为13%~15%）"的保底收益条款。

基于上述合同，武夷公司及福建中建工程公司于2002年1月21日前共收到天力投资公司及天力投资顾问公司支付的委托理财收益款45395554.6元。

2002年4月10日，天力投资公司及天力投资顾问公司（甲方）与武夷公司（乙方）签订《1.6亿元债务偿还协议》约定，因武夷公司及其下属福建中建工程公司通过兴业证券公司监控并委托天力投资公司及天力投资顾问公司理财的六笔资金共计本金1.6亿元人民币的合同已于2001年12月1日前陆续全部到期，双方就债务偿还达成以下协议：（1）双方债权债务总金额为，甲方应偿还乙方本金人民币1.6亿元；资产委托管理合同执行到2001年11月30

日，甲方尚欠乙方730万元利息。本协议签订时甲方一次性支付给乙方230万元，余下500万元分两次在三个月内还清；2001年12月1日至本协议签订日期间的利息，乙方同意给予甲方照顾，按年息7%计算资金占用费，总计373万元。(2) 资金偿还方式：一是甲方将其持有的惠泉啤酒股份2895万股转让给乙方，总计金额11290.5万元；二是对2895万股惠泉法人股的占用资金按年息7%计算，折算入甲方对乙方资金偿还范围，总计为526万元；三是余下债务，甲方动用自有资产和关联单位的资产提供担保，按年息7%计，在2002年12月31日前偿还本息。

同日，双方还签订《股份转让合同书》约定，天力投资公司将上述2895万股惠泉啤酒股份以每股3.9元转让给武夷公司，折抵上述债务本金11290.5万元；双方还就所余债务又签订《还款协议》约定：(1) 甲方所欠乙方4709.5万元债务，于2002年11月25日前归还本金2500万元，2002年12月25日前归还本金2209.5万元，并按年利率7%计算2002年4月1日至合同签订期间的利息。乙方同意在利息总额中扣除以前乙方应付甲方的资金占用费153万元，余下利息甲方在2002年12月25日前一并还清；(2) 甲方以自身资产及关联单位对上述债务本息提供质押和担保，包括：以上海兴力公司3000万元全部股权用于质押；以天力投资公司持有的"山东蓬达"个人股（未上市）280万股、"武汉三特"个人股（未上市）16.94万股用于质押，以及天力环保公司、天力软件公司、天力投资顾问公司、熊某波、林某明提供信用保证，各担保人均在协议上盖章。据此，天力投资公司于2002年6月28日向武夷公司支付利息款230万元。

2003年3月14日，《惠泉啤酒公司董事会关于股东股权转让的公告》及《惠泉啤酒公司股东持股变动报告书》公告上述股份转让事项。为办理此项股份转让，武夷公司代天力投资公司垫付股份过户费233205元，天力投资公司至起诉前仍未偿还。

2002年7月10日，上海兴力公司向上海市浦东新区工商行政管理局申请办理将该公司价值3000万元股权质押给武夷公司的相关质押登记手续，但未办成。

此后，天力投资公司一直未按协议还款。2003年8月5日及2004年4月3日，武夷公司先后通过律师向天力投资公司及天力投资顾问公司等保证人发出主张债权的《律师函》，但未得到还款。

2004年6月14日，武夷公司向福建省高级人民法院起诉，请求判令天力投资公司立即按协议偿还欠款 4709.5 万元，并按年利率 7% 支付利息；判令天力投资顾问公司、天力环保公司、天力软件公司等对上述债务承担连带责任。

天力投资公司辩称，以 19 份委托理财合同佐证并主张上述两份协议记载的债务，系基于违法合同产生，应认定无效。

【审理与判决】

福建省高级人民法院审理认为：

（一）关于武夷公司起诉债务是否合法、属实问题。首先，本案债权债务主体。本案债权债务的基础是理财本金总计 1.6 亿元的系列委托理财合同，其委托方为武夷公司和福建中建工程公司，受托方为天力投资公司和天力投资顾问公司。虽然没有办理债权债务转让手续，但系列委托理财合同的四方当事人已自愿对理财产生的债权债务进行转让，即福建中建工程公司资产委托管理产生的债权转由武夷公司一并主张，天力投资顾问公司所负担债务亦转由天力投资公司承继，最终产生了武夷公司与天力投资公司分别作为唯一债权人和债务人的《还款协议》。天力投资公司不但可以向武夷公司主张其对福建中建工程公司的抗辩，还可以向武夷公司主张天力投资顾问公司对武夷公司和福建中建工程公司的抗辩。

其次，是否审查本案债务产生的基础关系及相关证据。民事诉讼基本审查范围不仅包括请求人的主张及相应理由与证据，还包括对方当事人提出的抗辩主张、理由和相应的证据。同时，原告主张债权的合法性及真实性亦直接影响其诉讼请求能否得到支持。天力投资公司已针对武夷公司主张债务的合法性提出抗辩并进行相应举证，法院理应依法审查。

第三，本案债务产生的基础关系的性质。天力投资公司主张委托理财合同实质是借贷关系，武夷公司予以否认。借贷关系的法律特征应当是出借方转移货币所有权，借款方享有货币的自由处分权，借款方到期还本付息。但本案所涉委托理财合同的债券所有权并未转移，受托方在委托方开立的账户内自由操作，并未提现。这些合同的性质仍应是委托理财合同。

第四，本案债务的合法性。天力投资顾问公司是受到《证券法》调整和中国证监会监管的证券投资咨询机构，必须在《证券法》和中国证监会规定的业务范围内从事经营活动，但却未取得中国证监会批准，不具备受托投资管理的权利主体资格，其接受武夷公司及福建中建工程公司资产管理的委托，并签订承诺本金保底、固定收益回报的《资产委托管理合同》，违反《证券法》的强制性规定，应认定为无效合同。天力投资顾问公司因无效合同取得的财产应予返还，并应赔偿资金占用期间的占用费，武夷公司及福建中建工程公司有权收回理财本金，但不能取得无效合同约定的固定高额回报，其已收取的理财收益应冲抵天力投资顾问公司所欠委托理财本金。据此，《1.6亿元债务偿还协议》与《还款协议》约定的债务清偿数额应认定为无效约定，对双方当事人没有法律约束力。

天力投资公司并非《证券法》调整主体，我国法律及行政法规没有对一般民商事主体从事委托理财规定特许经营资格，应当认定天力投资公司分别于2000年10月22日、11月5日与福建中建工程公司签订的金额共计3000万元的《委托理财合同》，系双方当事人真实意思表示，且不为法律、行政法规所禁止，为有效合同，应受保护，福建中建工程公司因该合同取得的150万元收益应予保护。法院最终认定，天力投资公司及天力投资顾问公司所欠1.6亿元的委托理财本金，已经归还159100554.26元，尚有899445.74元未还。

（二）关于天力投资顾问公司、天力环保公司、天力软件公司等保证人是否承担连带清偿责任问题。虽然《1.6亿元债务偿还协议》及《还款协议》对欠款金额及利息的约定属于无效条款，但是合同部分无效不影响其他约定的效力。因而天力投资顾问公司、天力环保公司、天力软件公司等为本案债务提供连带信用保证的意思表示真实，成立的保证合同并未违反法律、行政法规的强制性规定，应认定为有效。由于两项协议均未约定保证期间，其约定的主债务履行期限届满之日是2002年12月31日。根据《担保法》第26条的规定，本案保证期间为主债务履行期届满之日起的六个月，即保证期间截止2003年7月1日。在此期间，武夷公司应提出主张，要求保证人承担保证责任，否则保证人免除保证责任。武夷公司通过律师向天力投资顾问公司等保证人主张债权的律师函时已超过保证期间，因而各保证人免除保证责任。

据此，判决：（一）天力投资公司偿还武夷公司委托理财本金899445.74元，并按银行活期利率赔偿天力投资顾问公司占用1.3亿元资金期间的资金占用费；（二）天力投资公司偿还武夷公司代垫股份过户费233205元及利息；（三）驳回武夷公司其他诉讼请求。

武夷公司不服，向最高人民法院上诉称：（一）一审判决对本案纠纷的定性有误，本案是债权债务纠纷，并非理财纠纷。一审法院审查了天力投资公司出示的 19 份《资产管理委托合同》，这些合同各自独立，与本案没有关系。武夷公司起诉的依据是《还款协议》，由于天力公司不能履行协议确定的债务，才导致诉讼发生，因此，法院应当围绕《还款协议》依法审理，不能任意扩大范围对不存在纠纷的十几份资产委托管理合同进行审理，进而认定其无效；（二）一审判决将武夷公司及非本案诉讼当事人收取的回报款充抵天力公司所欠债务不妥。（三）一审判决认定 17 份《资产委托管理合同》无效系认定事实和适用法律错误；（四）一审判决武夷公司不能取得无效合同约定的固定高额回报，违背当事人的意思自治，认定合同无效等于纵容当事人的背信行为，不符合诚实信用原则；（五）一审法院认定按银行同期活期利率计付资金占有费不妥，应以同期银行贷款利率计息。据此请求：撤销一审判决第一项，判令天力投资公司偿还欠款 4709.5 万元，并按年利率 7% 支付利息。

天力投资公司答辩称：（一）双方签订的《1.6 亿元债务偿还协议》与《还款协议》系基于天力投资顾问公司、福建中建工程公司于 1997—2001 年签订的十几份《资产委托管理合同》的年回报条款进行计算得出的债务金额，因此，相关《资产委托管理合同》与本案存在关联性；（二）《资产委托管理合同》的保底条款无效，《还款协议》亦应无效；受托人对委托人只负返还本金的义务，历年支付的款项应当冲抵本金；（三）天力投资公司和天力投资顾问公司已经向武夷公司及福建中建工程公司支付了 2 亿多元，已经超额归还所欠款项。请求二审法院驳回武夷公司的上诉，维持原判。

天力投资顾问公司、天力环保公司、天力软件公司等答辩称：（一）涉案委托理财合同的保底条款应属无效，此前武夷公司收取的款项均应冲抵本金；（二）主债务已经履行，天力投资公司等已经超额归还了武夷公司理财本金及收益；（三）主合同无效，作为从合同的担保合同亦无效，答辩人对合同无效没有过错，不应承担任何责任；请求二审法院驳回武夷公司的上诉，维持原判。

最高人民法院审理认为，本案二审的争议焦点是：（一）1997—2000 年期间武夷公司、福建中建工程公司与天力投资公司、天力投资顾问公司签订的 19 份《国债委托管理合同》、《合作投资协议》、《资产委托管理合同》是否属于本案审理范围；（二）武夷公司起诉所依据的《1.6 亿元债务偿还协议》和《还款协议》是否合法？（三）担保人天力投资顾问公司、天力环保工程公司、天力软件公司及熊某波、林某明对上述债务应否承担担保责任？

最高人民法院认为，原审据以起诉的是当事人签订的《1.6 亿元债务偿还协议》和《还款协议》，实际争议系《还款协议》约定的 4709.5 亿元本金及利息的偿还方式。以前签订的 19 份委托理财协议已经陆续到期，各方对履行这些协议并给付高额回报的事实并未产生争议，为此，当事人就全部本金偿还问题达成《1.6 亿元债务偿还协议》和《还款协议》，应当认定系双方当事人真实意思表示，《还款协议》不存在《合同法》第 52 条规定的合同无效情形，应当认定有效，该协议在双方当事人之间确立的债权债务关系应当受到法律保护。原审法院以被告抗辩提出的已经履行完毕且无争议的 19 份合同约定的内容，推定《还款协议》无效的认定，虽然审查认为民事行为之间存在连续性和关联性，但对上述民事行为认定的结果不仅忽视了《还款协议》的相对独立性，而且背离了法律规定的如下宗旨：法律不允许民商事活动主体通过非法行为获取不当利益，亦要求上述主体在具体民商事行为中禁止反言，遵循诚信。据此，原审法院将没有产生争议的合同与还款协议一并审理不当，原审原告起诉的依据是还款协议，因此，应当依照合同相对性原则，将本案确定为合同债务纠纷。被告抗辩时提出的 19 份委托理财合同虽与本案有一定的关联性，但不宜与本案合并审理。本案 19 份合同约定的年利率为 13%~15%之间，与当时的银行存款利率差一个百分点左右，因此约定的收益率不致过高。如果按合同无效处理，按活期利息计算，受托人就等于白白使用武夷公司的款项，自己渔利。

关于担保人的担保责任，最高人民法院审理认为，鉴于上诉人未对《还款协议》的质押担保内容如何认定提出具体上诉请求，亦未提供新的证据予以证明，原审法院关于质押不成立的判定应予维持。关于保证人的保证期间，《还款协议》并无明确规定，原审法院关于双方当事人对保证期间没有约定，并依法将保证期间确认为 6 个月的认定，应予维持。

据此，判决：维持原审判决第二项，撤销第一项、第三项；天力投资有限公司应向武夷实业公司偿还欠款 4709.5 万元及利息（在合同期限内按约定利率计付；合同履行期满后至实际履行之日按银行同期逾期贷款利率计付），武夷实业公司约定给付的 153 万元以及福建天力投资公司已付的 230 万元利息，在上述应付利息总额中予以冲减。

【评析】

本案是一个稍显复杂的案件，这里对案情及法院审理情况的介绍都作了简化。

本案虽因原告委托理财引发纠纷，但诉至法院时委托理财合同均已期满，原告起诉的依据已经变成双方为解决委托理财的债权债务纠纷而达成的还款协议，所以，法院并未纠结于委托理财关系，更未考虑信托关系，重点聚焦于认定双方签订的委托理财合同的有效性。

委托理财是非常复杂的现象。改革开放以来，随着经济发展，社会公众的收入和财富明显增长，委托理财逐渐成为一种普遍现象，而且出现了各种复杂的情形。委托人不仅有普通自然人，也有企业、事业单位和各种组织；受托人既有依法获得有关金融监管机构许可的专业投资理财机构（典型的如信托公司、基金管理公司、商业银行等），也有一些投资咨询机构（如本案的投资顾问公司）和普通企业，甚至还有一些具有或者自称具有一定理财能力的机构和普通自然人。现行的法律法规，除《证券法》《期货管理条例》对于证券、期货经营机构受托理财有规范性要求以外，其他法律法规对于受托理财者的资格和条件，还没有明确的规范，司法实践中，通常由法院根据案情认定事实，作出判决。

本案原告起诉的依据是当事人之间为解决委托理财合同纠纷而达成的还款协议，一审法院对当事人签订的 19 份委托理财合同进行审查并非完全没有道理，因为争议毕竟源于当事人之间签订的多份委托理财合同。一审法院审理后，认定其中的 17 份委托理财合同无效，并据此作出相应判决，或许也是有道理的，但是可能带来两个疑问值得关注：

其一，既然全部委托理财合同均届期满，而被告未如约履行义务，相关当事人为解决委托理财合同纠纷已经达成还款协议，这一行为本身就表明，双方当事人对于委托理财的事实和数额并无争议，被告随后再否认委托理财合同的有效性，明显有违诚实信用的基本原则，法院似乎不应予以支持；况且，本案并不存在欺诈或者不公正因素，法院明显违背当事人已经认可委托理财合同并达成还款协议的现实，反而判决委托理财合同无效，似乎缺乏强有力的理由。

其二，一审法院认定大部分委托理财合同无效，判决被告返还投资款，并按照 7% 支付资金占用费，表面看来似乎于法有据，是合理的，但是，双方当事人约定的投资收益率为 13%~15%，这个收益率是两个民事主体平等协商确定的，应当基本反映当时的市场收益水平，事实上也接近于当时的存贷款利率，并且显然符合双方当事人的利益；①而且，双方的委托理财之所以产生纠纷，也是因为被告未履行合同约定的义务，即违约责任在被告，但一审法院的判决结果，客观上让负有违约责任的被告不正当地获得了一笔不小的收益（即市场收益水平与资金占有费之间的差额），明显违背了任何人不得因为自己的不当行为而获得利益的基本法律原则。

面对上述两个明显的疑问，普通人依据常识就不难理解原告为什么要上诉。

最高人民法院终审认为，相关当事人签订的19份委托理财协议已经陆续到期，各方对履行协议并给付高额回报的事实并无争议，并且为此达成了还款协议。终审法院首先认定《1.6亿元债务偿还协议》和《还款协议》合法有效，并且认为，原审法院认定《还款协议》无效，背离了法律规定的宗旨，即法律不允许民商事活动主体通过非法行为获取不当利益，并且要求民商事活动主体实施具体民商事行为应当遵循诚信。

委托理财合同效力的认定，可能是近年来司法实践中经常面临的问题。如何确认当事人之间合同行为的事实，按照什么法律规则认定合同的效力，固然都是非常重要的，但是，更重要的或许是，司法实践对于合同效力的认定应当采取什么态度，即法院的司法取向究竟是倾向于使合同有效还是无效？宽松地解释法律规定的合同无效条款，轻易、机械地认定合同无效，让双方当事人回到签订合同前的状态，就法院的裁判而言似乎简单明确，但是实践的结果却可能十分复杂：有些情况下当事人已经难以恢复到合同前的状态，有些情况下违约的当事人正好借机逃避一个诚实守信的人应当承担的义务，更有甚者，有些情况下，法院的判决可能使恶意欺诈者成功地实现不正当目的，既造成了不公正的后果，更损害了社会的诚信和法院的权威。

司法实践中，合同效力的认定确实远不像表面看来那么简单，法院既要对证据进行审查、对案件事实予以认定，还必须严格适用相关的法律规则，法官既要遵循法律规定和规则，也要进行自由心证的裁量和自主的法律解释，正因为如此，法院事实上还是有一定的灵活性和自由裁量权，特别是我国的

---

① 正如有学者指出的，商人是自身利益的最佳判断者和商事规则的实践者，在不违反强制性法律规范及社会公共利益的前提下，商事立法和商事裁判应当充分尊重商事主体的意思自治。见王建文、张莉莉："商事信托的司法裁判：理念与规则"，载《中国信托法论坛（2014）》，法律出版社2015年版，第17页。

法官同时负责事实审和法律审，而法律规定又比较原则，同时又没有英美法系严格的遵循先例制度，法官认定事实、解释法律事实上具有较大的自由裁量权。从成立合同的根源来说，最重要的是双方当事人的真实意思表示，只要双方自主、自愿、真实地表达出明确的意思表示，法院应当尽可能地予以承认和保护，以维护当事人的意思自治；从法律规则的适用来说，最重要是有关合同无效的法律规定，只要当事人达成的合同没有违反相关法律的明确规定，法院就应当尽可能认定合同有效，以维护当事人的法律行为；从司法实践的结果来看，最重要的或许是法院对认定合同效力采取什么态度，只要当事人的合同行为没有明显违反法律，承认合同的效力不会给当事人带来明显不公正的结果，法院就应当尽可能认定合同有效，以实现当事人的合法愿望。归根到底，让每一个人努力实现自己的合法愿望，是经济发展和社会进步的最可靠动力。

本案判决的最大亮点，正如有法官评论指出的，最高人民法院审理的这起因委托理财引起的债务纠纷的处理原则，确立了我国司法机关对于认定合同效力的基本态度，将那些存在一定无效行为、因素的合同关系，从有效的发展解释、从保护债权人合法权益的角度处理，成为一项基本执法准则。[①]

值得关注的是，最高人民法院并未认定本案委托理财合同中的保底条款无效，可能是因为，原告起诉的依据是当事人达成的还款协议而非委托理财合同，法院不需要认定委托理财合同及其保底条款的效力，也许是因为，当事人约定的保底收益率接近于市场利率，法院面对现实予以默认，当然，也有可能是巧妙地回避了这个难题。无论原因如何，都是符合客观实际的。

[①] 吴庆宝主编：《权威点评最高法院民商法指导案例》，中国法制出版社2010年版，第99页。

案例 2

爱建证券公司诉上海交投集团资产管理纠纷案

【案情】

2003 年 6 月 24 日，爱建证券公司与上海交通投资（集团）有限公司签订《资产委托管理协议书》及《补充协议书》约定：交投集团委托爱建证券公司进行资产管理，金额为 3000 万元，委托期限为 2003 年 6 月 24 日至 2004 年 6 月 23 日；爱建证券公司保证委托管理资产的安全，如导致委托管理资产损失，由爱建证券公司全额赔偿；委托管理的主要方式为买卖年收益率达到 5% 的国债，爱建证券公司承诺给予委托管理资产年收益率为 7.5% 的回报；爱建证券公司开具面额为本金与收益合计数及保证金所在银行的贷记凭证给交投集团。

同日，爱建证券公司与交投集团、中信银行还签订《承诺书》约定：交投集团委托中信银行监管爱建证券公司在中信银行账户的资产委托管理的本金及收益；爱建证券公司承诺保证在中信银行账户监管期内存款不低于 3225 万元；中信银行同意并负责监管，但有关部门冻结、扣划等因素除外；爱建证券公司承诺，如交投集团从正规途径获知爱建证券公司信誉下降、发生挤兑等重大事件，有权使用爱建证券公司在交投集团抵押的 3225 万元的付款凭证（付款凭证所在中信银行的账户、账号同上）进行提前支取，且不承担任何违约责任；《资产委托管理协议书》或其他补充协议书与本承诺书有不一致处，以本承诺书为准。

同年 7 月 29 日，爱建证券公司与交投集团、中信银行又签订第二套《资产委托管理协议书》、《补充协议书》和《承诺书》约定：委托管理资产金额为 2000 万元，期限自 2003 年 7 月 29 日至 2004 年 7 月 28 日，监管账户存款不低于 2150 万元，抵押付款凭证金额为 2150 万元。其他约定内容与第一套协议内容相同。

上述协议签订后，交投集团于同年 8 月前分两次以贷记凭证方式分别向爱建证券公司在上海银行豫园支行和中信银行的客户交易结算资金专用账户划款 3000 万元、2000 万元，合计 5000 万元。同时，爱建证券公司开具了两张金额分别为 3225 万元、2150 万元、收款人均为交投集团的贷记凭证交予交投集团。

爱建证券公司还分别与中信银行、上海银行签订《客户证券结算资金存管业务协议书》、《证券交易结算资金法人存管业务协议书》，确定中信银行、上海银行为爱建证券公司客户证券交易结算资金的存管银行，爱建证券公司在中信银行、上海银行开立客户交易结算资金专用存款账户，用于客户的转账和提现，具体办法应遵循中国人民银行和中国证监会的有关规定。

2004 年 2 月 20 日，爱建证券公司原法定代表人刘某新因涉嫌犯罪被公安机关审查，交投集团得知后于 2 月 24 日向爱建证券公司发出《关于提前终止资产委托管理协议的函》告知：双方签订的委托资产管理协议提前于 2 月 23 日终止；交投集团 3000 万元、2000 万元资产委托管理收益按 7.5% 计算分别为 150 万元、85.41 万元，现将交投集团已收进的资产委托收益全额扣除应得部分的差额 139.59 万元划入爱建证券公司在中信银行的账户。同日，交投集团持上述两张爱建证券公司预先交付的贷记凭证到中信银行办理划款手续，取得相应款项，同时以贷记凭证方式向爱建证券公司划款 139.59 万元。

2004 年 3 月 11 日，爱建证券公司向上海市第二中级人民法院提起诉讼，请求判令：（1）确认爱建证券公司与交投集团、中信银行签订的《承诺书》无效；（2）交投集团返还因无效承诺书所获取的客户交易保证金 5235.41 万元；（3）中信银行对上述还款义务承担连带责任。

【审理与判决】

上海市第二中级人民法院认为，本案的争议焦点是：（一）爱建证券公司将系争贷记凭证预先交付被告交投集团是否属于以客户交易结算资金为他人提供担保的行为？（二）爱建证券公司与交投集团签订的《承诺书》是否有效，以及交投集团、中信银行按此约定办理划款的行为是否存在过错？

法院认为：从《补充协议书》和《承诺书》的约定内容来看，爱建证券公司之所以开具贷记凭证给交投集团，主要是为了确保履行返还委托管理资金和到期收益的义务，同时赋予交投集团在爱建证券公司资信情况恶化时直接取得提前收回资金的权利。作为一种便捷的支付结算方式，贷记凭证用于证券公司与客户之间的资金结算并不违反法律规定。中国证监会颁布的《客户交易结算资金管理办法》第23条第1款规定"客户交易结算资金只能用于客户的证券交易结算和客户提款。"交投集团曾按约将委托管理资金存入爱建证券公司在中信银行、上海银行开设的客户交易结算账户，故爱建证券公司从上述银行账户开具贷记凭证以结算其与交投集团的债务，并不违背上述规定。爱建证券公司关于《承诺书》无效、系争贷记凭证无效、相关行为构成违法质押担保的诉讼主张不能成立。理由如下：（1）首先，爱建证券公司向交投集团开具贷记凭证的行为与质押担保的法律特征不符。现行担保法没有将贷记凭证列入可以质押的权利，即使认为可归入法律兜底条款中可以依法质押的其他权利，贷记凭证的性质与质押担保的性质仍不相吻合，因为质权的特点是出质人并不丧失对质物的所有权，而爱建证券公司在转移占有贷记凭证的同时，收款人可依凭证随时通过银行办妥收款入款，意味着爱建证券公司事实上已将贷记凭证所表明的资金所有权赋予交投集团。因此，所谓以贷记凭证为质物的质押担保，不属于法律意义的质押担保；（2）其次，即使认为爱建证券公司的上述行为构成担保，也不属于《客户交易结算资金管理办法》第23条第2款所禁止的情形。该款规定"证券公司不得以客户交易结算资金为他人提供担保"，但本案爱建证券公司开具贷记凭证以履行其对客户的合同义务，即便这种行为属于担保，也是为自己的债务担保，与前述条款的规制情形不同；（3）再次，爱建证券公司主张《承诺书》无效所依据的《客户交易结算资金管理办法》属于行政规章，根据合同法司法解释的规定，确认合同无效应当以法律、行政法规为依据，不得以地方性法规、行政规章为依据。故倘若《承诺书》及与此相关的民事行为确有违规之处，亦不能仅以此为依据确认该合同或民事行为无效。

据此，判决：对爱建证券公司的诉讼请求不予支持。

爱建证券公司不服，向上海市高级人民法院上诉，主要理由是：（1）原审未能正确认识争议贷记凭证所对应的客户保证金专用账户的性质，错将该账户等同于上诉人可自由支配的自有资金。上诉人在中信银行开立的银行账户是为代理业务而专设的客户保证金账户，按照证监会的规定，客户交易结算资金只能用于客户的证券交易结算和客户提款，证券公司不得以客户交易结算资金为他人提供担保。司法实践中，对以证券公司为债务人案件的诉讼保全乃至执行，均只能涉及证券公司的自营账户内的资金或股票，并不涉及客户保证金账户。爱建证券公司与交投集团签订的资产委托管理协议最终被认定为非法融资还是真正意义的委托理财，最终还款责任必须是爱建证券公司承担。这也决定了交投集团区别于正常开户从事证券投资的客户，只能是以证券公司为债务人的"客户"。证券公司以客户保证金账户内的资金承担还款义务的保证或者直接以客户保证金账户内的资金履行本应由证券公司承担的还款义务，此种行为只能界定为挪用客户保证金。本案交投集团收回本金及收益的方式实际上是通过上诉人的原法定代表人挪用客户保证金的方式所形成，应当确认为无效。（2）原审在认定事实及适用法律方面存在很多疏漏。错将交投集团的取款行为理解为客户提款；错误地认为《客户交易结算资金管理办法》只禁止证券公司以客户交易结算资金为他人提供担保，但未禁止证券公司为自己的债务提供担保；错误地直接以《客户交易结算资金管理办法》属于行政规章为由，认定《承诺书》及贷记凭证无效依据不足；（3）原审判决为证券公司挪用客户保证金的行为打开了方便之门，对证券市场乃至社会秩序的稳定有害无益。据此，请求撤销一审判决，支持爱建证券的原审诉讼请求。

交投集团辩称：原审认定事实清楚，适用法律正确，不同意爱建证券公司的上诉请求；而且，交投集团与爱建证券公司签订的资产委托管理协议和补充协议期限已经届满，交投集团分两次将5000万元汇入的保证金账户与我方取得款项的账户为同一账户，提取的是自己的资金，不存在挪用客户保证金的事实。

上海市高级人民法院经审理认为，证券交易结算资金包括客户交易结算资金和证券公司从事自营证券业务的自有资金。为便于监管，按照证监会的要求，证券公司应当在指定的银行分别开立客户交易结算资金账户和自营账户，二者不能混同。严格来说，证券公司在存管银行开设的客户交易结算资金专用存款账户内的资金属于所有客户共有的资金，证券公司不得擅自动用。目前的证券交易中，证券公司虽然分别开设了客户交易资金账户和自营账户，但往往存在资金混同现象，对证券公司使用账户内资金没有约束，将客户交易资金用于自营或者为客户从事委托理财较为普遍。本案交投集团将自有资金委托爱建证券公司进行理财，将资金直接存入客户交易结算资金专用账户并从爱建证券公司取得贷记凭证的行为，应视为交投集团为保证其投入资金的安全所采取的一种风险控制措施，交投集团主观上并无恶意侵犯其他客户权益，在行使权利时也无法直接预知该账户内的客户交易结算资金已发生短缺而可能导致该账户丧失保证证券交易安全的作用，故交投集团依据合同约定和爱建证券的承诺取回其投入的资金的行为，没有违反法律、行政法规的禁止性规定，并无不当。不论该笔资金是否属于委托理财资金，交投集团已将该笔资金划入客户交易结算资金专用账户，交投集团作为爱建证券公司的客户也享有对该账户内资金的取回权，是客户自己处分其自有资金的行为，依法应当得到保护。证监会的有关规定只对其监管对象在特定范围内具有效力。上诉人爱建证券公司本应遵守法律、法规和证监会的规章，对于所有客户的证券交易结算资金均应给予同等保护，其挪用或占用客户交易结算资金所造成的保证金或备付金不足的后果和责任不应由特定客户来承担，任何客户都可以向其行使保证金的取回权。鉴于交投集团通过协议方式取回其投入的保证金账户内的资金，双方的权利义务已经终止，爱建证券公司以其法定代表人涉嫌挪用保证金为由主张返回该笔资金，明显依据不足，不应支持。原审法院关于《承诺书》的效力和交投集团取款行为的认定和分析是正确的，应予以确认。

《客户交易结算资金管理办法》是证监会制定的规范性文件，属行政性规章，不能作为直接判定合同效力的法律依据。该文件旨在保障证监会对证券公司、结算公司和商业银行的证券交易结算资金存管活动进行监督管理，是监管机构进行行政处罚的依据。该办法第39条也规定，将证券公司开展资产管理业务接受客户存入的委托资金视同客户交易结算资金进行管理。由此看来，在当前未真正实现保证金第三方存管的条件下，对客户的交易结算资金的管理实际上无法从源头上完全区分客户存入资金的用途，也无法限制客户提款和证券公司向客户账户内划款，这可以从该办法第16条的但书内容看出，客户交易结算资金可用于客户提款。因此，上诉人对《客户交易结算资金管理办法》相关规定的理解明显与该办法的基本内容和主旨相左，不予采信。被上诉人中信银行作为从事客户交易结算资金存管业务的商业银行，依据爱建证券公司向交投集团提供的贷记凭证向交投集团划款的行为，应视为存管银行为客户提取款项提供的服务，该行为符合法律规定和当事人之间的约定，并无不当，爱建证券公司要求中信银行承担民事责任的请求依据不足，应予驳回。

综上，原审判决认定事实清楚，适用法律正确。据此，判决：驳回上诉，维持原判。

【评析】

本案原本是一件普通的委托投资纠纷，因为在普通委托理财协议之外增加了一个贷记凭证，而且，委托人因为受托方的法定代表人涉嫌犯罪而依约通过贷记凭证提前收回了投资，使案件变得更加复杂。

贷记凭证是同城结算的一种结算方式，是付款人委托开户银行将款项划付给指定的收款人账户的一种无条件支付的同城结算方式。贷记凭证的功能与支票相近，两者的区别主要在于，贷记凭证是付款人委托自己的开户银行从自己的账户里直接付款给收款人，相当于转账支票；收款人可持贷记凭证随时支取款项；支票则是付款人开给收款人的凭证，收款人委托其开户银行向付款人的开户银行收取款项。本案交投集团将其资金委托给爱建证券公司后，为确保资金安全，再由爱建证券公司开具贷记凭证交给交投集团，并且约定，交投集团在获知爱建证券公司信誉下降等情况时，可以提前收回资金，从而确保交投集团的委托投资款的安全，可以说是对贷记凭证的有效利用。

交投集团在资产委托管理合同履行过程中获知，爱建证券公司的法定代表人因涉嫌犯罪被公安机关审查，遂依约提前收回资金，虽然有可能涉及爱建信托公司法定代表人挪用客户保证金的行为，但这并不影响交投集团依约行使其合同权利。两级法院均肯定交投集团为保证其资金安全而采用贷记凭证，可以说是对当前的投资环境和企业诚信状况下投资者无奈自保的认可。

通俗地说，信托就是受人之托、代人理财。就此而言，委托投资属于典型的信托行为。我国《证券投资基金法》明确将证券投资基金界定为信托关系，基金管理公司作为基金管理人，是基金的受托人，投资者作为委托人和受益人，托管银行作为基金的托管人，各当事人之间的关系基本是按照信托法予以规范的。但是，对于证券公司接受一般当事人委托从事投资的行为，基于分业经营、分业监管的现实，通常并没有按照信托法予以规范；同时，由于委托理财的高度复杂性，加上部分法官的信托法知识不足，法院通常更愿意按照合同法而不是信托法来审理委托理财纠纷，从法官的角度来看，这样做是有道理的。

按照信托法来分析，本案确实引发出一个迫切需要研究解决的现实问题，即不同委托人的资金混合后应当如何处理？结合本案的案情和我国证券投资的实际情况来看，证券公司接受客户委托进行证券投资的，按照常理，证券公司应当分别开立客户资金账户与自营账户，并且两种账户的资金不得混合；而客户资金账户里可以接收不同客户委托的资金。按照信托法的规定，受托人对于不同信托的信托财产应当分别管理，至少应当分别记账，即对不同的委托人分别开立资金账户，或者至少应当分别记账。但是，从目前证券投资的现实情况看，正如本案的情形，证券公司只是将客户的委托资金与自营资金分别存入客户账户和自营账户，同时将不同客户的委托资金一起放入客户账户，就是说，所有客户资金一并放入同一个客户账户里；如果把每一项委托理财分别视为一项信托，就相当于证券公司作为受托人，把不同信托的信托财产放在一起了。结合本案而言，这样做至少会带来两个问题：

其一，交投集团将其资金委托爱建证券公司进行投资，像其他委托投资者一样，如约将其资金存入爱建证券公司在中信银行开立的客户资金托管账户，但同时，交投集团又要求爱建证券公司向其开立并交付贷记凭证，交投集团依据该贷记凭证可以随时从中信银行的客户托管账户支取自己的款项，这对于交投集团无疑是一个很好的保证，交投集团实际上享有取回资金的优先权。但是，对于同时将资金存入托管账户的爱建证券公司的其他客户来说，这明显是不公平的，除非所有客户都有同样的贷记凭证。当然，交投集团的这一做法也是无奈的选择，也与信托的基本前提即信任不相符。

其二，证券公司自身出现经营困难时如何公平地保护每一位客户的利益？本案爱建证券公司原法定代表人因涉嫌犯罪被公安机关审查，交投集团得知后立即采取措施保护自身利益，是无可厚非的，但是，既然爱建证券公司的法定代表人涉嫌犯罪被审查，公司的经营就面临很大风险，而且证券公司在经营过程中挪用客户保证金的现象又普遍存在，爱建证券公司的客户保证金被挪用的风险明显很大，这种情况下应当如何公平地保护所有客户的权益？如果允许先提出要求的客户先取走客户账户里的资金，如果证券公司确有挪用客户保证金的行为并导致客户账户出现亏空，就只能由最后提出要求的客户承担损失，对于这些客户显然是不公平的。随着委托理财实践的丰富和发展，这也许会成为一个无法回避的问题。

解决这些问题的最简便办法，或许就是按照信托法来规范和处理这类委托理财纠纷。受托人依照信托法负有分别管理的义务，即应当将不同委托人的信托资金分别管理，至少做到分别记账；同时，受托人还负有公平对待不同受益人（委托人）的义务。因此，按照信托法规范这类委托理财，首先要求受托人将不同委托人的信托财产分别管理，信托财产是资金的，应当分别记账；万一受托人错误地将不同信托的信托资金混在一起，各委托人（受益人）应当按照其份额分配混合财产，受托人的行为给信托财产造成损失的，应当依法承担赔偿损失的责任，而且，受托人应当公平地对待不同的受益人（委托人），不同委托人之间是公平的，应当公平地承担损失。

案例 3

宝钛公司诉健桥证券公司委托理财合同纠纷案

【案情】

2003 年 8 月 20 日，宝鸡钛业公司（宝钛公司）作为委托人与受托人健桥证券公司签订《受托国债投资管理合同》约定：宝钛公司将自有资金 6000 万元委托健桥公司进行国债投资，宝钛公司享有所投资国债的利息收益，并承担国债市场价格等因素造成的投资损失，健桥公司不向宝钛公司承诺收益或分担损失。健桥公司接受宝钛公司存入的受托资金，按照中国证监会《客户交易结算资金管理办法》的规定进行管理；在从事受托投资管理业务过程中遵循诚实信用的原则，以专业技能管理受托资产，保护宝钛公司的利益，不从事任何有损宝钛公司利益的活动；每季至少一次向宝钛公司提供准确、完整的受托投资管理情况、证券交易记录及资产组合评估报告，不得挪用宝钛公司委托资产；不得将委托资产投资于自己在股权、债权和人员等方面有重大关联关系的公司发行的证券，不得以获取佣金或其他利益为目的进行不必要的证券买卖。受托资产以宝钛公司名义于健桥公司在宝鸡市的证券营业部设立账户，全权委托健桥公司进行国债操作，由健桥公司进行专户管理，但不得与健桥公司自营、经纪账户混合使用。委托期限 12 个月，具体时间以健桥公司开具的《资产管理证明书》为准。健桥公司未经宝钛公司书面许可，自管理期初买入国债后至管理期末，不得擅自动用宝钛公司账户内的资金和国债，不得擅自买卖国债。委托关系终止后五个工作日内，双方各派两名代表组成清算组对委托资产进行清算，若期末国债年投资收益率高于 3%，健桥公司按高出部分收益总额的 5% 向宝钛公司收取管理费用；若投资收益率低于 3%，健桥公司不收取管理费用。健桥公司移交受托资产时，须保证宝钛公司账户内有保持期初数量的国债；合同还约定了委托期内国债派发的利息、期初购买国债剩下的资金余额等事项。

同日，双方又签订《补充协议》约定：在健桥公司不对宝钛公司账户内国债擅自进行买卖交易的前提下，宝钛公司同意健桥公司可对该部分国债进行回购交易，回购所得资金由健桥公司自主使用。健桥公司承诺在国债管理期末向宝钛公司归还受托本金，同时按投资年收益率9%向宝钛公司支付投资收益，作为对宝钛公司授予健桥公司回购资金使用权的补偿。健桥公司承诺每半年支付一次收益，如健桥公司不能按期支付本金和收益，宝钛公司有权按逾期金额每日万分之五的比例向健桥公司收取滞纳金等。

同日，宝钛公司、健桥公司、担保公司三方还签订《委托国债投资管理保证合同》约定：担保公司愿意为《受托国债投资管理合同》向宝钛公司提供担保；对宝钛公司6000万元资产的安全及投资收益承担连带清偿责任；保证期限自主合同生效至合同期满后六个月为止。

随后，宝钛公司将6000万元资金打入健桥公司指定账户，健桥公司出具《委托资产管理证明书》载明：委托金额6000万元，委托期为2003年9月4日至2004年9月4日。

2003年9月8日，健桥公司用上述资金购买国债，并随即将全部国债进行了回购登记，之后再未进行国债交易。

2004年4月21日，健桥公司向宝钛公司支付委托国债投资收益款270万元；6月28日，宝钛公司持有的所有国债被中国证券登记结算公司上海分公司冻结并质押转移。

因健桥公司到期未能偿还回购资金，宝钛公司于2004年8月16日向陕西省高级人民法院起诉，请求健桥公司归还其委托投资管理的6000万元并承担利息损失41万元，担保公司承担连带责任。

【审理与判决】

陕西省高级人民法院审理认为：宝钛公司与健桥公司所签《补充协议》约定，健桥公司有权对宝钛公司的国债进行回购交易，回购所得资金由健桥公司自主使用；健桥公司承诺在国债管理期末向宝钛公司归还受托本金，同时按投资年收益率9%支付投资收益，实际上在双方之间成立了以委托理财为表现形式的借贷关系，资金出借人为宝钛公司，借款人为健桥公司。故该案案由应确定为借款合同纠纷。上述借贷关系的条款违反了企业间不得相互借贷的禁止性法律规定，应属无效条款。该无效条款所涉内容正是宝钛公司与健桥公司交易的关键性、实质性条款，是整个合同目的之指向。该关键性条款的无效导致《补充协议》整体无效。虽然《受托国债投资管理合同》形式完备，符合法律规定，但当事人签订形式上合法的合同后，同日又签订了因内容违法而无效的《补充协议》，且《补充协议》是《受托国债投资管理合同》不可分割的组成部分，因而当事人规避法律的意图明显，实属以合法形式掩盖非法目的，故《受托国债投资管理合同》依法亦应认定无效。健桥公司主张的《受托国债投资管理合同》及《补充协议》除保底收益条款外其余条款有效的主张不能成立，不予支持。宝钛公司主张《受托国债投资管理合同》及《补充协议》无效的理由成立，应予支持。《委托国债投资管理保证合同》作为《受托国债投资管理合同》的从合同，因主合同的无效而无效。对于《受托国债投资管理合同》及《补充协议》无效，健桥公司作为专业证券公司，理应熟知证券法的相关规定，故其对于合同的无效应承担主要过错责任。健桥公司违法回购国债，挪用回购资金自主使用，致其不能及时向宝钛公司偿还资产，造成损失后果与合同无效没有必然的因果关系，故宝钛公司不因合同无效的次要过错责任而对损失后果承担责任。健桥公司支付的270万元收益款应当折抵本金，健桥公司理应偿还宝钛公司除270万元以外的借款本金及相应利息。健桥公司主张只需将宝钛公司期初购买的国债依数依原品种返还给宝钛公司，或者按照现行市场价格将购买同数量同品种国债所需金额退还宝钛公司现金，不符合合同无效的处理原则，不能成立。担保公司因《保证合同》无效及其未对补充协议提供担保、对主合同的无效状态不应知而不承担民事责任。担保公司关于其不承担保证责任的主张成立，应予支持。宝钛公司要求担保公司承担连带保证责任的请求不能成立，不予支持。

综上，依照《合同法》、《担保法》、《民事诉讼法》的规定，判决：健桥公司偿还宝钛公司5730万元及按照活期利率计算的利息，驳回宝钛公司对担保公司的诉讼请求。

健桥公司不服，向最高人民法院提起上诉称，《受托国债投资管理合同》和《补充协议》系各方当事人真实意思表示，不违反法律禁止性规定，应为合法有效。个别条款无效不影响其余条款的效力。合同无效的法律后果应当是健桥公司依数依原品种向宝钛公司返还期初购买的国债，或者按照清算时点的市场价格将购买同数量同品种国债所需金额返还，已经向宝钛公司支付的270万元款项直接或折算成一定数量的国债予以抵销。且宝钛公司应对合同无效承担部分损失。健桥公司依据《补充协议》的约定回购国债，不构成对宝钛公司的侵权。健桥公司偿还宝钛公司款项应从合同期满后即2004年9月4日开始计付。原审判决认定争议双方形成了以委托理财为表现形式的借贷关系缺乏法律依据。请求改判为：健桥公司依数依原品种向宝钛公司返还期初购买的国债，或者按照清算时点的市场价格将购买同数量同品种国债所需金额返还，已经向宝钛公司支付的270万元款项直接或折算成一定数量的国债予以抵销。

宝钛公司答辩称，双方同时签订《委托国债投资管理合同》和《补充协议》，且后者对前者的主要内容做了实质性变更，这种签订合同的方式本身就是以同时签订一份桌面协议和一份桌底协议的形式规避法律的行为，而桌底协议才是双方当事人的真实意思表示。健桥公司关于双方系约定了保底条款的委托理财关系的主张，没有事实和法律依据。委托理财的根本目的是通过各种投资手段实现委托资产收益的最大化。健桥公司在取得回购资金后未对委托资金进行任何证券投资，而是以占有回购资金自己使用为最终目的。按照合同约定健桥公司并不收取任何佣金，相反只是支付回购资金使用权的补偿款。且《补充合同》明确约定管理期末归还的是受托本金，而非剩余的国债及资金。故双方之间实际上是一种规避法律的融资借贷关系。双方签订的两份合同均为无效合同。健桥公司按照合同约定从宝钛公司取得6000万元资金，合同认定无效后当然应当返还相应的资金而非国债。健桥公司对于合同无效负有全部责任，应当赔偿宝钛公司的相应损失。请求驳回上诉，维持原判。

最高人民法院审理认为：双方签订的《受托国债投资管理合同》关于"宝钛公司将其自有资金6000万元委托健桥公司进行国债投资；宝钛公司享有投资所生利息收益，并承担国债市场价格等因素造成的投资损失，健桥公司不承诺收益或分担损失；健桥公司不得擅自动用宝钛公司账户内的资金和国债，不得擅自买卖国债；健桥公司收取管理费用"等内容，属于委托理财的权利义务关系，但是双方同日又签订《补充协议》约定，宝钛公司同意健桥公司对国债进行回购交易，回购所得资金由健桥公司自主使用；健桥公司承诺在国债管理期末向宝钛公司归还受托本金，同时按照投资年收益率9%支付宝钛公司投资收益，作为对宝钛公司授予健桥公司回购资金使用权的补偿。这些约定对双方签订的《受托国债投资管理合同》关于健桥公司代为进行国债投资的内容作了修改，实质内容已经变更为宝钛公司同意健桥公司使用国债回购后的资金,由健桥公司向宝钛公司支付一定比例的资金使用费。双方以这种方式签订合同,实质上是规避国家法律、法规关于企业间禁止借贷等有关规定。故原审法院认定双方系以委托理财为表现形式的借贷关系有事实和法律依据,应予维持。根据《合同法》第52条第3项关于"以合法形式掩盖非法目的的合同无效"的规定,上述合同应当认定为无效合同。因双方系非法借贷的民事关系,健桥公司取得的是国债回购所得资金而非国债,故在返还因上述无效合同取得的财产时,健桥公司应当返还其取得的相应资金。健桥公司关于其应当依数依原品种向宝钛公司返还期初购买的国债,或者按照清算时点的市场价格将购买同数量同品种国债所需金额返还,已经向宝钛公司支付过的270万元款项直接或折算成一定数量的国债予以抵消的上诉请求,没有法律依据,不应支持。原审法院将已支付的270万元收益款折抵本金后判决健桥公司偿还宝钛公司5730万元款项于法有据,应予维持。双方当事人对于合同无效均有过错,健桥公司作为专业证券公司,对合同无效应当承担主要过错责任,宝钛公司承担次要过错责任。对此,原审判决在对返还的5730万元的利息计付上已有体现(即按照活期利率计付利息),符合法律规定,应予维持。

据此,依照《合同法》《民事诉讼法》的规定,判决:维持原判。

【评析】

本案双方当事人签订的《委托国债投资管理合同》是一份比较简单的委托理财合同,合同约定,宝钛公司将自有资金委托健桥公司进行国债投资,由宝钛公司享受投资收益、承担投资风险,健桥公司按照投资收益情况收取投资管理费。但是双方同时签订的补充协议却允许健桥公司进行国债回购交易并自主使用所得资金,同时按照9%的收益率向宝钛公司支付投资收益,作为其允许使用回购交易资金的补偿,这就改变了投资管理合同的内容,使双方的关系由委托理财关系实际上变成资金借贷关系。

由于经济形势的变化、信贷规模控制等,部分实体企业资金紧张,各种方式的资金拆借活动成为非常有利可图的业务,为了规避企业之间不得开展资金借贷的政策规定(尽管这一规定本身的合理性也存在争议),本案这样以委托理财为名、行资金借贷之实的现象并不鲜见。法院透过委托国债投资管理合同的委托理财表象,明确了补充协议的资金借贷性质,认定当事人签订的合同实质上是规避国家法律、法规关于企业间禁止借贷等有关规定,并判决合同无效,是正确的。

终审法院的判决可能也有现实的考虑。当时,资金的市场利率较高,许多企业假借委托国债投资管理之名,行企业间借贷资金之实,即企业拿出一部分资金委托其他企业进行国债投资,收取较高收益,同时允许受托企业回购国债或者进行国债交易,实际上是将资金交由受托机构进行证券投资,并且保证最低收益率,这种做法有日益普遍的趋势,可能带来三种不利后果:(1)越来越多地的资金脱离实体经营流向证券市场,将会弱化实体经济的发展,从而削弱经济发展的基础;(2)受托企业承诺较高的收益率,并且大量接受委托,一旦证券市场出现下跌趋势或者出现系统性风险,许多受托企业可能无法兑现承诺,不仅会造成大量纠纷,一些受托企业甚至可能破产,从而带来较大的风险;(3)越来越多的企业规避国家禁止企业间借贷的规定,会对国家的金融管理和金融秩序造成冲击。正如美国最高法院大法官鲁思·金斯伯格所言:法院不应该关注于某一天的"天气",但是应该留意特定时代的"气候"。[①] 最高人民法院作为终审法院虽然没有必要关心每一天的经济状况,但是需要关注一段时间的经济气候,因此,面对企业规避金融监管的现象,最终人民法院有必要通过司法判决遏制这种趋势。

值得注意的是,宝钛公司上诉答辩时明确表示,双方之间实际上是一种规避法律的融资借贷关系,因此主张合同无效。既然合同是双方协商签订的,宝钛公司本身也是规避法律的当事人之一,能否以合同规避法律作为抗辩理由是值得研究的,特别是,这种现象在我国比较常见,甚至有些当事人故意在签订协议时留下法律上的瑕疵,待实施协议于己不利时,再据此主张协议因存在法律瑕疵而无效。对此,英美法有一个基本原则,即任何人均不能因自身的过错而获得利益。一个人自身存在法律上的过错,如果可以据此获得好处,客观上就等于鼓励人们犯错误,这显然不是法律之目的所在。典型的例子是,遗嘱的受益人杀死立遗嘱人,然后要求依据遗嘱获得遗产,法院就会予以拒绝。

当事人能否依据其有过错的事项提出主张或者作出抗辩,我国法律似乎没有明确规定。不过,本案的终审法院明确指出,双方当事人对于签订两份

[①] 任东来等:《美国宪政历程:影响美国的25个司法大案》,中国法制出版社2004年版,第11页。

合同规避企业之间禁止借贷的规定都负有责任，并且认可一审法院按照活期利率计算资金利息的判决结果（活期利率远低于双方当事人约定的投资收益率），客观上也有遏制当事人利用自身过错谋取利益的效果。

不过，本案的判决也带来了另一个需要深入研究的问题，即被告健桥证券公司作为违约的当事人，事实上却因为两份被认定无效的合同获得了利益，因为法院判决其支付的利息远低于双方约定的水平和市场收益水平。这或许是此类所谓的委托理财合同难以禁止的一个重要原因，因为受托机构有强烈的利益动机大胆签订这类合同：合同如约得到履行的，受托机构显然获得了得益；即使合同不能如约履行，委托人起诉到法院，受托机构也没有多大损失，甚至还可以获得本案被告所得的利益。

案例 4

吉钢贸易公司诉德恒证券公司委托理财合同纠纷案

【案情】

2003 年 9 月和 10 月，上海吉钢贸易公司（吉钢公司）先后与德恒证券公司订立两份《委托国债投资管理合同》分别约定：吉钢公司将自有资金各 300 万元全权委托德恒证券公司进行国债操作，委托期限分别为 195 日、177 日；委托期间投资年收益率为 3%，超额部分作为德恒证券公司的管理费。吉钢公司未开立证券账户，亦未在德恒证券公司及所属证券营业部办理证券指定交易。

两份合同签订后，吉钢公司先后向德恒证券公司汇入投资款共 600 万元，德恒证券公司依约出具《资产管理证明书》，确认收到吉钢公司交付的资金共计 600 万元，并载明委托期限分别是，2003 年 9 月 30 日至 2004 年 4 月 15 日、2003 年 10 月 16 日至 2004 年 4 月 13 日。合同履行过程中，德恒证券公司按约向吉钢公司支付投资收益款 9 万元。

两份合同期满，经吉钢公司催讨，德恒证券公司于 2004 年 4 月 30 日返还吉钢公司资金 150 万元。同年 5 月 11 日，德隆国际战略投资公司（德隆投资公司）向吉钢公司出具《担保函》，承诺为德恒证券公司的债务承担连带责任。但是，委托期限届满后，德恒证券公司仍未按约返还余下的受托资金。

同年 5 月 20 日，吉钢公司向上海市第一中级人民法院起诉，请求判令德恒证券公司返还其余的 450 万元、赔偿利息损失 50 万元，德隆投资公司承担连带责任。

德恒证券公司提出，吉钢公司已经收取德恒证券公司实际支付的投资收益，该投资收益属保底条款，应属无效，应在德恒证券公司应负债务中予以抵扣。

德隆投资公司辩称，吉钢公司与德恒证券公司之间系委托代理关系，投资损失应由委托人吉钢公司自行负责；吉钢公司诉请德恒证券公司负担利息损失没有合同和法律依据，故请求驳回吉钢公司的诉讼请求。

【审理与判决】

上海市第一中级人民法院审理认为，德恒公司为综合类证券公司，具备从事受托理财业务的法定资质，且系争《委托国债投资管理合同》真实反映了双方当事人的意思表示，故该合同应为合法有效。但双方的合同中约定了保底条款，德恒证券公司承诺支付固定收益。依据合同法基本原则以及证券法有关规定，该保底条款应属无效，原告据此无效保底条款取得的收益人民币 9 万元应予冲抵。现德恒证券公司到期未按约返还原告委托的全部资产，已构成违约，应承担相应余额的返还责任。

德隆投资公司承诺为德恒证券公司的系争债务承担连带保证责任，该意思表示亦合法有效，德隆投资公司应予践行，其保证范围则以德恒证券公司的债务数额为据。德隆投资公司辩称原告与德恒证券公司之间系委托代理关系、原告应当自行承担投资损失，但因原告交付的资产所有权在实际履约中已经发生转移，原告亦未在被告德恒证券公司设立证券账户指定交易，故被告德恒证券公司不可能以原告的名义从事国债的代理交易，且被告德隆投资公司亦未举证说明原告投资损失的具体构成，故德隆投资公司的辩称事由不成立，不予采信。原告诉请的利息损失，因无相应的合同和法律依据，不予支持。

据此判决：德恒证券公司应当偿还吉钢公司款项 441 万元，德隆投资公司对此承担连带责任；德隆投资公司承担全部保证责任后，有权向德恒证券公司追偿；吉钢公司的其余诉讼请求不予支持。

【评析】

本案定性为委托理财关系，而非普通委托代理关系，是正确的，因为吉钢公司将其资金委托给德恒证券公司进行国债投资，吉钢公司并未开立证券账户，也没有在德恒证券公司办理证券指定交易，委托的资金已经交由德恒证券公司以自己的名义（而非吉钢公司名义）管理、运用，显然不属于普通委托代理关系，虽然可能认定为信托关系，但是按照金融业分业经营的原则，德恒证券公司不能经营信托业务，因此，认定双方之间存在委托理财关系较为稳妥。

双方当事人的主体资格合法，双方签订的委托国债投资管理合同系其真实意思表示，因而有效成立。但是，合同包含保证最低收益率的保底条款，根据《证券法》第144条的规定，证券公司不得以任何方式对客户证券买卖的收益或者赔偿证券买卖的损失作出承诺，因此，该保底条款无效。据此，法院判决德恒证券公司返还吉钢公司的款项，同时扣除吉钢公司已经得到的投资收益。法院的判决依法有据，顺理成章。

稍有疑问的是，这样判决是否公平，能否产生引导社会公众树立正确投资理念的社会效果？吉钢公司将其资金委托德恒证券公司投资管理，双方签订的合同包含保底条款，该保底条款因违反法律规定而无效，对此，作为证券专业机构的德恒证券公司的过错无疑更大一些，但是，按照法院的判决，德恒证券公司只需要返还吉钢公司的投资款，而没有其他义务。事实上，在案件发生到执行判决的一年多时间里（有些委托理财合同的期限可能更长），吉钢公司的数百万资金一直由德恒证券公司管理、运用，法院判决的客观效果是，吉钢公司的资金经过德恒公司一年多（或者更长时间）的管理、运用后又被原额返还，客观上受有损失，至少损失了这期间的利息；德恒证券公司管理运用这些资金可能出现损失（本案也许正是如此），但是通常可能带来增值，这些增值部分就归受托公司了。这样一来，一方面，过错较小的吉钢公司有所失（利息损失等），而过错更大的德恒证券公司反而有所得（资金的增值部分），显然不符合朴素的公平理念；另一方面，德恒证券公司作为违法行为的当事人反而因此获得了利益，似亦违背任何人不能因其不当行为而获益的基本法律原则。这样判决的结果，似乎更有可能鼓励受托机构利用保底条款吸引厌恶风险的投资者，客观效果可能是吸引或者鼓励、而非遏制这类带有保底条款的委托理财行为。

事实上，保底条款通常都源于受托机构提出的格式合同，如果保底条款依法无效，受托机构的过错显然更大；保底条款如确系双方当事人协商一致同意的，这恰好体现了双方对如何承担理财风险、享受理财收益的自主约定，一方愿意承担较大的风险以换取获得较大收益的可能，不愿承担风险的一方只能获得较小的收益，可以说是双方协商达成的公平协议。因此，有法官提出，保底条款无效后风险分担的制度安排，应当有助于遏制双方的投机冲动，而不是只顾及一方，并且建议，可以参照双方当事人的过错程度及盈利分配的约定，分摊理财亏损。①不论从理论还是实践效果上看，都是有道理的。

我国现行有关法律禁止保底条款的规定，都是要求特定的金融机构不得向投资者作出保本或者保底的承诺，并非针对投资者规定的法定义务。因此，这些禁止性规定究竟是行政监管规范还是关于特定理财行为效力的法律规范，值得深入研究。鉴于司法裁决可能产生上述有违初衷的效果，较好的办法可能是，让司法的归司法，行政的归行政。金融机构违反相关法律规定向投资者承诺保底的，应当依法给予行政处罚；至于当事人之间委托理财合同的有效性，还是按照合同法和信托法加以规范。

---

① 徐子良："委托理财案件法律适用难点分析"，载《法律适用》2011年第1期。

案例 5

陈某诉光大银行杭州分行委托理财合同纠纷案

【案情】

2007年7月31日,陈某(甲方)与光大银行杭州分行(乙方)签订《中国光大银行阳光资产管理计划同赢系列产品协议书》约定:陈某向光大银行杭州分行购买资产管理计划"同赢八号"理财产品200万元,预期收益起始日为2007年8月1日,最后到期日为2009年8月1日。协议书同时载明:本协议书与协议书中记载编号的产品说明书构成完整的不可分割的理财合同。客户签署协议视为已详细阅读过协议背面的《阳光资产管理计划同赢系列产品协议条款》和有关的产品说明书,并充分理解相关的收益和潜在风险,自愿与乙方合作阳光资产管理计划同赢系列理财产品,并遵守合同项下各项规定。

《阳光资产管理计划同赢系列产品协议条款》载明:本协议项下的资产管理计划产品是指甲方将人民币资金委托给乙方,乙方代理甲方进行组合投资,并在到期日按合同约定和投资收益情况向甲方支付收益的产品;本产品的投向为委托信托公司设立的信托计划;甲方授权乙方根据本协议及产品说明书的约定,将理财资金投资于信托公司成立的、以国内资本市场公开发行的证券投资为投资标的的信托计划,并代理甲方签署信托合同和风险声明书等全部信托文件,进行资金划拨;甲方通过卡内转账购买,则购买后卡内自动生成理财账户,乙方不再单独为甲方提供中国光大银行阳光理财权利凭证;等等。《中国光大银行阳光资产管理计划同赢系列产品协议条款》在风险揭示书中指出,投资者在做出投资决定、签署本产品协议之前,应认真阅读本产品协议以及对应的产品说明书中全部条款与内容,并了解相关产品的基本情况和投资风险与收益状况,如有任何疑问即应向中国光大银行或其他权威机构进行咨询、查询、查阅有关资料及寻求解释;投资者应仅在确认其具有识别及承受相关风险的能力、确认已从银行获得令其满意的信息披露及充分而必要的风险揭示，确认拟进行的产品交易完全符合其本身从事该交易的目的之后，才可继续进行本资产管理计划交易。

中国光大银行阳光资产管理计划－同赢八号瑞丰精选产品说明书载明：本计划说明书与《中国光大银行阳光资产管理计划"同赢八号"产品协议书》共同构成完整的不可分割的理财合同；投资范围为本计划委托国投信托公司通过设立信托计划投资于在交易所公开挂牌交易或已经公开发行并即将公开挂牌交易的证券产品，具体包括：A股股票、沪深交易所的债券（国债、企业债、可转债等债券资产）及债券回购、权证、封闭式基金、从交易所市场买卖指数型LOF与ETF的流通份额，以及现金资产；本计划的风险评级为五星级，风险度高，不适合保守型和稳健型投资者进行投资；本计划募集资金量上限为10亿元人民币，若募集资金达到10亿元人民币，则本计划募集提前结束；本计划成立后每个自然月末，光大银行将于次月初3个工作日内在其网站公布当月计划财产净值及累计年化收益率，每个自然季度末，光大银行将于次月初10个工作日内在其网站公布上季度末持仓情况及投资管理报告，等等。

协议签订当日，陈某将200万元存入在光大银行杭州分行开设的理财资金账户。次日，包括该200万元资金在内的共计58笔资金1168万元转入光大银行杭州分行营业网点，并于当日转入光大银行杭州分行和光大银行总行。随后，光大银行总行将总计652830万元资金划入国投信托公司设在光大银行北京天宁寺支行的账户。国投信托公司发布"国投瑞丰证券投资资金信托"成立通告，宣布本资金信托已经全部募集完毕，并公布了资金信托的基本信息，包括期限为2年。光大银行也在其网站定期发布同赢八号的投资公告、净值公告、季度投资报告等。

《协议书》签订后，陈某多次要求赎回信托计划，光大银行杭州分行以一年之内不得赎回为由拒绝，到2008年9月30日陈某在约定的赎回期内赎回，光大银行杭州分行称"同赢八号"亏损，故陈某赎回时仅能收回资金1177400元，损失822600元。

2008年10月，陈某以光大银行杭州分行无理拒绝其赎回产品造成了经济损失为由，向杭州市下城区人民法院提起诉讼，要求光大银行杭州分行赔偿损失。

【审理与判决】

2009年4月3日,下城区人民法院以产品说明书明确约定"投资者不得在本次产品说明书指定的预约赎回日期之外对本产品进行提前赎回"为由,判决驳回了陈某的诉讼请求。陈某不服,向杭州市中级人民法院上诉,2010年3月18日,杭州市中级人民法院判决驳回上诉,维持原判。

诉讼过程中,陈某拟向受托人国投信托公司追究责任,遂于2009年6月再次向杭州市下城区人民法院起诉,要求杭州分行提供其代理陈某与国投信托公司签订的包括信托合同、信托计划、风险声明书在内的全套信托文件。法院开庭审理过程中,光大银行杭州分行称其没有为"同赢八号"每一投资者与国投信托公司签订全套信托文件,而是就"同赢八号"项下10亿元人民币与国投信托公司签订了一份总信托合同。陈某多次要求光大银行杭州分行出示该信托合同,但这一要求未得到满足。

下城区人民法院经审理,判决驳回了陈某的诉讼请求。陈某不服,提起上诉,被杭州市中级人民法院驳回。

上诉审理过程中,因为光大银行杭州分行未向陈某提供信托合同,陈某认为,光大银行杭州分行可能根本就没有履行过《协议书》约定的基本义务,根本没有与国投信托公司签订过信托合同,也根本没有将原告委托的200万元按约定交付国投信托公司设立信托,国投信托公司也不可能按照原、被告之间在《产品说明书》中约定的投资范围来履行其信托财产管理人的职责对信托财产进行管理、运用,因而认为,光大银行杭州分行根本没有按照双方约定的方式、方法对陈某委托的款项进行理财服务,陈某的投资亏损纯属虚构。据此,陈某以"光大银行杭州分行实际上并没有按约定为其理财,陈某的亏损系光大银行杭州分行虚构的"作为新的事实和理由,第三次向下城区人民法院起诉,要求光大银行杭州分行返还其余的委托款项。

光大银行杭州分行在庭审中答辩称:(一)陈某因购买光大银行杭州分行的高风险理财产品导致亏损一事,先后两次向下城区人民法院提起诉讼,光大银行杭州分行提供了与履行委托理财合同义务相关的协议书、产品说明书、投资公告、净值公告等证据,一、二审法院对其证据和抗辩均予以认定,确认光大银行杭州分行已经充分履行了合同义务,并依法驳回了陈某的诉讼请求。陈某仍以光大银行杭州分行未按约履行委托理财合同义务为由提起诉讼，属于重复诉讼，依法应当驳回起诉。另陈某以光大银行杭州分行虚构亏损作为新的事实与理由提起诉讼，该事由属于刑事案件，不属于民事诉讼范围，依法应当驳回起诉。（二）光大银行杭州分行与陈某签订《产品协议书》（包括风险说明书）、产品说明书，明确"同赢八号"为非保本浮动收益理财计划，是与股票收益挂钩的理财产品。陈某要求光大银行杭州分行赔偿损失，一、二审法院经审理判定光大银行杭州分行无履行不当之处；陈某投资亏损是因为股票市场的特殊情况，陈某购买产品时股票指数在 4000 点左右，赎回时在 1800 点左右，陈某的损失是购买高风险理财产品的正常风险所致。光大银行杭州分行在发行、管理、运作"同赢八号"理财产品过程中，完全按照相关法律规定和协议约定进行操作，并受国家金融管理部门监督，并无履行不当之处。陈某购买该理财产品，双方形成委托理财合同关系；光大银行杭州分行与国投信托开展银信理财合作业务，双方形成信托合同关系，双方之间的信托文件根据法律规定和协议约定无须向原告提供。据此认为，本案属于重复诉讼，也不属于民事诉讼范围，请求驳回原告的起诉。

杭州市下城区人民法院认为，原告陈某与被告光大银行杭州分行签订的《中国光大银行阳光资产管理计划同赢系列产品协议书》系当事人真实意思表示，内容不违反法律、行政法规的禁止性规定，应依法确认有效。产品协议书与其中记载编号的产品说明书构成了完整的不可分割的理财合同。至此，陈某与光大银行杭州分行之间设立了委托理财合同关系，约定由陈某向光大银行杭州分行购买理财计划"同赢八号"理财产品。陈某在经历了前两次诉讼后，现以理财合同的投向系委托信托公司设立信托计划为由对信托是否成立提出质疑。对此，光大银行杭州分行提供了银行系统关于资金流转的信息、经过公证证明的对账单和国投信托投资有限公司的成立通告予以证明。本院认为，光大银行杭州分行虽没有提供信托合同直接证明，但其提供的以上证据相互结合后能形成证据链，证明光大银行杭州分行已经通过光大银行总行将陈某用以购买理财产品的 200 万元资金转入国投信托公司的信托财产专户。国投信托公司作为信托关系的相对方在收到光大银行总行划入的募集资金后通过发布成立通告的方式，明确表明了《国投瑞丰证券投资资金信托合同》的存在和资金信托已经全部募集完毕的事实。在协议履行期间，光大银行杭州分行又通过其官网定期发布了"同赢八号"的投资公告、净值公告、季度投资报告等相关公告。

综上，光大银行杭州分行已举证证明履行了理财合同约定的义务，陈某提出光大银行杭州分行虚构其亏损，要求返还其余委托款项的请求没有相应依据，不予支持。据此，判决：驳回原告陈某的诉讼请求。

陈某不服，向杭州市中级人民法院提起上诉称：（一）依据产品协议书约定的信托方式，本案属于集合资金信托。我国信托法规对集合资金信托计划的要求就是信托公司须与整个信托项下每一名信托委托人单独签订全套信托文件。本案的委托人是陈某，光大银行杭州分行仅是代理人。（二）陈某与光大银行杭州分行之间是委托代理关系，陈某与国投信托公司是信托合同关系。（三）原审法院未要求光大银行杭州分行提供其与国投信托公司签订的总信托合同，不利于本案事实的查明。（四）陈某要求代理人光大银行提供其代为签订的合同，属于法定权利，不需要在合同中约定。（五）产品协议书系光大银行杭州分行制作的格式条款，对条款的理解出现争议的应作通常理解。另外，从信托文件包含的风险说明书的约定看，信托委托人也应当是陈某而非光大银行杭州分行。据此，请求二审法院撤销原判决，依法认定光大银行杭州分行单独为陈某与国投信托公司签订全套信托文件为其合同义务。

光大银行杭州分行答辩称：（一）光大银行杭州分行在发行、管理、运作同赢八号理财产品过程中，完全根据相关法律规定和协议约定进行规范操作，并受国家金融管理部门监管，并无履行不当之处。（二）陈某与光大银行杭州分行的合同形成委托理财法律关系，而非一般委托代理关系。陈某是同八号理财产品的客户，并非信托公司的客户；光大银行杭州分行与陈某形成委托理财法律关系而非信托法律关系。光大银行杭州分行与国信托公司开展银信合作，委托国投信托公司设立单一资金信托计划，与国投信托公司形成信托关系，即银信理财合作，且发行公告和产品说明书明确披露该信托计划为委托国投信托公司设立，而非国投信托公司自行设立；由此，本案所涉信托计划的委托人并不包含陈某。据此，请求二审法院依法维持原判。

杭州市中级人民法院审理认为，陈某与光大银行杭州分行签订的产品协议书在双方之间设立了委托理财合同关系，约定陈某向光大银行杭州分行购买同八号理财产品，该理财产品的投向为委托信托公司设立信托计划，该信托计划系光大银行针对理财产品所募集的全部资金统一设立的，而非为每个投资者所投的资金单独设立的。本案系陈某因购买光大银行杭州分行的理财产品而引发的委托理财合同纠纷,而非陈某直接购买信托产品而与信托公司发生的信托合同纠纷,故陈某关于其与国投信托公司存在信托合同关系的上诉理由不能成立,陈某要求光大银行杭州分行单独为其与国投信托公司签订全套信托文件亦缺乏依据。

据此,判决:驳回上诉,维持原判。

【评析】

这是一起原本比较简单的案件,但是却发生了非常复杂的诉讼,背后可能隐含了不那么简单的问题。

本案由杭州市中级人民法院终审,作出这样的判决无疑是稳妥的。一方面,从法律上看,被告是一家著名银行,合作方是一家专门经营信托业务的信托经营机构,两家商业机构为了开展银信合作,各取所长,实现互利共赢,他们的业务团队和法务人员肯定会设计出形式上完全符合法律规定的各项法律文件,所以,除非他们的交易文件存在明确的瑕疵或者实施过程中出现明显过失,否则,他们的交易行为通常就能够在法律上经得起法院的审查;另一方面,从实践来看,这类银信合作业务是前几年非常流行的所谓创新举措,成为银行与信托公司发挥各自优势、共同谋取较高收益的有效途径,同时又可以回避相关监管机构的某些监管要求,已经在各地普遍推开,并且成为商业银行和信托公司新的利润增长点,法院的判决无疑会带来很大的现实影响,考虑到司法判决可能产生的巨大社会影响,由中级人民法院对这类案件作出明确的司法规制确有难处。

本案是一个简单的委托理财案件,但是原告却先后进行了三次诉讼,而且每次诉讼都经历了两级法院审理,确实有些令人费解。但是,仔细分析原告的诉讼过程,就不难理解投资者维权的艰难。原告发现投资亏损后立即要求赎回,但被告以"不能在约定的期限之外提前赎回"为由予以拒绝。原告等到约定的期限赎回时,投资已经损失了40%多,他因此向法院起诉,两级法院均依据同样的理由予以驳回。

第一次诉讼过程中,原告打算追究信托计划的受托人国投信托公司的责任,需要相关证据,于是多次向被告索取均未果,只得再次起诉要求被告提供信托合同文件,两级法院再次驳回了原告的诉讼请求。

这次诉讼过程中,原告认为,被告既然拿不出相关的信托文件,实际上可能没有直接将其资金纳入信托计划，只是虚构了原告的损失，因此第三次向法院起诉，两级法院又一次驳回其诉讼请求。

回顾案件的三次诉讼过程，不得不赞赏原告不屈不挠维护自身权益的可贵精神，感叹这样一项充满盈利期望的投资最终变成了屡战屡败的悲惨诉讼，同时也不得不佩服金融机构精巧的产品设计。

事情本来很简单，原告有一笔资金打算用于委托理财，国投信托公司成立资金信托计划，原告作为委托人购买该信托产品，国投信托公司作为受托人，任意一家银行作为资金托管银行，各当事人之间的法律关系简明而清楚，按照信托法，当事人的权利、义务和责任也比较明确。一旦原告的投资出现损失，可以依照信托法追究相应责任人的责任，通常一次诉讼就可以解决纠纷。

但是，经过银信合作的精心设计，原告以及其他投资者的资金委托给被告银行，资金的用途是购买第三人国投信托公司的资金信托计划，原告等投资者与被告银行之间构成委托代理关系或者委托理财关系；被告银行与国投信托公司之间构成信托关系，实际上没有任何出资的被告光大银行成为信托的委托人，而且，信托文件的设计基本上排除了受托人的责任，特别是，原告等投资者根本就没有权利要求国投信托公司承担任何责任。对于投资者来说，信托法规定的受托人义务已经被银信合作的"化功大法"化解于无形之中，投资者只能面临本案原告这样找不到责任人的状况。

原告作为普通投资者之所以反复诉讼，屡败屡诉，或许是因为他有一种普通人的朴素想法：他的投资出现了损失，总得有人承担一点责任，或者，像秋菊那样，他要求讨一个说法。遗憾的是，他以三诉三败而告终。他的投资可能是盲目的或者被忽悠的，结局是悲惨的，但他维护自身权益的执着精神是值得赞赏的。

保护受益人（投资者）的权益是信托和信托业发展的基础，保护金融产品消费者的权益也是近年来日益重要的理念。由于相关法律制度不完善，金融监管体制不健全，金融机构的败德行为日益巧妙，金融产品日趋复杂，诸如本案这样的各种金融新生事物还会不断出现，从信托业健康发展的角度来看，如何在这些情况下保护投资者的权益，才是真正的大问题。

对此，有学者指出，我国信托业的快速增长势头是巨大的资产管理市场和金融资本市场需求所决定的。一度催发行业规模爆发性增长的"银信合作"

与"银政合作",这种模式无法长久。[①] 有鉴于此,信托经营机构是继续以各种设计精巧的新产品进一步恶化其"坏孩子"的形象,还是回归信托的本质,诚信经营,着力保护投资者(受益人)的利益,争取社会公众的信任,树立"好孩子"的新形象,或许是信托行业成功转型必须面对的根本问题。

[①] 季奎明:"我国信托司法活动的实证研究",载《中国商法年刊》(2012),法律出版社,2012年,第188~194页。

案例 6

邬某某诉某公司委托理财合同纠纷案

【案情】

2009年4月27日,邬某某向乙公司法定代表人高某的账户汇款300万元,用途注明为"借款"。同年5月6日,邬某某作为委托人、乙公司作为受托人、甲公司作为担保人共同签订《信托合同》约定:邬某某将300万元交付乙公司用于购买丙公司股权,并通过丙公司投资基金间接投资特定项目,乙公司按邬某某指示购买丙公司股权,并与丙公司其他股东特别约定,此股权仅对其最终在特定项目形成的投资享有权利和义务;乙公司承诺并保证,信托财产投入丙公司后,乙公司作为丙公司的投资人须促使丙公司将该信托财产用于间接投资特定项目;乙公司应当以对待自己持有的丙公司股权一般的谨慎态度管理信托财产,包括但不限于即时收取信托财产的收益(如红利等)、按邬某某的指示代其行使股东的其它权利等;乙公司应根据邬某某的指示处分信托财产;如邬某某要求,乙公司应随时向邬某某提供有关信托财产的信息;乙公司同意不收取日常管理费用,但当信托财产为受益人获取2倍以上的投资收益后,邬某某承诺支付投资收益的10%作为管理服务费等。《信托合同》还约定,甲公司不可撤销的、无条件的承诺,对乙公司根据合同约定的管理、处分信托财产的义务以及乙公司因不履行义务而产生的违约责任,承担连带担保责任,乙公司未履行义务的,邬某某有权要求甲公司承担保证责任;乙公司未按邬某某指示管理、处分信托财产,应当支付约定的违约金,若违约金不足以弥补损失,邬某某可以要求乙公司支付赔偿金。签订合同的同日,乙公司出具收据注明:收到邬某某交来委托投资款300万元。

2009年9月15日,邬某某、乙公司、甲公司又共同签订一份《信托合同》,约定邬某某将500万元交付给乙公司购买丙公司的股权,并通过丙公司投资基金。信托内容和担保与前一份《信托合同》一致。次日,邬某某向高某的账户汇款 500 万元,乙公司出具收条载明:收到邬某某 PE 投资款 500 万元。

2009 年 12 月 18 日,高某通过转账方式向乙公司在招商银行上海张江支行开立的账户汇入 800 万元,摘要注明为"高某投资款"。此后,该款项作为高某对乙公司的增资进行验资。之后,乙公司向招商银行上海张江支行发出《银行征询函》说明:本公司聘请的上海某会计师事务所正在对本公司的注册资本、实收资本变更情况进行审验,下列数据及事项出自本公司账簿记录,如与贵行记录相符,请在本函下端签章注明。该函件还注明:截至 2009 年 12 月 23 日,本公司出资者(股东)缴入的出资额为 800 万元,缴款人为高某,缴入日期为 2009 年 12 月 18 日。乙公司和高某在上述函件上确认"数据及事项证明无误"。

2011 年 5 月 30 日,乙公司形成的临时股东会决议显示:鉴于公司治理结构、内控制度等原因导致经营出现困难,各股东经协商达成如下协议:各股东一致同意,葛某官、陈某岚、徐某伟将所持公司股权全部转让给高某,转让价格按照原始投入价格,转让完成后,高某持有公司 100% 股权;公司所欠邬某某 800 万元系陈某岚出面筹集,在公司投资的低碳产业园项目产生收益前,陈某岚有责任积极配合高某与债权人充分沟通,使高某在低碳产业园产生收益前延缓或分期还款,公司会在低碳产业园产生效益后优先归还邬某某 800 万元,如债权人提出在低碳产业园产生收益前提前还款,陈某岚有责任与对方协商并取得对方谅解延期还款,公司及其他股东在此期间免责,可以提供力所能及的帮助。

2011 年 6 月 15 日,高某出具《承诺书》,承诺在当年 7 月 31 日前分三次偿还邬某某的 800 万元,否则将赔付延迟还款的损失。但是,高某逾期仍未偿还邬某某的款项。

2011 年 9 月 1 日,邬某某向乙公司、甲公司以及丙公司分别发出《律师函》,认为乙公司置《信托合同》不顾,在邬某某完全不知晓情形下,擅自将其缴付之全部信托财产挪作他用,违反《信托合同》,造成邬某某重大损失,要求乙公司以书面形式向邬某某告知信托财产的投资信息,并按照其要求处置信托财产。

2011 年 11 月 10 日,邬某某向法院起诉,要求高某返还欠款并赔偿利息损失。法院审理过程中,邬某某认为,其款项系基于《信托合同》而交付的,而乙公司并未按照《信托合同》履行义务,高某以个人名义同意返还款项,但高某称,承诺书代表乙公司的法人行为而非其个人行为,鉴于邬某某在高某签订《承诺书》后继续发函要求按约处置信托财产,即《信托合同》尚未终止,高某不再按《承诺书》履行还款义务,因此,邬某某撤回了起诉。

嗣后,邬某某向上海市浦东新区人民法院起诉,请求判令解除涉案两份《信托合同》,乙公司返还其800万元资金,支付违约金及赔偿金;甲公司和丙公司承担连带清偿责任。

【审理与判决】

上海市浦东新区人民法院审理认为,邬某某、乙公司和甲公司于2009年5月6日、9月15日签订的两份《信托合同》系各方当事人真实意思表示。从签订合同的主体看,受托人并非我国相关法律规定的具有特殊资质的信托公司;从合同内容看,系邬某某提供一定资金,委托乙公司对外购买股权以取得相应的利益,并非我国法律意义上的信托合同关系,实质为委托理财合同关系。上述合同内容并未违反我国法律、法规的禁止性规定,应当认定合法有效。(一)关于乙公司应否承担返还800万元及违约金的责任。系争两份《信托合同》对邬某某与乙公司、甲公司之间的权利义务作了明确约定,乙公司收取邬某某的钱款后应当严格按约履行合同义务,现乙公司在履行合同的过程中,擅自将邬某某交付的钱款用于公司的增资,该行为已经严重违反合同约定,导致邬某某的合同预期和合同目的无法实现,邬某某为此要求解除两份《信托合同》、乙公司返还800万元的诉请,应予支持。根据《信托合同》的约定,乙公司未按邬某某指示管理、处分信托财产的,应当支付违约金,若违约金不足以弥补邬某某的损失,邬某某可以选择要求乙公司支付赔偿金。现邬某某主张合同约定的违约金,同时还主张赔偿利息损失,可根据乙公司的违约事实、违约时间和恶意程度等综合判断,酌情判定乙公司支付邬某某违约金,并赔偿利息损失。(二)关于甲公司应否承担担保责任。甲公司为系争《信托合同》的主体之一,按照合同约定,其为基金管理人和担保人。结合《信托合同》的约定,甲公司对于乙公司未履行邬某某交付的钱款的特定用途而产生的违约责任应当承担连带担保责任。为此,邬某某要求甲公司对乙公司向邬某某承担的返还800万元和支付违约金的付款义务承担连带清偿责任的诉请,应予支持。甲公司承担责任后,有权向乙公司追偿。

综上,依照《合同法》和《担保法》的有关规定,判决:(一)解除邬某某与乙公司、甲公司签订的两份《信托合同》;(二)乙公司应返还邬某某信托投资款 800 万元,支付约定的违约金 8 万元,并按照中国人民银行规定的同期贷款利率,赔偿相应的利息损失;(三)甲公司对乙公司的上述债务承担连带清偿责任。

甲公司不服,向上海市第一中级人民法院上诉称,涉案两份《信托合同》均应当认定为合法有效,本案应当优先适用信托法的相关法律规定;两份《信托合同》均未依法实际履行,系争 800 万元款项为邬某某与高某个人之间的往来款项,与《信托合同》无关;因此,甲公司的担保责任因主合同尚未履行而不成立,原审法院相关认定有误,且程序违法,请求撤销原审判决,依法改判驳回邬某某的全部诉讼请求。

乙公司述称,涉案两份《信托合同》均由甲公司拟定,甲公司是相关投资基金的管理人,乙公司是根据甲公司的决定和安排而配合执行的,系争资金最终投资到甲公司的扬州公司,故乙公司遵守并履行了合同义务,不应当承担不利的法律后果。

上海市第一中级人民法院审理认为,我国《信托法》第 2 条明确规定,信托是指委托人基于对受托人的信任,将其财产权委托给受托人,由受托人按委托人的意愿以自己的名义,为受益人的利益或者特定目的,进行管理或处分的行为。本案邬某某将自有资金 800 万元委托乙公司进行投资,并由甲公司作为担保人,三方共同签订的两份《信托合同》符合相关信托法律规定,确系各方当事人的真实意思表示,两份《信托合同》合法有效,签约各方约定的各项权利义务具有法律约束力,当事人均应恪守履行。邬某某将其资金共计 800 万元分两次通过银行汇款方式付入乙公司法定代表人高某的个人银行账户,乙公司分别出具收据和收条,确认收到投资款项;其后,高某亦通过银行转账方式将款项汇入乙公司的银行账户,至此,邬某某已全部履行合同义务。然而,被告乙公司收到邬某某的 800 万元投资款后,并未按约用于购买丙公司股权及间接投资特定项目,而是被法定代表人高某挪用进行个人增资,后又投入其他公司及项目,完全未按照《信托合同》约定的义务履行合同,造成损失,致使邬某某的合同目的无法实现,乙公司已构成根本违约,理当承担相应的法律责任。原审法院采信邬某某关于解除涉案《信托合同》并由乙公司返还信托投资款本金、支付相应违约金的诉求,符合合同约定及法律规定,处理正确。现上诉人甲公司认为涉案两份《信托合同》均未依法实际履行，系争 800 万元款项为邬某某与案外人高某个人之间的往来款项，与涉案《信托合同》无关，既未得到对双方当事人认可，高某作为乙公司的法定代表人也否认出具《承诺书》系其个人行为，而是代表乙公司的法人行为，即便高某以乙公司法定代表人身份将投资款挪作他用，也属于乙公司未能按约履行合同义务的行为，甲公司认为涉案《信托合同》未实际履行，与事实不符，难以采信。根据《信托合同》约定，甲公司对乙公司根据本协议约定的信托财产及管理、处分该信托财产的义务，以及乙公司因不履行该等义务而产生的违约责任承担连带担保责任，如乙公司未能履行该等义务，则邬某某有权要求甲公司承担保证责任。由此，甲公司因乙公司未能履行合同义务而理当按约向邬某某承担连带担保责任。原审法院查明事实清楚，适用法律正确，处理当予以维持。甲公司的上诉理由缺乏事实依据和法律依据，不能成立。据此判决：驳回上诉，维持原判。

【评析】

本案涉及四方当事人，案情看起来也比较复杂，但是法律关系似乎并不复杂。就当事人之间的法律关系而言，本案的案情可以简化为：原告将其资金委托被告乙公司设立信托，信托资金应当用于购买丙公司的股权，甲公司作为乙公司的担保人，但实际上，乙公司并未用信托资金购买丙公司的股权，而是将信托资金挪作他用，信托目的未能实现，原告追讨未果，遂向法院请求救济，法院依照《合同法》为原告提供了相应的救济。

本案原告两次向法院寻求救济，都是依据当事人签订的《信托合同》或者乙公司的还款《承诺书》而提起诉讼的，法院只能按照当事人的诉讼请求进行审理。鉴于被告乙公司的违约行为如此明显，而甲公司的担保责任在两份合同中均有明确约定，法院判决被告乙公司返还原告的投资款及违约金，以及甲公司承担连带清偿责任，显然是正确的。

不过，按照信托法原理分析，本案原告委托被告进行股权投资，与被告签订了《信托合同》，并且如约将信托资金交付被告，虽然被告没有经营信托业务的资质，但是，我国《信托法》承认民事信托与营业信托，被告公司如非面向不特定社会公众受托理财、开展信托经营活动，只是作为普通受托人接受委托而代为投资，双方设立民事信托，并不违反法律法规的强制性规定；而且，信托财产为资金，不属于依法应当登记的财产，因此不需要进行信托登记，所以，依据信托合同设立的信托有效成立，原告与被告之间已经依法形成信托法律关系。原告作为委托人履行了将信托财产交付被告的主要义务，但被告却违反信托义务，将信托资金挪作他用，造成了信托财产的损失，理当承担相应的责任。

在这种情况下，原告可以依据信托法请求救济。我国《信托法》第25条规定："受托人应当遵守信托文件的规定，为受益人的最大利益处理信托事务。受托人管理信托财产必须恪尽职守，履行诚实、信用、谨慎、有效管理的义务。"本案被告有意将信托财产挪作他用，明显违反了这一规定，原告有权依法起诉被告违反信托义务，请求被告赔偿由此给信托财产造成的损失。甲公司作为乙公司的担保人，应当承担相应的担保责任。

案例 7

徐某庆、陈某诉朱某群、刘某春委托理财合同纠纷案

【案情】

2011年5月1日,徐某庆、陈某与朱某群、刘某春签订委托协议书约定:徐某庆、陈某将自己股票账户里的21万元资金交给朱某群、刘某春操盘交易,朱某群、刘某春不仅要确保21万元本金不得减少,还需每三个月一次性给付徐某庆、陈某收益款17500元,其余的收益无论是盈是亏都由朱某群、刘某春享有和承担。协议履行期为半年,即2011年5月1日至11月1日。

协议签订后,徐某庆、陈某将其股票账户移交给朱某群、刘某春操盘至2011年11月1日,随后双方又续签一份协议,主要内容与前述协议一致。该协议履行期满后,双方没有再签订协议,但是仍按照上述协议内容一直履行到2013年4月11日,朱某群、刘某春一直操盘交易至2013年4月。期间,朱某群给付了徐某庆、陈某收益款37500元,另外出具了17500元的欠条一张。

经鉴定,2011年4月29日(当年五一节前的最后一个交易日)徐某庆股票账户里的股票折款及现金余额为167211.72元;该日后至2013年4月11日,该股票账户新投入的资金金额为141078.57元。扣除新投入的资金,自2011年4月29日至2013年4月11日止,该交易账户的原有资金在交易过程中的亏损金额为137805.10元,在此期间该账户无转出金额。

经清盘结算,徐某庆、陈某账户里的21万元资金只剩下17万元,按照合同约定,减少的40000元应由朱某群、刘某春补齐,朱某群、刘某春还拖欠收益款102500元,合计共拖欠142500元,经多次协商不成,徐某庆、陈某遂向淮南市潘集区人民法院起诉,请求判令朱某群、刘某春履行合同义务,偿还本金40000元,给付收益款102500元。

朱某群、刘某春反诉称:2011年5月,双方签订的委托协议书违反《证

券法》第122条的强制性规定，属于无效合同。合同的保底条款违背了委托人承担责任的基本原则，也违反证券市场中风险与利益共存的基本客观规律，助长了非理性投资，扩大了市场泡沫，并容易引起金融风险，故双方约定保底条款无效。请求法院判决双方签订的委托协议书无效。

徐某庆、陈某针对反诉辩称：双方签订的委托协议书是有效合同，协议是双方真实的意思表示，协议内容不违法，朱某群、刘某春应当依法履行合同义务。朱某群、刘某春称协议无效的理由不能成立，证券法是针对证券公司的法律规定，不能针对个人。保底条款是双方真实意思表示，且不违反法律强制性规定，应当有效。请求驳回朱某群、刘某春的反诉请求。

【审理与判决】

淮南市潘集区人民法院审理认为：《证券法》虽然规定禁止证券公司接受客户的全权委托炒股，但法律未对个人之间关于炒股的全权委托进行限制，即法律没有明文禁止，那么个人之间的委托炒股的协议即为有效。本案双方当事人签订的委托协议书，系双方在充分认识到炒股风险的基础上自愿签订，意思表示真实，完全符合"契约自由，意思自治"的法律原则，且内容没有违反我国现行法律的强制性规定，合法有效，应当受到法律的保护。朱某群、刘某春在签订协议并实际履行后，仅给付徐某庆、陈某37500元现金的收益款和一张17500元的欠条，未按照协议的约定支付收益款，构成违约，应当承担相应的民事责任。徐某庆、陈某在诉请中要求朱某群、刘某春返还本金40000元，经鉴定机构鉴定，在双方签订协议时徐某庆的股票账户里股票折款及现金余额为167211.72元，徐某庆在2013年4月11日结算时提取了17万元，多提取的2788.28元应当冲抵收益款。对徐某庆、陈某的该项诉请，不予支持。委托协议书第五项约定的每年收益款70000元是基于21万元本金，经鉴定，本金为167211.72元，收益款也应相应地减少为每年55737.24元，朱某群为徐某庆操盘共计24个月，应给付徐某庆、陈某收益款111474.48元。扣除朱某群、刘某春已给付的37500元及徐传庆多提取的2788.28元，朱某群、刘某春还应给付徐某庆、陈某收益款71186.20元。朱某群给徐某庆出具的17500元欠条因没有实际给付，在本案中一并处理，即该欠条包括在上述款项中。朱某群、刘某春提出反诉，因双方签订的协议合法有效，应当履行，其反诉请求应予驳回。

综上，依照《合同法》有关规定，判决：朱某群、刘某春给付徐某庆、陈某收益款71186.20元；驳回徐某庆、陈某的其他诉讼请求及朱某群、刘某春的反诉请求。

朱某群、刘某春不服，向淮南市中级人民法院上诉称：（一）本案的合同重要条款不是双方真实意思表示，双方权利义务不对等，对朱某群、刘某春不公；双方签订的两份委托炒股协议违反诚信、公平原则，徐某庆存在严重欺诈行为，合同双方均不是真实意思表示；一审判决认定委托炒股协议有效是错误的；（二）一审判决适用法律错误。保底条款违反证券交易市场经济基本规律，有悖于民商法的基本原理和信托基本法理；本案应适用《证券法》及《合同法》进行审理，双方签订的委托协议违反《证券法》的规定，又约定了保底条款，违反公平原则，应认定无效。请求撤销原判，改判驳回徐某庆、陈某的诉讼请求，支持朱某群、刘某春的反诉请求。

徐某庆、陈某答辩称：（一）委托协议书是双方四个成年人共同签字认可的，系双方真实意思表示，朱某群、刘某春称欺诈、显失公平完全不能成立。（二）双方签订的协议既不违法，也不损害公共利益，合法有效，朱某群、刘某春应按合同约定履行合同义务。请求驳回上诉，维持原判。

淮南市中级人民法院归纳本案二审的争议焦点为：（一）委托协议的效力如何认定；（二）签订协议时徐某庆投入的本金如何认定，一审判决朱某群、刘某春给付收益款71186.20元是否正确；（三）朱某群、刘某春的反诉请求能否成立。

淮南市中级人民法院确认一审查明的事实，另查明，2011年5月1日双方签订委托协议书时，朱某群、刘某春已知道徐某庆股票账户资金为167221元。

淮南市中级人民法院审理认为：关于委托协议的效力如何认定，朱某群、刘某春在2011年5月1日签订委托协议时已明知徐某庆股票账户资金是167221元，而非210000元。此后，股票账户一直由朱某群操作。显然，朱某群、刘某春在签订委托协议时对徐某庆的股票账户资金亦是明知的，在这种情况下仍先后两次与徐某庆、陈某签订委托协议书，约定股票账户资金为210000元，该约定系朱某群、刘某春的自愿行为，是其真实意思表示，而非徐某庆、陈某故意告知虚假情况或故意隐瞒真实情况，诱使朱某群、刘某春作出的错误意思表示。因此，朱某群、刘某春主张徐某庆、陈某恶意欺诈显然与事实不符。同时，委托协议的内容系双方在协商一致的基础上自愿达成，对于收益的分配、亏损的承担均明确进行了约定，徐某庆、陈某在签订协议时对股票操作并不比朱某群、刘某春具有优势或更多的经验，朱某群、刘某春是否具有证券从业人员资格，并不影响双方签订自然人个体之间的委托炒股协议，且双方在签订协议时均明确表示已明知股市存在风险。因此，委托协议亦不存在权利义务不对等、显失公平的情形。朱某群、刘某春认为，委托协议违反了《证券法》第122条"设立证券公司，必须经国务院证券监督管理机构审查批准。未经国务院证券监督管理机构批准，任何单位和个人不得经营证券业务"、第144条"证券公司不得以任何方式对客户证券买卖的收益或者赔偿证券买卖的损失作出承诺"的禁止性规定，应为无效，但从上述规定的条文内容来看，是对经营证券业务主体的设立审批以及证券公司的承诺禁止进行的规定。本案委托协议的主体双方均是自然人，协议的内容也只是个人之间的委托炒股而非证券经营业务，故本案不适用上述规定。中国证监会、银监会等部门发布的文件并不属于法律、行政法规的范畴。现行法律、行政法规对于自然人之间委托炒股并无禁止性规定。因此，朱某群、刘某春与徐某庆、陈某签订的委托协议并不符合《合同法》第52条规定的合同无效的情形。综上，朱某群、刘某春与徐某庆、陈某签订的委托协议是双方当事人真实意思表示，不损害社会公共利益，未违反法律、行政法规的强制性规定，合法有效。朱某群、刘某春认为双方签订的委托协议违反诚信原则、公平原则，徐某庆、陈某存在欺诈行为，协议不是双方当事人真实意思表示，违反了法律法规的禁止性规定，应为无效的上诉理由，缺乏事实和法律依据，不予采纳。

关于签订协议时徐传庆投入的本金如何认定，根据协议的约定，股票本金为210000元。一审中，经鉴定机构鉴定，2011年4月29日徐某庆股票账户里的股票折款及现金余额为167211.72元，一审法院据此认定双方签订协议时，徐某庆股票账户本金为167211.72元，徐某庆、陈某对此予以认可，本院予以确认。朱某群、刘某春上诉主张签订合同时徐某庆实际投入本金是147902元，并未提供充分证据加以证实，该上诉理由不能成立，不予采纳。关于合同履行期限，虽然双方签订的两份书面协议约定的时间是2011年5月1日至2012年5月1日，但一审中双方均认可委托协议实际履行至2013年4月11日。根据双方签订的协议约定，收益款的结算周期为每三个月一结算，并非按天计算。因此，一审法院根据双方实际履行时间确定朱某群共为徐某庆操盘 24 个月并无不当。朱某群、刘某春认为合同实际签订时间为 6 个月，一审判决认定合同履行时间为 24 个月没有依据的上诉理由不能成立，不予采纳。因双方签订的合同合法有效，双方当事人均应按照合同约定履行合同义务，故朱某群、刘某春应当按照合同约定，每三个月向徐某庆、陈某支付收益款。一审法院按照鉴定结论认定的本金，对收益款进行相应的调整后，认定朱某群、刘某春应给付徐某庆、陈某收益款 71186.20 元并无不当。朱某群、刘某春认为合同约定的收益标准不合理，应参照国内委托理财标准计算，一审判决给付徐某庆、陈某收益款 71186.20 元错误的上诉理由缺乏依据，不予采纳。

关于朱某群、刘某春的反诉请求能否成立，因双方签订的委托协议合法有效，故朱某群、刘某春要求确认委托协议无效及确认朱某群出具的 17500 元欠条无效的反诉请求不能成立，不予支持。根据双方合同约定，朱某群、刘某春在代理期间所产生的亏损由朱某群、刘某春现金补偿徐某庆、陈某，低于股票账户资金基数和三个月收益总额的部分须由朱某群、刘某春补齐所差资金。因此，朱某群、刘某春主张徐某庆、陈某返还已给付的利润、委托期间注入的资金，徐某庆、陈某承担 80% 的亏损，朱某群、刘某春应分得股票账户资金余额的 80% 等反诉请求均无事实及法律依据，均不予支持。

综上，一审判决认定基本事实清楚，判决结果并无不当。朱某群、刘某春上诉请求及理由均不能成立，不予支持。

据此，判决：驳回上诉，维持原判。

【评析】

本案是普通自然人之间委托炒股而产生的纠纷。近些年来，股市投资日益吸引社会公众的关注和参与，亲戚朋友和同事之间委托炒股现象普遍存在。由于我国证券市场还不成熟，监管经验还不丰富，加上股市本身的变化无常，因委托炒股引发的纠纷明显增多，其中相当一部分是亲友之间委托炒股，而且涉及的资金数额不大，不少情况下还能获得一定的收益，即使炒股失败，委托人的资金有所损失，数额通常也不大，又碍于亲友情面，因此，可能不会轻易争诉到法院。反倒是有些半职业化的所谓民间炒股高手受托代人操盘炒股，甚至同时受多人所托代为炒股，因为涉及的资金数额较大，委托人的损失也可能较大，一旦产生争议，受托人不愿或者难以赔偿委托人的损失，就容易争诉至法院。

这类委托炒股的受托人通常都具有一定的证券投资知识，有在证券经营机构工作的经历或者有一定的股市投资经验，并且某一阶段有较好的投资收益，因而具有一定的信誉；委托人通常有一定的资金，希望分享股市投资的高收益但却缺乏股市投资的能力和经验，只能委托他人代为炒股。多数情况下，在股市上涨阶段，这类委托炒股的双方都能够如愿以偿，委托人获得较高的收益，受托人获得较高的报酬或者分享部分收益；但在股市下跌的阶段，大部分炒股者都是亏损的，很容易产生纠纷。现实中虽然也有些是因为双方对炒股获得的收益如何分配产生争议的，但通常都是因为炒股亏损而引发纠纷，诉至法院的。

本案可以说是普通自然人委托炒股的一个典型案例。原告委托被告操作其股票账户，双方签订的协议对炒股的收益分享和损失承担都作了约定。不巧的是，当时我国股市处于下跌周期，被告的操作给原告带来了不小的损失，但却不愿或者无力赔偿原告的损失，最终因被告未如约承担损失而引发诉讼。

审理本案的两级法院作出了相同的判决，是值得赞赏的。本案的关键是如何认定双方当事人签订的委托理财协议书的效力，特别是保底条款的效力，法院认定双方当事人签订的委托理财协议书合法有效，应当说是正确的。

首先，双方当事人是普通自然人，法律并未禁止自然人之间的委托理财，按照"法无禁止即可为"的原则，本案双方当事人有权就委托理财签订协议。至于《证券法》的有关规定，依法只适用于证券经营机构，不适用于自然人并非作为营业行为而进行的受托理财，因此，不能以《证券法》对证券经营机构的禁止性规定，否定自然人之间委托理财活动的合法性；

其次，双方当事人的委托理财协议是双方平等协商一致达成的，不存在《合同法》规定的合同无效情形，虽然被告主张原告有欺诈行为，但是没有事实依据；而且，就双方当事人的情况而言，被告具有证券投资和股票账户的实际操作经验，应当说处于优势地位，如果说委托理财存在欺诈，通常是受托人利用投资知识和投资技能的优势欺诈委托人，而不是缺乏投资经验的委托人欺诈较有投资经验的受托人；

第三，委托协议中的保底条款，是双方当事人平等协商确定的，符合双方的利益，也符合收益与风险相适应的投资原则。这类委托理财活动的实质都是双方各尽其力、各取所需、各得其利，委托人有资金却没有投资经验，受托人有投资经验却没有足够的资金，双方都希望分享股市投资的高收益，于是，委托人出资金，受托人出经验和投资技能，双方约定分享投资的收益；委托人不希望丧失本金，受托人亲自操作进行投资，希望获得较高的报酬甚至与委托人分享投资的收益，愿意因此承担赔偿一定损失的风险，双方各自发挥自身优势，利用对方的优势，共同合作进行投资，分享收益，委托理财协议的保底条款往往是达成协议的基础，也是双方共同接受的关键条款，特别是受托人亲自进行证券投资，对证券市场投资的风险比委托人有更深刻的认识，之所以接受保底条款，是期望以可能的投资损失风险换取更高的收益，受托人虽然有可能面临投资损失的风险，但是相信自己的投资能力或者股市投资的趋势，并且愿意承担可能出现的投资损失；更重要的是，受托人对于委托人的保底要求自始就是清楚的，双方既然都同意保底条款，该条款既不违法，未损害他人的合法权益，作为自然人之间的个别行为，也不会因此带来较大的金融风险，法院没有理由否认保底条款的效力；而且，按照诚实信用原则，既然协商达成了保底条款，双方当事人，特别是受托人，作为一个诚实信用的人，不应当在投资出现损失时，再回头否认保底条款的效力。

案例 8

党某诉某投资咨询公司及黄某委托理财合同纠纷案

【案情】

黄某系百色市某投资咨询公司的法定代表人和投资人。2011年12月19日、29日及2012年1月19日、21日,党某先后与该投资咨询公司签订四份《投资合作协议》约定:党某分别在上述时间投资3万元、1万元、1万元、1万元委托某投资咨询公司理财,投资增值产品现货黄金;某投资咨询公司承诺保本保收益,月收益分别为5%、3%、2.5%、2.5%,双方按月结算,收益超出以上部分全部归某投资咨询公司所有,不足部分由某投资咨询公司补足,结算日当日结清,党某的投资风险由某投资咨询公司承担,期限分别为6个月、1个月、6个月、1个月等。

各协议签订当日,党某即分别将投资款3万元、1万元、1万元、1万元通过借款方式支付给黄某,黄某收到后即分别在《投资合作协议》上写下借条,承诺在2012年9月1日前还清上述投资款。

此后,党某又分别于2012年5月1日投资7000元、7月11日投资5000元,委托某投资咨询公司理财,黄某又写下两份借条,分别承诺2012年12月1日还清投资款7000元、2012年9月1日还清投资款5000元。

上述各协议履行过程中,某投资咨询公司、黄某并未依约按月与党某结算,也未逐月将收益金支付给党某。直至协议履行期限届满后,某投资咨询公司仍未向党某支付收益金并退还党某的投资款项,而是继续占用党某的投资款。党某多次催收,某投资咨询公司均以资金周转困难为由拒绝支付。

2013年4月19日,党某向百色市右江区人民法院起诉,请求判令某投资咨询公司、黄某返还党某投资款72000元,并支付投资款收益金35750元。

某投资咨询公司、黄某辩称，党某明知投资理财是高风险高收益的项目，造成的亏损应由双方各承担一半，因此，被告不应承担理财的利息和收益。

【审理与判决】

百色市右江区人民法院认为，原告直接将资金交付被告某投资咨询公司的法定代表人黄某，由某投资咨询公司、黄某以自己的名义或借用他人的名义，通过网络从事投资经营黄金交易买卖，被告收到该款后，原告与某投资咨询公司之间的信托合同关系成立，原告为委托人，被告某投资咨询公司为受托人，双方之间签订的《投资合作协议》实为信托合同，被告某投资咨询公司因承诺信托而取得原告的投资款是信托财产，某投资咨询公司应当履行受托义务。

根据《信托法》第34条"受托人以信托财产为限向受益人承担支付信托利益的义务"的规定及《投资合作协议》的约定，被告某投资咨询公司收到原告的投资款，就应当依约向原告支付信托利益，即收益金，并在合同终止后依约返还原告信托财产，即投资款，由于被告某投资咨询公司未依约返还原告的信托财产，根据《信托法》第55条的规定，信托终止后，在信托财产转移给权利归属人的过程中信托视为存续，权利归属人视为受益人，被告某投资咨询公司应当依约向原告支付信托关系存续期间的信托利益。故原告依约向被告某投资咨询公司交付信托财产后，被告某投资咨询公司应在信托财产的限额内依约向原告支付信托利益，被告黄某系某投资咨询公司的投资人，该投资经营利益由其享有，产生的债务应当由其承担，且原告的投资款由其收取并写下借条承诺偿还，被告黄某应对某投资咨询公司的本案债务承担共同偿还责任，原告主张被告某投资咨询公司、黄某返还投资款72000元及支付收益金35750元的诉讼请求，事实清楚，证据充分，于法有据，本院予以支持。

被告提出投资理财是高风险高收益的项目，造成的亏损应由双方各承担一半，其不应承担理财收益的抗辩理由，缺乏事实依据且与合同约定不符，本院不予采信。

据此，依照《民法通则》第108条、《合同法》第404条、《信托法》第34条及第55条的规定，判决：某投资咨询公司返还党某投资款（信托财产）72000元，并支付投资收益金（信托利益）35750元；黄某对某投资咨询公司的上述债务承担共同付款责任。

【评析】

本案是一个简单而常见的委托理财案件。特别是在证券市场上涨阶段，各类投资咨询机构都接受投资者委托代人理财，并且愿意承担较高的风险，以期分享证券市场蓬勃发展带来的高收益。

本案原告先后多次将小额资金委托被告投资理财，虽然约定的收益率稍高，但可能因为数额不大，而且当时黄金市场处于上涨阶段，被告接受委托时作出了保本保利的承诺，并且留下书面证据。结果，或许是因为被告的投资未能获得期望的收益，难以如约向原告支付投资收益，或许是被告希望更长时间地占用原告的资金，总之，在约定的期限届满后，未如约向原告履行义务，经原告多次催讨，被告仍未偿还原告的投资款和支付收益，从而引发诉讼。

法院依据双方当事人签订的投资合作协议，认定双方之间存在信托合同关系，并且主要依据信托法作出判决，是比较明智的。采取合同方式设立信托的，对于信托合同的成立、从而对于信托的有效成立，主要应当适用《合同法》规则予以认定；对于信托的生效，需要适用《信托法》的有关规定加以认定。一旦依法认定信托合同有效、信托成立并生效，则应当适用《信托法》解决当事人之间因实施信托而产生的纠纷，信托合同作为信托文件，是受托人履行职责和义务的重要依据，主要用于确定受托人是否依照信托合同和《信托法》的规定履行义务、是否需要依法承担相应的责任。

本案双方当事人先后签订多份投资合作协议，约定原告将自有资金委托被告投资于现货黄金交易，双方约定了保本条款及收益分配办法，包括原告的投资收益率和被告享有超额收益，即原告取得约定的收益后，其余的投资收益全部归被告。这也是一种比较常见的委托理财收益分配方式。

双方当事人通过签订投资合作协议确立了信托关系，但被告作为受托人在实施信托的过程中未能如约向原告支付投资收益，从而引发诉讼，法院直接适用《信托法》的相关规定作出判决，依法要求被告按照信托文件（信托合同）的约定履行义务，从而巧妙地避开了保底条款的效力这个可能引起争议的问题。

好在被告亦未主张《投资合作协议》的保证收益率条款无效，只是主张投资理财系高风险高收益项目,造成亏损应由双方各承担一半。这一抗辩理由显然不够充分,因为被告对投资的风险应当有清醒的认识,如果被告原本主张双方共担损失,理应在《投资合作协议》里作出明确约定,但事实上协议的约定是,保证原告的收益后,其余投资收益全部归被告。被告的抗辩明显与合同约定不符,又缺乏事实依据,法院不予采信,是正确的。

案例 9

杨某诉苏某信托投资理财合同纠纷案

【案情】

2005年10月,被告苏某雄对原告杨某许诺说,如果杨某投资给他炒黑市黄金期货,他一定保赚不赔。杨某信以为真,遂与苏某雄达成口头委托协议:杨某将资金交给苏某雄操作,用于购买炒作黑市黄金期货,本金及所得利润归杨某所有。

随后几天,杨某陆续将投资款项交付给苏某雄,合计478560元。2005年10月14日,苏某雄立写收据给原告,内容写明:"兹收到杨某交来投资买黄金期货款人民币肆拾柒万捌仟伍佰陆拾元正(478560),收款人苏某雄"。

苏某雄收到杨某的投资款后,并没有将投资款入市交易购买黄金期货。后杨某向苏某雄催要投资款,苏某雄称,杨某的投资款已经入市交易并且全部亏损了。双方为此发生争议。

2006年6月7日,杨某向北海市银海区人民法院提起诉讼,请求苏某雄返还其投资款,并支付利息。

【审理与判决】

银海区人民法院审理后,于2006年11月13日作出判决。判决生效后,被告杨某雄不服,向北海市人民检察院提出申请,北海市人民检察院向北海市中级人民法院提出抗诉。北海市中级人民法院经提审,于2010年6月11日作出裁定:撤销银海区人民法院的判决,发回重审。

2010年8月13日,银海区人民法院依法追加被告苏某雄的妻子黄某娇为被告参加诉讼,并于2011年1月13日公开审理此案。

两被告答辩称:(一)信托投资合同必须是书面的,而原告与被告之间只有口头合同,因而合同无效;(二)苏某雄只收过原告的10000元,原告提供的被告收到原告478560元的收据，是被告受到原告胁迫所写的，不能作为证据使用。原告的利息请求超过原审的请求范围；（三）原、被告之间的法律关系是黄金期货代理合同纠纷，并非信托理财纠纷。（四）被告已将收到原告的款项全部投入黄金期货，已全部亏损。因此，原告的请求没有法律依据，请求法院驳回原告的诉讼请求。

银海区人民法院审理认为，原告杨某与被告苏某雄关于原告将资金交给被告操作购买炒作黑市黄金期货、本金及所得利润归原告所有的约定，属于信托投资理财合同。被告关于原、被告之间的法律关系应定为黄金期货代理合同的主张，与本案查明的法律关系的性质不符，不予采信。被告苏某雄没有从事信托投资理财的资格，其接受原告信托投资的行为违反了《信托投资公司管理办法》第12条第2款[①]的规定："未经中国人民银行批准，任何单位和个人不得经营信托业务。"并且，双方在合同中约定的黑市黄金期货未经中国人民银行批准，属非法金融业务，据此，根据《合同法》第52条第5项的规定，原、被告之间的信托投资理财合同无效。原告在举证期限内申请变更增加利息请求，符合法律规定。被告主张原告增加利息的请求已超出原审范围，没有法律依据，对此不予采纳。原告支付给被告苏维雄投资款478560元，有被告苏维雄所立写收据证实，本院予以确认。被告辩称该收据系原告胁迫所写，违背被告的真实意思表示，但却没有证据证实，本院不予采纳。被告主张已将原告投资款全部投入黄金期货交易，原告对此不予认可，根据《最高人民法院关于民事诉讼证据的若干规定》第76条的规定："当事人对自己的主张，只有本人陈述而不能提出其他相关证据的，其主张不予支持。但对方当事人认可的除外。"因被告对该主张未能提供证据证实，原告也不予以认可，故不予采纳。本院依法认定被告苏某雄没有将原告杨某的478560元投资款入市交易。原、被告之间的合同无效，根据《合同法》第52条的规定："合同被确认为无效后，当事人因该合同取得的财产，应当予以返还。"被告苏某雄应将投资款478560元返还原告。被告苏某雄经原告催要后拒不返还原告的投资款，造成原告的利息损失。本案债务是在被告苏某雄与黄某娇夫妻关系存续期间产生的，被告黄某娇未能举证证明上述债务是被告苏某雄的个人债务，本案债务属于两被告夫妻共同债务，原告请求被告黄某娇与被告苏某雄

---

① 该条款已被《信托公司管理办法》第7条第2款取代，但基本内容未变。

共同返还投资款 478560 元及支付从起诉之日起的利息,于法有据,本院予以支持。

据此,判决:被告苏某雄、黄某娇返还原告杨某 478560 元,并支付相应的利息(从原告起诉之日至履行期限最后一日期间,按中国人民银行规定的同期贷款利率计算)。

【评析】

本案是一个较为特殊的委托理财纠纷。法院虽然认定,原告与被告就原告将款项交付被告投资炒黄金期货的约定,属于信托投资理财合同,但同时指出,被告没有从事信托投资理财的资格,其接受原告委托投资的行为违反了相关的行政规章,从而避开了信托法的追问,而是直接依据合同法的有关规定,判定双方之间的合同无效,要求被告返还原告的投资款,并支付相应的利息。

本案的特殊性在于,双方当事人约定投资购买炒作黑市黄金期货。根据《期货交易管理条例》第 4 条的规定:期货交易应当在依法设立的期货交易所或者国家批准的其他期货交易场所进行;禁止在上述场所之外进行期货交易。即法规明确禁止黑市期货交易。因此,双方当事人约定的所谓投资行为本身就是违法的。如果说双方当事人之间的口头协议可以构成信托投资合同,其信托目的就是进行黑市黄金期货交易。按照《信托法》第 11 条第 1 项的规定,信托目的违反法律、行政法规或者损害社会公共利益的,信托无效。因此,即使不考虑设立信托的书面形式要求,本案双方当事人之间的信托也因为信托目的违法而无效。

案例 10

陈某军诉刘某委托理财合同纠纷案

【案情】

2011年2月16日,陈某军(甲方)与刘某(乙方)签订《证券投资代客理财服务协议》约定:甲方委托乙方有偿代理操作甲方在中信金通杭州朝晖路营业部开立的资金账户,起始资金为1000万元。双方约定,刘某在2011年2月17日到2012年2月16日期间有偿代理投资理财服务,双方最终结算日为2012年2月16日;乙方拥有完全独立的下单买卖操作权,但没有资金调拨权;甲方拥有资金调拨权,即只有甲方可以取出资金。开户后甲方把账户的交易账号和交易密码告知乙方,由乙方进行交易;乙方操作该账户期间甲方不得再操作。双方约定盈利分成方式是双方各得60%与40%。原则上两个月结算一次,如有盈利按上述比例分成,由甲方将盈利部分汇到乙方指定的银行账户;如有亏损乙方承诺填补亏损额。乙方承诺最终结算时所操作的甲方账户为非亏损状态,即账户的资产总额不低于1000万元。如最终结算时甲方账户出现亏损,乙方无条件将所亏额度如数补齐。甲方对该账户的证券持仓负有保密责任,不得将持仓名称及数额透露给第三方,也不得自己另行单独开户操作该股。如有证据表明因甲方泄密或擅自操作造成乙方无法按计划进行操作而导致账户亏损,则乙方不承担任何责任。若出现甲方单方面提前停止委托或者甲方未与乙方协商在本协议期间出现出金等违约,则本协议自动终止。若本协议终止由甲方单方面引起,盈利部分按50%分配,若出现亏损,不论亏损比例是多少,乙方均不承担任何责任。甲乙双方不得单方面违约,否则本协议终止,但乙方必须无条件遵守合约直至合约到期。乙方必须按照合同承担对甲方的信托责任。乙方希望甲方完全信任乙方,并且在本协议执行期间甲方不得干预乙方任何操作或者私自操作,以免干扰乙方的投资策略及投资计划。甲方可以在任意时间查看并监控自己的资金情况。

签订协议后，陈某军将其在中信金通杭州朝晖路营业部开立的总资产为1000万元的账户交给刘某全权操作，自己不再操作，也不干预刘某的操作。

2011年4月18日，双方按约对该资金账户的盈利80万元进行分配，其中刘某分得30万元。随后，该资金账户出现亏损，2011年6月27日刘某依约向该账户存入35万元，用于弥补亏损。

截至2012年2月16日即协议约定的最终结算日，该账户的总资产为7684230.85元。刘某军向杭州市下城区人民法院起诉，请求刘某按约补偿账户的亏损并支付相应的利息。

刘某辩称，双方签订的《证券投资代客理财服务协议》包含的保底条款应为无效条款。

【审理与判决】

杭州市下城区人民法院审理认为，陈某军与刘某签订的《证券投资代客理财服务协议》约定："盈利分成方式是双方分别获得60%与40%，如有亏损乙方承诺填补亏损额。乙方承诺在本合作期最终结算时所操作的甲方账户为非亏损状态。"该约定即俗称的保底条款，该条款是否有效是解决本案争议的关键。我国法律、行政法规对于保底条款的效力未作明确规定，故不能作简单的有效或者无效的评判，而应该综合合同相关条款的约定、双方订立合同的目的以及合同的履行情况等因素作出判断。证券投资理财项目本身是风险与利益并存的，双方当事人签订的《证券投资代客理财服务协议》约定了投资收益分配及亏损承担，刘某一直从事股票和期货投资工作，在受托投资管理事宜时，应视为其对潜在的投资风险具有足够认识和考虑，故双方自愿约定的合同条款既符合公平、合理原则，也符合当事人意思自治原则，不宜简单地认定无效。因此，刘某的辩称意见不予采纳。关于案涉账户的最终结算日，刘某虽称2012年春节后案涉资金账户实际由陈某军操作，但是陈某军提供的资金对账单显示，2012年2月13日该账户曾由物理地址为20CF30E34EA0的电脑进行操作，而该物理地址与2012年1月9日、2011年9月7日等时间操作的电脑物理地址一致，故刘某的该项陈述明显自相矛盾。据此，判决：刘某赔偿陈某军账户资金损失1815769.57元，并支付陈某军逾期利息损失223415.31元。

刘某不服判决，向杭州市中级人民法院提起上诉称：原审判决认定事实不清,适用法律错误。(一)根据《民法通则》及《合同法》关于委托代理制度的相关规定,除非代理人存在故意欺诈、恶意串通、明显不当代理或者其他过错,否则代理人不对其代理行为承担民事责任,不对因不可归责于代理人的事由所造成的被代理人的损失承担责任。本案的股票投资操作亏损是不可归责于代理人的事由,刘某依据自身所学知识受陈某军的委托对其账户进行操作,并没有任何欺诈、恶意串通或明显不当代理行为,其后果不应当由代理人承担。其次,刘某与陈某军约定的保底条款当为无效,但其他条款当为有效。委托理财的性质是一种委托投资关系,众所周知,投资的本质特征是必然存在一定风险,委托人因保底条款而不承担风险,与投资的本质特征相悖。原审法院认定该保底条款有效,致使陈某军规避和转嫁了全部理财风险,违背基本经济规律。《证券法》第143条明确规定:"证券公司不得以任何方式对客户证券买卖收益或者赔偿证券买卖的损失作出承诺。"尽管该法条主要规范的是证券公司等金融机构的行为,但法律对特殊主体的特别规定对于一般主体亦应有借鉴和引导作用。最高人民法院《关于审理联营合同纠纷案件若干问题的解答》第4条也认为保底条款违反了应当遵循的共负盈亏、共担风险的原则,应为无效。再次,陈某军的行为明显存在过错。陈某军作为有正常理智的成年人,且在委托刘某对其股票账户进行操作前已有自行操作进行股票买卖的经验,也有购买股票亏损的记录,因为股票账户的亏损才主动找到刘某要求代为操作股票账户,对股票账户可能亏损的风险应有合理的预见。在有预见的情况下,陈某军还与刘某签订保底条款,将全部风险转嫁给刘某,明显违背公平原则。(二)原审程序中,刘某仅认可"陈某军在2012年春节前后擅自对股票账户进行买卖操作,刘某也在操作陈某军账户"的事实,从未表明"2012年春节后案涉资金账户实际由陈某军操作,刘某未参与过操作",故并没有自相矛盾的陈述。事实上,双方合作后期即2012年春节前后,刘某对案涉及账户进行操作的同时,陈某军不顾刘某反对擅自对该账户进行买卖操作。(三)原审法院依据陈某军所提供证据中的"参考成本"来确定其所遭受的损失额没有事实和法律依据。陈某军提供的相关证据材料用的都是参考成本价、参考成本、参考市价、参考盈亏,说明证据的出具单位即证券公司(暂不论证券公司是否有确定损失数额的资质)也没有给出准确的损失数额,故陈某军账户的实际盈亏数额无法确定。综上,请求二审法院判令撤销原审判决,查清事实后依法改判。

杭州市中级人民法院审理认为：本案争议焦点在于刘某是否应当依照《证券投资代客理财服务协议》约定，在双方最终结算时补齐陈某军提供的理财账户的亏损。《证券投资代客理财服务协议》系刘某与陈某军自愿签订，未违反法律与行政法规的明确规定，故应当遵循合同意思自治原则，对双方均有约束力。刘某主张陈某军在结算日前擅自对股票账户进行买卖操作，违反了相关合同约定，但未提供证据予以证明，故不予采信。原审判决以2012年2月16日的股票账户余额作为认定亏损数额的依据，符合双方关于最终结算日的约定，本院予以支持。综上，刘某提出的上诉请求缺乏事实与法律依据，不予支持。依照《民事诉讼法》有关规定，判决：驳回上诉，维持原判。

【评析】

本案是一个比较常见、比较简单的委托理财案件。本案的关键在于，法院根据案情实际上承认了双方签订的理财协议中保底条款的效力。

近年来，城乡居民的收入不断增长，但是投资渠道比较单一，物价上涨较快，而银行存款的利率不高，实际利息甚至可能为负数，导致基金、股市投资日趋活跃，特别是某些年份股市投资收益明显较高，不仅吸引了越来越多的投资者，也提高了投资者的收益预期。一些有资金的人缺乏证券投资的知识和经验，但是期望分享股市投资的高收益；一些有证券投资经验的人希望进行股市投资以获得高收益，但是缺乏足够的资金，于是，为了获得高收益的共同目标，双方结合，各取所长，前者出资金，后者负责具体投资操作，投资取得的收益由双方分享。这类现象在一些经济发达地区即使不是普遍的，也是比较常见的。

提供资金的一方虽然希望获得较高的收益，但是不愿意损失投资的本金，即不希望承受损失本金的风险；负责投资的一方可能相信自己的投资能力和经验，特别是在股市行情较好时，相信自己的投资操作不会造成本金的损失，同时也迫切期望借助他人的资金进行投资以分享股市的高收益，因此往往愿意满足出资方的保本要求，于是，双方达成协议：有资金的出资，有投资经验的操作，操作方保证出资方的本金不受损失，出资方同意双方按照约定的比例分享投资的收益。如果投资顺利，如同本案双方当事人前两个月的合作那样，双方都可以依约分享投资的收益。

但是，股市投资本身就是有风险的，特别是在一个不成熟证券市场里，普通投资者进行股票投资很难真正保证投资的本金不受损失。对此，合作投资中负责投资操作的一方作为具有一定投资经验的人，显然应当比没有投资经验的出资人（包括有些不熟悉股市投资的法官），有更切身的体会和更深刻的理解，他在签订协议作出保本承诺后又指责对方转嫁投资风险，显非诚信行为。

本案被告在前两个月的投资取得较高收益后，随着中国股市进入一个不断下跌的过程，被告的投资收益也不断下降。被告可以说是一个信守承诺的人，也或许是对自己的投资能力充满自信，因此，在第四个月投资出现亏损后，被告如约向原告的股票账户里存入35万元用于弥补亏损。也许是随后股票市场的持续下跌出乎预料，被告回天无力，最终，在合同约定的期限届满时，原告的账户出现了230多万元的亏损。面对高额亏损，被告可能不愿或者无力赔偿，由此引发诉讼。

本案初审法院审理认为，双方当事人签订的《证券投资代客理财服务协议》包含保底条款，但我国法律、行政法规对于保底条款的效力未作明确规定，因此，应当综合合同相关条款的约定、双方订立合同的目的以及合同的履行情况等因素作出判断。证券投资理财项目本身是风险与收益并存的，双方当事人签订的协议约定了投资收益分配及亏损承担，被告刘某一直从事股票和期货投资，在受托进行投资管理时，应视为对潜在的投资风险具有足够意识和考虑，因此，双方自愿约定的合同条款既符合公平、合理原则，也符合当事人意思自治原则，不宜简单地认定无效。从而，一审法院实质上认可了保底条款及协议的效力。二审法院同样认为，《证券投资代客理财服务协议》系刘某与陈某军自愿签订，未违反法律与行政法规的明确规定，故应当遵循合同意思自治原则，对双方均有约束力。

本案的两审法院从实际情况出发认可代客理财服务协议特别是其中保底条款的效力，是值得肯定的。这样判决，一方面尊重了双方当事人的自主意愿和意思自治，另一方面，也促使双方当事人诚实、信用地开展这类委托投资活动，特别是被告既然作出了承诺，就应当诚实守信，愿赌服输，依约承担应有的责任；这样判决，客观上也督促人们作出这类保底承诺时必须十分谨慎，不要轻易承诺，而且也避免有些人随意承诺后再主张协议无效，实施不诚实甚至欺诈行为。

随着人民收水平不断提高以及证券市场的发展，会出现各种形式的委托理财，这既是市场经济发展的结果，也有利于满足不同投资者的各种不同的投资需求。只要双方当事人确系自主、自愿达成协议，并且协议并未损害国家、集体和他人的合法权益，不会由此带来系统性金融风险，人民法院不妨以鼓励当事人努力实现自身正当愿望的开放和宽容态度，认可自愿达成的各种委托理财协议，并且在双方未能实现其愿望并引起争讼时，以务实和灵活的方式帮助当事人解决争议。

附：委托理财纠纷的信托化处理

近些年来，随着我国经济快速发展，人民收入水平大幅度提高，特别是财产性收入明显增长，委托他人理财的现象越来越普遍，由此引发的纠纷越来越多，人民法院审理的委托理财案件也明显增加，委托理财的司法处理成为一个重要的理论和现实问题。

广义地说，委托理财是指委托人将财产委托给他人管理、处分，以获取收益或者实现特定目的的行为。[①] 理论上说，委托的财产可能是不动产，也可能是动产或者资金等金融资产，但目前在实践中，委托他人管理不动产和普通动产的情形还不多见，因此，通常所说的委托理财主要是指委托人将资金委托他人进行投资管理以获取较高收益的行为。

现实生活中委托理财的情形非常复杂。委托理财的委托人、受托人的范围都十分广泛，委托人既有普通自然人，也有各种企业、事业单位等法人和其他组织；受托人既包括信托公司、证券公司、期货公司、资产管理公司、企业财务公司及商业银行、保险公司、基金管理公司等专业金融机构，也包括一般有限责任公司、投资管理公司、投资咨询（顾问）公司、理财工作室、私募基金等民间机构，还包括普通自然人。而且，各种委托理财协议的内容也千差万别。

目前，法律法规对于委托理财尚无明确、统一的定义，各方面对于委托理财的法律性质同样莫衷一是。委托理财既与委托代理、行纪、信托、合伙等法律关系有相近之处，又与它们存在重要的区别。传统法制所预设诸多类型化的法律关系（如委托、代理等），随着经济发展的日趋分工的细化和专业

[①] 有学者进一步将金融市场的理财行为（即委托人将自有资金委托给金融、非金融投资机构或者专业投资人员，由后者受托投资于证券、期货市场，所获收益按双方约定进行分配的经营行为）看成狭义的委托理财。见宋林："试论委托理财的法律性质"，载《甘肃联合大学学报（社会科学版）》2010年第3期。

化，已经难以满足人们投资获利的需求。[①] 因此，有些学者建议将委托理财作为一种独立的法律关系，一种新型的财产管理制度，属于一种新型的无名合同。[②]

一、委托理财纠纷应统一适用信托法

为了规范委托理财类合同纠纷的司法活动，最高人民法院民二庭早在本世纪之初就组织开展相关司法解释的研究起草工作，但是因为各方面意见分歧很大而未能出台实施。司法实践中，人民法院为了处理委托理财纠纷案件，根据不同的案情，分别将其纳入委托、行纪、信托、合伙等法律制度的范畴内，套用相关法律规定解决当事人的纠纷，这也是在缺乏明确法律规范情况下的现实选择。

近些年来，委托理财纠纷在各地普遍出现，但总体上并未造成十分突出的社会矛盾，出现问题较多、社会影响较大的，都是假借委托理财之名进行有预谋诈骗或者非法集资的，金融机构开展委托理财活动总体上是可控的，出现的纠纷案件基本得到有效的司法解决，在这个意义上可以说，人民法院对委托理财案件的司法处理是稳妥的。这样做在一定期限内是可行、有效的，但是，由于法律适用不明确，不同法院对同一类委托理财案件可能作出不同的判决，长期来看，无疑会影响司法判决的权威性，也不利于规范和引导委托理财活动。

（一）委托理财活动应统一适用信托法加以规范

立足现实情况，对委托理财案件的司法处理，应当在总结现有司法实践经验的基础上，充分利用现有法律制度进行规范。比较好的选择是，对委托理财纠纷原则上实行信托化处理，就是总体上将委托理财作为信托关系，统一适用信托法的规定和信托法原理作出司法裁决。主要理由如下：

其一，委托理财本质上是一种财产管理行为，属于信托法的调整对象。各种类型的委托理财，不论财产的形式和理财的具体内容如何，其实质都

[①] 陈林："委托理财法律性质辨析"，载《人民司法·应用》2009年第19期。
[②] 徐子良："委托理财案件法律适用难点辨析"，载《法律适用》2011年第1期；陈林："委托理财法律性质辨析"，载《人民司法·应用》2009年第19期；宋林："试论委托理财的法律性质"，载《甘肃联合大学学报（社会科学版）》2010年第3期。

是财产管理，即委托人因为缺乏必要的时间、精力、能力亲自理财，而将自己的财产委托给他人管理、处分，并取得相应的收益。委托理财的三个基本要素是委托人、受托人和特定的财产。按照我国《信托法》第 2 条的规定，信托是指委托人基于对受托人的信任，将其财产权委托给受托人，由受托人按委托人的意愿以自己的名义，为受益人或者特定目的，进行管理或者处分的行为。信托的基本要素有委托人、受托人、信托财产和受益人，但委托人同时可以是受益人，实践中很多情况下正是如此。从财产管理的实质及基本要素来看，委托理财都符合信托的定义，可以适用《信托法》予以规范。

其二，委托理财当事人之间存在信赖关系。委托理财的双方当事人表面看来是平等的民事主体，但实质上并不平等，委托人的投资知识、经验和能力，与受托人相比明显处于劣势，委托人正是因为自己缺乏投资能力，并且信赖受托人的投资能力，才将资金委托给受托人进行投资，因此，委托理财当事人之间存在信赖关系，委托人信赖受托人的理财能力，受托人对委托人负有信赖义务，[①]这完全符合信托的委托人与受托人之间关系的定位。

而且，信托制度的重要优势就在于，一方面赋予受托人对信托财产的控制权和管理、处分权，另一方面对受托人管理信托事务、处分信托财产施加了明确的义务和严格的责任，并且赋予受益人相应的权利来保障其受益权，防止受托人滥用信托财产、损害受益人利益。这对于保护委托理财投资者的权益，具有重要的现实意义。

其三，信托法的弹性和信托制度的灵活性完全可以满足规范委托理财的需要。信托法关于当事人、财产管理和处分的内容、受托人义务的规定，具有足够的弹性，信托制度也具有很大的灵活性，能够适用于规范各种类型的委托理财。例如，委托理财的委托人、受托人既可能是自然人，也可能是依法成立的法人或者其他组织，对此，我国《信托法》第 19 条规定："委托人应当是具有完全民事行为能力的自然人、法人或者依法成立的其他组织。"第 24 条规定："受托人应当是具有完全民事行为能力的自然人、法人，法律、行政法规对受托人的条件另有规定的，从其规定。"这些规定可以适用于各种类型的委托理财；而且，委托理财的具体方式和内容也是各种各样的，如何理财、

[①] 陈林："委托理财法律性质辨析"，载《人民司法·应用》2009 年第 19 期。

投资范围等都是双方当事人协商确定的，按照《信托法》的规定，受托人应当按照委托人的意愿管理、处分信托财产；以合同形式设立信托的，委托人与受托人可以协商确定信托财产的管理方式等具体内容，以适应当事人的各种不同的需求。信托法的规定可以容纳各种类型的委托理财实践。

其四，依照信托法统一规范受托人义务，有利于法律的统一、和谐，也有利于促进委托理财当事人的诚信。目前，对不同的委托理财活动，分别按照不同的法律关系予以处理，受托人的义务及履行义务的标准互不统一，特别是不同类型金融机构的委托理财分别适用不同的法律规范，既不利于维护法律的统一，也容易作出不公正的裁决。确立一种新型委托理财合同或者委托理财法律关系，并且建立相应的法律制度，不仅面临很多理论争议和现实难题，而且容易造成法律关系的复杂化，带来法律适用的困难和混乱。比较而言，信托的受托人管理信托事务必须遵守信托文件的要求，同时还必须遵守信托法的相关规定；即使信托文件没有约定，受托人也应当遵守法律规定，按照信托法的要求，委托理财的双方当事人特别是受托人必须诚实、谨慎地履行义务，受托人不能借口信托文件没有约定而怠于履行义务。

而且，根据信托法原理，对于不同受托人履行谨慎义务也有不同的要求，对专业受托人有更高的要求。从而，针对不同情形委托理财的受托人，可以分别适用不同地谨慎义务标准。例如，普通自然人无偿代人理财的，其履行谨慎义务的标准就应当低于专业受托人。可见，信托法能够很好地适用于不同情形委托理财的受托人。

其五，依据信托法对委托理财统一司法，是当前规范委托理财活动的现实选择。信托法作为一项民事法律，没有明确的执法机关，而且，对于信托活动包括金融企业的信托经营活动缺乏统一的监管机构，信托法的适用，特别是民事信托的规范，主要只能依靠人民法院。目前，各类金融机构事实上都在以不同形式开展理财活动，但是金融业实行分业经营、分业监管，不同金融机构的业务分别由不同的监管机构负责监管，各监管机构对委托理财的性质认定、监管要求也不相同，造成了监管标准的不一致，导致不同金融机构之间的不公平竞争，严重影响金融秩序，迫切需要针对类似的理财活动适用统一的法律规范。全国人大财经委员会副主任委员吴晓灵就多次指出，银行理财产品是信托关系而不是委托代理关系。但是，按照现行金融监管体制，不同的监管机构难以采取相同的监管标准，短期内难以对各类金融企业的各种委托理财活动实行统一监管，从现实出发，只能依靠司法机构对各类理财活动统一适用法律，对各类金融企业的理财活动进行规范，促进金融业的公平竞争，维护金融秩序。

另一方面，对各类企业特别是金融企业为营业而从事的各种理财活动，统一适用信托法予以规范，按照信托法规定的受托人义务规范受托企业的行为，也有利于规范企业的财产管理活动，更好地保护投资者的合法权益。

（二）适用信托法规范委托理财的具体办法

适用信托法处理委托理财纠纷，首先必须区分不同性质的受托人，因为信托法对于委托人没有明确的资格限制和要求，但是按照受托人的不同明确区分了营业信托与民事信托，其中，采取信托机构形式从事信托活动的，属于营业信托；普通自然人和其他组织不是为了营业而担任受托人的，属于民事信托。其他法律、行政法规涉及委托理财的规范，也主要是针对金融机构作为受托人从事营业性理财活动的。除信托法以外，其他法律、行政法规对于普通自然人作为受托人进行理财活动，没有明确的规范。

法律对于不同受托人的委托理财予以区别对待，可能是因为，委托理财作为一种民事活动，本是双方当事人之间协商一致的行为，首先应当遵循民事活动意思自治原则，但同时，委托理财又是一种金融活动，受托人可能是委托人的亲朋好友，也可能是金融机构等经营机构，金融机构作为受托人开展经营活动，以营业方式接受不特定社会公众委托的，其理财活动不仅涉及特定合同的双方当事人，而且涉及不特定的社会公众，其理财规模大、社会影响大，搞不好容易影响金融秩序，从而可能损害社会公共利益，因此，法律法规对于金融活动都会予以规范和管制，包括对金融机构的设立、业务范围等实行许可制度。委托理财已经成为金融活动的重要组成部分，对于金融机构开展委托理财业务，应当有相应的法律规范予以监管；对于普通自然人之间的委托理财活动，可按照民事活动加以规范。

据此，从统一法律适用的角度来看，委托理财纠纷的信托化处理，关键是要区分受托人的身份，即受托人是从事理财活动的经营机构还是普通自然人，尽管现行法律和委托理财实践对于受托人的资格都没有明确的限制。

1. 受托人是普通自然人

受托人如果是普通自然人，通常都是亲戚、朋友、同事之间进行的委托理财，大体可以分三种情况处理：

第一种情况是，受托人负有积极管理职责，有权自主管理、处分受托财产的，双方之间成立普通民事信托关系，应当适用信托法。受托人负有信托法规定的以及委托理财合同约定的义务，其中，信托法规定的主要义务是忠实义务和谨慎义务，忠实义务要求受托人为委托人（受益人）的最大利益管理信托财产，处理信托事务，不得利用信托财产谋取私利；谨慎义务也称注意义务，要求受托人应当恪尽职守、诚实、信用、谨慎，即受托人应当以适当的谨慎管理、处分信托财产，实践中出现问题较多的是受托人履行谨慎义务的标准不够明确，可以根据受托人是否收取报酬分别对待；受托人不收取报酬的，可以按照普通人的标准履行谨慎义务；受托人收取报酬的，应当按照普通谨慎人的标准履行谨慎义务。受托人依法履行义务没有疏忽或者过失的，委托理财的结果应当由委托人承担；受托人履行义务存在过失或疏忽的，应当承担相应的赔偿责任。

第二种情况是，受托人不负有积极管理职责的，即受托人无权自主管理、处分受委托的财产，只是按照委托人的指示、要求管理财产或者将财产转交他人，通常不收取报酬。这类委托理财可以看成消极信托，即受托人没有积极职责，只需要按照约定履行相应义务，委托理财的结果原则上应当由委托人自行承担，但受托人有过失的，也应当承担一定的责任。我国信托法既未明确承认、也未否认消极信托，为稳妥起见，对这类委托理财，也可以不视为信托关系，而是按照普通委托关系处理。

第三种情况是，自然人违规以受托理财为业的，可以认定委托理财合同无效。自然人在同一时期内共同或者分别接受不特定社会公众的委托从事受托理财业务，特别是进行集合性受托投资管理业务的，应当认定委托理财合同无效。[1] 自然人以受托理财为业，接受不特定社会公众的委托代人理财，不仅违反有关金融监管规定，而且金融风险高，社会影响大，自然人的风险承受能力弱，很容易因为违约而造成社会问题，影响社会稳定。

2. 受托人是经营机构

受托人如果是经营机构，通常要收取报酬或者按照约定的比例分享理财的收益。按照经营机构是否属于依法应当经过许可才能从事委托理财业务，

---

[1] 戴俊勇："委托理财合同纠纷的司法认定"，载《人民司法·案例》2009 年第 16 期。

可以分两种情况进行处理：

一种情况是，经营机构受托理财属于合法营业的，其委托理财行为构成营业信托关系，适用信托法的相关规定，受托机构应当按照善良管理人的谨慎标准履行谨慎义务。其中，合法营业是指，受托机构属于依法经过许可才能开展特定委托理财活动的经营机构，该受托机构已经取得行政许可；而且，该受托机构接受的委托理财属于其营业范围之内。

另一方面，受托机构属于依法应当取得行政许可方可从事特定委托理财业务，但特定受托机构未取得相应行政许可（包括设立机构的许可以及开展特定业务的许可）的，其受托理财行为因未取得行政许可或者超越经营范围而无效。

另一种情况是，经营机构不属于依法应当取得行政许可而经营特定委托理财业务的，如果特定经营机构的受托理财行为属于其营业范围之内，其委托理财行为成立营业信托关系或者民事信托关系，适用信托法的规定，受托机构应当按照善良管理人的谨慎标准履行谨慎义务；如果特定经营机构的受托理财行为不属于其经营范围，其受托理财行为无效。

3. 特殊情况的特殊处理

有些情况下，双方当事人签订的理财协议实质上构成合伙关系，例如，委托人开立股票账户出资进行股票交易，但是将账户的实际操作权交给受托人，完全由受托人实施具体交易，委托人控制账户资金的进出，经过约定的一段时间后，双方按照约定的比例分享股票交易的收益。表面看来双方之间是一种委托理财关系，但又不完全符合普通委托理财或者信托关系的特征，实质更像有限责任合伙：委托人有资金，受托人有股票交易技能，双方合伙，委托人出资，受托人进行股票交易。这种情况可以按照信托关系处理，受托人应当履行法定义务和委托理财合同约定的义务，也可以按照合伙关系处理。

还有些情况下，委托管理的财产不是金融资产，而是不动产等财产。这些情况下，受托人如果不负有积极管理职责，无权自主管理、处分受托财产，只有义务按照委托人的指示行事（例如委托他人办理特定房屋的过户手续），双方之间构成消极信托关系或者普通委托关系；受托人如果负有积极管理职责，有权自主管理、处分受托财产，双方之间构成信托关系，其中，受托人是信托经营机构或者其他专业机构的，构成营业信托关系；受托人是普通自然人或者其他非营业机构的，构成民事信托关系，受托人履行义务应当根据情况分别适用不同的谨慎义务标准。

二、委托理财合同中保底条款的效力认定

认定委托理财合同效力涉及的关键是如何认定其中的保底条款的效力。因此，这里着重分析保底条款的效力问题。

（一）保底条款的主要类型

委托理财合同的保底条款大体可以分为四种情形：（1）保本，即保证本金不受损失；（2）保本保利，即保证本金不受损失，并且保证委托人获得约定的收益或者利息；（3）保本加利益分享，即保证委托人的本金不受损失，并且双方分享获得的收益；（4）保本保利加利益分享，即保证委托人的本金和约定的收益，超出约定的收益由双方分享。

其中，后两种情形下，双方分享收益的具体方式又可以分为三种：（1）双方按照事先约定的统一比例（比如各50%或者委托人与受托人分别为40%、60%）分享收益；（2）根据不同的收益水平，分别约定不同的统一分享比例，比如，收益水平如果不超过10%，双方各享有50%；收益如果超过10%，委托人与受托人分别按照40%、60%的比例分享收益；收益如果超过20%，双方分别按照35%、65%的比例分享收益；（3）根据不同的收益水平段，分别确定不同的分享比例，比如，收益不超过30%的部分，双方分别享有50%；收益超过30%但不超过50%的部分，双方分别享有40%、60%；收益超过50%不超过80%的部分，双方分别享有30%、70%；收益超过80%不超过100%的部分，双方分别享有20%、80%；收益超过100%的部分，全部归受托人享有。

这些保底条款可以归纳为两大类：一类是保本，即保证本金安全不受损失；一类是在保本的基础上保证最低收益，即保本并保利，具体又包含两种情况：（1）在保本的前提下保证委托人的最低收益；（2）在保本的前提下双方按比例分享收益，分享的方式和具体比例，由双方商定。实践中，委托理财的保底条款采取哪种形式、如何分享收益，由双方协商确定。

一般地说，保本可能是普通理性人委托理财的通常想法。甲委托乙理财，双方的共同理解应当是，在保证本金安全的前提下努力获得较高的收益，除非双方另有明确约定，否则，理性的当事人特别是委托人甲肯定不会设想连

本金都保不住了，如果乙不能保证本金的安全，甲恐怕就不会委托乙理财，不如存入银行了；而乙如果设想自己不能保证本金的安全，除非具有强烈的赌博心理，否则就不会接受委托。因此，对于一般理性的当事人来说，保证本金的安全通常是委托理财的双方都同意的共同前提，尽管实际的理财结果有时可能并不如意。从现实情况出发，对于许多委托人来说，不保本可能就不会进行委托理财。因此，将保底条款分为保本与保本并保利两大类，具有非常重要的实际意义。这里在一般意义上分析保底条款的效力，所以并未严格区分保本与保底。

（二）保底条款效力的司法裁决现状及裁判理由分析

目前，各方面对于委托理财合同中保底条款的效力看法不一，司法实践中，不同法院对保底条款的效力作出了不同的判决，主要可以概括为三种情形：[1]

一是认定保底条款有效，因为它是双方当事人的真实意思表示，约定的内容并不违反法律、行政法规的强制性规定，不存在合同法规定的合同无效情形；而且，根据民商法的意思自治原则，当事人之间自愿约定的风险承担方式，应当得到尊重和支持。

二是认定保底条款无效，因为它违反《证券法》等法律、法规关于禁止受托人向委托人作出获利保证的规定，也违背了民法的公平、等价有偿等基本原则；违反金融市场基本规律和交易规则；并且保底条款是委托理财合同的核心条款，因此，保底条款无效导致委托理财合同无效。

三是认定保底条款无效，但是并不影响委托理财合同其他条款的效力，因为《证券法》等法律法规禁止特定金融机构向委托人作出获利保证的规定，其他人作为受托人时同样可以参照适用；而且，从委托代理制度的特征分析，投资风险应当由委托人自行承担，保底条款将风险全部转嫁给受托人，违背了公平和等价有偿原则。但是保底条款无效，不影响委托理财合同其他条款的效力。现实生活中的绝大多数委托理财合同都含有保底条款，如果保底条款无效导致整个委托理财合同无效，无疑又是"打击一大片"，等于否定现实

---

[1] 兰颖："自然人间委托理财合同保底条款的效力"，载《人民法院报》2011年2月16日，第7版。

生活中绝大多数委托理财合同的整体效力。①

这种观点在个别特殊案件里可能是适当的,但一般地说似乎有违常理。按照常识,委托理财合同如有保底条款,通常就是合同的关键条款,没有保底条款,委托人甚至不会签订合同,而且,诉至法院的委托理财争议大部分都涉及保底条款。保底条款可以说是委托理财的核心条款和基础条款,② 保底条款无效怎么能不影响合同其他条款乃至合同的效力?

现有司法判决认定保底条款无效的主要理由是,保底条款将风险全部转移给受托人,违背了公平、等价有偿原则,违背了金融市场的基本规律和交易规则,违反社会公共利益等。这些理由值得进一步深入分析。

首先,一般来说审查保底条款的公平性主要应当从以下三个方面加以考虑。

一是,双方当事人的地位和谈判能力是否平等。通常,谈判能力弱的一方可能受到不公平对待。委托理财合同的双方当事人之间,受托人通常属于强势一方,委托人相对处于弱势,通常应当是委托人主张委托理财合同不公平,但实践中大都是强势的受托人主张合同的保底条款不公平,这本身就违背常情;

二是,合同的公平性应当根据双方当事人签订合同时的真实意思作出判断,而不能根据合同履行的结果加以评判。就是说,判定合同是否公平,重要的是当事人签订合同时的真意而非合同履行的结果。委托理财合同双方当事人签订合同时各有所求,各有所期,通常没有一方不公平地对待另一方的情况,至少表面看来,不能表明合同是不公平的;

三是,合同的当事人是合同是否公平的最佳评判者。委托理财合同的双方签订合同时各有所得,委托人出资,希望在保证本金安全的前提下获得一定收益,受托人则希望运用自己的投资能力和委托人的资金以获得较高收益,同时承担保证本金的风险,双方经过协商,满怀希望地签订合同,他们自己应当认为合同是公平的,否则就不会签订合同,或者签订合同后很快就主张合同不公平,而不是等到履行合同出现于己不利的后果时,再主张自己签订的合同不公平。由此来看,只要委托理财合同的双方当事人签订合同时不存

---

① 徐子良:"委托理财案件法律适用难点辨析",载《法律适用》2011 年第 1 期。
② 韩天岚:"委托理财合同中保底条款的法律效力分析",载《人民司法·案例》2009 年第 16 期。

在欺诈、强迫、乘人之危等情形，确系双方自主自愿达成，法院通常不应当轻易认定合同不公平而否定其效力。

从客观效果看，起诉到人民法院的委托理财纠纷增多，不排除其中有些案件是人民法院判决保底条款无效带来的后果。例如，合同签订后，双方各自履行义务，结果出现亏损，诚实守信的受托人可能如约承担赔偿责任，但有些承诺保底的受托人本来打算认赌服输如约赔偿损失，但是得知保底条款无效后赔偿更少，反而向人民法院起诉主张合同无效，这些受托人原本可能不打算起诉。

其次，合同当事人之间如何分担可能的风险可以由当事人约定。我国《合同法》允许合同当事人事先约定损害赔偿责任如何分担，当事人的约定可以排除法律规定的适用。当事人关于如何承担委托理财损失的约定可以类推适用合同法的规定；而且，委托理财合同的当事人通过事先约定仅仅在双方当事人之间转移风险，不存在任何非法或不正当性，当事人并没有通过违法或不正当手段将交易风险转移给第三人。因此，在法律法规对于当事人之间的这种安排作出明令禁止之前，法院通过扩大解释和自由裁量权认定其无效，违反了维护当事人合同自由和鼓励交易的精神。[①]

第三，关于保底条款违反金融市场的基本规律和交易规则，到底违反了金融市场的哪些基本规律和交易规则，如何认定违背了这些规律和规则，司法裁判一直没有明确，法院的判决大都是直接概括提出了这样的结论，并没有明确、具体的分析和深入的论证。

此外，有些判决还援引《合同法》第 7 条和《信托法》第 5 条关于"不得损害社会公共利益"的规定，认为保底条款违反社会公共利益而无效，似乎有道理。但这些规定都是抽象的条款，应当同时引用违反的法律或者行政法规才具有说服力；这些条文本身就是需要解释的，适用时需要更深入的论证和参引更具体的规则。[②]

客观地说，保本条款既是对投资者的吸引，又是对受托人的激励。法院轻易否定保底条款的效力看似维护公平，实际上却可能鼓励受托人大胆地在合同中签订保底条款，因为他们既可以筹得大量资金进行投资，赚了可以得

---

① 韩光明："个人委托理财的法律性质与效力"，载《人民司法·应用》2009 年第 1 期。
② 赵廉慧：《信托法解释论》，中国法制出版社 2015 年版，第 172~173 页。

到丰厚奖励,赔了则可以主张保底条款无效而逃避责任,可谓"进可攻,退可守",有得无失。因此,法院否定保底条款的效力不一定能从委托理财合同中消除保底条款,反而可能因为受托人的肆无忌惮而继续存在或者有加剧的可能。①事实上,虽然最高人民法院和有些地方法院一度明确倾向于否定保底条款的效力,但是有关委托理财合同保底条款纠纷的案件数量并未明显降低,而且,保底条款仍然是委托理财纠纷的主要原因。

在特定的现实条件下,委托理财合同的保底条款实际上难以禁绝。法院认定委托理财保底条款无效迫使金融机构采取各种不正常的变通措施,例如,引入第三人对委托人的收益提供担保或者签订对赌协议,还有的进一步设计结构化委托人或受益权,使当事人之间的简单关系变更加复杂、模糊,反而进一步加剧了委托理财法律关系的混乱和问题,不利于保护投资者的合法权益。②

目前,委托理财已经成为一种十分普遍的现象,涉及面广,社会影响大。由于法律规定不够明确、具体,委托理财纠纷的司法裁决对于规范和引导委托理财活动将发挥非常重要的作用。而委托理财的具体情形又非常复杂,特别是受托人既有营业性的专业经营机构,也有基于亲情和友情而帮忙的亲朋好友,因此,委托理财纠纷的司法裁决既要严格执行法律的有关规定,也要充分考虑复杂的现实和普通公众的理性期望,针对不同性质的受托人开展的委托理财予以区别对待,从而作出合法、公正,能够有效规范和合理引导委托理财的判决。

(三)对保底条款效力的具体认定

根据现行有关法律规范,可以按照受托人的不同,依下述四种情况对委托理财协议的保底条款分别处理:

1. 受托人是法律、行政法规明确禁止保底的金融机构的,保底条款及委托理财合同一律无效。

出于金融监管的需要,我国有关法律明确禁止特定的金融机构开展理财

---

① 倪心田:"司法判决与金融创新——以法院裁判对金融合同条款的影响为例分析",载《山东行政学院学报》2013年第3期。

② 这是王涌教授在上海市法学会金融法研究会与上海对外经贸大学法学院联合举办的上海第六届信托法论坛上对本文发表评议意见时提出的。

业务时承诺保底。例如,《证券法》第 144 条规定:"证券公司不得以任何方式对客户证券买卖的收益或者赔偿证券买卖的损失作出承诺。"《证券投资基金法》第 20 条规定,基金管理人不得向基金份额持有人违规承诺收益或者承担损失。《期货交易管理条例》第 25 条第 2 款规定:"期货公司不得向客户作出获利保证,不得在经纪业务中与客户约定分享收益或者共担风险。"

据此,证券公司、基金管理公司、期货公司等开展委托理财活动,不得作出保本承诺。如果其委托理财合同包含保底条款,则该条款无效,委托理财合同也应认定无效。

法律禁止特定金融机构作出保本承诺,主要理由不是因为保本承诺不合理、不公平,不是依据某种经济理论或者法律理论,而是为了防范金融风险,保护投资者权益,维护金融稳定,因为金融机构开展受托理财业务,一方面,证券市场的不确定性很大,金融机构难以保证获得收益,做出保底承诺的风险很大;另一方面,金融机构的理财业务面向广大的不特定社会公众,通常理财的规模都比较大,万一金融机构理财出现亏损,特别是出现系统性风险导致金融机构普遍出现亏损,金融机构履行保底承诺可能导致资不抵债甚至破产关闭,搞不好就容易影响金融稳定。也就是说,立法目的主要是防止保底条款给金融机构带来难以承担的风险,并酿成较大的金融风险,完全是出于金融监管的需要。至于委托理财的保底条款是否违背、违背金融市场的哪些基本规律和交易规则,似乎还缺乏深入的研究和论证,不过,从保险市场和有限合伙制度的发展来看,委托理财也许会发展出某种市场经济交易规则。

2. 受托人是行政规章明确禁止保底的金融机构的,委托理财合同的保底条款一般应当认定无效。

行政规章明确禁止金融机构保底的,例如《信托公司管理办法》第 34 条禁止信托公司承诺信托财产不受损失或者保证最低收益,根据《最高人民法院关于适用〈中华人民共和国合同法〉若干问题的解释(一)》第 4 条的规定,人民法院确认合同无效,应当以全国人大及其常委会制定的法律和国务院制定的行政法规为依据,不得以地方性法规、行政规章为依据,因此,人民法院似乎不能直接据此认定委托理财合同无效,当然,金融监管机构可以据此要求信托公司依法承担相应的行政责任。理想的状态应当是,行政的归行政,司法的归司法。

但是,另一方面,信托公司委托理财同样存在上述金融风险,特别是目前信托公司的经营管理还不够规范，行业自律还不健全，一些信托公司习惯于钻政策的空子，打擦边球，以致信托公司常常被看成是"坏孩子"；而且，正在制定的行政法规《信托公司管理条例》拟纳入这一规定，因此，信托公司的理财业务包含的保底条款，一般也应当认定为无效。

有一种比较流行的看法认为，信托法禁止受托人保本。这是对信托法的误解，委托理财合同的保底条款并不违反我国信托法的相关规定。我国《信托法》第 34 条规定："受托人以信托财产为限向受益人承担支付信托利益的义务。"这一规定明确了信托关系内部受托人对受益人的有限责任，即只要受托人按照信托文件和信托法管理、处分信托财产，处理信托事务，恪尽职守，履行了诚实、信用、谨慎有效管理的义务，没有过失和疏忽，那么，不论信托财产最终发生什么变化，例如，信托财产的增减、灭失，尽职尽责的受托人都只以信托财产为限向受益人支付信托利益，无需以固有财产履行义务。这一规定的目的，主要是保护依法正当履行职责的受托人，使其不因担任受托人而导致固有财产遭受损失。有人进一步将这一规定引申为"受托人不得向受益人承诺保本"，这显然是一种误解。

受益人承担信托财产管理后果的前提是，受托人必须依法履行职责，不存在疏忽或者过错。信托法并不禁止受托人以固有财产向受益人履行义务。实际上，受托人管理、处分信托财产的过程中如有疏忽或者过失，给信托财产造成损失的，应当赔偿信托财产的损失，即以固有财产向受益人支付信托利益。信托公司等专业受托人承人之信、受人之托、代人理财，保证信托财产的本金不受损失应当是受托人不言而喻的基本职责；而且，通常情况下，只要受托人按照信托文件和相关法律规定管理、处分信托财产，就大不可能造成信托财产本金的损失，否则，信托公司作为理财专家代人理财，却将他人委托之财理没了，同时又不承担赔偿损失的责任，代人理财的信托制度何以长久存在？

实践中，信托公司如果未能保护信托财产本金的安全，通常都是因为信托公司履行职责存在疏忽或者过失，实际上，只有在受托人自身难以控制的特殊情况下，或者信托文件另有约定时，受托人才可能被免除赔偿的责任。近年来，我国金融业界要求信托公司打破"刚性兑付"的呼声一直很高，但是信托公司却一直千方百计地努力维持刚性兑付，而不是要求依据《信托法》第 34 条履行义务，就是现实的写照，因为刚性兑付既像一片遮羞布掩盖着信托公司未能尽职尽责履行义务的现实状况,又像一块广告牌展现出信托公司的良好信誉。

事实上,禁止保底条款主要是一种金融政策选择。在二十世纪三十年代日本信托业发展初期,社会公众对信托缺乏了解和信任,信托经营机构信誉不高,为了吸引社会公众将资金委托给信托经营机构,促进信托业发展,发挥信托的中长期金融功能,日本的《信托业法》、《贷款信托法》等法律,允许信托经营机构对部分金融信托作出保本和保证最低收益率(通常略高于银行存款利率)的承诺。这些规定有力地促进了日本贷款信托的发展,对于信托业和中长期金融的发展发挥了积极作用,但同时,信托经营机构履行保底承诺也背上了沉重的经济负担,使不少信托经营机构陷入债务危机,导致一些规模较大的信托经营机构先后倒闭。

目前,日本信托经营机构的贷款信托可以承诺保本,其安全性很高,与银行存款差别不大;一般的金钱信托,除委托人指定信托财产用途的以外,受托人也可以承诺保底。日本《信托业法》第9条规定,信托公司对于无特别运用方法的金钱信托发生资本的损失或未达到预期利益时,可订立弥补或补足的合同。[①] 实际上,所有的贷款信托都附有补偿全部本金的特殊约定。[②]

需要指出,我国相关法律、行政法规和规章禁止委托理财合同作出保底承诺都有明确的对象,只是禁止特定的金融机构保底,目的主要是防范金融风险,维护金融稳定,并未一般性地予以禁止。实践中,有些法院已经承认某些保底条款的效力。例如,《江苏省高级人民法院关于审理委托理财合同纠纷案件若干问题的通知》第2条第2项规定,对于被认定为有保底条款的委托合同的效力,除受托方为证券公司以外,一般应认定为有效,委托人请求受托人按照约定返还本金及约定回报的,人民法院应予支持。

而且,商业银行的保本理财近年也有很大发展。中国银监会发布的《商业银行个人理财业务管理暂行办法》第24条规定,商业银行的收益理财计划或相关产品中高于同期储蓄存款利率的保证收益,应是对客户有附加条件的保证收益。商业银行不得无条件向客户承诺高于同期储蓄存款利率的保证收

[①] [日]三菱日联银行编著,张军建译:《信托法务与实务》,中国财政经济出版社2010年版,第76页。

[②] [日]三菱日联银行编著,张军建译:《信托法务与实务》,中国财政经济出版社2010年版,第238页。

益率。因此，只要保证收益率不高于同期银行存款利率，商业银行保证收益的理财计划就是有效的。即银行可以承诺保证理财本金不受损失并保证不超过银行利息的收益。事实上，近年来各银行普遍开展保本并保证最低收益型（收益率不高于同期银行存款利率）委托理财业务。对于这类委托理财的保底条款，应当认定有效。

3. 受托人是其他经营机构的，可以认定保底条款无效。

其他经营机构担任受托人开展理财活动，可以区分两种情况：

一种情况是，经营机构作为营业活动，向不特定社会公众从事受托理财的，面临的金融风险同样很大，基于上述相同的理由，可以认定其委托理财协议的保底条款无效；

另一种情况是，经营机构不是作为营业活动，不面向不特定社会公众，只是代特定的委托人理财的，其委托理财的保底条款，潜在的金融风险不大，造成的社会影响有限，对金融稳定的潜在冲击不大，一般应当认定有效。

4. 受托人是普通自然人的，一般应当认定保底条款有效。

自然人之间委托理财约定保底的，只要保底条款是双方自愿达成的，原则上应当承认保底条款有效，双方应当按照保底条款的约定履行合同。因为保底条款是双方协商一致达成的，反映双方的自主意愿，双方都应当遵守，至于理财的结果可能存在难以保本的风险，应当如约由受托人承担。通常，这种风险也伴随着受托人对超额收益的高比例分享，承担风险的同时伴随着高收益的可能，应当说是公平的。而且，这种风险只涉及双方当事人，不会影响社会公众。况且，保底条款是否公平，双方当事人通常都是最好的判断者，因为每个人都是自身利益的最佳判断者和维护者，只有在特殊情况下，才需要由法院作出判断。对此，有法官明确指出，认定保底条款有效，直接的法律依据似乎更为充分，因为我国有关法律、规章只是禁止特定的金融机构受托人承诺获利保底，除此之外的委托理财合同包含的保底条款与现行法律法规的强制性规定并不抵触，依《合同法》第 52 条即可直接判定保底条款有效。①

虽然有司法判决认为，保底条款违背了金融市场的基本规律和交易规则，但它恰好是市场经济条件下不同市场主体自主选择达成的合作理财方式：甲

---

① 兰颖：" 自然人间委托理财合同保底条款的效力"，载《人民法院报》2011 年 2 月 16 日，第 7 版。

方有资金却没有投资经验，希望分享投资的较高收益又不愿意损失本金；乙方没有资金但是具有一定的投资经验和技能，愿意在承担一定风险（保证投资本金）的情况下，通过运用甲方的资金进行投资，以期获得超额的收益分成，双方合作进行投资，如能获得较高收益，则是皆大欢喜的共赢结局；即使投资出现亏损，乙方咎取自由，自愿承担后果，甲方达到了保本的最低目标。这种合作关系类似于投资的有限合伙制，是不同投资者自愿进行的合作投资，是市场经济发展自然产生的结果，而且成为一种非常普遍的现象。

当然，即使承认保底条款的效力，也不意味着绝对地要求受托人履行保底承诺。目前，我国对于金融系统性风险的承担和分担尚无明确的法律规定，完全由受托人承担系统性风险，确实不太公平。因此，如果受托人在履行委托理财合同的过程中遭遇系统性金融风险，例如2015年6月我国股市的全面、持续大幅度下跌，结果出现了股票投资理财不能保本的结果，确系受托人难以避免，受托人本身没有疏忽或者过失的，法院应当酌情减轻受托人的责任，适当地减少赔偿损失的数额，由双方适当地分担系统性风险造成的损失。

而且，有些委托理财关系的双方当事人约定了非常特殊的条款，规避金融管制措施，法院可以根据案件的具体事实，否认当事人之间的委托理财关系，认定他们之间存在其他法律关系，并依法作出判决。

三、委托理财合同效力的认定

首先，审理委托理财纠纷应当确立尽量使委托理财合同有效的司法理念。现实生活中，大部分委托理财合同的双方当事人都按照约定履行了合同义务，各自取得合同项下利益，合同履行完毕，双方并无争议。

实际发生争议并且诉诸法院的委托理财纠纷大体可以归纳为三类：（1）受托人理财出现亏损，委托人不仅未能获得约定的收益，本金还遭受了损失，因此要求受托人赔偿损失；（2）受托人理财获得了一定收益，但双方对收益的分配产生争议；（3）双方在履行合同的过程中产生争议，难以按照约定履行合同，导致双方对理财结果如何处理（即如何分配收益或者分担损失）产生争议。

法院面对这些委托理财争议，不论认定理财合同有效还是无效，关键问题都在于，如何处理委托理财的结果对双方当事人是公平的？认定理财合同有效，可以进一步按照双方当事人履行合同过程中是否存在过错分清责任，更容易针对理财的结果作出公正的判决；相反，认定理财合同无效，使双方当事人恢复到签订合同前的境况，反而不利于根据当事人的过错作出公平的判决。对此，有法官指出，委托理财是委托人的闲置资金与受托人的专业技术及信息资源的有机结合，某种程度而言是金融创新的孵化器，需要监管但不能扼杀。①

而且，委托理财本是一种民商事法律关系，委托理财合同是双方当事人协商一致的结果，表达了双方的共同愿望。在不违反强行法的前提下，尊重当事人的意思自治是民法体系中的重要原则，商事纠纷中，法官对于当事人意思自治的介入程度比起传统民事纠纷要更少；特别是商事主体的决策可以视为在衡量风险与收益的基础上作出的最优选择，司法权力应当减少出于"父受主义"的关怀而做出不必要的干预。②因此，按照意思自治原则，法院应当尽可能认定双方协商达成的委托理财合同有效。站在尊重当事人意思的立场，法官对于边界模糊的行为应当尽量肯定其效力，频繁地否定金融类理财合同的效力将极大地破坏行为主体的合理预期和社会自发形成的交易秩序。③因此，有法官明确指出，民商事案件中应当充分尊重当事人的契约自由，慎重认定合同效力，只有在当事人缔结的合同违反法律、行政法规的强制性、禁止性规定时，才能认定合同无效。④

具体来说，基于前述理由，认定委托理财合同的效力也应当按照受托人的不同区别对待：

1. 受托人属于依法应当取得行政许可的金融机构。

已经取得行政许可的金融机构在其营业范围内开展的委托理财活动的，应当认定委托理财合同有效；未取得行政许可，或者超越经营范围的，应当认定委托理财合同无效；

2. 受托人属于一般企业、事业单位等非金融机构。

只要委托理财活动属于其经营范围之内，一般就不应当轻易认定委托理财合同无效，因为现行法律、行政法规和规章只对银行、信托公司、证券经营机构、期货经营机构、基金管理公司等一些金融机构从事委托理财业务加

---

① 徐子良："委托理财案件法律适用难点辨析"，载《法律适用》2011年第1期，第7版。
② 赖彩明："商事审判与民事审判理念之比较"，载《人民法院报》2015年11月11日。
③ 吕宇、何琼："金融类委托理财合同的形式和效力"，载《中国审判新闻月刊》2008年第8期。
④ 戴俊勇："委托理财合同纠纷的司法认定"，载《人民司法·案例》2009年第16期。

以规范，相关金融监管部门也分别以特定的金融机构作为监管对象，并未扩展到其他非金融机构和一般企业。既然相关法律、行政法规并未禁止这些机构从事委托理财活动，而信托法又允许自然人、法人和依法成立的其他组织担任受托人，人民法院因此认定他们签订的委托理财合同无效，明显缺乏法律依据。至于这些机构违规以受托理财为业开展经营活动，首先应当由相应的金融监管机构依法查处，或者由法律、行政法规作出实体规范后，再由人民法院认定委托理财合同的效力为妥，因为法院在这种情况下就实体问题作出具有造法性质的判决，既非法院所长，亦不为我国司法制度所倡导。

3. 受托人为普通自然人。

一般应当认定委托理财合同有效。自然人担任受托人通常都是亲朋好友之间的委托理财，是双方协商达成一致的互利行为（这里的"利"不仅体现为经济利益），只要受托人受托理财是偶发的行为，并非违规专门以受托理财为业，即使委托理财出现纠纷，也不会带来严重影响金融秩序和金融稳定的风险，而且自然人之间的委托理财大多是无偿的；是基于亲戚朋友之间的身份信赖关系而产生，有别于营利性企业的经营行为，即使有营利的目的，也过于分散，尚不致对金融市场产生不良影响。[①] 因此，普通自然人之间的委托理财合同只要不违反民法通则、合同法的相关规定和其他法律、行政法规的效力性强制规定，一般应当认定有效。

4. 非金融机构或者自然人接受不特定社会公众的委托理财。

特别是开展集合性受托投资管理活动的，应当认定其委托理财合同无效，因为这类活动实际上已经具有营业性质，其影响不限于双方当事人，而是可能带来极大的外部效应，可能给特定地区带来较大的金融稳定风险。

非金融机构或者自然人违规以受托理财为业或者借委托理财之名进行非法集资的行为，可依其他相关法律规范予以处理。

[①] 吕宇、何琼："金融类委托理财合同的形式和效力"，载《中国审判新闻月刊》2008年第8期。

第二章
事实信托关系

案例 11

广东轻工业品公司与 TMT 贸易公司商标权属纠纷案

【案情】

广东轻工业品进出口集团公司为开发新产品，于 1979 年春季中国出口商品交易会期间，与香港东明贸易有限公司总经理王少明等商谈生产吊扇出口业务，一致同意使用东明公司提供的 TMT 商标。1979 年 9 月 15 日和 1980 年 11 月 1 日，东明公司分别与轻工业品公司签订两份《包销协议》约定：东明公司定牌及包销 TMT、TMC 牌吊扇，免费提供相关材料、商标等由轻工业品公司布产；东明公司出资并采取各种有效方式进行广告宣传，所用的图案、文字内容应事先与轻工业品公司商定。

1980 年轻工业品公司向国家工商局办理了 TMT 商标注册登记，1981 年又办理了 TMC、SMT 商标的注册登记，以防止其它公司模仿、影射 TMT 商标。TMT 公司则在香港地区和中东部分国家办理 TMT 商标注册。1982 年 3 月，东明公司因股东之间不和而歇业，原东明公司总经理王少明与另一股东林某组建 TMT 公司，接手原东明公司与轻工业品公司经营 TMT、TMC、SMT 商标的吊扇等业务，并负责清还原东明公司所欠轻工业品公司的款项，也承受 TMT 等三个商标。TMT 公司成立后与轻工业品公司历年签订的多份包销协议和成交确认书，均清楚列明由 TMT 公司提供本案争议的商标。数年来，TMT 公司在 TMT 牌吊扇的主要销售国家和地区办理了 TMT、SMT、TMC 商标注册，并花巨资为推销上述铭牌产品做了大量广告宣传，使 TMT 铭牌产品在海外具有一定知名度，同时也引来不少厂家假冒 TMT 牌产品。1983 年 TMT 公司与轻工业品公司作为共同原告起诉香港某贸易公司商标侵权并获得胜诉。

1987 年 10 月 23 日、12 月 16 日，轻工业品公司发出两份证明文件，证明轻工业品公司注册的 TMT、SMT、TMC 商标由香港 TMT 公司所有和受益，轻工业品公司只是作为受托人代表 TMT 公司持有此商标。

1994 年 10 月 6 日，轻工业品公司与 TMT 公司签订协议约定：(1) 在中国境内，TMT 商标属轻工业品公司注册，轻工业品公司有绝对的经营和管理权利。如发现国内有假冒、侵犯 TMT 商标的行为，轻工业品公司需要有效地制止或通过法律途径解决侵权行为，在国内有关费用由轻工业品公司负责。(2) 在中国境外（包括香港）TMT 商标属 TMT 公司注册，TMT 公司有绝对的经营和管理权利，如发现有假冒或侵犯 TMT 商标的行为，TMT 公司需有效地制止或通过法律途径解决侵权行为，有关费用由 TMT 公司负责。(3) TMT 公司在中国境内生产出口的 TMT 牌电风扇及其配件产品，必须全部经过轻工业品公司出口。如轻工业品公司因其他原因不能提供出口服务，TMT 公司征得轻工业品公司同意后，可以由其它公司或工厂经营出口服务，但需按工厂出厂价的 2% 缴纳商标使用费，并签订商标使用协议。

随后，双方履行协议过程中产生矛盾，TMT 公司认为轻工业品公司没有依约打击国内的侵权行为造成其巨大经济损失，要求将 TMT、TMC、SMT 商标返还或以港币 30 万元办理转名手续，转给 TMT 公司。轻工业品公司认为 TMT 公司没有依约交纳商标使用费，尚欠 19232 美元未付，且未经许可使用 TMT 商标在境内安排生产和销售。多年来，双方当事人为解决商标纠纷进行了协商，未能达成一致意见。轻工业品公司遂向海关总署进行了知识产权保护备案。TMT 公司在国内安排生产的产品因此无法出口，造成厂家产品积压。

TMT 公司遂以轻工业品公司违背双方的委托约定，意图侵吞 TMT 公司委托其在国内注册的商标，阻止 TMT 公司定牌加工产品的出口，造成其经济损失为由，向广东省高级人民法院起诉，请求判令终止其委托轻工业品公司在国内注册和管理 TMT、TMC、SMT 商标的关系；轻工业品公司返还因委托关系而取得的财产并赔偿损失人民币 1 亿元。

轻工业品公司辩称，商标权属纠纷应由商标行政主管部门管辖，人民法院对本案没有管辖权，请求驳回原告的起诉。同时，轻工业品公司怀疑 TMT 公司提交给法庭的两份关于商标权属的证明是假证，请求法院予以司法鉴定。

【审理与判决】

广东省高级人民法院审理认定，轻工业品公司原经办人何某、吴某于

1997 年 12 月 25 日向公司领导书面汇报有关 TMT 商标问题时谈到：1980 年初东明公司总经理王少明拿着该公司自行设计的 TMT 商标来公司要求在出口吊扇上使用 TMT 商标，据王少明解释，商标取自东明公司的英文名称 Tung Ming Trading Co. Ltd 前三字的第一个字母，经公司领导与其商谈，同意使用这一商标。使用该商标后，王少明于 1980 年提出办理商标注册，由于当时国家商标法尚未颁布，未接受外商在国内办理商标注册，经商谈后决定，该商标在国内注册由轻工业品公司办理，在国外注册由东明公司办理。后按此意见继续办理了 TMC、SMT 商标的注册。1985 年以前所有 TMT 牌吊扇上用的 TMT 商标都由东明公司在香港印刷好标识后免费提供给轻工业品公司布产使用。定点生产 TMT 牌吊扇的三家企业均证实，TMT 公司不断向厂家提供市场信息及技术，长期派员到厂抽查产品质量。

广东省高级人民法院审理认为，双方争议的 TMT、TMC、SMT 商标是东明公司自行设计和首先、实际使用的商标。后经双方商定，上述商标暂由轻工业品公司在国内办理注册和管理。东明公司解散后，由其股东王少明、林某组建的 TMT 公司接手与轻工业品公司经营 TMT、TMC、SMT 商标的吊扇等商品的业务，同时承担原东明公司的欠款清偿义务，上述商标也由 TMT 公司承受。TMT 公司主张是委托轻工业品公司在国内办理商标注册，有自 1979 年始所签订的合同和包销协议、相关经办人和生产企业及 1987 年轻工业品公司出具的两份权属证明为凭，足以认定。双方出具的书函对权属问题的表述虽前后有不一致，尚不影响这一认定的可靠性。因而，TMT 公司主张其对这三个商标的权属也是有合法依据的。据此，并考虑到 TMT 等三个商标一直是由 TMT 公司及其前身东明公司在内地作定牌生产使用的，这些商标还给 TMT 公司，有利于继续发挥其应有的作用；只有 TMT 公司才能在境外市场合法经销这三个牌子的商品；双方也已发生矛盾，失去合作基础，原告不能在内地继续组织生产和出口，被告则不能在境外相关地区销售同一品牌商品的状况和矛盾，TMT 公司诉请终止其与轻工业品公司的委托关系，由轻工业品公司返还上述商标的主张应予支持。鉴于轻工业品公司在国内办理了 TMT、TMC、SMT 商标的注册并进行了有效管理，故其商标返还给 TMT 公司时，TMT 公司应予以适当的经济补偿。轻工业品公司怀疑 TMT 公司提交给法庭的两份关于商标权属的证明是假证，请求法院予以司法鉴定，但由于轻工业品公司在对外经济活动中公章更换频繁，大部分未经备案，其提交的对照物难以采信，而轻工业品公司又无法提供相关充分证据，且该两份证明文件也不是本案唯一证据，故对轻工业品公司的申请不予采纳。轻工业品公司认为商标权属纠纷应由商标行政主管部门管辖，人民法院对本案没有管辖权，请求驳回原告的起诉。对此，依我国商标法规定，因注册不当而引起的商标权属争议法院才没有管辖权，而本案是因委托注册而引起的纠纷，人民法院有管辖权，轻工业品公司的请求缺乏法律依据，不予采纳。据此，判决：（一）确认轻工业品公司注册的 TMT、TMC、SMT 三个商标专用权归 TMT 公司所有，TMT 公司在本判决生效后到国家工商行政管理局商标局办理有关 TMT、TMC、SMT 商标权属变更手续。（二）TMT 公司补偿轻工业品公司 50 万元。

广东轻工业品公司不服，向最高人民法院提起上诉称：（一）原审判决认定事实错误，广东轻工业公司通过注册取得了争议商标的专用权，TMT 公司与东明公司从未在国家工商局商标局注册争议商标，也无任何书面委托文明证明委托广东轻工业公司注册该商标，双方 1994 年 10 月 6 日签订的协议书再次明确规定了本案争议商标的所有权归广东轻工业公司所有，TMT 公司无权承受东明公司的权利，广东轻工业公司从未出具任何文件证明 TMT 商标归 TMT 公司所有，因此，原审判决将争议商标判归 TMT 公司没有事实依据；（二）原审判决适用法律错误，原审判决未适用商标法及其实施细则，也未适用《民法通则》第 69 条关于保护商标权的规定，却判定 TMT 公司享有商标权，缺乏法律依据；（三）原审法院审判的事项并非人民法院管辖范围，且将巨额国有资产判归香港公司，造成国有资产严重流失，不符合国家利益，原审判决依法不能成立。

TMT 公司答辩称：商标权是一项民事权利，有关商标权属的争议属于人民法院民事诉讼受案范围。TMT、TMC 和 SMT 三个商标是 TMT 公司董事长王少明设计的，按照东明公司与广东轻工业公司之间的商定及定牌贸易合同，王少明将商标交给广东轻工业公司使用并委托其在内地办理注册事宜。东明公司歇业后，王少明又成立 TMT 公司接替原公司业务，承受了东明公司与三个商标有关的民事权利。因此，轻工业品公司与 TMT 公司之间存在着事实上的信托法律关系。TMT 公司从来没有接受轻工业品公司的委托办理商标的境外注册事宜。鉴于轻工业品公司违背双方约定，TMT 公司有权要求轻工业品公司返还自己的民事权利。原审判决事实清楚，适用法律正确，请求予以维持。

最高人民法院审理查明：TMT公司代东明公司实际偿还的款项已超出轻工业品公司在有关文件确认的欠款数额。轻工业品公司否认曾于1987年10月23日和12月16日发出了两份证明文件，怀疑该两份书证系假证，向原审法院申请司法鉴定，二审期间又变更要求为申请对该两份文件的制作时间、打字与盖章的先后次序作出鉴定。经委托北京华夏物证鉴定中心鉴定，结论为：该两份文件均系1987年下半年先打字后盖章形成的。TMT公司为证实该文件的真实性，还提供了香港特别行政区某律师行的一份证明，证明1987年10月23日的文件在1988年4月19日已由该律师行在其他案件中使用，说明该文件的签章日期是准确的。原审判决认定的其他事实基本属实。

最高人民法院审理认为：商标权是一项民事财产权，虽然法律对商标权的取得、期限、转让等方面有特殊的规定，但未将权属的确认权授予行政机关。从商标权的性质看，权属诉讼属于民事确认之诉，应当属于人民法院民事诉讼收案范围。轻工业品公司关于商标权属纠纷不属于人民法院收案范围的上诉理由不能成立。TMT等文字加菱形图案的组合商标是本案各项争议商标的核心商标，与出口商品上使用的商标以及TMT公司对外宣传的商标相一致。该商标是由原东明公司股东、总经理，现TMT公司股东、法定代表人王少明在担任东明贸易公司法定代表人和东明公司总经理期间完成的设计。王少明是东明公司与轻工业品公司签订贸易合同的最早的和主要的经办人，根据证人证言和定牌加工的有关协议、合同等可以认定其代表东明公司提出由东明公司提供商标，轻工业品公司按照所提供的商标负责组织生产TMT、TMC等牌号吊扇的要求，轻工业品公司予以同意；王少明还首先提出了将TMT等商标在国内注册的意见。由于受轻工业品公司的误导，东明公司错误地认为当时香港公司不能在内地注册商标，故与轻工业品公司商定，由轻工业品公司在国内办理商标注册。在东明公司歇业后，轻工业品公司又按照当时任TMT公司法定代表人王少明的要求，在国内办理了本案争议商标第200833号文字加图形组合商标的注册。按照双方定牌加工合同的约定，轻工业品公司负责组织生产TMT等品牌的吊扇并办理出口手续，东明公司负责提供铭牌、商标并进行产品的广告宣传，负责联系订单，包销全部商品到境外国家和地区。在履行合同过程中，TMT公司接替东明公司负责提供技术，监督生产，包销商品，进行商品的全部广告宣传并代替东明公司承担了归回所欠轻工业品公司款项的责任。王少明设计并代表东明公司提供 TMT 等商标,目的是要求轻工业品公司定牌生产东明公司指定牌号的商品,且双方已经实际履行了定牌生产合同,故双方形成了事实上的商标权财产信托法律关系。第 200833 号商标则是直接由王少明以 TMT 公司法定代表人的身份要求轻工业品公司进行注册的。广东轻工业公司与 TMT 公司双方的这一法律关系不仅由商标设计、交付使用与要求注册的事实来证明,还可以由双方定牌贸易合同的约定及只有东明公司(后来是 TMT 公司)进行商品销售及商品与商标的广告宣传,逐步形成争议商标的知名度和资产增值的事实来证明。1987 年 10 月 23 日和 12 月 16 日轻工业品公司出具的两份证明文件的内容,在证明轻工业品公司与 TMT 公司存在委托进行商标注册并管理关系的同时,也印证了在东明公司歇业前与轻工业品公司之间存在着这一委托关系。这两份证据经鉴定证实是真实性的。此外,香港黎锦文律师行证实了 1987 年 10 月 23 日的证明文件是 1988 年使用过。因此对上述两份证据应当采信。本案争议商标是由轻工业品公司基于东明公司的委托和要求而在国内办理注册的。轻工业品公司是相关商标的名义上的权利人,TMT 公司是相关商标的实质上的权利人,在轻工业品公司请求查扣 TMT 公司出口产品的情况下,TMT 公司以委托人的身份请求将 TMT 商标归还该公司,有充分的事实依据。原审法院根据民法通则的有关规定判决将商标仅返还 TMT 公司是正确的,但原审判决认定存在委托关系,未考虑该商标是以被委托人名义注册并管理的这一事实,未认定存在信托关系,所作认定欠当。双方于 1994 年签订的协议对商标权属问题再次作了约定。根据 TMT 公司的陈述和轻工业品公司 1994 年 7 月的通知函,可以认定签订该协议的目的是加强商标管理,打击假冒商品。由于当时双方尚未发生纠纷,TMT 公司也未提出返还商标权的问题,轻工业品公司仍是商标的注册人,因此,这份协议中关于商标权的约定应当看作是对商标权当时状况的一种确认,不影响 TMT 公司在双方发生纠纷后提出返还商标权的主张。由于轻工业品公司申请采取了知识产权海关保护措施,造成了 TMT 公司近两年无法出口商品,遭受了巨大损失,轻工业品公司应对此承担责任。鉴于 TMT 公司对驳回其索赔请求未提起上诉,对此本院予以维持。TMT 牌产品的销售市场在中国境外,TMT 公司对 TMT 等商标在境外各主要市场均有注册,享有商标专用权,故轻工业品公司的商品难以使用 TMT 等商标出口,缺乏获利能力。同时,TMT 公司由于无法在国内生产厂家订货出口,国内厂家也遭受巨大损失,且不能向国外市场提供商品，形成市场萎缩。因此，轻工业品公司以国有资产流失为由要求法院保护其商标权，不具有说服力，也缺乏事实依据。本院二审期间 TMT 公司同意增加补偿数额，本院予以认可。

综上，广东轻工业公司的上诉缺乏事实与法律依据，不应支持；原审判决事实清楚，适用法律正确，除判决的补偿数额较低有失公平应予变更外，其他处理正确，应予维持；原审判决在陈述判决理由和主文表述上有所失当，应予变更。根据《民法通则》和《民事诉讼法》的有关规定，判决：（一）变更一审判决第一项为：广东省轻工业品进出口公司在国内注册的 TMT、TMC、SMT 文字及文字与图形组合商标的商标专用权归 TMT 贸易有限公司所有，广东省轻工业品进出口公司应当协助 TMT 贸易有限公司办理商标注册人的变更手续；（二）变更一审判决第二项为：TMT 贸易有限公司补偿广东省轻工业品进出口公司 250 万元。

【评析】

本案是我国《信托法》颁布实施以前，由最高人民法院终审的，可以说是我国第一个有关信托的重要案例。

本案判决后曾经引起很大争议。不少法律专家，甚至有些人大代表都对本案的判决提出质疑：法院为什么不适用《商标法》解决这个商标权属争议，而将其认定为"事实上的商标财产信托法律关系"？本案判决后不久，我国《信托法》颁布实施，针对本案判决认定"当事人之间存在事实上的商标财产信托关系"，有些专家按照信托法的有关规定提出疑问：本案中究竟谁信托谁？在国家商标局注册 TMT 商标的是广东轻工业公司而非 TMT 公司，TMT 公司怎么能用不属于自己的财产权去信托？严格地按照随后出台的《信托法》的相关条文进行分析，这些质疑应当说不是没有道理的。

不过，需要强调，这是一个在《信托法》出台之前审结的、涉及香港企业的案件！法院只能依据信托法原理作出判决。按照信托法原理来分析，本案的判决可以看成是运用推定信托的一个有益尝试，可以说是终审法院在面临新型纠纷、缺乏明确法律规则的情况下努力实现公正的一个先例。

推定信托是英美法系普遍承认和运用的一种信托。英美法系信托法一般将信托分为三大类：（1）明示信托，即当事人通过合同、遗嘱等方式，按照其意愿明示设立的信托；（2）隐含信托或者默示信托，是法院根据当事人的特定事实、行为或者当事人之间的关系推断出的信托，并非当事人明示设立的信托，一般认为，隐含信托包含归复信托与推定信托两类；（3）法定信托，是依法律规定强制成立的信托，与当事人的行为、意愿没有直接关系，典型的是数人共同拥有土地，法律规定共有人必须以信托方式持有共有土地，以全体共有人为受益人，以登记为所有者的共有人为受托人。①

推定信托是法院在某些情况下推定当事人之间存在信托关系。面对特定的财产关系状况，法院认为，允许财产所有者纯粹为自身利益而持有财产是不合良心、不公平的，就可能给当事人施加一项推定信托，认为财产所有者是为他人而持有财产的，是推定受托人。

就推定信托的性质来说，英国与其他英美法系国家还有所区别：英国把推定信托看成一种实体法制度，法院只有面对先前的判例已经承认的情形，才会施加一项推定信托，这属于制度性推定信托；但是，美国和澳大利亚等英联邦国家则将推定信托作为一种灵活的救济手段，即不论什么情况下，为了实现正义，只要法院认为适当，就可以施加一项推定信托，以防止第三人获得不当得利，这属于救济性推定信托。目前，英国的制度性推定信托也有向救济性推定信托发展的趋势。不过，推定信托主要在英美法系比较常见，大陆法系国家引入信托法时大都没有明确承认推定信托，实践中似乎也很少看到法院运用推定信托的案例。

显然，推定信托作为隐含信托的一种，并非当事人明示设立的信托，而是法院根据当事人的言语、行为等推断出他们之间存在信托关系。因此，对于推定信托的有效成立，英美法系并未按照明示信托的要求对待，而是明确指出，推定信托不适用设立明示信托的形式要求。因此，大陆法系国家引入信托法以后，似乎也不应当机械地套用普通明示信托的成立要件，对推定信托的成立和生效进行分析。

本案系争的TMT商标是香港东明公司经理王少明设计的，各方对此均无异议；王少明误认为香港居民不能在内地注册商标，便委托贸易伙伴广东轻工业进出口公司在内地注册相应商标，结果，TMT商标的申请人和注册的权利

---

① 何宝玉：《地产法原理与判例》，中国法制出版社2013年版，第296~297页。

人均为广东轻工业公司,而非真正的设计者。① 双方后来的贸易往来,对商标的注册地区、注册商标使用范围的分工,以及有关的协议和证明文件,都认可这一事实。很显然,虽然商标的注册是广东轻工业公司办理的,但该公司主张商标是自己的显然不符合事实,也是不公平的。

关于香港东明公司与广东轻工业公司之间关系的性质,一审法院认定是委托关系,即广东轻工业公司受香港东明公司委托,代理东明公司办理TMT商标注册事宜,表面看来似乎如此,但是,按照一般委托代理关系,代理人应当以被代理人的名义行事,广东轻工业公司应当以东明公司的名义注册TMT商标,而这正是东明公司误认为可能违反内地政策而竭力回避的,双方因此商定,同意广东轻工业公司以自己的名义注册TMT商标,结果,广东轻工业公司以自己的名义注册了TMT商标。如果认定双方是委托代理关系,广东轻工业公司以自己的名义注册TMT商标,就可能构成注册不当行为,依商标法的规定,只能通过商标评审委员会撤销广东轻工业公司的注册,将争议的商标回归香港东明公司的后继者,而不能向法院提起诉讼来解决不当注册问题。所以,一审法院对双方当事人关系性质的认定与其判决存在着隐含的矛盾。

二审法院判决认定双方之间是信托关系,按照信托法原理,受托人依法有权以自己的名义为受益人的利益行事,并有权占有、管理信托财产,受托人虽然作为信托财产的所有者,但并非信托财产实际利益的权利人和享有者,信托关系终止后,受托人应当将信托财产交给受益人或者返委托人。本案广东轻工业公司作为受托人,完全有权以自己的名义注册TMT商标,并按照约定管理该商标,但商标的实际权利人应当是香港东明公司,而非作为受托人的广东轻工业公司。事实上,双方当事人对于争议的商标由谁注册、在何地区注册,以及如何管理、使用注册商标,都有明确的约定,广东轻工业公司正是按照约定注册TMT商标并进行管理、使用的,只是后来双方对商标的使用、管理产生分歧,影响双方的经营活动,导致双方之间的信任不复存在,并对商标的权属产生争议,香港TMT公司作为东明公司的后继者要求广东轻

---

① 这种误解是很容易理解的。当时我国正处于改革开放初期,经济体制刚开始向市场经济转型,严格的经济管制虽逐渐放开但仍然细密,这类借名、"戴红帽子"(个体企业挂靠在集体企业名下,目的是减轻政治压力或者争取享受优惠政策)的现象比较普遍,特别是在广东、福建、浙江等外商投资较多的地区曾经盛行一时。

工业公司返还TMT商标，可以看成是双方的信托关系终止，委托人要求返还信托财产，依信托法原理，并无不当。至于法院判决TMT公司应当给予广东轻工业公司一定的补偿，既可以理解为对广东轻工业公司由此遭受的损失给予的补偿，也可以理解为广东轻工业公司多年来作为受托人管理信托财产（争议的TMT商标）和处理信托事务所取得的报酬。所以，认定双方存在事实上的商标财产信托关系，依照信托法原理，完全是可以解释的：委托人是香港东明公司，受托人是广东轻工业公司，信托财产是TMT商标。

本案的判决之所以引起较大争议，主要是因为本案是在《信托法》出台前审结的。按照随后通过的《信托法》第8条等规定，设立信托必须采取合同、遗嘱等书面形式，必须有确定的信托财产，而本案的双方当事人并未明确设立信托，作为信托财产的商标也是在信托成立后才注册的，委托人在信托成立前并没有信托财产可供信托，而且，广东轻工业公司在注册TMT商标时并未明确该商标是作为信托财产。因此，严格按照信托法的规定加以对照，认定本案当事人之间存在信托关系就有些难以理解。幸运的是，本案在《信托法》实施前审结，并且原告是一家香港公司，认为双方之间是事实上的商标财产信托关系的主张，也是原告向最高人民法院上诉时提出并得到法院认可的。

实际上，正如有学者指出的，法院在本案尝试运用推定信托解决纠纷，在当事人之间施加了一项推定信托。[①] 法院审理已经查明，争议的TMT商标系TMT公司的前身东明公司经理设计，委托广东轻工业公司在大陆注册的，随后，双方还就商标的使用许可、维护商标权等达成了协议，虽然商标权登记在广东轻工业公司名下，并且该公司在商标注册、维权等方面做了大量工作，但是广东轻工业公司主张TMT商标的所有权显然与事实不符，也是不公平的。在这种情况下，既然双方之间并未就设立商标权信托签订信托合同，难以按照设立明示信托的通常要件判定双方之间建立了信托关系，为了在当事人之间实现公正，法院给双方当事人施加一项推定信托，认定双方之间存在事实上的信托关系，并据此作出判决，可以看成是在没有法律规定的情况下实现公正的一种有益尝试。

---

① 邢建东：“衡平法的推定信托研究”，对外经贸大学2006年博士学位论文；陈林：“推定信托研究”，吉林大学2010年博士学位论文；许芳：“论我国推定信托制度的构建”，江西财经大学2014年硕士学位论文。

另一方面，有学者指出，本案是最高人民法院关于推定信托判决的第一例，很可能也是最后一例，不禁让人反思。《信托法》的制定为信托行为提供合法性基础的同时，也可能压缩了司法解释的空间，限缩了信托的适用范围，至少对推定信托而言，司法态度已经趋向于保守。①

本案的判决还引出了一个更具有普遍性的问题。法律的固有缺陷之一就是滞后性，成文法的滞后性更为严重。在英美，法院在遵循先例、严格遵守制定法的同时，通过终审法院解决无法可依的出口问题。在美国，法院有权解释法律，特别是最高法院有权解释宪法，一旦面临前所未见的新型案件，法院可以通过解释法律或者宪法作出判决，并且确立新的司法判例，按照遵循先例的原则，法院的判例成为以后判决的依据，从而解决出现新问题时无法可依的问题。类似地，英国的终审法院（2009年以后的最高法院及此前的上议院）面对新的案件，在缺乏制定法规定的情况下，也有权作出它认为适当的判决，并作为司法先例被下级法院遵循；议会如果认为终审法院的某项判决形成的法律规则是不适当的，议会可以通过立法确立新的规则，推翻或者修改法院的判例规则；一旦议会通过法律，法院的相应判例规则随之失效，代之于议会的制定法确立的新规则。②就是说，在严格遵守成文法和先例判决的同时，还给终审法院留下一条处理新型纠纷和新问题的出路，一旦出现前所未遇且法律没有明确规定的问题，由终审法院填平法律的缺口，给法律确定一条通道。

我国属于成文法国家，又处于经济社会的重大转型期，随着经济转型、

---

① 周淼森："论信托有效性的司法对待"，中国政法大学2011年硕士学位论文。

② 英国著名法官丹宁勋爵的《法律的正当程序》一书（李克强等译，法律出版社2011年版，第257~265页）就提供了一个典型例子：20世纪70年代，英国出现了丈夫抛弃妻子并出售家庭住房、让妻子无处安身的现象，通常是夫妻结婚后生育子女，住房登记在丈夫名下，妻子主要在家操持家务、照顾子女；丈夫后来另有新欢，故意将房屋出售给他人（甚至是新欢），或者将房屋抵押给银行获得贷款却不按期偿还，由购买人或者银行出面把妻子和孩子赶出家门。当时担任英国上诉法院院长的丹宁勋爵发展了被遗弃妻子的衡平法原则，为被遗弃的妻子提供救济，但是，作为终审法院的上议院在National Provincial Bank v Ainsworth（1965）案判决指出，这种情况下，对于房屋的购买人或者受托人来说，被遗弃的妻子在衡平法上没有居留结婚住房的权利，即使购买人或者接受抵押的银行完全知道被丈夫抛弃的妻子和孩子正住在那所房屋里，也可以把他们赶出去。这个判决引起了社会各界的极大不满，英国议会随后通过《1967年婚姻住房法》推翻了上议院的这个判决，该法明确规定：不享有房屋法定所有权的配偶有权占住婚姻住房，如果尚未占住，她（他）有权进入并占住婚姻住房；如果已经占住，有权继续居住，非依法院命令不得被赶走。该案的具体案情，可参看何宝玉：《地产法原理与判例》，中国法制出版社2013年版，第334~337页。

体制转轨、观念更新、社会分化，思想和利益日趋多元化，新问题、新矛盾不断涌现，而立法不仅明显滞后，而且往往比较原则、粗放，法律的滞后成为社会普遍关注的问题，无法可依的问题比较突出。人民法院特别是作为终审法院的最高人民法院，面对前所未有的新争议、新纠纷，无疑应当努力在不违背现行法律的前提下，尽可能地提供解决矛盾、化解纠纷的办法。实现法治是一个长期的历史过程，一些国家的法治历程表明，推进法治的过程中既需要完善的法律和严格守法的精神，更需要丰富的司法智慧。就此而言，在没有信托法的情况下，本案的判决或许可以看成是终审法院努力解决新问题的积极尝试。

案例 12

昌盛食品商行诉济南信托投资公司委托放款纠纷案

【案情】

1992年11月26日，山东省昌盛食品商行与中国工商银行济南信托投资股份有限公司签订委托放款基金协议书载明：(1)甲方（山东省昌盛食品商行）将托放资金50万元存入乙方（中国工商银行济南信托投资公司），期限和利率以乙方开给的存单为准，由乙方代选单位和项目办理委托放款。乙方根据金融信贷政策，选定单位和项目后，提供甲方备案。贷款期限在此项基金存期内，由乙方与用款单位商定。利率按此项基金存款利率另加手续费。(2)乙方接受甲方委托，按照甲方的要求，选定委托单位组织发放贷款；进行监督，检查了解资金使用情况，督促企业按期归还，并保证甲方委放基金到期随时可以提取。

同日，山东省昌盛食品商行将50万元存入中国工商银行济南信托投资公司，期限为半年，月利率为千分之四点五。

同年11月30日，中国工商银行济南信托投资公司与济南橡胶厂签订借款合同，借款金额为50万元，期限为半年，月利率为千分之六点三。中国工商银行济南信托投资公司印制的信托、委托贷款申请书中，委托单位签章（信托放款免签）一栏空白，未有任何签章。中国工商银行济南信托投资公司印制的与济南橡胶厂的借款合同中，贷款方一栏由中国工商银行济南信托投资公司签章。

1993年12月1日，济南信托投资公司支付给山东省昌盛食品商行存款本金10万元，尚欠存款本金40万元及利息未付。山东昌盛食品商行多次催要，济南信托投资公司于1999年6月12日向山东昌盛公司发出存款询证函，确认存款本金债权40万元。经山东昌盛食品商行催要，济南信托投资公司于1999

年8月2日支付利息71882.6元。

随后，山东昌盛食品商行再次催要未果，遂向济南市市中区人民法院起诉，主张其与济南信托公司之间存在事实上的信托贷款关系，不是委托贷款，要求济南信托公司返还存款本金40万元，支付存款期内利息13500元以及逾期还款的违约金。

济南信托投资公司辩称：山东省昌盛食品商行将50万元存入我公司，双方订立委托合同，根据我公司业务范围，由我公司将款项贷给他人。1993年借款单位还了10万元，我公司即按合同约定给了山东省昌盛食品商行10万元。我公司与山东昌盛食品商行之间是委托放款合同关系，山东昌盛食品商行的资金未能收回的风险应由其自行承担，请求法院驳回山东昌盛食品商行的诉讼请求。

【审理与判决】

市中区人民法院经审理认为：所谓信托，是指委托人基于对受托人的信任，将其财产权转移给受托人，受托人按委托人的意愿以自己的名义，为受益人利益或特定目的，管理或处分财产的法律行为。信托法律关系中，受托人是信托财产的权利主体，以自己的名义对外从事活动，其行为所产生的法律后果由受托人自行承担。信托与委托的区别在于财产所有权的转移与否，所有权是对财产的占有、使用、收益和处分的权利。对于信托贷款而言，委托人将资金贷给谁，贷款的用途、利率和期限是多少，均由受托人决定，从资金所有权角度看，已经转移给金融信托机构；并且，从与借款人的关系来看，受托人是以自己的名义直接与第三人发生关系，第三人无须知道资金所有人为谁，故委托人与受托人之间为信托关系。委托贷款则由委托人指定贷款对象、贷款利率、期限、用途等，接受贷款人明知资金所有人是谁，这与信托贷款不同，资金虽转移占有，但收益、处分的权能并未转移。如果因贷款行为不当造成损失，该风险亦由委托人自行承担。另外，委托贷款合同中，委托人、受托人与借款人应当同时出现。

本案山东省昌盛食品商行与济南信托投资公司签订的委托放款基金协议书，虽然名称上为委托放款，但协议书的具体内容却注明由济南信托投资公司代选单位和项目办理委托放款，贷款期限在此项基金存期内也由济南信托投资公司与用款单位商定，利率按此项基金存款利率另加手续费，即贷款对象的选定、贷款的期限、利率均由受托人济南信托投资公司确定。济南信托投资公司在选定单位组织发放贷款后,督促企业按期归还贷款,并保证山东省昌盛食品商行委放基金到期随时可以提取,即此项贷款行为的风险由济南信托投资公司承担。在济南信托投资公司印制的"信托、委托贷款申请书"中,"委托单位签章(信托放款免签)"一栏并没有委托人山东省昌盛食品商行的签章。作为格式合同制作者,济南信托投资公司完全明白信托贷款与委托贷款的区别,在这种情况下,济南信托投资公司未让山东省昌盛食品商行在"委托单位签章"栏签章,足以证明双方确立的是信托贷款合同。而在与济南橡胶厂的借款合同上,贷款方注明的是济南信托投资公司,并非作为委托人的山东省昌盛食品商行。即该贷款行为是以受托人而非委托人的名义作出的,更进一步证明合同的信托性质。以上从贷款对象的选定、贷款的期限、利率、风险责任的承担、对外实施行为的名义、格式合同的约定等诸方面进行判断,山东省昌盛食品商行与济南信托投资公司之间签订的虽然是委托放款基金协议书,但协议约定的权利义务内容与名称不一致,双方按照权利义务的实际内容履行,应当以协议约定的权利义务内容确定合同的性质,即双方之间存在的是信托贷款法律关系,而并非委托贷款关系。据此,判决:济南信托投资公司返还山东昌盛食品商行存款本金、存款利息及逾期违约金。

济南信托公司不服,向济南市中级人民法院提起上诉。

济南市中级人民法院经审理认为:双方当事人所签订的合同虽名为委托贷款,但从合同约定的内容及双方实际履行情况分析,实为信托贷款合同。由于《信托法》于2001年10月1日起生效实施,故本案无法适用信托法。处理本案的法律依据应当是双方当事人行为发生时的有关法律规定。故原审判决依据当时的法律规定及有关司法解释,认定双方之间的民事法律关系为信托法律关系,并据此判令济南信托投资公司承担还本付息的责任并无不当。原判决正确,应予以维持。据此,判决:驳回上诉,维持原判。

【评析】

本案发生在《信托法》施行之前,法院不能依据《信托法》的规定作出判决。好在两级法院都没有拘泥于双方当事人之间签订的委托放款协议书的名称,而是深入分析协议的内容,特别是双方当事人的权利义务,以及双方当事人履行协议的具体行为,认定当事人之间签订的协议虽然名为委托贷款,但协议约定的当事人权利义务与协议的名称不符，双方签订的实际上是信托贷款合同，从而确认双方当事人之间事实上构成信托贷款关系，明确了双方之间的信托法律关系，受托人应当对贷款承担责任，贷款不能按期回收的，受托人应当向委托人承担返还贷款本金及利息的责任。

本案初审法院直接透过当事人签订的委托放款协议的名称，着眼于审视协议的内容，并且明确双方实际上建立了信托关系，是很难得的。鉴于本案发生在《信托法》实施之前，法院不能依照信托法的规定进行审理，而是依据一般信托法原理，因此，法院比较强调原告山东昌盛食品商行将作为信托财产的资金的所有权，转移给作为受托人的济南信托投资公司，并且约定济南信托投资公司以自己的名义将资金贷给它自主选择的项目，明确了信托财产的转移以及受托人的管理、处分权和自由裁量权，从而确立了双方之间事实上存在信托关系。

虽然随后实施的《信托法》第 2 条关于信托的定义，只规定委托人基于对受托人的信任，将其财产权委托给受托人，并未强调信托财产的转移，但是，这条规定的"委托给"并不排除委托人将财产权转移给受托人。而且，即使按照国际信托公约的信托定义，即设立信托只要求委托人为了受益人利益或者特定目的，将其财产置于受托人的控制之下，本案原告山东昌盛食品商行也已经将其资金置于受托人济南信托投资公司的控制之下。因此，不论是否直接依据《信托法》条文，本案确认当事人之间存在信托关系都是正确的。

更进一步看，本案的判决也表明，至少在某些案件里，只要受托人能够控制信托财产，并且有权按照委托人的意愿管理、处分信托财产，委托人是否将财产转移给受托人，可能不是至关重要的。我国信托理论研究界不少学者都对《信托法》第 2 条规定的"委托给"做过研究，普遍倾向于将"委托给"修改为"转移给"，都是有一定道理的。但事实上，受托人的交易相对人不须关注财产的真正所有人，[①] 只需要关心受托人是否享有合法的权力处分信托财产，就足以维护自身的交易安全。因此，在法律修改之前，更重要的或许是，在司法实践中，法官如何以信托法的理念和思维处理具体案件，公平、合理地解决当事人的争议。本案就是一个例证。

[①] 王涌："论信托法与物权法的关系"，载《北京大学学报》2008 年第 6 期。

案例 13

孙某泱诉惠某萍委托理财纠纷案

【案情】

被告惠某萍、杨某玲系中国平安人寿保险公司日照支公司职工。1999年9月，中国平安保险公司发行内部股，惠某萍、杨某玲通过时任中国农业银行日照市分行办公室基建办主任的夏某信（已故），找到本单位职工孙某泱等23人（其中3人非本单位职工）凑齐了购买平安保险公司5万单位中国平安投资权益的价款88000元，统一交给夏某信，夏亲手书写了购买投资权益数明细单，详细注明了孙某泱等23人购买投资权益的单位数及价款（其中孙某泱出资7040元购买4000单位），于9月23日将款项交到日照平安保险公司财务处，公司向夏某信出具收款凭证2张，其中一张载明：交款人惠某萍，收合股基金款3万×1.76元/股=52800元；另一张载明：交款人杨某玲，收合股基金款2万×1.76元/股=35200元。

中国平安保险公司自2000年开始分红，夏某信生前，被告惠某萍、杨某玲将每年的分红款交给夏某信，由夏某信负责向原告等人分红。2001年夏某信去世后，两被告将每年的分红款交给孙某泱，孙某泱再根据各人购买股数按比例将分红款分给每个购买人。但是，自2008年7月后，惠某萍、杨某玲未将分红款支付给孙某泱等人。并且，自2010年以后，惠某萍名下的中国平安员工投资权益被减持。

于是，当初购买中国平安员工投资权益的23人，除两人已经退股外，其他人均向法院起诉，要求确认其投资权益。2012年5月29日，经日照市中级人民法院终审判决，被告杨某玲名下的20000单位中国平安员工投资权益已明确持有人姓名，被告惠某萍名下的30000单位中国平安员工投资权益21000单位明确持有人姓名，除去已退股的5000单位，惠某萍名下尚有4000单位中国平安员工投资权益未经法院判决确认。

原告多次向惠某萍索要投资权益的收益款,都遭到拒绝,遂向山东省日照市东港区人民法院起诉,要求惠某萍支付原告5000单位(其中,最初购买4000单位,2008年7月向惠某萍购买1000单位)中国平安员工投资权益收益332940元及利息。

被告惠某萍辩称,自己购买的中国平安员工投资权益的出资人和受益人仅限于中国平安员工,非平安员工无权购买并享受该收益。即使原告在被告出资困难时给予原告一定的帮助,但被告也自愿给了原告相应的补偿,原告无权要求和被告等中国平安公司员工享受同样的待遇。而且,假设原告根据其投资状况可以享受平安员工投资权益,其受益范围也应当考虑被告作为投资权益的管理人,应当与被告进行合理分配。根据夏某信书写的出资明细表,原告仅就4000单位中国平安投资权益出资,收益范围也应限于4000单位。原告主张向被告购买1000单位中国平安投资权益,没有事实和法律依据。

【审理与判决】

日照市东港区人民法院审理认为,原告孙某泱实际出资,以被告惠某萍的名义购买中国平安保险公司投资权益,原告为隐名出资人,被告惠某萍为名义出资人,按照"谁出资谁取得股权"的原则,投资权益实际应为隐名出资人享有,隐名出资人之权利可以向名义出资人主张,其主张依据在于其与名义出资人之间对股权的有效约定,在此情况下,只要隐名出资人能证明出资之事实,并能证明其与名义出资人之间的约定,就应认定其享有投资权益。根据夏某信书写的购买投资权益数的明细单、被告惠某萍及杨某玲名下持有的投资权益单位数,结合被告惠某萍及杨某玲名下已处理完毕的投资权益单位数,本院认定原告孙某泱持有被告惠某萍名下4000单位中国平安员工投资权益。

原告孙某泱以被告惠某萍名义购买平安保险公司投资权益时,双方虽无书面约定,但存在事实上的双方合意,即中国平安保险公司发行投资权益收益时,被告惠某萍基于某种原因通过他人联系原告等人,由原告等人出资以被告名义购买,应当认定该行为实际系被告将购买权利转让给原告等人,每年分红时由被告将分红款交给原告等20余人中的一人代为向其他人发放,且已实际履行了若干年,故双方之间转让购买权利的行为是双方真实意思表示,又不违反《合同法》第52条规定的合同无效的情形,协议合法有效,双方均应按约履行。但鉴于涉案中国平安员工投资权益系中国平安公司针对该公司员工内部发行的投资权益，是中国平安公司对平安公司员工的激励，被告作为投资权益的管理人，在投资权益管理上代原告履行着管理、收益等相应的义务，投资权益所获得的收益与被告作为中国平安员工对公司所做出的努力和付出不可分割，从双方履行合同的内容看，被告系承原告等人之信，受原告等人之托，双方存在事实上的信托关系，代原告等人以自己名义投资入股并管理、收益，故原告应给予被告一定的管理、受托费用。根据公平原则，对原告主张的涉案投资权益产生的收益等相关款项，本院酌定原告获得80%，被告获得20%。

原告孙某泱以被告惠某萍名义购买4000单位中国平安员工投资权益，原告未提交证据证实除被告自认手写的投资权益收益以外的其他数额的合理性，应以被告手写认可的数额为准。故对涉案4000单位中国平安投资权益产生的收益，本院认定为252470.2元。被告应向原告支付201976.16元（252470.2元×80%）。对原告主张的利息请求，因被告惠某萍和杨某玲在2012年5月28日日照市中级人民法院终审判决前系混合持有包括原告孙某泱在内的23人的中国平安投资权益50000单位，之前对于被告惠某萍是否应当直接向原告孙某泱支付4000单位中国平安员工投资权益分红及收益等款项尚不明确，故对原告主张的利息请求，应自日照市中级人民法院生效判决确认投资权益持有人后（即2012年5月29日之后）比照中国人民银行同期流动资金贷款利率计算。本案原告与被告杨某玲之间不存在合同关系，故对其主张杨某玲承担责任的诉讼请求，不予支持。

据此，判决：被告惠某萍给付原告孙某泱4000单位中国平安员工投资权益收益款项201976.16元及相应的利息。

【评析】

随着经济、社会活动日益复杂化，诉诸法院的纠纷也越来越复杂，有些情况下，简单地套用法律规定，机械地固守法律的形式要求，可能难以切实地保护当事人的权益，甚至可能得出形式上公正、实质上不公正的判决结果。相反，在适当的情况下，即使当事人没有采取书面信托合同的形式确立信托关系，但是，关注当事人关系的实质，认定当事人之间构成事实上的信托关系，可能更有利于实现实体公正，更好地保护当事人的合法权益。

本案原告在中国平安保险公司发行职工内部股时，由于某种原因未能直接购买，便和他人一起委托被告代为购买并持有、管理，这在当时是一种比较普遍的现象，应当说对于双方都是有利的。起初，双方之间的关系颇为和谐，被告每年都如期将投资权益的分红款交给原告，由原告转交他人，但随着时间推移，近十年后情况变得复杂，被告不仅没有按期转交分红款，其名下的投资权益也被减持，由此引发争议，虽然法院在另案中判决确定了大部分委托人的权益份额，但是原告的份额并未明确，原告随后向被告要求支付投资收益款遭到拒绝，遂向法院起诉。

根据案情和这类纠纷的实际情况，争议的投资是限定对象的，即中国平安保险公司的职工，被告正是以中国平安保险公司职工的身份代为购买投资权益的，所以，虽然原告等人确系委托投资，但显然并非通常意义的委托投资；双方之间的关系也与一般委托代理关系不同，因为被告恰恰不能以原告的名义，而只能以自己的名义购买投资权益，尽管投资的后果（双方都预期将是有利的结果，事实确实如此）由原告承受。因此，认定双方是委托代理关系明显不妥。相反，法院通过双方之间委托理财关系的形式，着重关注双方之间关系的实质，认为被告系承原告等人之信、受原告等人之托，以自己的名义代原告等人投资入股并管理、收益，并认定双方之间存在事实上的信托关系，是符合信托法原理和本案实际情况的，在此基础上判决双方按照八二的比例分享投资收益，不仅维护了原告的投资权益，而且认可了被告的职工身份的价值以及被告负责处理投资事宜应当获得的报酬，应当说是公平合理的。

认定当事人之间存在事实上的信托关系，就需要按照信托法作出判决，有些情况下，判决的结果可能与依据合同法等作出的判决有所不同。这样判决既有一定的难度，也容易引起误解，因为当事人通常不具备设立信托的形式要件，因此，法院应当慎重，不宜轻易作出认定。实践中，判定当事人之间存在事实上的信托关系可能需要把握以下几点：

其一，委托人主观或者客观上信任受托人。所谓主观信任，是指双方当事人系亲戚、朋友、同事、战友、同学等熟人关系，委托人事实上熟悉、了解并信任受托人；所谓客观信任，是指双方当事人不一定熟识，相互之间也不一定有深入了解，但是受托人因其职务、职业等原因，客观上应当得到委托人的信任。例如，投资顾问、理财师等，因其职业技能客观上应当受到普通投资者的信任。随着商事信托的发展，这种信任可能会变得越来越重要；

其二，委托人已经完成了财产转移行为。信托作为一种重要的财产管理方式，信托关系的存在以财产或者财产权的转移为前提，委托人基于对受托人的信任，并且按照约定完成了财产转移，受托人接受了财产，事实上就可能确立双方之间的信托关系。

其三，受托人享有自主处分信托财产的权力，并且实施了管理、处分信托财产的行为。受托人处分信托财产可能要服从委托人的某些要求，但是应当有权自主地管理、处分信托财产，并且就其结果对委托人、受益人承担责任。

其四，双方当事人并未明确他们之间存在其他法律关系。如果双方当事人明确表示，或者有证据证明，他们之间构成其他法律关系，就应当尊重当事人的意思表示，不轻易认定他们之间构成事实信托关系。

第三章

信托的成立与生效

案例 14

三毛纺织公司诉博德基因公司股权转让纠纷案

【案情】

2000年12月28日，上海三毛纺织股份有限公司与上海博德基因开发有限公司协商签订《法人股转让协议书》，并进行了公证。协议书约定：三毛纺织公司将其持有的上海浦东发展银行社会法人股200万股、上海华源企业发展公司社会法人股5686200股，分别以每股8.70元、6元的价格转让给博德公司，合计金额为5151.72万元。协议签订前，博德公司已将50%计人民币2575.86万元的价款交付三毛公司收讫，余款由博德公司在协议签订后一年内付清。

签订协议的当日，双方到上海证券中央登记结算公司办理了过户手续，博德公司取得上述社会法人股的所有权。

双方签订协议并办理股份过户手续后，博德公司一直未按协议约定向三毛公司支付余款，三毛公司催要无果，遂向上海市第二中级人民法院起诉，请求判令博德公司支付社会法人股转让金2575.86万元以及自2001年12月28日起至清偿之日止的逾期付款利息。

博德公司辩称：（一）双方签订的《法人股转让协议书》实际上是案外人上海泰和投资管理公司以博德公司名义与三毛公司签订的，博德公司与泰和公司之间是一种信托关系，协议的具体内容是三毛公司与泰和公司商定的，收购法人股的款项实际是泰和公司支付的，有关转让手续也是三毛公司自行操作的；（二）协议书约定的法人股价格明显高于当时市场的拍卖价格，显然不合情理；（三）三毛公司与泰和公司之间关系密切，包括企业之间借款及合资成立公司等。请求法院追加泰和公司为被告，并驳回三毛公司的诉讼请求。

博德公司为证明其主张，提供了一些证据：(1)博德公司委托代理人对泰和公司职员李某和的调查笔录；(2)泰和公司委托博德公司向三毛公司购买法人股的函；(3) 泰和公司向博德公司支付购买法人股款项的凭证（进账单）；(4) 博德公司向三毛公司转付法人股款项的凭证（本票申请书）；(5) 泰和公司职员李某和与三毛公司共同投资设立新公司的工商材料；(6) 三毛公司、博德公司共同投资设立新公司的营业执照；(7) 三毛公司2000年年度报告；(8)《法人股转让协议书》签订时的法人股拍卖市场价格。

三毛公司对博德公司提供的上述证据质证后认为：博德公司提供的第(1)、(2)、(3)、(5)、(8)项证据与本案无关；购买法人股的款项是由博德公司直接向三毛公司支付的，所购的法人股现仍在博德公司处并已被博德公司用于贷款质押，这些情况都能证明三毛公司、博德公司之间的股票交易关系是真实存在的；而且，三毛公司、博德公司之间的股票交易是协议转让，其价格没有相应的标准，也不受法人股拍卖市场价格的约束，况且博德公司提供的拍卖市场价格也没有本案所涉的两种法人股。

根据双方的陈述及相关证据的核对、质证，法院认定三毛公司提供的证据具有证明力，博德公司提供的有些证据的证明力小于三毛公司提供的证据；有些证据与本案缺乏关联性，法院不予采纳，博德公司提供的证据也不能组成完整的证据链。法院经审理查明：对三毛公司与博德公司之间的法人股转让、博德公司尚欠到期转让款人民币2575.86万元的事实，均予以确认。

【审理与判决】

上海市第二中级人民法院审理认为，原告与被告签订的法人股转让协议书、资产转让协议书合法有效，意思表示真实、明确，双方均应恪守。原告已依约履行了法人股转让义务，被告未能按约支付法人股转让款，显属违约，除应立即向原告支付剩余价款外，还需赔偿原告的相应损失。被告关于其受案外人泰和公司的委托与原告进行法人股交易，由此产生的后果应由泰和公司承担的辩称，不足以对抗原告的诉讼请求。由于被告以自己名义签订合同、支付价款并占有法人股，而被告又没有足够的证据证明原告明知和认可所谓的委托行为，法院难以支持被告的相关主张。鉴于双方对违约事项并无约定，原告要求被告按照中国人民银行的有关规定支付逾期付款的利息损失，并无不当。

据此，判决：上海博德基因开发公司应向上海三毛纺织公司支付法人股转让款人民币2575.86万元，并支付自2001年12月28日起至判决生效之日止的逾期付款利息。

【评析】

本案表面看来是一起受委托购买法人股股权的简单案件，但是，被告上海博德公司辩称，其与泰和公司之间存在信托关系，并称应当由泰和公司承担交易的后果，从而使得争议的焦点变成能否确认博德公司与泰和公司之间存在信托关系。其实，即使双方之间如博德公司所称的那样存在信托关系，博德公司作为受托人仍然应当对上海三毛公司承担责任。

本案被告博德公司受泰和公司委托，向上海三毛公司购买社会法人股，博德公司提供了泰和公司委托其向上海三毛公司购买法人股的函。这一证据或许能够证明博德公司是受泰和公司委托向上海三毛公司购买社会法人股的，但是不能够证明博德公司与泰和公司之间建立了信托关系。毕竟，信托关系不同于一般委托代理关系，当事人如果意图建立信托关系，通常应当明确签订信托合同。因此，按照对设立信托的通常理解，博德公司提供的证据即泰和公司委托其购买社会法人股的函，不足以证明双方确立了信托关系，特别是双方都是从事经营活动的企业，并非普通自然人，双方如果意图建立信托关系，通常应当正式签订信托协议并明确相关的信托事项。

所以，按照当事人提供的证据，法院很难确认博德公司与泰和公司之间成立信托关系。而且，博德公司在进行法人股转让交易时并未向三毛公司明确是受泰和公司委托而购买的，也未能证明三毛公司知道其是代泰和公司购买的。根据相关证据可以确认的事实是，上海博德公司与上海三毛公司签订了法人股转让协议书，并且办理了法人股转让手续，博德公司支付了一半价款取得了相应法人股的所有权，但却一直未支付剩下的一半款项。不论博德公司以什么身份购买法人股，其逾期付款的行为都已构成违约，应当承担违约责任。

事实上，即使如博德公司声称的那样，在博德公司与泰和公司之间存在信托关系，博德公司仍然应当向三毛公司承担支付剩余欠款的责任，因为博德公司以受托人身份与三毛公司交易，是信托的外部交易关系，应当由受托人博德公司（而不是委托人、受益人）向交易相对方承担责任；至于泰和公司作为委托人和受益人，与博德公司之间是信托内部关系。按照信托法原理，信托的受托人在对信托外部的交易关系中应当承担无限责任，受托人承担责任后，在信托内部关系中，受托人如果是按照信托文件和信托法进行交易的，交易的后果应当由信托财产承担；受托人如果违反信托义务进行交易，交易的后果应当由受托人以固有财产承担，给信托财产造成损失的，受托人还应当赔偿信托财产的损失。

因此，不论信托内部如何承担责任，受托人都必须首先按照一般交易规则，就信托关系的外部交易向交易相对方承担责任。至于信托关系内部受托人与受益人（信托财产）之间如何承担交易结果，需要按照信托法的规定予以处理。

由此可知，按照法院查明的事实，本案的关键不在于能否确认博德公司与泰和公司之间存在信托关系，实际上，不论博德公司作为普通代理人还是信托受托人，都必须对三毛公司承担交易责任。博德公司承担责任后，如何在博德公司与所谓的委托人泰和公司之间分担责任，则是他们之间的事情，应当按照他们之间的约定，依照有关法律规定予以处理，但是与三毛公司没有直接关系。不论博德公司与泰和公司之间是普通的委托代理关系还是信托关系，三毛公司一般都不能直接要求泰和公司承担交易责任。

案例 15

大丰银行诉天地冶金工贸公司执行异议案

【案情】

大丰银行成立于 2005 年 12 月 2 日,性质为农村合作银行,2011 年 11 月 24 日改制为股份制银行,能博旺公司以每股 2.6 元的价格持有大丰银行 1480 万股。2011 年 7 月 29 日至 2012 年 1 月 17 日期间,在能博旺公司市场内经营的 37 家商户向大丰银行借款,金额合计 21400 万元,其中最早一笔、最晚一笔借款的应还款时间分别为 2012 年 7 月 18 日、11 月 12 日。

2012 年第一季度,全国钢材价格严重下滑,上述 37 家商户能否按期还款使大丰银行面临重大风险。因此,2012 年 5 月 8 日,大丰银行(甲方)、华融担保公司(乙方)及能博旺公司(丙方)共同签署《协议书》约定:(1) 乙方为丙方市场内向甲方借款的 37 户、21400 万元市场商户承担连带保证责任。甲乙双方已签订书面保证合同。(2) 丙方自愿为丙方市场内乙方所担保的已在甲方贷款的商户追加担保,对明细所列明商户向甲方的贷款承担连带保证责任。承担保证责任的方式、范围,与乙方相同。同时,丙方自愿以其在甲方的全部股份和收益承担连带担保责任,待该股份可以转让或者可以进行质押登记时,丙方应无条件配合甲方转让该等股份或者办理质押登记手续。(3) 丙方担保的商户发生贷款本息不按期偿还等现象的,丙方自愿由甲方对投资在甲方的股份进行处置。

当日,大丰银行派员到工商行政主管部门办理股权质押手续,江苏省盐城工商行政管理局当日做出了股权出质登记不予受理通知书。能博旺公司于当日向大丰银行出具《确认书》载明:大丰银行:在我市场经营的 37 户商户,自 2011 年 7 月 29 日至 2012 年 1 月 17 日期间,共向贵行借款 21400 万元。我公司及华融公司于 2012 年 5 月 8 日与贵行签订《协议书》,约定由我公司与华融公司为上述贷款提供连带担保。由于贵行《章程》规定不能接受贵行股份作为质押权标的,并规定贵行股份自成立一年内不得转让。为防止贵行资金风险,确保我公司承担担保责任时有可供承担责任的财产,经贵我双方协商一致,我公司确认:于本确认书签署之日,向贵行设立信托,将本公司在贵行的股权资产(《股金证》)交付贵行,委托贵行为借款资金安全的目的进行管理和处分。若37户客商在还款期限内归还全部借款,则贵行应将该股权资产(《股金证》)及管理期间产生的收益交付给我公司;若37户客商任何一户不能在还款期限内归还借款,则贵行有权处分该股权,该股权转让的相应收益直接补偿因37户客商未能按期还款给贵行造成的资金损失。贵行损失弥补后若有剩余股权及收益则退还我公司。我公司声明,我公司真实、合法、有效地持有上述用于设立信托的股权资产。该等股权资产目前不存在任何个人或单位在先的担保权利,也不存在任何法院的查封扣押。我公司有权将该等股权资产及收益向贵行设立信托。该信托自本《确认书》经我公司加盖公章且交付《股金证》之日起成立并生效。同日,能博旺公司将1480万股权的《股金证》交付大丰银行。

2012年5月10日,南京市雨花台区人民法院应天地冶金公司的请求,保全了涉诉的1480万股权。2013年1月31日,雨花台区人民法院执行局根据已经生效的(2012)雨板商初字第40号民事判决书,对能博旺公司启动执行程序,续查封了涉诉的1480万股权。

2013年6月20日,雨花台区人民法院执行局向大丰银行送达(2013)雨执字第39号协助执行通知书,要求大丰银行提供上述1480万股权资产有关的财务资料。大丰银行收到协助执行通知书后即向雨花台区人民法院提出执行异议,2013年8月6日,雨花台区人民法院执行局作出(2013)雨执异字第6号民事裁定书,驳回大丰银行的执行异议。

大丰银行向南京市中级人民法院提出复议。2013年10月18日,南京市中级人民法院以适用法律错误为由,裁定撤销雨花台区人民法院的(2013)雨执异字第6号民事裁定,发回雨花台区人民法院重新审查。2013年11月29日,雨花台区人民法院执行局裁定驳回大丰银行的异议申请,并告知大丰银行可另行提起执行异议之诉。

大丰银行遂向雨花台区人民法院提起执行异议之诉称:2012年5月8日,大丰公司与华融担保公司和能博旺公司签订协议书后,即派员向工商行政主管部门办理股权质押手续,但工商行政主管部门出具了不予受理通知书,鉴于此情况，大丰银行立即向能博旺公司负责人提出，由能博旺公司设立信托，委托大丰银行管理和处分能博旺公司所持1480万股权，能博旺公司表示同意并于当日出具《确认书》，确认设立信托，并将1480万股权的《股金证》交付原告。因此，能博旺公司向原告设立的信托于2012年5月8日当日成立并生效，并且在法院保全以及执行之前，因此，大丰银行对上述1480万股权的资产处置权优先，请求判令：停止对涉诉的1480万股权的执行，确认大丰银行对涉诉的1480万股权资产享有优先于被告天地冶金公司的处置权。

天地冶金公司辩称，法院的查封、执行合法，原告与能博旺公司之间的信托法律关系不成立，双方信托的目的不合法，原告提交的确认书可以看出，双方信托的目的就是为了规避其他债权人向能博旺公司追索，能博旺公司是原告的股东，根据公司法相关规定，能博旺公司不能将其拥有的原告的股份质押给原告，因而原告出具的能博旺公司的确认书试图以信托的形式掩盖股权质押从而实现债权的非法目的，依据《信托法》第11条第1项的规定，信托目的违反法律、行政法规规定的，应当认定为无效。原告作为信托受托人的主体不适格，根据《商业银行法》第43条的规定，商业银行在中华人民共和国境内不得从事信托投资和证券经营业务；《信托法》第2条规定，受托人以自己的名义为委托人或受益人进行管理活动，能博旺公司是原告的股东，原告以自己股东的身份进行活动，其后果就是公司与自身股东的法律身份混同，违反了公司法的规定。原告提交的确认书不具备信托合同成立的形式要件，信托合同要以书面形式，合同法规定书面形式必须是双方的签字盖章才能成立，而确认书是能博旺公司单方出具的文件，不具备信托合同的形式要件。就实质要件而言，《信托法》第10条规定，设立信托，对于信托财产，有关法律规定应当办理登记手续的，应当依法办理信托登记。股权是依法应当登记的财产权利，而本案所涉的股权信托并未进行登记，因此原告与能博旺公司的信托关系不成立。本案的信托关系如果存在，也违反信托法关于信托财产的独立性原则，委托人的信托财产应当与受托人的固有财产相区分，不能混同，《信托法》第18条规定，受托人管理、处分信托财产所产生的债权，不得与其固有财产产生的债务相抵销，而本案正是用委托人所委托的股权收益和受托人原告的债务进行抵销，违反了信托法的规定，因此双方的信托合同无效。《信托法》第43条规定，受托人可以是受益人，但不得是信托的唯一受益人，本案原告作为受托人就是要用能博旺公司的股权来补偿债务，是股权收益的唯一受益人,因此,他们的信托关系应当认定为无效。原告在(2012)盐商初字第0210号的诉讼中已经确认其与能博旺公司的法律关系是股权质押法律关系,一个法律事实只能有一个法律关系,因此在原告已经确认是股权质押法律关系的情况下,再次确认为信托法律关系于法无据,本案诉讼是在确认书之后,因此,该确认书也不具有真实性。请求驳回原告诉请。

【审理与判决】

南京市雨花台区人民法院经质证认为,本案当事人争执焦点在于,原告是否具有民事信托受托人主体资格,以及原告与能博旺公司之间的信托法律关系是否成立。

法院审理认为,大丰银行与能博旺公司之间的信托法律关系不成立。《商业银行法》第43条规定,除国家另有规定以外,商业银行在中华人民共和国境内不得从事信托投资和证券经营业务,不得向非自用不动产投资或者向非银行金融机构和企业投资。因此,原告大丰银行未经相关部门批准,不得从事信托投资。就原告大丰银行诉称其与能博旺公司之间成立的信托是民事信托,不需要批准而言,我国《信托法》第8条规定:"设立信托,应当采取书面形式。书面形式包括信托合同、遗嘱或者法律、行政法规规定的其他书面文件等。采取信托合同形式设立信托的,信托合同签订时,信托成立。采取其他书面形式设立信托的,受托人承诺信托时,信托成立。"本案原告大丰银行与能博旺公司未签订信托合同,未对2012年5月8日能博旺公司出具的确认书进行承诺,也未对其诉称的信托事务进行登记和记录,在本院于2012年5月10日保全了涉诉股权,于2013年1月31日续查封了涉诉股权,并且,本院两次保全查封涉诉股权的行为时,大丰银行均未告知本院该股权已经进行了信托。因此,大丰银行与能博旺公司的信托法律关系不成立。

依照《合同法》第12条、第21条、第25条、第30条、《商业银行法》第43条、《信托法》第8条、第9条、第10条、第33条、《民事诉讼法》第64条之规定,判决:驳回江苏大丰农村商业银行股份有限公司的诉讼请求。

【评析】

本案是一个执行异议案,但是关键在于原告主张的信托关系是否成立。

原告向能博旺公司市场内的商户发放贷款，在钢材市场经营状况不好的形势下，为保证贷款安全，与能博旺公司和第三人华融担保公司签订协议，除由华融担保公司予以担保外，还由能博旺公司以其持有的原告银行的股份作为担保。原告作为商业银行，这样做应当说是谨慎、尽职的。当然，大丰银行向其股东发放贷款构成关联贷款，如果该贷款行为违反相关规定而无效，相应的担保行为也归于无效，但是本案并未涉及这个问题。

正如法院审理指出的，本案的争议焦点是，原告与能博旺公司的信托关系是否成立？对此，可以按照信托法的规定，结合案情和当前的信托实践，具体分析如下。

首先，原告是否具有设立信托的主体资格？按照当前金融行业实行分业经营、分业监管的要求，根据《商业银行法》第43条的规定，商业银行在中华人民共和国境内不得从事信托投资和证券经营业务，因此，大丰银行不得从事信托投资业务，即不得作为营业信托的受托人开展信托业务。但就设立民事信托而言，按照我国《信托法》第24条的规定："受托人应当是具有民事行为能力的自然人、法人。法律、行政法规对受托人的条件另有规定的，从其规定。"目前，法律、行政法规对普通民事信托的受托人资格没有其他规定，因此，大丰银行作为一家商业银行，具有担任民事信托受托人的主体资格。

大丰银行的信托当事人主体资格还涉及另一个问题，即能博旺公司持有大丰银行的股权，是大丰银行的股东，大丰银行还能否作为受托人接受能博旺公司的委托而持有其股权？能博旺公司持有大丰银行的股权，是大丰银行的股东，它无疑有权将其股权委托他人管理、处分，而大丰银行接受能博旺公司的委托而代持其股权，是以受托人的身份管理该股权，以实现能博旺公司的信托目的。就此而言，大丰银行与能博汪公司之间同时存在两种关系：一种是公司与股东的关系，一种是信托的委托人与受托人的关系，相应地，大丰银行名下的财产也应当分为两份：一份是银行自己的财产，一份是信托财产，即持有的能博旺公司的股权，两者应当是明确分开的，并且用于不同的目的，这与其他人担任受托人没有实质区别。本案能博旺公司设立信托的目的是为贷款提供担保，并且依照约定对作为信托财产的股权加以管理、处分，因此，似乎不存在违反《公司法》、进行自我交易等问题，就此而论，大丰银行应当可以作为其股东能博旺公司的受托人。

其次，双方当事人设立信托是否符合法律规定的形式要件？根据信托法原理和各国信托法对于设立信托的形式要求，当事人设立信托可以采取口头形式，也可以采取书面形式，但是营业信托一般应当采取书面形式。书面形式包括合同、遗嘱和信托宣言等。我国《信托法》草案主要规范信托经营机构的经营活动，主要适用于营业信托，全国人大常委会审议时才修改为同时适用于民事信托、营业信托和公益信托；加上我国恢复开展信托活动的时间不长，广大群众和企业组织对信托制度和信托规范还不够熟悉，[①]因此，我国《信托法》要求设立信托必须采取书面形式。对此，《信托法》第8条明确规定："设立信托，应当采取书面形式。书面形式包括信托合同、遗嘱或者法律、行政法规规定的其他书面文件等。采取信托合同形式设立信托的，信托合同签订时，信托成立。采取其他书面形式设立信托的，受托人承诺信托时，信托成立。"结合本案案情及被告的辩护意见，需要考虑两个问题。

其一，当事人设立信托是否采取了书面形式？根据《信托法》的上述规定，设立信托应当采取书面形式，按照通常理解，书面形式包括合同、遗嘱或者其他书面文件。本案能博旺公司出具的《确认书》载明：经双方协商，为防止大丰银行资金风险，确保能博旺公司履行担保责任时有相应的担保财产而设立信托，将能博旺公司在大丰公司的股权资产委托大丰银行为贷款资金安全的目的进行管理和处分；上述信托自《确认书》加盖能博旺公司公章并交付股金证之日起成立并生效。该确认书采取书面形式，明确了双方设立信托的意图，有确定的信托财产和受益对象，可以看成是合同、遗嘱之外的其他书面文件，符合《信托法》规定的形式要件。

其二，大丰银行是否承诺并接受信托？本案被告辩称，大丰公司并未承诺信托，信托依法不能成立。表面看来，大丰公司并未正式签署、承诺并接受信托，但从双方当事人的行为过程看，大丰公司是在签署三方协议后办理股权质押手续遇阻力时，才主动建议能博旺公司设立信托的。既然设立信托出于大丰银行的建议，并且能博旺公司设立信托的确认书明确表示，在能博旺公司盖章并交付股金证后信托即成立并生效，那么，大丰银行承诺并接受信托应当是没有疑问的。况且，大丰银行接受能博旺公司交付的股金证，这一行为本身就足以表明接受信托。

---

① 卞耀武主编：《中华人民共和国信托法释义》，法律出版社2002年版，第59页。

再次，大丰银行是不是信托的唯一受益人？本案被告还辩称，大丰银行既是信托的受托人，又是唯一的受益人，违背了《信托法》第43条的规定。本案的信托文件即能博旺公司的《确认书》并没有具体指明信托的受益人，但是从中可以看出，设立信托是应大丰银行的要求，主要是为了大丰银行的利益，不过，设立信托是为了向能博旺公司市场内的商户贷款提供担保，就此而言，也有利于能博旺公司的利益。因此，大丰银行是不是信托的唯一受益人，似有疑问。

最后，信托当事人是否进行了信托登记？我国《信托法》第10条规定：设立信托，对于信托财产，有关法律、行政法规规定应当办理登记手续的，应当依法办理信托登记；未办理信托登记的，应当补办登记手续；不补办的，该信托不产生效力。尽管这一规定遭到信托实务界和学者们的普遍批评，但在其修改之前，法院还必须按照这一规定执行。本案的信托财产是大丰银行的股权，属于依法应当办理登记手续的财产，但能博旺公司将其股金证交付大丰银行后，大丰银行并未向工商行政管理部门办理信托登记，随后亦未补办。况且，目前有关部门尚未建立信托登记制度，工商行政管理部门也没有制定股权信托登记的具体办法，从一些地方的实践来看，即使大丰银行申请信托登记，工商行政管理部门也很可能因为缺乏登记办法而拒绝登记。因此，按照《信托法》第10条的规定，本案的信托显然不生效力。

按照以上分析，本案由能博旺公司设立的信托应属无效。因此，就结果而言，法院判定双方当事人之间的信托法律关系不成立，是正确的。

本案信托当事人的所作所为，实质是能博旺公司市场内的商户向大丰银行借款后，因为商户的经营状况不佳，为保证信贷资金的安全，能博旺公司主动以其持有的大丰银行股权作为追加担保，在办理股权质押手续被拒的情况下，大丰银行才建议通过设立信托达到目的，双方行为的实质是确保信贷关系的稳定。该项信托不同于普通信托，而是一项担保信托，受托人通常不需要处分信托财产。如果市场经营状况转好，能博旺公司市场的商户如期偿还了贷款，大丰银行将信托财产（其实只是股金证）返还能博旺公司，信托终止，当事人各得其所；即使有的商户不能按期偿还贷款，也有信托财产可供处分用于偿还贷款。

总体来看，本案信托当事人的行为是市场经济下经营主体自主、自愿达成的交易，对各方都是有利的，法律本来应当予以认可和支持，法院本来应当承认其效力并解决由此可能产生的问题（例如能博旺公司其他债权人的利益保护问题），但是最终，却因为当事人没有进行信托登记（实际情况是有法可依但无法登记），法院只能依法判决当事人之间的信托法律关系不成立。双方当事人最终可能还会采取其他变通措施达到目的。

这样的结果值得立法机关、相关的行政机关和司法机关深思。

案例 16

刘某焕诉李某新、陈某英委托投资纠纷案

【案情】

原告刘某焕与被告李某新、陈某英之间系老乡及朋友关系,被告李某新、陈某英系夫妻关系。原深圳市宝安县某酒公司系宝安区区属国有企业,被告陈某英为该公司职工。1991年原告出资12000元,以被告陈某英作为宝安县某酒公司职工的名义,购买原深圳市宝安企业(集团)股份有限公司发行的"中国某某"法人股原始股票,当时该股票的价格为每股3元。为此,1991年6月27日,被告李某新向原告出具了收据,收据上载明:"兹收到刘某焕同志交来人民币现金壹万贰仟元整,购买宝安集体股票肆仟股。备注:购买某酒公司陈某英名额收据,收据号码:016xxxx"。

1993年3月11日,宝安县某酒公司更名为深圳市宝安区某酒公司,同年10月9日又更名为深圳市宝安区某总公司。2002年10月28日,该公司再次更名为深圳市华尊糖烟酒有限公司,企业类型由全民变更为有限责任公司。

2013年3月22日,被告陈某英通过银行转账方式向原告支付86660元。但原告认为,根据1992年至2011年期间有关的公开信息,自己持有的4000股原始股票经过多次送股,目前应为13230股,按此估算,被告还应向原告支付股票交易款50000元。

刘某焕据此向深圳市宝安区人民法院起诉,请求两被告再支付股票款50000元。

【审理与判决】

深圳市宝安区人民法院审理认为,根据合同法的相关规定,合同是平等主体的自然人、法人、其他组织之间设立、变更、终止民事权利义务关系的协议。当事人订立合同,有书面形式、口头形式和其他形式。法律、行政法

规规定采用书面形式的，应当采用书面形式；当事人约定采用书面形式的，应当采用书面形式。本案的原、被告之间未签订书面合同。原告提交的收据能够证明原告以被告陈某英的名义购买股票的事实。被告提交的银行转账信息单能够证明被告将涉案股票抛售之后，已将股票收益款支付给原告的事实。原告称其根据1992年至2011年期间证券机构公开的信息认为自己的持股数为13230股，从而估算还应得股票交易款50000元。根据谁主张谁举证的原则，当事人对自己的主张应当承担举证责任，原告未能对自己的主张进行充分的举证，应当承担举证不能的不利法律后果。原告的诉讼请求，无事实依据及法律依据，不予支持。

据此判决：驳回原告的诉讼请求。

刘某焕不服，向深圳市中级人民法院提起上诉，请求判决李某新、陈某英支付刘某焕股票交易款50000元（暂定数，以后按当时实际股票交易数为依据结算支付）或将本案发回重审。上诉理由是：上诉人已向一审法院提出调取证据申请，一审法院没有依取权调取证据。上诉人出资以被上诉人陈某英名义购买的集体股的原始股为4000股，通过多年的送股，现在确切的股数是多少、被上诉人将股票实际卖出价格是多少，上诉人都不清楚，为此请求法院调取上诉人陈某英的账户中"中国某某"股票自2010年5月至2011年12月31日期间的历史交易记录，以及调取陈某英等人诉宝安区某酒公司一案的判决书。

李某新、陈某英辩称，刘某焕曾以陈某英名义购买股票，双方之间存在信托法律关系，陈某英出售刘某焕的所有股票后，已支付刘某焕86660元，经陈某英核算，少支付了13935.68元。二审期间，刘某焕表示，同意陈某英再支付股票收益款13935.68元。

深圳市中级人民法院审理认为，刘某焕以陈某英的名义购买股票，陈某英将刘某焕所有的股票卖出后，须将股票收益款交付刘某焕。陈某英已于2013年3月22日支付刘某焕86660元，经陈某英核算确认，其尚需支付刘某焕款项13935.68元，刘某焕对此并无异议，据此可确定双方对陈某英需支付的股票收益款项协商一致。

据此判决：撤销一审判决，李某新、陈某英支付刘某焕款项13935.68元；驳回刘某焕的其他诉讼请求。

【评析】

本案是特定历史条件下比较典型的委托投资案件。原告与二被告系老乡和朋友关系，被告陈某英所在企业发行股票时包含一部分职工股，通常情况下，职工股在上市流通后会有不错的收益，原告并非该企业职工，没有资格购买该企业职工股，便委托陈某英代为购买并持有，待增值后获得收益。事情正如双方当初预料的一样，所购股票确实获得了相当的增值，但出乎预料的是，双方对增值收益的数额产生不同看法，由此引起争议并诉诸法院。

有趣的是，被告主张双方之间是信托关系，并主张已将委托投资产生的收益支付给原告。从实质意义上说，本案双方当事人之间可以看成一种简单的信托关系：原告将一定的资金委托给被告，被告以自己的名义购买其所在企业的职工股，并且加以管理、处分，最终将信托财产及所得收益交给原告。原告是委托人及受益人，被告陈某英是受托人。双方当事人对案件的事实没有争议，被告主张双方是信托关系，主要可能是为了表明其已经按照约定履行义务，将投资收益交给原告。但是，原告主张，根据相关的公开信息，被告陈某英购买的股票经过送股后，数量已经大大增加，最终到底是多少股、被告出售股票的实际价格是多少，原告都不清楚，这表明原告的知情权没有得到尊重，被告某英并未按期、如实地将股票的情况告知原告。

好在双方当事人本系老乡和朋友，在二审期间就股票的增值价值达成一致意见，二审法院比较容易按照双方当事人的一致意见作出判决，避免了进一步讨论和确定双方当事人之间是否存在信托关系的问题。

案例 17

张某东诉王某坤委托合同纠纷案

【案情】

张某东与王某坤是同事及朋友关系。2010年初，王某坤多次向张某东介绍山东瀚霖生物技术有限公司（瀚霖公司）的发展前景以及股票即将上市的信息，并称可以按照优惠的价格代为购买该公司股票。张某东听后动了心，有意参与购买该公司股票。2010年4月2日，张某东向王某坤的银行账户转入87万元用于请王某坤代其购买瀚霖公司股权，王某坤于4月13日向张某东出具了收条，主要内容为：今受张某东同志委托，收到人民币87万元，用于代买瀚霖公司股权，具体买卖情况见附件合同。但是随后，张某东一直未能取得要求代购的股权。

2014年8月7日，张某东向威海市环翠区人民法院起诉，要求解除其与王某坤之间的购买股权委托协议，并要求王某坤返还代购款项87万元，赔偿银行贷款利息252727.85元。

王某坤辩称，张某东曾经说过他已经离婚，涉案股份分割给其妻，希望法庭查实本案诉讼是否系原告真实意思表示。而且，双方之间确系委托合同关系，张某东可以随时终止委托关系，因此同意解除与张某东的代购股权协议，但自己作为受托人已经为原告办理了委托事项，相应的法律后果应当由原告承担，因此，不同意退还代购款项并支付银行贷款利息。

王某坤为证实其已经完成委托事项，向法院提交了三份证据：（1）2010年4月13日，王某坤与曹某签订的协议书一份，主要内容为，曹某拟将其持有的瀚霖公司部分出资额（价款5000万元）在适当的时机转让给王某坤，王某坤受让出资额必须实名认购，不得存在委托持股、信托持股及其他隐名持股情况，王某坤已将总价款5000万元交付曹某，自该协议签订之日起，曹某应确保王某坤同时取得曹某在瀚霖公司相对应部分的股东权益，包括但不限于对企业经营的知情权、分红权等。该证据拟证明 2010 年 4 月王某坤就购买瀚霖公司股权签订了协议，同时也证明王某坤已为张某东购买瀚霖公司股权；(2) 2012 年 1 月 16 日，有王某坤与曹某签字及瀚霖公司盖章的股权确认书，确认瀚霖公司自然人股东曹某向王某坤转让注册资本中的出资股权 2630 万股，转让资金已经付清；(3) 2011 年的 12 月 15 日，王某坤与曹某签订的股权转让协议，主要内容为，曹某同意出让、王某坤同意受让曹某持有的公司 2630 万元出资，股权转让价款为人民币 18140 万元，自本协议签订之日起 10 日内，受让方支付全部转让款。该证据拟证明王某坤购买了曹某持有的瀚霖公司 2630 万元的股权。

经质证，张某东认为，对证据（1）所述协议书的真实性无法核实，该证据形成时间在张某东向王某坤汇款 87 万元之后，张某东汇款时对该协议并不知情，且该协议书第 5 条约定，王某坤受让出资额必须实名认购，不得存在委托持股、信托持股及其他隐名持股的情况，故王某坤与曹某之间的转让只能是曹某转让给王某坤，而与张某东无关；对证据（2）的股权确认书的真实性有异议，该文书没有经过审计部门确认，也没有公司股东会议决议，仅有王某坤与曹某的签字和公司印章，不具有股权证明效力；而证据（3）只是王某坤与曹某签订的转让协议，与张某东无关。王某坤没有证据证实他持有该公司股份，即使被告拥有股权，转让股份也必须经公司董事会同意。张某东已将 87 万元汇入王某坤账户，被告是否用该款项购买了瀚霖公司的股权应当举证予以证实，否则，被告就没有履行受托的事项。

【审理与判决】

威海市环翠区人民法院审理认为，原告与被告之间的委托合同关系，系双方当事人的真实意思表示，符合有关法律规定，合法有效，双方当事人理应按照合同约定履行各自的合同义务。原告依照约定将相应款项交付被告，被告理应按照约定完成为原告受让瀚霖公司股权的委托事项。本案双方当事人争议的焦点是，被告是否完成了为原告受让瀚霖公司股权的委托事项。被告提供的其与曹某之间的协议书明确约定，被告受让出资额必须实名认购，不得存在委托持股、信托持股及其他隐名持股情况，而被告主张其向曹某购买的股权包括其受原告委托购买的价值 87 万元的股权。根据《合同法》第 402 条的规定，"受托人以自己的名义，在委托人的授权范围内与第三人订立的合同，第三人在订立合同时知道受托人与委托人之间的代理关系的，该合同直接约束委托人和第三人，但有确切证据证明该合同只约束受托人和第三人的除外。"第403条第1款规定，"受托人以自己的名义与第三人订立合同时，第三人不知道受托人与委托人之间的代理关系的，受托人因第三人的原因对委托人不履行义务，受托人应当向委托人披露第三人，委托人因此可以行使受托人对第三人的权利，但第三人与受托人订立合同时如果知道该委托人就不会订立合同的除外。"

因此，即使确如被告所述，其已为原告向曹某购买了瀚霖公司的股权，即其向曹某购买的股权中有价值87万元的股权是代原告持有的，该行为显然未取得曹某的许可，并且违反了被告与曹某之间不得代持股权的约定，因此，根据该约定，原告能否实际取得上述股权、行使股东权利尚不能确定；而且，根据被告提供的证据，被告取得的股权尚未进行工商登记变更，也未载入股东名册，因此，被告提供的证据无法证实其已为原告实际取得上述股权，故被告辩称其已完成原告委托事项，证据不足，不予采信。被告未完成委托事项，原告有权解除委托，并要求被告返还交付的委托费用87万元。因原、被告之间的委托合同是无偿委托合同，原告未能提供证据证实被告作为受托人存在故意或重大过失，故原告要求被告赔偿利息损失的诉讼请求，理由不当，不予支持。据此，判决：解除原、被告之间的委托购买股权协议，被告返还原告87万元；驳回原告要求被告赔偿银行贷款利息损失的诉讼请求。

王某坤不服判决，向威海市中级人民法院提出上诉称，其已经完成张某东的委托事项，涉案款项已经用于购买瀚霖公司股权，2010年4月13日，王某坤向张某东出具收条认可收到87万元款项后，即与瀚霖公司股东曹某就股权转让事宜达成协议，2011年12月15日签订正式股权转让协议，2012年1月16日，瀚霖公司出具了股权确认书，至此，王某坤已经完成了委托事项，张某东已经成为瀚霖公司实际出资人，享有股东权益的同时也应承担相应风险。张某东委托王某坤购买股权时，并未要求王某坤向瀚霖公司披露与张某东之间的委托关系，王某坤完全可以以自己的名义完成股权转让行为，张某东作为实际出资人当然享有相应的股东权益，王某坤与曹某的协议并不能约束张某东。综上，王某坤已经完成委托事项，不应返还张某东87万元，请求二审法院依法改判。

张某东答辩称，原审判决认定事实清楚，适用法律正确，请求依法驳回上诉请求，维持原判。理由是：(1)张某东于 2010 年 4 月 2 日就将 87 万元汇入王某坤的银行账户，对王某坤于 2010 年 4 月 13 日与曹某达成股权转让协议不知情；(2)王某坤并非直接从瀚霖公司购买股权，而是转让自该公司股东曹某，且该股权转让行为是隐名持股，由王某坤代持，瀚霖公司出具的股权确认书也是针对王某坤的，故王某坤并未完成购买瀚霖公司股权并由张某东持股的委托事项；(3)王某坤无法提供 87 万元款项的资金去向，虽然王某坤与曹某达成的两份股权转让协议中均确认王某坤已经出资，但出资额相差 2370 万元，无法确认王某坤购买瀚霖公司股权的真实数额；(4)公司股权转让应经其他股东同意，王某坤未能证实其从曹某处受让的股权合法有效。

王某坤为证明其主张，向法院提交 2014 年 12 月 2 日出具的股权代持确认书一份，该确认书有王某坤、股权转让人曹某的签字及瀚霖公司盖章，载明王某坤受让曹某 2630 万股，其中代他人购买 319.3 万股，瀚霖公司同意王某坤代买的部分股权可以由其代持，其中包括代持被上诉人张某东的 29 万股，股东如需办理单独确认手续或更换代持人，可携身份资料前来该公司办理。但经质证，张某东对该证据的真实性不予认可，认为该证据内容与 2010 年 4 月 13 日王某坤与曹某签订的协议书中不允许隐名持股的约定矛盾，瀚霖公司也未提交企业登记、股东名册、公司章程及股权转让法律文书等资料，故对该证据的证明内容不予认可。威海市中级人民法院经审查认为，王某坤提交的股权代持确认书不能证明其已经完成张某东委托的代购瀚霖公司股权事宜，且与王某坤与曹某签订的协议书的约定不符，对该证据效力不予认定。

威海市中级人民法院审理认为，本案争议的焦点是，王某坤是否完成了张某东委托的事项，应否退还张某东给付的 87 万元款项。首先，根据双方当事人均认可的事实，可以认定双方当事人形成了委托合同关系，张某东给付王某坤 87 万元用于购买瀚霖公司股权；其次，双方当事人就委托事项并未签订书面合同，王某坤主张其于 2010 年 4 月 13 日出具的收条中载明"具体买卖情况见附件合同"，该附件合同即上诉人于当日与瀚霖公司股东曹某签订的股权转让协议书，但该协议书中明确约定了王某坤"必须实名认购，不得存在委托持股等隐名持股情况"，故该协议书不能证实王某坤已经完成了委托事项；第三，王某坤主张其于 2011 年 12 月 15 日与曹某签订了正式的股权转让协议，瀚霖公司于 2012 年 1 月 16 日向王某坤出具了股权确认书，至此已经完成了张某东的委托事项，本院认为，上述证据仅能证实王某坤与曹某达成了转让瀚霖公司股权的协议，瀚霖公司暂时无法为王某坤办理股权登记手续，仅以股权确认书的方式认可王某坤系该公司股东，故上述证据不能证实张某东已经持有瀚霖公司股份，不能据此认定王某坤已经完成了委托事项；第四，王某坤在二审期间提交了瀚霖公司出具股权代持确认书，主张瀚霖公司认可了王某坤的代持行为，并同意配合办理股权确认手续，但该证据不能证实张某东已经持有该公司股权，不能据此认定王某坤已经完成了委托事项。因此原审法院认定王某坤未能完成委托事项，张某东有权解除委托合同并要求王某坤退还 87 万元款项并无不当，本院予以维持。

据此，判决：驳回上诉，维持原判。

【评析】

本案是委托他人代为购买拟上市公司股权的典型案件。近年来，随着公司上市带来的造富效应引起社会公众的广泛关注，每一批公司上市都会突然造就一批亿万富翁，使一夜暴富的神话变成活生生的现实，带动许多人想方设法购买拟上市公司的股权，因此，不少人都委托声称有能力购买原始股的人代购拟上市公司股权，期望公司上市后带来巨大收益，由此屡屡发生像本案这样的争议。

本案原告听信被告介绍的瀚霖生物技术公司的发展前景，特别是公司股票即将上市的消息，遂委托被告代为购买该公司的股权，期望在公司上市后能够获得高额收益。但是，公司股票上市不仅要符合规定的条件，还必须经过中国证监会的审核，因此，公司上市的申请有可能通过，也有可能失败，对投资者来说本来就面临很大的风险；而且，一些声称能够上市的公司其实不一定具备上市条件，因此，有些情况下公司最终未能如愿上市。本案或许就是如此。由于公司未能成功上市，原告期望的高额收益未能实现，而且付出了资金的机会成本，于是就想要回自己的资金，再加上利息。

法院按照普通委托关系、依据合同法对双方的纠纷作出判决，从案情来看应当说是恰当的。当事人之间的委托关系和委托事项只有一份书面文件，即被告出具的资金收条，它显然不能构成有效的信托合同；而且，原告委托的事项比较单一，只是代购瀚霖公司的股权，被告完成受托事项也无需对原告委托的资金进行管理、处分，因此，不能认定双方之间建立了信托关系。特别是，双方当事人本是同事和朋友，被告并非专业人士，原告也未明确向被告支付报酬,至少从经济上说,被告的代购行为是无偿帮忙,属于人情,如果按照信托关系要求被告履行受托人义务,对被告可能是不公平的,一方面,在公司上市不成功的情况下,如同本案这样,被告作为受托人很难证明自己为原告购买了公司的股权,因为他既未向公司也未向委托人清楚地表明哪些股权是信托财产;另一方面,假如公司成功上市,原告就会主张价值87万元的原始股权,被告作为受托人,又难以否认自己所购买股权包含原告的部分,他既然将信托财产与固有财产混在一起购买了股权,信托财产当然应当受到保护,结果,被告如果作为受托人,就总是可能承担不利后果。因此,从普通人际交往的现实出发,从公平的角度来看,认定本案当事人之间形成委托合同关系而非信托关系,是正确的。

案例 18

牟某均与韩某波合伙协议纠纷案

【案情】

2010年7月28日,韩某波出具收条载明:今收到牟某均投资成都市上南大街4号尚乐轩足浴会所长富店股本金20万(贰拾万元整),占总股本5%。同年9月17日,成都尚乐轩足疗保健有限公司取得企业名称预先核准,成都市工商行政管理局《企业名称预先核准通知书》载明:主要投资人、投资额和投资比例为,韩某波,人民币5万元,占50%;高洪林,人民币5万元,占50%。

同年10月11日四川恒通会计师事务所出具《验资报告》,也明确上述出资情况。同年10月13日,成都尚乐轩足疗保健有限公司取得《企业法人营业执照》,法定代表人高某林,住所地为成都市某区上南大街4号5楼,牟某均担任行政主管。

2010年12月6日至2012年6月28日,成都尚乐轩足疗保健有限公司先后5次通过银行转账方式分红,牟某均都按照5%股份比例获得金额不等的分红款项(公司分红情况表载明股东:韩某萍占股比例48%,投资金额192万元;管理公司占股比例28%,投资金额112万元;粟某玲占股比例10%,投资金额40万元;樊某占股比例2%,投资金额8万元;黄某红占股比例1%,投资金额4万元;牟某均占股比例5%,投资金额20万元;朱某占股比例1%,投资金额4万元;高某林占股比例0.5%,投资金额2万元;其他股东占股比例4.5%,投资金额18万元)。

后因市场原因,成都尚乐轩足疗保健有限公司停止经营。2013年9月11日,成都市工商行政管理局发出《企业名称变更核准通知书》,明确成都尚乐轩足疗保健有限公司更名为"成都莉莱商贸有限公司",次日,韩某波、高某林分别与白某、胡某玲签订《股权转让协议书》,约定韩某波将其所持成都尚乐轩足疗保健有限公司 20% 股权作价 2 万元转让给白某、30% 股权作价 3 万元转让给胡某玲，高某林将其所持成都尚乐轩足疗保健有限公司 50% 股权作价 5 万元转让给胡某玲。

2013 年 9 月 23 日，成都莉莱商贸有限公司取得《企业法人营业执照》，住所地为成都市某区上南大街 4 号 5 楼，成立日期为 2010 年 10 月 13 日，白某、胡某玲均系公司股东。2013 年 10 月 9 日，成都莉莱商贸有限公司出具《证明》载明：兹有成都尚乐轩足疗保健有限责任公司关闭后，因工商营业执照及相关证书注销程序复杂且时间长，所以将无偿转让给我公司。

牟某均认为，他出资委托韩某波参与投资尚乐轩足疗保健公司，但在他不知道的情况下公司被无偿转让，造成他委托投资的 20 万元损失。

2014 年 5 月，牟某均向江岫市人民法院起诉，要求韩某波赔偿损失。

【审理与判决】

2014 年 6 月 9 日，江岫市人民法院适用简易程序开庭审理，后因案情复杂，转为普通程序审理。

法院审理认为，信托是指委托人基于对受托人的信任，将其财产权委托给受托人，由受托人按委托人的意愿以自己的名义，为受益人的利益或者特定目的，进行管理或者处分的行为。成都尚乐轩足疗保健有限公司由股东韩某波、高某林经营，原告出资的 20 万元由股东韩某波投入到成都南大街 4 号尚乐轩足浴会所长富店，原告牟某均与被告韩某波之间建立的是信托关系，该信托民事行为符合相关法律规定，合法有效。股东韩某波、高某林在经营成都尚乐轩足疗保健有限公司期间将各自拥有的股权全部转让给胡某玲、白某，现成都尚乐轩足疗保健有限公司已由胡某玲、白某经营，被告韩某波未对公司的债权债务进行清算，就将其在公司所持的股权进行了全部转让，某行为侵犯了原告牟某均的财产权利，应当承担民事赔偿责任。根据《信托法》、《物权法》相关规定，判决：被告韩某波赔偿原告牟某均投资款损失 20 万元。

被告韩某波不服，向绵阳市中级人民法院提起上诉，主要理由是：（一）原审法院认定事实不清，上诉人与被上诉人之间系合伙关系而非信托关系，被上诉人作为合伙人在享受权利的同时亦应承担风险义务，即使被上诉人确实存在损失也需全体合伙人共同承担；（二）原审法院适用法律错误，本案不应适用信托法及物权相关法律。请求撤销原判、依法改判。

牟某均答辩称：一审判决认定事实清楚，适用法律正确。请求驳回上诉、维持原判。

绵阳市中级人民法院确认原审法院认定的事实，并补充查明其他一些事实情况。经审理认为，本案争议焦点为韩某波应否赔偿牟某均损失20万元。我国《信托法》第2条规定："本法所称信托，是指委托人基于对受托人的信任，将其财产权委托给受托人，由受托人按委托人的意愿以自己的名义，为受益人的利益或者特定目的，进行管理或者处分的行为。"法院查明，原告之妻刘某曦的《调查笔录》显示，牟某均系合伙投资20万元用于开设足浴会所；证人高某林、粟某玲陈述与牟某均系合伙关系，并且牟某均参与公司停业转让等重大决策，牟某均对证人证言不持异议，后经法定程序成立成都尚乐轩足疗保健有限公司对外经营，而非以韩某波名义使用投资款项，牟某均亦担任公司行政主管参与管理；2010年12月6日至2012年6月28日成都尚乐轩足疗保健有限公司先后5次通过银行转账方式分红，牟某均都按照5%股份比例获得金额不等分红款项。上述事实并不符合信托关系特征，更符合《合伙企业法》关于合伙企业的相关规定，故韩某波与牟某均应为合伙关系并非信托关系。证人高某林陈述公司停业转让亦由股东决定、公司转让尚未进行清算，证人粟某玲陈述公司转让曾经通知牟某均、重大决策系由股东共同决定，牟某均对上述证人证言不持异议。成都尚乐轩足疗保健有限公司停止经营并转让，牟某均曾经参与决策，公司转让尚未进行清算，公司是否存在亏损、转让是否造成牟某均投资损失以及损失金额尚未确定，在此情况下，牟某均主张20万元损失并无事实和法律依据，不应支持。再者，当事人合伙成立成都尚乐轩足疗保健有限公司对外经营，即使确实造成牟某均投资损失，亦应由公司或者全体合伙人共同承担，而非韩某波个人赔偿。故上诉人上诉理由成立，本院予以支持。原审判决认定事实清楚但适用法律错误，本院予以纠正。

据此，判决：撤销原判决，驳回牟某均的诉讼请求。

【评析】

本案的关键是如何认定当事人之间法律关系的性质。初审法院根据被告出具的收条，认定原告将其资金委托被告投资于尚乐轩足浴会所，而且，新成立的企业登记的股东只有被告，没有原告，原告只是担任企业的行政主管，据此认为双方之间是信托关系。应当说，初审法院着重审查当事人关系的实质，即原告委托被告进行投资，而不拘泥于形式，认定双方存在信托关系，并未因为双方没有采用信托合同的形式就否定信托关系，是符合信托法精神的，即重实质而非形式。

不过，正因为双方当事人没有采用信托合同的形式，也没有明确地采用"信托"字样，法院这样认定当事人的关系就可能面临很大的风险。一般来说，信托关系成立后，当事人不能因为随后发生的情况来否认信托关系，但是，诸如本案这样的情形，当事人是否有设立信托的明确意图，本身可能就存在争议，又没有确实的证据予以证实，在这种情况下，随后发生的事情可能用来确认或者否认双方当事人关系的性质。

因此，二审法院针对双方当事人对他们之间关系的性质存在的争议，在确认双方建立关系时的事实之后，继续以随后发生的事情，特别是相关证人提供的证据，认定双方当事人之间构成合伙关系而非信托关系，可能更接近本案的实际情况。

案例 19

某信托公司诉某实业公司案

【案情】

2000年4月17日,某实业公司向建设银行某分行借款450万元,约定利率5.82%,期限一年。同日,双方还签订抵押合同约定:某实业公司以其所有的三层楼房作为上述贷款的担保,担保范围包括贷款的本金、利息、罚息、赔偿金及实现债权和抵押的费用,并依法办理了他项权证。

随后,建设银行某分行依据两份合同如约发放了450万元贷款。

贷款到期后,某实业公司并未如期偿还借款,建设银行某分行多次催收未果。2004年6月,建设银行某分行将该项债权转让给信达资产管理公司,并向某实业公司履行了通知义务。2004年11月,信达公司又将该债权转让给东方资产管理公司,并且向实业公司履行了通知义务。但实业公司一直未履行还款义务。

2006年6月2日,东方资产管理公司与某信托公司签订财产信托合同,约定以上述债权设立信托,由信托公司进行管理、运用及处分。同日,东方资产管理公司在《金融时报》公告了上述债权设立信托事宜,履行了通知义务,并进行催收。

随后,某信托公司又以公证及公告方式进行催收,但实业公司仍不履行还款义务。

2008年6月,某信托公司向天津市第二中级人民法院起诉,要求某实业公司偿还借款本金450万元及到清偿日的利息。

某实业公司辩称,东方资产管理公司与某信托公司签订的财产信托合同属于诉讼信托,依法属于无效信托。

双方对东方资产管理公司与某信托公司之间达成的信托是否有效产生争议。

【审理与判决】

天津市第二中级人民法院审理认为，信托关系本质上属于一种委托经营关系，依照《信托法》第 2 条以及第 11 条第 4 项的规定，信托公司的经营范围应限于为受益人的利益或特定目的进行管理或者处分。国务院办公厅转发的中国人民银行《整顿信托投资公司方案》第 1 条明确将信托投资公司定位于"受人之托，代人理财"，信托公司应当发展成为以手续费、佣金为收入的中介服务组织，而不是办理银行存款、贷款业务。由此可见，信托公司的经营业务不包括代人主张债权。因此，该案中某信托公司并不直接享有其所主张的债权，依法也不具有以自己的名义通过诉讼方式追讨上述债权的权能，不是本案适格的原告，据此裁定：驳回起诉。尽管信托公司签订了信托合同，但信托公司仅以公证及公告方式进行催收就提起诉讼，依据《信托法》第 11 条第 4 项的规定，信托也应当无效。

【评析】

本案是一个涉及诉讼信托的案件。按照我国《信托法》第 11 条第 4 项的规定，专以诉讼和讨债为目设立信托的，信托无效。一般认为，这一规定就是指诉讼信托。目前，日本、韩国和我国台湾地区的信托法，都明确禁止诉讼信托，否认诉讼信托的效力。不过，学者们对此一直存在争议，有些学者主张承认诉讼信托的有效性。[1]

本案所涉债权产生于建设银行与某实业公司之间，双方的债权债务关系原本简单明确。因实业公司未能如期履行偿还借款的义务，建设银行将该债权转让给专门负责处置不良资产的东方资产管理公司，但两年后，东方资产管理公司又将该债权作为信托财产委托给某信托公司，成立财产信托关系。作为信托财产的债权在设立信托之前就因为难以实现而几经转手，信托的委托人本身就是专门负责处置不良资产的机构；设立信托后，某信托公司作为受托人，依法管理、运用信托财产的唯一方式就是公证、公告，然后向人民法院起诉，要求某实业公司履行还款义务，虽然表面看来东方

---

[1] 胡旭鹏、范雯霞："我国诉讼信托禁止制度之法律思考"，载《经济导刊》，2011 年第 10 期；李贺："论诉讼信托的合法性"，中南大学 2012 年硕士学位论文。

资产管理公司与某信托公司之间的财产信托可以理解为债权信托,[①] 但其诉讼信托的嫌疑不言自明。法院依据《信托法》第 11 条的规定认定信托无效,是正确的。

本案所涉建设银行与某实业公司的债权债务关系既清楚又简单,诉讼和讨债本是律师的业务,而非信托公司的专长。某实业公司欠债不还,建设银行某分行聘请律师向法院起诉,要求某实业公司履行债务,本是债权人应有的诉讼权利和正常的救济途径,债权人为什么将债权转让并经过几次倒手,最终由"受人之托、代人理财"的某信托公司向人民法院起诉,要求某实业公司履行债务,这样做的经济合理性及背后的隐情,或许是真正值得关注的问题。

我国信托法否认诉讼信托,并不是完全否认受托人在管理、运用信托财产的过程中,为维护受益人利益就有关事项提起诉讼,而是禁止专门以诉讼或者讨债为目的设立信托。就是说,受托人管理信托事务过程中提起的诉讼有可能构成诉讼信托而无效,也可能不构成诉讼信托而有效。实践中如何区分特定的信托是不是诉讼信托,日本法院和学者提出了一些参考因素,比如委托人与受托人之间的关系和信任情况、受托人是否以催收讨债为业务、接受信托与起诉之间的时间间隔、是否采取其他救济措施等。

根据我国的信托实践,结合日本学者的观点,人民法院审理有关案件时可以从以下几个方面分析、认定特定的信托是否构成诉讼信托:一是有关信托财产的涉案纠纷或者涉讼债权产生的时间;二是设立信托的主要目的或者管理、处分信托财产的主要方式;三是受托人的专业;四信托成立后受托人向人民法院起诉的时间间隔。

符合下列几种情形的,似乎可以认为构成诉讼信托:(1)有关信托财产的涉案纠纷在信托设立前已经产生,或者,类似本案之类的案件,涉讼债权是受托人受让他人的,而非受托人管理信托过程中产生的;(2)设立信托的主要目的,或者设立信托后受托人管理、处分信托财产的唯一或主要方式,就是向人民法院起诉的;(3)受托人专门以从事催收讨债为业,或者反复多次接受此类信托的;(4)信托设立后,受托人并没有采取其他管理、处分行为,

---

[①] 谭妹:"信托受托人对受托债权之起诉权",载《经济研究导刊》2010 年第 16 期。

并且很快就向人民法院起诉的。

  相反，信托成立后，受托人管理、处分信托财产的过程中产生纠纷，或者，涉讼债权债务是受托人处理信托事务而产生的，受托人依法向人民法院起诉的，通常不应认定为诉讼信托。

案例 20

高某惠诉叶某杰等信托合同纠纷案

【案情】

2002年2月6日,台湾居民高某惠与广州居民叶某杰在广州市签订《信托契约》约定:高某惠为了作为发起人参与广州宏铭塑胶工业有限公司(宏铭公司)发行股票上市,将199.44万元委托给叶某杰,作为出资设立广州德佑投资有限公司(德佑公司)的资本,并通过德佑公司参与宏铭公司发行股票上市。

2002年7月9日,高某惠将199.44万元汇给叶某杰。7月12日,叶某杰、黄某想等四人签署广州德佑投资有限责任公司章程,其中载明叶某杰出资为现金1193.04万元(其中包括高某惠的资金),出资比例为63.56%。7月18日,德佑公司正式成立。但是,直到2006年5月广州宏铭塑胶工业公司仍未能上市。

2006年5月25日,高某惠向叶某杰发去撤销信托通知书,以宏铭公司在三年内未上市为由撤销信托。

2006年7月24日,高某惠向广州市萝岗区人民法院提起诉讼,要求确认其与叶某杰签订的信托契约无效,请求叶某杰返还受托的199.44万元,并请求广州德佑公司承担连带责任。理由是,根据《信托法》第11条的规定,双方签订的信托契约系违反法律、行政法规的合同,应属无效,因为根据有关法律规定,原告作为台湾居民不能直接在内地参与设立投资性公司,而被告知道这些规定,签订信托契约的目的就是规避法律。

【审理与判决】

萝岗区人民法院审理认为,有关法律和部门规章均未禁止台湾地区公民通过信托的形式设立投资性公司,高某惠为参与广州宏铭塑胶工业有限公司发行股票上市，以合法来源的财产委托叶某杰进行管理与处分，并未违反《信托法》第 11 条关于信托无效的规定。《信托契约》是高某惠与叶某杰的真实意思表示，且不存在《合同法》第 52 条规定的合同无效的情况，依法应为有效。叶某杰已依约履行《信托契约》规定的义务，将高某惠的信托款用于投资设立德佑公司，并进而将德佑公司可运用之资金投资于广州宏铭塑胶工业有限公司之股权。信托契约未约定高某惠必须成为德佑公司或者宏铭公司的股东，高某惠依据信托契约享有的是信托收益的分配权，而不应是公司。若叶某杰存在违反信托契约关于处分权、收益分配等条款侵害高某惠的利益，高某惠可另行主张权利，但无权要求返还 199.44 万元资金。据此判决：驳回高某惠的诉讼请求。

高某惠不报，向广州市中级人民法院提起上诉。理由是：（一）高某惠和叶某杰签订的《信托协议》是无效的。《信托法》第 5 条和第 11 条第 1 项明确规定，信托行为必须遵守法律和行政法规，不得损害国家利益和社会公共利益。高某惠和叶某杰之间签订的《信托协议》，目的就是为了规避中国现行的法律、行政法规和相关部门规章。按照规定，高某惠作为境外个人，不能直接在中国设立投资性有限公司，叶某杰完全清楚信托目的是规避法律，仍与高某惠签订信托协议，理应承担相应的法律责任。（二）叶某杰与广州德佑公司应当承担返还信托款的责任。根据《合同法》第 58 条的规定，合同无效后，依该合同取得的财产应当返还。德佑公司各位发起人明知注册资金的来源，依然用该资金注册成立公司，已经不是善意第三人，理应返还相关款项。

叶某杰答辩称：（一）本案的《信托契约》不违反国家法律、行政法规，是有效合同，应当受到保护，因为信托行为是否有效的判定应以法律、行政法规为标准。根据《信托法》第 11 条，《合同法》第 52 条的规定，结合本案所体现的法律关系，本案《信托契约》没有违反法律。上诉人提到的有关部门规章均不是法律和行政法规，对本案不适用，不足为据。（二）法律规范并没有禁止台湾公民通过信托方式投资大陆。就是说，台湾公民的该等行为本身不违法，也就不存在有何法律需要"规避"的问题。而且，叶某杰与高某惠并不认识，是高某惠通过其丈夫郭某主动找到叶某杰才达成信托的，《信托契约》也是由郭某草拟的，有关资金运用都是郭某一手操办，叶某杰仅仅完成名义上所需要的手续。该信托行为始终都是高某惠主导，叶某杰处于极为被动的地位，即使要追究信托当事人的法律责任，上诉人作为过错方应该承担责任，被上诉人叶某杰是无过错方，不需要承担责任。（三）在合同有效的前提下，叶某杰不需要返还高某惠投资款，因为信托财产已经按照高某惠的意愿全部投资于德佑公司，目前德佑公司还在存续期间，无法抽回投资。因此，上诉人没有理由要求返还其投资款；即使《信托契约》被认定无效，叶某杰也不应当返还投资款，因为整个信托过程都是高某惠的丈夫郭某主导的，而且，根据《信托契约》第8条的规定：甲方同意承担投资广州宏铭塑料工业有限公司的一切风险，乙方对该风险没有任何责任。据此，被上诉人有完全的豁免权，无论何种意外情况导致被上诉人无法向上诉人转移财产，风险都应当由上诉人承担。

广州市中级人民法院审理认为：本案的争议焦点在于《信托契约》的效力问题。《信托法》第11条规定了信托无效的几种情形，包括信托目的违反法律规定、行政法规或者社会公共利益等。因此，判定《信托契约》的效力，必须审查合同是否存在法律规定无效的情形。高某惠为台湾居民，在大陆投资应当遵守我国关于外商投资的法律规定办理相关审批手续。高某惠与叶某杰签订《信托契约》时，根据2001年修订的《中外合资经营企业法》及2014年修订的《中外合资经营企业法实施条例》的规定，外商（包括台湾、香港、澳门）在中国境内设立合资企业，须经中国政府对外经济贸易部门批准。2003年商务部发布的《关于外商投资举办投资性公司的规定》第2条规定，本规定中投资性公司系指外国投资者在中国以独资或与中国投资者合资的形式设立的从事直接投资的公司。第3条对外国投资者的资金规模等作出了规定，并且规定，申请设立投资性公司的外国投资者应为一家外国的公司、企业或经济组织，即不允许外国个人投资者作为投资性公司股东。第6条还规定，申请设立投资性公司，应当报商务部审核批准。根据上述规定，我国法律对于外资（包括港、澳、台地区）在国内设立投资公司需要经过行政审批，而且对申请设立投资性公司的外国投资者从组织形式和资金规模都有明确的要求。因此，上诉人作为台湾地区的个人，不可能通过审批成为投资性公司的股东。从双方建立信托关系的形式来看，双方签订的《信托契约》符合信托合同的构成要件，形式上是合法的，其信托目的是，上诉人作为发起人参与广州宏铭塑胶工业有限公司发行股票上市，上诉人高某惠委托被上诉人叶某杰把信托款投资设立德佑公司，目的是持有德佑公司部分股权，再通过德佑公司投资于广州宏铭塑胶工业有限公司之股权，待广州宏铭塑胶工业有限公司上市成功后，即可获取股权溢价收益。根据《信托法》第11条的规定，信托目的违反法律规定、行政法规或者社会公共利益的，信托无效。双方当事人签订《信托契约》，系以信托的形式规避法律规定的外商投资审批手续，违反《中外合资经营企业法》的强制性规定，应属无效。上诉人上诉理由成立。叶某杰以《信托契约》系双方当事人真实意思表示、目的合法、不是违法犯罪行为为由，主张信托协议有效的观点不成立，不予采纳。

根据法院查明的事实，叶某杰系广州德佑投资有限公司的发起人，其出资为1193.04万元，出资比例为63.56%，除去其受上诉人之托投入德佑公司的199.44万元外，其仍为德佑公司的发起人及控股股东，说明其并非系受上诉人之委托才成为德佑公司之发起人及股东。叶某杰作为德佑公司的发起人及控股股东，应当知道法律规定对于外商投资乃至外商设立投资性公司须经审批，故其对《信托契约》的无效存在过错。双方当事人对于《信托契约》无效均存在过错，根据合同无效后返还财产的原则，上诉人主张被上诉人返还199.44万元款项的请求符合法律规定，应予支持。

被上诉人广州德佑投资有限公司并非《信托契约》的当事人，对《信托契约》无效不存在过错，并且高某惠之款项已被叶某杰以出资方式投入公司，成为德佑公司的注册资金而并非债权债务关系，故高某惠要求德佑公司承担连带责任的主张无事实和法律依据，不应支持。

据此，判决：高某惠与叶某杰签订的《信托契约》无效，叶某杰应当返还高某惠199.44万元。

【评析】

本案的核心是如何认定信托契约的效力，其中的关键是如何理解和认定信托目的违反法律、行政法规。依法认定信托契约因违反法律、行政法规而无效，主要涉及《民法通则》、《合同法》、《信托法》的相关规定。《民法通则》第58条规定：下列民事行为无效：（五）违反法律或者社会公众利益的；……（七）以合法形式掩盖非法目的。"《合同法》第52条规定：有下列情形之一的，合同无效：（三）以合法形式掩盖非法目的……（五）违反法律、行政法规的强制性规定；《信托法》第11条规定：有下列情形之一的，信托无效：（一）信托目的违反法律、行政法规或者损害社会公众利益的。签订信托契约作为一种民事法律行为，无疑应当受到《民法通则》和《合同法》规范，不过，《信托法》第 11 条是专门针对无效信托作出的规定，按照特别法优于一般法的法律适用规则，依法认定信托契约的效力应当优先适用信托法的规定。

一般认为，信托目的违反法律、行政法规，是指违反法律、行政法规的强制性规定而不包含任意性规范。而且，更严格地说，这里所说的强制性规定，是指效力性强制性规范，不包括管理性强制性规范。实践中，违反法律、行政法规包含直接违反和变相违反两种情形，前者是直接明确地违反法律、行政法规的强制性规定，后者是形式上符合法律、行政法规的要求，但实质上违反了法律、行政法规的强制性规定，或者说，以合法的形式掩盖不合法的目的。

司法实践中，如何理解和认定违反法律、行政法规，究竟是指直接违反，还是包括变相违反，不同的理解直接影响到合同或者法律行为的效力认定。本案的两级法院就分别采取了两种理解：一审法院采用直接违反的观点，认为《中外合资经营企业法》并未禁止利用信托进行外商投资，也没有行政法规作出这类规定，因此，原告的行为并未违反法律、行政法规的强制性规定，据此判决双方当事人签订的信托契约有效成立；但是，二审法院却认为，双方签订的信托契约虽然符合信托合同的构成要件，形式上是合法的，但是信托目的违反法律，规避了外商投资的审批手续，据此判决信托契约无效。

所谓信托目的，一般是指委托人设立信托所要达到的目的，即受托人管理运用信托财产所要实现的目的。本案二审法院通过援引下级立法来解释法律与行政法规，使信托目的受到更多的规范限制，表明法院倾向于严格解释信托目的，对于有争议的信托目的，倾向于否认其效力。[①] 但是，有学者指出，从文意上解释，"信托目的"既可以是设立信托的动机，也可以是信托行为所追求的法律效果；"信托目的"合法性的判断重心应当是通过管理、处分信托财产所预期实现的后果，并非刻板地局限于设立信托的动机。本案高某惠设立信托的主要动机之一是，规避境外自然人不得设立投资性公司的限制，确实违反了法律关于行政审批的规定，但是，这种规定在法理上属于技术性规范，且形成于我国市场未能完全开放的特殊背景下，而该行为所追求的目标，即设立新的投资公司并通过该公司参与第三方公司的股票上市，并不具有违

[①] 周淼淼："论信托有效性的司法对待"，中国政法大学 2011 年硕士学位论文。

法性。①

　　本案还涉及一个具有普遍性的问题：有关行政主管部门依据法律的规定或者授权制定的有关行政管理性规章，应当具有何种法律效力？根据我国的立法实践，法律经常授权国务院就某些事项制定行政法规，有时也直接授权有关行政主管部门制定具体管理规范，有关主管部门据此制定的部门规章，其依据是法律规定，但是在立法程序上并未经过全国人大常委会批准、备案，其效力如何，值得研究。本案二审法院作出判决的主要依据正是商务部发布的《关于外商投资举办投资性公司的规定》。二审法院利用商务部门的规章来解释《中外合资经营企业法》，客观上使部门规章成为《信托法》第11条第1项的"法律、行政法规"的来源。② 好在本案是在新《合同法》实施前审结的。目前，按照最高人民法院发布的合同法司法解释的规定，行政规章不得作为判定合同效力的法律依据，但有些部门规章是依据法律的直接授权而制定的，这种情况下，法院应当如何确定其效力层次，值得进一步深入研究。

　　现实生活中，利用信托规避法律规定的情形比较复杂，较多出现的是当事人依法不能拥有某种财产或者财产权，为规避法律，便通过设立信托，让受托人享有该财产权，而当事人享有财产的实际利益，达到实质上享有该财产权的目的。针对这种情况，日本、韩国的信托法都规定：依法不得享有特定财产权的人，不得以受益人身份享有与特定财产权相同的利益，我国台湾地区的信托法直接将"以依法不得受让特定财产权之人为受益人"作为信托无效的原因之一，目的都是防止通过信托规避法律规定。我国信托法对此没有明确规定，出现这种情形时，法律适用就可能遇到问题。对此，有学者建议，《信托法》第11条关于无效信托的规定应当增加一项内容：以依法律、行政法规和国家政策规定不得受让特定财产权之人为该财产权之受益人的。③

---

① 季奎明：《组织法视角下的商事信托法律问题研究》，法律出版社2014年版，第141页。
② 周淼森："论信托有效性的司法对待"，中国政法大学2011年硕士学位论文。
③ 林娜、林锦尚："信托目的违反法律、行政法规之效力解析"，载《经济研究导刊》2009年第32期。

第四章

信托纠纷的管辖

案例 21

金谷信托公司诉浙江优选公司营业信托纠纷案

【案情】

2012年12月27日,浙江优选中小企业投资管理公司(次级委托人)与金谷信托公司(受托人)签署《资金信托合同》。信托计划成立后,金谷信托公司按照《资金信托合同》的约定,以自己的名义,共计向浙江优选公司筛选、推荐的27家中小企业发放了贷款。信托计划到期前,双方签订《资金信托合同补充协议》载明:因借款企业到期无法归还贷款本息,担保公司无力先行偿付贷款本息,次级委托人(即浙江优选公司)无力履行《资金信托合同》约定的差额补足义务,为保护优先级受益人的利益,双方同意:金谷信托公司以自有资金或其指定的第三方出资收购本期优先级信托受益权;收购方在收购完毕后自动继承信托合同中规定的优先级受益人的一切权利和义务;浙江优选公司应在金谷信托公司提出要求时无条件收购优先级受益权。

2013年12月20日,金谷信托公司分别与信托计划项下的优先级受益人签署《信托受益权转让协议》,受让了全部优先级受益权,成为本期信托计划唯一的优先级受益人。此后在信托计划的延长期内,金谷信托公司作为受托人积极向各借款中小企业及其担保人催讨欠款,但一直未得到全部偿还,金谷信托公司的优先级信托本益没有得到全部分配。因此,金谷信托公司于2014年8月28日要求浙江优选公司按照《资金信托合同补充协议》的约定收购全部优先级受益权,但浙江优选公司未依约履行义务。

金谷信托公司遂向北京市第二中级人民法院提起诉讼,请求判令浙江优选公司按照《资金信托合同补充协议》的约定收购信托计划项下的优先级受益权,支付收购价款5033万余元及相应利息。

起诉状送达后,浙江优选公司就本案管辖权提出异议认为,尽管《资金信托合同》约定争议由受托人住所地法院解决,但本案是基于《资金信托合同补充协议》而提起的诉讼，但访补充协议并未约定管辖法院，因此，应当根据《民事诉讼法》第 24 条的规定确定管辖，即因合同纠纷提起的诉讼，由被告住所地或者合同履行地人民法院管辖。本案信托基金专户设立在浙江省杭州市，显然合同履行地在杭州，被告浙江优选公司的住所地也在杭州。为能准确、及时地查明案件事实真相，本案应由合同履行地法院管辖为宜。故请求将本案移送至浙江省杭州市中级人民法院审理。

金谷信托公司针对浙江优选公司提出的管辖权异议答辩称：（一）《资金信托合同》明确约定管辖法院为原告公司住所地法院。这一约定符合《民事诉讼法》第 33 条的规定；（二）《资金信托合同补充协议》应适用《资金信托合同》关于管辖法院的约定。该补充协议签署的背景是，在《资金信托合同》约定的信托计划到期时优先级信托本益无法得到全部兑付，而浙江优选公司无力履行差额补足义务的情况下，金谷信托公司不得不签订补充协议（签订地点为金谷信托公司所在地北京），就信托计划期限的顺延、浙江优选公司继续履行差额补足义务、优先级受益权受让等事宜作出约定，是双方对《资金信托合同》作出的变更及补充。《资金信托合同》第 22.2 条约定："根据本合同形成或附加的一切补充、修改协议、文件，以及根据本合同作出的凭证、报告、清单、承诺和放弃文件都构成对合同的附加，并与本合同形成一个不可分割的整体，与本合同具有同等法律效力"。因此，《资金信托合同补充协议》当然适用《资金信托合同》关于管辖法院的约定。《资金信托合同》约定管辖法院为本案原告金谷信托公司住所地（北京市西城区）人民法院，本案的诉讼标的额较大且一方当事人住所地不在北京，因此，北京市第二中级人民法院是本案合法的管辖法院。请求法院依法驳回管辖权异议申请。

【审理与判决】

北京市第二中级人民法院查明：2012 年 12 月，浙江优选公司作为委托人与金谷信托公司作为受托人签订的《资金信托合同》，就纠纷解决约定：本合同项下的任何争议，各方应友好协商解决，若协商不成，任何一方均有权向受托人住所地人民法院起诉；同时还约定：根据本合同形成或附加的一切补充、修改协议、文件，以及根据本合同作出的凭证、报告、清单、承诺和放弃文件都构成对合同的附加，并与本合同形成一个不可分割的整体，与本合同具有同等法律效力。2013 年 12 月，浙江优选公司与金谷信托公司签订《资金信托合同补充协议》。

法院认为，金谷信托公司系依据《资金信托合同》及《资金信托合同补充协议》等证据提起的诉讼，故本案属于因合同纠纷提起的诉讼。《民事诉讼法》第34条规定：合同或者其他财产权益纠纷的当事人可以书面协议选择被告住所地、合同履行地、合同签订地、原告住所地、标的物所在地等与争议有实际联系的地点的人民法院管辖，但不得违反本法对级别管辖和专属管辖的规定。本案双方当事人签订的《资金信托合同》明确约定，因该合同产生的争议，由受托人住所地人民法院管辖。该协议管辖条款符合上述法律规定，应当认定有效。双方当事人后又签订《资金信托合同补充协议》，未对纠纷解决条款进行修改，故《资金信托合同》有关管辖的约定适用于该补充协议。受托人金谷信托公司的住所地位于北京市西城区，属于一审法院辖区，且本案的诉讼标的额在5000万元以上，当事人一方住所地不在本辖区，属于中级法院管辖的第一审民商事案件，故北京市第二中级人民法院对本案具有管辖权。浙江优选公司提出的管辖权异议不能成立，据此裁定：驳回浙江优选公司对本案管辖权提出的异议。

浙江优选公司不服，向北京市高级人民法院提出上诉认为：（一）一审法院裁定认定事实错误，应予撤销。本案确定管辖的基础法律文件是《合作框架协议》，不是《资金信托合同》。双方补充协议第2条第4款明确规定：浙江优选公司将继续履行《合作框架协议》规定的差额补足义务，并在金谷信托公司提出要求时无条件按照公式计算的金额收购优先级受益权。一审法院依据《资金信托合同》的约定确定本案管辖法院，系认定事实错误，从而导致裁决错误，应依法予以撤销。（二）本案应由浙江省杭州市中级人民法院审理，应依法移送。《民事诉讼法》第24条明确规定：因合同纠纷提起的诉讼，由被告住所地或者合同履行地人民法院管辖。而本案信托基金专户设立在浙江省杭州市，合同履行地在杭州，被告浙江优选公司的住所地也在杭州。浙江省高级人民法院《关于试行浙江省各级法院第一审民商事案件级别管辖标准的通知》规定：杭州市、宁波市中级人民法院管辖争议标的金额在人民币5000万元以上且当事人一方住所地不在本辖区的第一审民事和商事案件。本案诉讼标的为人民币50335726.03元，且金谷信托公司住所地不在浙江杭州，符合杭州市中级人民法院级别管辖标准。

北京市高级人民法院认为，《民事诉讼法》第34条规定，合同或者其他财产权益纠纷的当事人可以书面协议选择被告住所地、合同履行地、合同签订地、原告住所地、标的物所在地等与争议有实际联系的地点的人民法院管辖,但不得违反本法对级别管辖和专属管辖的规定。本案系金谷信托公司依据《资金信托合同》及《资金信托合同补充协议》等合同提起的诉讼,根据相关合同的名称及内容等,《资金信托合同补充协议》应视为对《资金信托合同》的修改和补充,二者具有不可分割性。鉴于《资金信托合同补充协议》未对《资金信托合同》的协议管辖条款进行修改,后者的协议管辖条款亦应适用于前者。根据《资金信托合同》的明确约定,本合同项下的任何争议,各方应友好协商解决;若协商不成,任何一方均有权向受托人住所地人民法院起诉。该协议管辖条款符合相关法律规定,应属有效,本案应据此确定管辖法院。鉴于受托人金谷信托公司的住所地位于北京市西城区,属于一审法院辖区,且根据《民事诉讼法》第18条规定,中级人民法院有权管辖在本辖区有重大影响的第一审民事案件,故北京市第二中级人民法院对本案具有管辖权。浙江优选公司提出的管辖权异议上诉理由不成立,不予支持。

据此,裁定:驳回上诉,维持原裁定。

【评析】

本案的判决只是针对案件管辖的,并未涉及当事人之间争议的实体问题。

一般认为,民事诉讼的管辖是指人民法院受理第一审民事案件的分工与权限。

按照《民事诉讼法》的规定,民事诉讼的法定管辖包括地域管辖、级别管辖、移送管辖、指定管辖、专属管辖、特殊管辖等;同时,法律也允许当事人就民事纠纷的司法管辖自行作出约定,当事人依法通过协议约定管辖法院的,称为约定管辖或者协议管辖。

我国《民事诉讼法》对于民事诉讼的管辖既有一般性原则规定,也有针对特定民事纠纷的特殊规定,还有针对某些民事纠纷的专属管辖规定,例如,根据《民事诉讼法》第33条的规定,因不动产纠纷提起的诉讼,由不动产所在地人民法院专属管辖;因港口作业发生纠纷提起的诉讼,由港口所在地人民法院专属管辖;因继承遗产纠纷提起的诉讼,由被继承人死亡时住所地或者主要遗产所在地人民法院专属管辖。

关于民事诉讼中合同纠纷的管辖,根据《民事诉讼法》第23条的规定,因合同纠纷提起的诉讼，由被告住所地或者合同履行地人民法院管辖，这是合同纠纷管辖的一般性规定；同时，该法第 24 条至第 32 条还分别规定了保险合同纠纷、票据纠纷、公司纠纷、运输合同纠纷、侵权诉讼等的特殊管辖，这是针对特定合同纠纷管辖的特殊性规定；此外，该法第 34 条还规定：合同纠纷的当事人可以书面协议选择被告住所地、合同履行地、合同签订地、原告住所地、标的物所在地等与争议有实际联系的地点的人民法院管辖，但不得违反本法对级别管辖和专属管辖的规定，这是合同当事人的约定管辖或者协议管辖。

司法实践中，针对特定的合同纠纷，通常是在不违反级别管辖和专属管辖的前提下，首先按照当事人之间的约定确定管辖法院；当事人没有约定管辖法院的，再按照民事诉讼法的有关规定确定管辖法院，原则上应当由被告住所地或者合同履行地人民法院管辖。通俗地说，人民法院对合同纠纷的管辖应当是，有约定的依约定，无约定的按法定。

按照民事诉讼法的现行规定，对于合同纠纷的管辖，信托合同视为普通合同，因信托合同纠纷提起诉讼的，应当按照前述"有约定的依约定、无约定的按法定"的原则确定管辖法院。通常情况下，营业信托的受托人是专业信托经营机构，因此，由其提供的格式合同通常都会明确约定信托纠纷的管辖法院，而且是信托公司住所地人民法院。

本案双方当事人签订的《资金信托合同》约定了管辖法院，即由受托人住所地人民法院管辖。但是被告未能如约履行合同，为保证信托计划如期兑付，双方另行签订了补充协议，约定由原告先行收购优先级信托受益权，随后再由被告收购。补充协议并未约定管辖法院。

结果，被告又未能履行补充协议约定的收购优先级信托受益权的义务，从而引发诉讼。原告依据《资金信托合同》向北京市第二中级人民法院提起诉讼，被告提出管辖权异议，理由是，原告起诉所依据的是补充协议，而补充协议并未约定管辖法院，因此，应当按照民事诉讼法的一般规定确定管辖法院。

本案原告虽然依据补充协议提起诉讼，但是，补充协议实质是为了继续履行《资金信托合同》而签订的，可以看成是资金信托合同的延续和补充，两者不可分割。没有资金信托合同，补充协议就失去了依据和基础。既然补充协议并未就法院管辖另作约定，原告有权依据《资金信托合同》提起诉讼。

本案受托人金谷信托公司住所地在北京市西城区，原告应当向北京市西城区人民法院提起诉讼，但本案诉讼标的额较大，依法应当由中级人民法院一审管辖，原告据此向北京市第二中级人民法院提起诉讼，合法有据。北京市高级人民法院驳回被告提出的管辖权异议上诉，是正确的。

  需要指出，根据民事诉讼法的规定，对于信托合同纠纷，目前是按照普通合同来确定纠纷的管辖法院，这是值得研究的。信托作为一种独特的财产管理制度，受托人管理、处分信托财产是信托管理的主要内容，因此，因信托合同引发的纠纷，在确定管辖法院时，应当参照财产保险合同纠纷实行特殊管辖，即应当明确，因信托纠纷提起的诉讼，应当由受托人住所地或者信托财产所在地人民法院管辖。

案例 22

金谷信托公司诉钢固达房地产公司营业信托纠纷管辖权异议案

【案情】

2012年3月15日,中国金谷国际信托有限责任公司与贵州安顺市钢固达房地产开发有限公司签订《特定资产收益权转让协议》,双方就钢固达公司位于安顺市西秀区龙青路的竹园清水湾项目特定资产收益权转让事宜达成合意。协议约定,协议项下的担保合同或者担保权因各种原因被解除或者无效以及可能危及金谷公司抵押权或者质权实现的其他情形的,金谷公司有权要求钢固达公司提前支付特定资产收益。同日,双方还签订《债务确认协议》,确认钢固达公司就《特定资产收益权转让协议》项下应承担的债务。

2012年8月22日,双方签订《特定资产收益权转让协议补充协议》约定:钢固达公司应当在约定期限向金谷公司指定账户支付保证金。双方还签订《抵押合同》约定,以钢固达公司所有的两块土地使用权及在建工程作为抵押物予以担保。随后,双方办理了抵押登记。

上述协议签署后,金谷公司如期依约履行相关义务,但钢固达公司在未经同意且未通知金谷公司的情况下,擅自解除了《抵押合同》中部分抵押物的抵押登记,对金谷公司抵押权实现造成实质性威胁。同时,自2012年9月20日后,钢固达公司未按补充协议约定支付保证金。钢固达公司的上述行为构成严重违约,金谷公司遂向北京市第二中级人民法院提起诉讼,请求判令钢固达公司向金谷公司支付特定资产收益款3.308亿元及违约金等,若钢固达公司不履行上述付款义务,请求判令折价或者拍卖、变卖钢固达公司所有土地使用权及在建工程,就所得价款优先偿付。

北京市第二中级人民法院送达起诉状后,钢固达公司在法定答辩期限内提出管辖权异议,认为:(一)本案虽为营业信托纠纷,但金谷公司最终目的是对本案涉及的不动产抵押物进行折价、拍卖、变卖来实现债权,而上述不动产所在地位于贵州省安顺市,本案客观上最终将牵涉到不动产的处置、因处置不动产而发生的争议等,因此,移送贵州省安顺市中级人民法院更利于本案的审理和处理;(二)本案钢固达公司对金谷公司的信托基金设置有不动产抵押,而不动产抵押的登记机关在贵州省安顺市。如将本案移送至贵州省安顺市中级人民法院审理,有利于审判机关对不动产的审核清理、协调对接,以及执行过程中涉及的评估、拍卖、变卖等工作,减少法院不必要的工作,减轻当事人的诉讼负担。更重要的是,目前金谷公司、钢固达公司已因抵押的不动产数量、质量、规格等发生争议、变化。因此,本案移送贵州省安顺市中级人民法院更利于对涉及抵押物的处置变现。根据《民事诉讼法》关于专属管辖的相关规定,钢固达公司请求将本案移送贵州省安顺市中级人民法院审理。

金谷公司对钢固达公司的管辖权异议答辩称:(一)本案涉案双方事先达成的约定管辖协议合法有效,理应由一审法院予以管辖。双方签订的《特定资产收益权转让协议》第13条约定:"对于本协议各方在履行本协议过程中发生的争议,由各方协商解决;协商不成,由受让方所在地人民法院管辖。"同时,双方另行签订的《债务确认协议》第8条也约定:"本协议在履行过程中发生争议,可以通过协商解决,协商不成,任何一方均可向债权人所在地有管辖权的人民法院起诉。"两份协议中的"受让方"及"债权人"皆系金谷公司。这两份协议依法成立并生效,其中关于诉讼管辖的约定对双方当然产生法律约束力。本案纠纷主要是钢固达公司未按期向金谷公司支付特定资产收益而引起,金谷公司起诉要求钢固达公司支付该笔收益,系属双方在履行《特定资产收益权转让协议》、《债务确认协议》过程中发生的财产权益纠纷争议。因此,按照上述约定,本案理应由金谷公司所在地有管辖权的法院管辖。(二)本案纠纷不属于专属管辖范围,不应由不动产所在地法院管辖。《民事诉讼法》第33条第1款第(一)项规定的不动产专属管辖,是指"因不动产纠纷提起的诉讼",即该纠纷应当是因不动产的所有权、使用权、占有等发生纠纷而提起的诉讼,或因相邻不动产之间因通行、通风、采光等相邻关系发生争议而提起的诉讼。本案纠纷是因特定资产收益的支付而发生的,不是因不动产纠纷提起的诉讼,不应当由不动产所在地法院管辖。同时,本案所涉及的不动产,皆系钢固达公司为担保本案主合同《特定资产收益权转让协议》

及《债务确认协议》的履行而提供的担保财产,是双方担保约定项下的抵押物。根据《最高人民法院关于适用〈中华人民共和国担保法〉若干问题的解释》第129条的规定:"主合同和担保合同发生纠纷提起诉讼的,应当根据主合同确定案件管辖。"本案应当按照主合同的约定管辖确认管辖法院,而不应当按照担保约定项下的不动产来确定管辖法院。(三)本案无不利法院审理的特殊因素。本案属营业信托纠纷,金谷公司请求的首先是确认金谷公司的债权和抵押权,并在此基础上判令钢固达公司按约支付特定资产收益。只有在钢固达公司不按照判决向金谷公司支付收益时,生效判决的执行程序才会涉及钢固达公司抵押的不动产的处置,即钢固达公司提到的评估、拍卖、变卖等。抵押物所在地以及抵押物登记机关所在地的具体情况,不构成对一审法院审理活动的障碍性因素,无碍案件审理的进行。

【审理与判决】

北京市第二中级人民法院经审查认为,《民事诉讼法》第34条规定:"合同或者其他财产权益纠纷的当事人可以书面协议选择被告住所地、合同履行地、合同签订地、原告住所地、标的物所在地等与争议有实际联系的地点的人民法院管辖,但不得违反本法对级别管辖和专属管辖的规定。"首先,本案案由为营业信托纠纷,双方当事人因履行《特定资产收益权转让协议》、《债务确认协议》及相关《抵押合同》产生纠纷,合同内容是特定资产的收益转让及相关资产的抵押担保,均不属于法律规定的不动产纠纷,钢固达公司提出的本案应由不动产所在地人民法院管辖的主张不能成立;其次,双方签订的《特定资产收益权转让协议》第13条约定:"对于本协议各方在履行本协议过程中发生的争议,由各方协商解决,协商不成,由受让方所在地人民法院管辖。"同时,双方另行签订的《债务确认协议》第8条同样约定:"本协议在履行过程中发生争议,可以通过协商解决,协商不成,任何一方均可向债权人所在地有管辖权的人民法院起诉。"钢固达公司(甲方)与金谷公司(乙方)签订的《抵押合同》第14条约定:"本合同在履行过程中发生争议,可以通过协商解决,协商不成,任何一方均可向乙方所在地有管辖权的人民法院起诉"。前述三份协议中的"受让方"、"债权人"、"乙方"均为金谷公司,金谷公司的所在地在北京市西城区,属于一审法院辖区;第三,本案的诉讼标的额超过3亿元,亦不违反级别管辖的规定。综上,前述三份协议中的关于管辖的约定均符合《民事诉讼法》第34条关于约定管辖的规定，为有效条款，一审法院对本案具有管辖权，钢固达公司的管辖异议不能成立，依法裁定，予以驳回。

钢固达公司不服，向北京市高级人民法院提出上诉认为：（一）金谷公司的诉请涉及钢固达公司的不动产，本案客观上最终要牵涉到不动产处置，必然要在不动产所在地贵州省安顺市进行，因此，本案移送安顺市中级人民法院更有利于案件的审理。（二）钢固达公司对金谷公司的信托基金设置有不动产抵押，而不动产抵押的登记机关在安顺市，将本案移送安顺市中级人民法院审理，有利于审判机关与不动产抵押登记机关的协调对接，最大限度实现金谷公司的合法债权。此外，因针对不动产的评估、拍卖等必经程序都是在不动产所在地安顺市，因此，本案移送安顺市中级人民法院更有利于对抵押物的变现。

北京市高级人民法院认为，《民事诉讼法》第34条规定："合同或者其他财产权益纠纷的当事人可以书面协议选择被告住所地、合同履行地、合同签订地、原告住所地、标的物所在地等与争议有实际联系的地点的人民法院管辖，但不得违反本法对级别管辖和专属管辖的规定。"本案系因履行涉案合同产生的纠纷，涉案合同的主要内容为资产收益权转让、债务确认及抵押担保，不属于法律规定的不动产纠纷，不适用专属管辖的相关法律规定。同时，双方签订的《特定资产收益权转让协议》第13条约定："对于本协议各方在履行本协议过程中发生的争议，由各方协商解决，协商不成，由受让方所在地人民法院管辖。"双方另行签署的《债务确认协议》第8条同样约定："本协议在履行过程中发生争议，可以通过协商解决，协商不成，任何一方均可向债权人所在地有管辖权的人民法院起诉。"钢固达公司（甲方）与金谷公司（乙方）签订的《抵押合同》第14条约定："本合同在履行过程中发生争议，可以通过协商解决，协商不成，任何一方均可向乙方所在地有管辖权的人民法院起诉"。即上述三份合同的协议管辖条款均约定由金谷公司所在地法院管辖，上述协议管辖条款意思表示真实，未违反法律相关强制性规定，本案应据此确定管辖法院。鉴于金谷公司的住所地位于北京市西城区，属于一审法院辖区，故一审法院对本案具有管辖权。上诉人钢固达公司提出的管辖权异议上诉理由不成立，本院不予支持。

据此，裁定：驳回上诉，维持原裁定。

【评析】

本案是一个管辖权异议案。

本案的纠纷源于双方当事人签订的《特定资产收益权转让协议》，随后双方签订的补充协议、《债务确认协议》以及《抵押合同》都是为了履行特定资产收益权转让协议。钢因达公司主张，本案虽然是营业信托纠纷，但金谷公司的最终目的是对本案涉及的不动产抵押物进行折价、拍卖、变卖来实现债权，金谷公司的诉请涉及钢固达公司的不动产，最终要涉及不动产处置，而不动产抵押的登记机关在安顺市，针对不动产的评估、拍卖等必经程序都是在不动产所在地安顺市进行，因此应当将案件移送安顺市中级人民法院审理。

但是，法院指出，《民事诉讼法》第33第1款规定的不动产纠纷专属管辖，是指因不动产的所有权、使用权、占有等发生纠纷而提起的诉讼，或因相邻不动产之间因通行、通风、采光等相邻关系发生争议而提起的诉讼。而本案是因特定资产收益的支付而发生的，并非因不动产纠纷提起的诉讼，不应当依据《民事诉讼法》第33条第1款确定由不动产所在地法院管辖，而应当依据《民事诉讼法》第34条来确定管辖。既然双方签订的几份协议都规定了约定管辖条款，并且都约定出现纠纷后由金谷公司所在地法院管辖，金谷公司自然有权依据协议向约定的法院提起诉讼；鉴于本案标的额较大，金谷物公司向北京市第二中级人民法院提起诉讼，并不违反级别管辖的规定。

而且，正如金谷公司答辩所称，金谷公司请求法院判令钢固达公司按约支付特定资产收益，钢固达公司如能执行判决，就不会涉及其抵押的不动产；只有在钢固达公司不按照判决支付收益时，随后的执行程序才可能涉及钢固达公司抵押的不动产的处置，抵押物所在地以及抵押物登记机关所在地都在安顺市，并不妨碍案件的审理。

案例 23

民生信托公司诉华宝公司借款合同纠纷管辖权异议案

【案情】

1994年11月22日至1995年4月19日期间，民生信托公司先后与本溪华宝（集团）公司签订四份借款合同，分别向华宝公司发放四笔贷款，共计6000万元，期限六个月到一年不等。

上述四笔贷款到期后，华宝公司均未偿还本息。

2010年8月8日，华宝公司向民生信托公司出具《还款方案》，承诺2010年10月1日前清偿6000万元，余款陆续清偿；杨某铧承诺对其中本金6000万元部分承担连带保证责任。随后的近两年时间里，华宝公司陆续还款1270万元，但始终未全部履行《还款方案》。2012年3月，双方就还款事宜协商签订了《协议书》。

2012年9月，民生信托公司发出《律师函》追讨欠款本息和违约金未果，随后向北京市第二中级人民法院起诉，请求法院判令华宝公司向民生信托公司支付借款本金4730万元及利息、罚息5270万元，并判令杨某铧就借款本金4730万元承担连带保证责任。

起诉状送达后，华宝公司提出管辖权异议称，《民事诉讼法》第21条第2款规定：对法人或者其他组织提起的民事诉讼，由被告住所地人民法院管辖。第23条规定：因合同纠纷提起的诉讼，由被告住所地或者合同履行地人民法院管辖。本案被告华宝公司是法人，对其提起诉讼应由被告住所地人民法院管辖，华宝公司的住所地在辽宁省本溪市，按照级别管辖的相关规定，辽宁省高级人民法院对本案有管辖权。同时，民生信托公司据以提起诉讼的四份借款合同，如按照借款方所在地确定合同履行地，应为辽宁省本溪市，本案亦应由辽宁省高级人民法院管辖。即便按照贷款方所在地确定合同履行地，民生信托公司履行合同时的住所地为北京市东三环北路三号幸福大厦，属于北京市朝阳区。依据北京市高级人民法院有关规定，北京市第二中级人民法院的管辖区并不包括朝阳区。结合级别管辖的相关规定，本案应由辽宁省高级人民法院管辖。据此，请求裁定将本案移送辽宁省高级人民法院审理。

【审理与判决】

北京市第二中级人民法院经审查认为，《民事诉讼法》第34条规定，合同或者其他财产权益纠纷的当事人可以书面协议选择被告住所地、合同履行地、合同签订地、原告住所地、标的物所在地等与争议有实际联系的地点的人民法院管辖。本案系金融借款合同纠纷案件，民生信托公司与华宝公司基于双方之间的债权债务关系于2012年3月31日签订的《协议书》明确约定，协议纠纷向原告所在地法院起诉，该约定符合《民事诉讼法》第34条的规定，本院对本案有管辖权。因双方当事人之间有案件管辖权协议，华宝公司提出本案应依《民事诉讼法》第21条和第23条的规定确定管辖权，依据不足，不能成立。据此，裁定：驳回华宝公司对本案管辖权提出的异议。

华宝公司不服，向北京市高级人民法院提出上诉认为：（一）华宝公司与民生信托公司签订的《协议书》为附生效条件的协议，生效条件为民生信托公司收到华宝公司支付的2000万元。现该条件未成就，该协议依法未生效，不应约束双方当事人，一审法院未审查该协议效力，属于认定事实及适用法律错误。（二）华宝公司作为被告，属于法人，对其提起诉讼应由华宝公司住所地人民法院管辖，华宝公司的住所地在辽宁省本溪市，辽宁省高级人民法院对本案有管辖权。同时，民生信托公司据以提起诉讼的四份借款合同，按照借款方所在地确定合同履行地应为辽宁省本溪市，本案亦应由辽宁省高级人民法院管辖。即使按照贷款方所在地确定合同履行地，民生信托公司履行合同时的住所地为北京市东三环北路三号幸福大厦，属于北京市朝阳区，不属于北京市第二中级人民法院管辖范围。故请求依法撤销一审裁定，将此案移送至有管辖权的法院审理。

北京市高级人民法院认为，合同的解决争议条款具有独立性，当事人之间就管辖法院所作的约定，属于合同中独立存在的有关解决争议方法的条款，合同效力如何，不影响合同中管辖条款的效力。本案系金融借款合同纠纷案件，民生信托公司与华宝公司于2012年3月31日签订的《协议书》约定协议纠纷向原告所在地法院起诉,该约定合法有效,本案应据此确定管辖法院。鉴于该《协议书》未明确原告所在地,本案应以民生信托公司起诉时住所地北京市东城区为原告所在地,属于北京市第二中级人民法院辖区范围,故一审法院对本案具有管辖权。华宝公司提出的管辖权异议上诉理由不成立。

据此,裁定:驳回上诉,维持原裁定。

【评析】

本案是一个管辖权异议案件。

本案的主要争议是,应当按照《民事诉讼法》第21条及第33条还是第34条的规定,来确定本案的管辖权。

《民事诉讼法》第21条第2款的规定:"对法人或者其他组织提起的民事诉讼,由被告住所地人民法院管辖。"这是关于法人诉讼的地域管辖的一般规定。《民事诉讼法》第23条的规定:"因合同纠纷提起的诉讼,由被告住所地或者合同履行地人民法院管辖。"这是关于合同纠纷的地域管辖的一般规定。同时,《民事诉讼法》第34条规定:"合同或者其他财产权益纠纷的当事人可以书面协议选择被告住所地、合同履行地、合同签订地、原告住所地、标的物所在地等与争议有实际联系的地点的人民法院管辖,但不得违反本法对级别管辖和专属管辖的规定。"这是关于合同纠纷的地域管辖的特殊规定。司法实践中,确定合同纠纷的管辖,当事人对纠纷的管辖有协议的,只要协议约定的管辖法院不违反级别管辖和专属管辖的规定,就应当首先适用协议管辖(约定管辖);当事人之间没有管辖协议的,再适用合同纠纷的地域管辖的一般规定(法定管辖),即第23条。至于第21条第2款是对法人诉讼地域管辖的一般规定,适用于所有的法人诉讼。法人之间的合同纠纷,应当首先适用《民事诉讼法》第34条、第23条的规定。

本案双方当事人都是法人,属于法人诉讼,似应适用《民事诉讼法》第21条第2款关于法人诉讼的一般规定;但是,就双方争议的性质来说,属于合同纠纷,并且双方签订的协议包含管辖权的约定,因此,确定本案的管辖,应当优先适用《民事诉讼法》第34条的规定,即按照双方的管辖权协议来确定管辖法院。本案双方当事人的《协议书》约定,出现纠纷后应当向原告住所地人民法院起诉。现被告欠款不还,原告有权依照协议管辖向其住所地人民法院提起诉讼。被告辩称,双方签订的《协议书》为附生效条件的协议，生效条件为民生信托公司收到华宝公司支付的 2000 万元，因该条件未成就，协议书依法未生效，管辖协议也未生效。但是，一般认为，合同约定的管辖协议条款具有独立性，不论合同的效力如何，均不影响管辖协议条款的效力。因此，本案原告向其住所地人民法院起诉，两审法院予以支持，是正确的。

案例 24

四川信托公司与工商银行余姚支行等借款合同纠纷案

【案情】

2012年4月23日,四川信托公司与好当家电器公司签订《信托贷款合同》约定,相关当事人签订《监管协议》并且协议生效后,四川信托公司向好当家电器公司发放信托贷款。该协议第16条第2款约定:因履行本合同所发生的或与本合同有关的一切争议、纠纷,双方应协商解决;协商不成的,双方同意依法向贷款人住所地法院提起诉讼。

同日,四川信托公司(甲方)、好当家公司(乙方)与工商银行余姚支行(丙方)、哲豪公司(丁方)及宝洁公司(戊方)签订《监管协议》约定:甲方将向乙方发放信托贷款,甲、乙、丁、戊共同委托丙方作为本信托贷款资金的安心账户托管人。其中,第3条第7款约定:丙方应监督乙方的资金使用和资金归集情况,如乙方未按本条第2款使用资金或未按本条第6款进行资金归集,丙方应于3个工作日内通知甲方;该条第11款约定:丙方的托管义务是确保托管账户(安心账户)内资金划拨至预算表指定的收款人,如无甲方书面同意,丙方有权利义务拒绝资金划拨至其他收款人的结算要求。资金划拨至指定收款人后,由丙方负责收集和保存相应结算凭证(复印件);该条第13款约定:丙方按照本合同第3条及预算表约定的内容和方式,完成对乙方的资金使用监督,即视为丙方的托管义务已经履行完毕;协议第6条约定:丙方违约处理:由于丙方未履行或者未完全履行本协议项下第3条第11款的托管义务,给甲方造成经济损失的,丙方应当向甲方赔偿相应损失;甲方发现丙方未按约定履行托管义务的,可以据实向中国银监会报告;第10条还约定:因本协议引起的争议纠纷,当事各方可友好协商解决;协商不成的,任何一方可向丙方住所地人民法院起诉。

随后，四川信托公司依约发放信托贷款1亿元，但是贷款到期后，好当家电器公司未能如期偿还贷款。四川信托公司认为，工商银行余姚支行在实施信托贷款监管过程中存在恶意欺诈与重大过失，违背了监管义务，与信托资金不能收回有直接的因果关系，依法应当承担相应的民事责任，据此向四川省高级人民法院起诉，请求工商银行余姚支行等被告承担赔偿责任及连带责任。

工商银行余姚支行认为，本案当事人签订的监管协议是一项独立的合同，依照监管协议，当事人之间发生争议的，应当由工商银行余姚支行所在地人民法院管辖。据此，向四川省高级人民法院提出管辖权异议。

【审理与判决】

四川省高级人民法院认为：本案系金融担保借款合同纠纷，作为本案主合同的《信托贷款合同》约定了由贷款人住所地即四川信托公司所在地人民法院管辖，该约定未违反《民事诉讼法》对级别管辖和专属管辖的规定，应属合法有效。四川信托公司住所地在四川省内，本院对该案主合同借款关系享有地域管辖权。关于本院对信托公司与工商银行余姚支行之间的资金监管关系部分是否享有地域管辖权的问题，《最高人民法院关于适用〈中华人民共和国担保法〉若干问题的解释》(《担保法解释》)第26条规定："第三人向债权人保证监督支付专款专用的，在履行了监督支付专款专用的义务后，不再承担责任。未尽监督义务造成资金流失的，应当对流失的资金承担补充赔偿责任。"就本案而言，作为资金监管人的第三人工商银行余姚支行对案涉信托贷款的使用情况及归集情况负有监督的义务，并明确约定了向本案债权人赔偿经济损失的情形。尽管案涉《监管协议》关于工商银行余姚支行承担责任的方式，不具有典型意义上的保证方式的特征，但也可产生与保证责任类似的法律责任，实质上是一种特殊的保证形式。上述司法解释的规定，也正是将此类情况作为一种特殊保证加以明确。因此，案涉《监管协议》应视为本案《信托贷款合同》项下的保证合同，具有附从性的性质。本案原告四川信托公司依据主合同及《监管协议》向本院提起诉讼，将工商银行余姚支行列为本案共同被告，并无不当。依照《担保法解释》第129条关于"主合同和担保合同发生纠纷提起诉讼的，应当根据主合同确定案件管辖；主合同和担保合同选择管辖的法院不一致的，应当根据主合同确定案件管辖"的规定，案涉上述《监管协议》约定因履行该协议引起的纠纷由工商银行余姚支行住所地人民法院管辖，其与主合同《信托贷款合同》中关于履行该合同及相关合同引起的纠纷由信托公司住所地人民法院管辖的约定不一致，故本案应依据主合同《信托贷款合同》的约定来确定案件管辖权。据此，本院对本案依法享有地域管辖权。另外，根据最高人民法院《全国各省、自治区、直辖市高级人民法院和中级人民法院管辖第一审民商事案件标准》的规定，本院管辖的第一审民事案件包括诉讼标的额在1亿元以上的第一审民商事案件，本案诉讼标的额为1亿元本金及相应利息，故本院对本案依法享有管辖权。

据此，裁定：驳回工商银行余姚支行对本案管辖权提出的异议。

工商银行余姚支行向最高人民法院上诉称：（一）一审裁定认定事实不清，错误地将《监管协议》视为《信托贷款合同》项下的保证合同。依《监管协议》，上诉人的义务只是作为安心账户托管人，负责将托管账户内资金划拨至指定收款人，不具备保证的基本特征，更没有为信托贷款提供保证的意思表示。（二）一审裁定根据《担保法解释》第129条的规定来确定案件管辖权，适用法律错误。《监管协议》是一个完全独立的合同，不具备保证合同的特征，与《信托贷款合同》也不具有主从合同的关系，上诉人与被上诉人之间的法律关系是基于《监管协议》产生的合同关系，由该协议引起纠纷的案件管辖应适用《民事诉讼法》关于合同纠纷管辖的相关规定，本案应按照《监管协议》约定由上诉人住所地人民法院管辖。请求撤销一审裁定，将本案移送浙江省高级人民法院审理。

四川信托公司答辩认为：（一）《监管协议》系《信托贷款合同》的从合同，应当依据主合同确定案件管辖。《监管协议》约定，作为资金监管人的上诉人对信托贷款使用情况及归集情况负有监督的义务，并明确约定了赔偿经济损失的情形，该约定实质产生与保证责任类似的法律责任，属于特殊的保证形式。（二）上诉人在《监管协议》项下应承担的法律责任与原审各被告应承担的法律责任系基于同一基础信托法律关系产生，具有不可分割性。（三）本案由四川省高级人民法院管辖，在同一案件中审理上诉人的法律责任，便于法院对全案事实的查明及各方法律责任的认定，公平合理地保护各方当事人的合法权利。

最高人民法院审理认为：首先，《信托贷款合同》与《监管协议》之间不属于主从合同关系。主从合同关系中，主合同处于主导地位，从合同处于从属地位，从合同的存在是以主合同的存在为前提的，主合同无效时，从合同亦不发生法律效力。从合同因其成立和效力依附于主合同而不具有独立性，从属性、依赖性是其根本属性。本案的《信托贷款合同》与《监管协议》虽有联系，但各自独立，根据《信托贷款合同》第3条第2项的约定，签订《监管协议》并且该协议已生效是信托公司向好当家公司发放贷款的先决条件之一，说明《监管协议》的签订和生效是《信托贷款合同》得以履行的前提条件，该协议是独立于《信托贷款合同》而存在的，工商银行余姚支行的监管责任也并非由《信托贷款合同》产生的附随义务。

其次，四川信托公司起诉好当家电器公司是要求该公司承担信托贷款还款责任，而起诉工商银行余姚支行是要求该行承担赔偿责任，工商银行余姚支行与好当家电器公司以及其他担保人之间对诉讼标的没有共同的权利义务关系，上述两种责任也不是基于同一事实上或法律上的原因而产生，不是必要的共同诉讼，不属于人民法院必须合并审理的情形。

第三，工商银行余姚支行的监管责任不是担保责任。《监管协议》第6条明确约定，工商银行余姚支行未履行或未完全履行本协议项下托管义务，给信托公司造成经济损失的，应当向信托公司赔偿相应损失。虽然《担保法解释》第26条规定，监管人要保证监督支付专款专用，并在未尽监督义务造成资金流失的情况下，对流失的资金承担补充赔偿责任，但是，其中的"保证监督支付专款专用"并非担保法所规定的担保形式，而是基于当事人之间的合同约定而形成的一种合同义务，违反该义务产生的赔偿责任也是基于合同法产生的违约责任，与保证人根据保证合同约定，在被保证人不履行债务时产生的一般保证责任和连带保证责任，是完全不同的。《担保法》规定的担保方式只有保证、抵押、质押、留置和定金五种，《担保法解释》也没有扩张解释担保方式的范围，因此，一审裁定认定《监管协议》是一种特殊的保证形式，视为《信托贷款合同》项下的保证合同，并依据《担保法解释》第129条来确定案件管辖权，混淆了保证责任和监管责任之间的差别，属于适用法律错误。

《监管协议》第10条明确约定，因本协议引起的争议纠纷，协商不成的，任何一方可向工商银行余姚支行住所地人民法院起诉。信托公司明知该约定与《信托贷款合同》的协议管辖条款不一致，但未提出异议，表明其已经认可在履行《监管协议》过程中发生纠纷由工商银行余姚支行住所地人民法院管辖，该约定系当事人的真实意思表示，不违反法律规定，应当认定为有效。根据本院关于《全国各省、自治区、直辖市高级人民法院和中级人民法院管辖第一审民商事案件标准》规定，浙江省高级人民法院对四川信托公司与工商银行余姚支行之间因《监管协议》产生的纠纷依法享有管辖权。

综上所述，最高人民法院认为，上诉人工商银行余姚支行的上诉理由成立，对其要求将本案移送浙江省高级人民法院审理的上诉请求，应予支持。一审裁定认定事实不清，适用法律错误，应予纠正。据此，裁定：撤销原裁定；四川省高级人民法院受理的四川信托公司诉工商银行余姚支行基于《监管协议》产生的纠纷案件，移送浙江省高级人民法院审理。

【评析】

本案是一个管辖权异议案，只涉及案件的管辖权，并未涉及实体纠纷的审理。

本案的关键是厘清两份协议的关系，即两份协议之间是否构成主合同与从合同的关系。一般情况下，当事人依法签订合同设立信托的，在当事人之间成立信托关系。即使信托关系里同时存在受托人与托管人，也可以在同一份合同里对各当事人（包括受托人与托管人）的职责和权利义务作出约定，或者，在同一份文件里确定当事人之间的信托关系后，再另行分别签订信托合同与托管合同。

本案涉及的两份合同即《信托贷款协议》、《监管协议》是同日签订的，并且都涉及信托贷款一事，表面看来，似乎可以理解为同一项信托项下的不同协议，类似于特定证券投资基金的基金合同与托管合同。不过，本案的《信托贷款合同》虽有信托贷款之名，但是各当事人之间的关系并不完全符合标准的信托关系，不仅委托人、受托人不够明确，而且，争议双方之间的法律地位也不太清楚，特别是，监管协议还涉及其他当事人，即哲豪公司和宝洁公司，它们似乎是信托资金的实际使用者。

总之，本案涉及的两份协议的当事人有所不同，两份协议虽有联系，但也可以看成是相互独立的，同时，又没有其他文件确立所有相关当事人之间的信托关系，或者统一明确各当事人的权利义务和职责，因此，没有充分的理由按照信托法原理来确认两份协议之间的关系，或者确认当事人之间的信托关系，而且，监管协议事实上作为签订信托贷款协议的前提，先于信托贷款协议而存在，两份协议显然并非主、从合同关系。终审法院并未认定双方当事人之间存在信托关系，而且认定监管协议可以独立于信托贷款协议而存在，两份协议之间不是主合同与从合同的关系，是符合案情的。

案例 25

中诚信托公司诉佳兆业集团信托纠纷案

【案情】

2013年7月4日，为开发广州市天河区某地产项目，广东佳兆业公司、雅翔房地产公司、佳兆业集团公司与中诚信托公司、广东雅翔投资有限公司签订《股权投资集合信托合作协议》约定：中诚信托公司发行设立股权投资集合资金信托计划，募集资金用于对雅翔房地产公司增资。协议第4条约定：自信托计划成立之日起，佳兆业集团公司应对中诚信托公司向雅翔房地产公司进行股权投资而支付的增资款的本金收回，以及其持有雅翔房地产公司股权期间收益的获得，承担差额支付义务；协议第9条约定：对本协议项下雅翔房地产公司、广东佳兆业公司或佳兆业集团公司应对中诚信托公司承担的义务、责任，由雅翔房地产公司、广东佳兆业公司或佳兆业集团公司连带承担。协议还约定：对本协议履行过程中产生的争议，各方应协商解决；协商不成的，应当向中诚信托公司住所地人民法院提起诉讼。

就佳兆业集团公司的差额补足义务，中诚信托公司与佳兆业集团公司于2013年7月3日另行签订《差额补足协议》约定：雅翔房地产公司以其国有土地使用权抵押担保，广东佳兆业公司以其持有的雅翔房地产公司的51%股权质押担保；同时还约定：双方履行本协议如发生争议，由各方协商解决；协商不成，应提请本协议签订地人民法院裁决。

协议签订后，中诚信托公司发行了人民币4.5亿元的信托计划，并按约定以该信托资金对雅翔房地产公司进行增资。但地产项目开发建设未能达到约定的进度，并且佳兆业集团公司的重要资产被查封、企业经营出现了影响中诚信托公司权益实现的重大变化，中诚信托公司决定变现在雅翔房地产公司的股权亦未成功，遂向北京市第二中级人民法院起诉，请求判令：佳兆业集团公司向中诚信托公司支付差额补足款，并支付违约金；中诚信托公司对广东佳兆业公司持有的雅翔房地产公司的 51% 股权享有质押权、对雅翔房地产公司名下抵押物享有抵押权，不足部分由佳兆业集团公司继续清偿；广东佳兆业公司、雅翔房地产公司对上述债务承担连带保证责任等。

起诉状送达后，佳兆业集团公司、雅翔房地产公司提出管辖权异议称：（一）本案诉讼标的额已超过一审法院级别管辖范围。根据最高人民法院 2008 年印发的《全国各省、自治区、直辖市高级人民法院和中级人民法院管辖第一审民商事案件标准》（以下简称《民商事案件标准》），诉讼标的额在 2 亿元以上以及诉讼标的额在 1 亿元以上且当事人一方住所地不在北京市的第一审民事案件，应当由北京市高级人民法院管辖。本案诉讼标的额超过 3 亿元，超出一审法院级别管辖范围。（二）本案属于与公司股权有关的纠纷，结合本案诉讼标的额，应由广东省高级人民法院管辖。根据《合作协议》及中诚信托公司相关诉讼请求可知，本案实质上属于与公司股权、利润分配有关的纠纷。根据《民事诉讼法》第 26 条的规定，因公司设立、确认股东资格、分配利润等与公司相关的纠纷提起诉讼，应由公司住所地人民法院管辖。此外，根据该法第 23 条的规定，因合同纠纷提起的诉讼，由被告住所地或者合同履行地人民法院管辖。因此，本案应当由雅翔房地产公司所在地法院管辖。根据前述《民商事案件标准》的规定，广东省高级人民法院管辖的第一审民事案件包括诉讼标的额在 3 亿元以上，以及诉讼标的额在 2 亿元以上且当事人一方住所地不在广东省的案件，故本案应由广东省高级人民法院管辖。据此，请求一审法院将本案移送至广东省高级人民法院审理。

中诚信托公司答辩称：（一）本案在级别管辖上应由一审法院管辖。2011 年施行的《北京市高级人民法院关于调整北京市三级法院管辖第一审民商事案件标准及高院执行案件的通知》规定，北京地区中级人民法院管辖诉讼标的额在 1 亿元以上的第一审民商事案件，高级人民法院仅管辖本辖区内有重大影响的第一审民商事案件。（二）本案不属于与公司有关的纠纷。中诚信托公司的诉讼请求及管辖法院的选择，均严格依据《合作协议》、《差额补足协议》及其他文件，而非雅翔房地产公司在运营过程中产生了盈余、利润后各方对分配产生了争议。（三）《合作协议》约定：本协议履行过程中产生的争议，各方应协商解决；协商不成的，应当向中诚信托公司住所地人民法院提起诉讼。《差额补足协议》约定：如双方在履行本协议中发生争议，由各方协商解决。协商不成，应提请本协议签订地人民法院裁决。而该协议的签订地为北京市东城区。据此，一审法院对本案有管辖权。

【审理与判决】

北京市第二中级人民法院经审查认为：《民事诉讼法》第34条规定："合同或者其他财产权益纠纷的当事人可以书面协议选择被告住所地、合同履行地、合同签订地、原告住所地、标的物所在地等与争议有实际联系的地点的人民法院管辖，但不得违反本法对级别管辖和专属管辖的规定。"根据本案已查明的事实，中诚信托公司与佳兆业集团公司、广东佳兆业公司、雅翔房地产公司以及雅翔投资公司等签订的《合作协议》约定：对本协议履行过程中产生的争议，各方应协商解决；协商不成的，应当向中诚信托公司住所地人民法院提起诉讼。佳兆业集团公司与中诚信托公司签订的《差额补足协议》约定：如双方在履行本协议中发生争议，由各方协商解决。协商不成，应提请本协议签订地人民法院裁决。该协议签订地为北京市东城区。当事人之间协议选择管辖法院的约定均符合上述法律规定，应认定有效。中诚信托公司住所地和《差额补足协议》签订地均位于本院辖区，本院对本案具有管辖权。2009年施行的《最高人民法院关于审理民事级别管辖异议案件若干问题的规定》第10条规定："经最高人民法院批准的第一审民事案件级别管辖标准的规定，应当作为审理民事级别管辖异议案件的依据。"根据2011年施行的《北京市高级人民法院关于调整北京市三级法院管辖第一审民商事案件标准及高院执行案件的通知》，中级人民法院管辖诉讼标的额在1亿元以上的第一审民商事案件，以及诉讼标的额在5000万元以上且当事人一方住所地不在北京市辖区的第一审民商事案件；北京市高级人民法院管辖本辖区有重大影响的第一审民商事案件。据此，本院受理本案并未违反级别管辖的规定，佳兆业集团公司和雅翔房地产公司关于本案超出一审法院级别管辖范围的主张不能成立，不予采信。本案系信托纠纷，并非因公司设立、确认股东资格、分配利润、解散等纠纷提起的诉讼，佳兆业集团公司和雅翔房地产公司关于本案应由公司住所地人民法院管辖的主张不能成立，不予支持。

综上，北京市第二中级人民法院对佳兆业集团公司和雅翔房地产公司提出的管辖异议均不予支持，依法裁定驳回其异议。

佳兆业集团公司、雅翔房地产公司不服，向北京市高级人民法院提出上诉认为：（一）本案诉讼标的额超过人民币3亿元，已超过最高人民法院《民商事案件标准》中一审法院的管辖范围。同时，根据《民事诉讼法》第34条的规定，当事人协议管辖不得违反级别管辖和专属管辖的规定。而且，本案涉案标的金额巨大、债权债务关系较复杂，上诉人系香港上市公司佳兆业集团控股有限公司的附属公司，涉及上市公司及其众多国际投资者的利益，属于具有重大影响的重大疑难案件。因此，一审法院以协议约定为由认定应当由该院管辖依据不足。（二）由当事人之间签订的《合作协议》、《差额补足协议》等可知，本案确系双方基于合同约定对于公司股权、利润分配等方面产生的与公司有关的纠纷。根据《民事诉讼法》第26条的规定，应由被告公司住所地人民法院管辖。因此本案应由广东省高级人民法院管辖。（三）鉴于上诉人住所地位于广东省，且广东省高级人民法院受理了一定数量的与本案情况类似、涉及上诉人的诉讼案件，由广东省高级人民法院管辖，便于统一案件审理尺度，符合便利当事人原则。因此，本案需由广东省高级人民法院管辖。

北京市高级人民法院认为，《民事诉讼法》第34条规定："合同或者其他财产权益纠纷的当事人可以书面协议选择被告住所地、合同履行地、合同签订地、原告住所地、标的物所在地等与争议有实际联系的地点的人民法院管辖，但不得违反本法对级别管辖和专属管辖的规定。"本案系中诚信托公司依据涉案《合作协议》及《差额补足协议》提起的信托纠纷诉讼，并非因公司设立、确认股东资格、分配利润、解散等纠纷提起的公司诉讼。《合作协议》签订时间在《差额补足协议》之后，《合作协议》的协议管辖条款应视为双方新的管辖约定。《合作协议》约定：对本协议履行过程中产生的争议，协商不成的，应当向中诚信托公司住所地人民法院提起诉讼。该协议管辖条款意思表示真实，且未违反相关法律的强制性规定，应属有效，本案应据此确定管辖法院。中诚信托公司住所地在北京市东城区，属于一审法院辖区，同时根据《民事诉讼法》第18条的规定，中级人民法院有权管辖在本辖区有重大影响的第一审民事案件，故一审法院对本案具有管辖权。上诉人佳兆业集团公司、雅翔房地产公司提出的管辖权异议上诉理由不成立，不予支持。

据此，裁定：驳回上诉，维持原裁定。

【评析】

本案是一个管辖权异议案。

本案的争议主要是：（1）双方当事人之间的争议是因合同引起的信托纠

纷,还是因确认股东资格、利润分配等引起的公司诉讼;(2)双方当事人约定的管辖条款是否违反民事诉讼法关于级别管辖的规定。

本案双方当事人之间的争议产生于双方签订的《股权投资集合信托合作协议》,即中诚信托公司发行设立股权投资集合资金信托计划,募集的信托资金用于对雅翔房地产公司增资,其目的是为了开发某房地产项目。双方另行签订的补充协议也是为了进一步明确广东佳兆业公司的差额补足义务及其履行。广东佳兆业公司在履行两份协议的过程中出现问题后,中诚信托公司曾经试图变现雅翔房地产公司的股权,但是未能成功,除此以外,几乎和确认股东资格、公司股权、利润分配等与公司有关的纠纷没有什么联系,因此,两审法院均认定本案属于因履行合同而产生的合同纠纷,是正确的。

双方对管辖权的第二个争点,涉及双方签订的协议约定的管辖条款是否违反级别管辖的规定。双方当事人签订的《股权投资集合信托合作协议》明确约定:对协议履行过程中产生的争议,协商不成的,应当向中诚信托公司住所地人民法院提起诉讼。广东佳兆业公司认为,本案涉案标的金额巨大、债权债务关系较复杂,属于具有重大影响的重大疑难案件,因此,一审法院北京市第二中级人民法院以协议约定为由认定应当由该院管辖依据不足。但是,北京市第二中级人民法院指出,根据2011年施行的《北京市高级人民法院关于调整北京市三级法院管辖第一审民商事案件标准及高院执行案件的通知》,中级人民法院管辖诉讼标的额在1亿元以上的第一审民商事案件,以及诉讼标的额在5000万元以上且当事人一方住所地不在北京市辖区的第一审民商事案件。因此,北京市第二中级人民法院受理本案并未违反级别管辖的规定。北京市高级人民法院认为,根据《民事诉讼法》第18条的规定,中级人民法院有权管辖在本辖区有重大影响的第一审民事案件,因此,北京市第二中级人民法院对本案具有管辖权。更进一步看,如果说本案的争议属于在北京市有重大影响的案件,似乎有些勉强,因此,就案件的影响而言,由中级人民法院一审也是适当的。

本案的双方当事人都是具有一定经营规模和经营能力的企业,协商和谈判能力比较平等,不存在欺诈或者滥用优势地位等情形。一般来说,这种情况下法院应当尊重当事人自主选择的管辖约定。这也提醒企业在约定管辖条款时一定要谨慎,不仅需要了解当地有关管辖权的规定,还应当了解对方当事人住所地的有关规定,特别是适用格式合同的协议管辖条款时,非格式合同提供者的一方当事人更应当认真、慎重地对待管辖协议条款，以免出现争议后再提出不同于管辖权约定的管辖权异议。

如同其他有些管辖权异议案一样，本案双方当事人之间的法律关系是清楚的，一方当事人的违约责任也是明确的，应当说不存在多大的法律争议，但是当事人却为案件的管辖权下了很大的功夫，或许不仅仅是为了便利诉讼吧！

第五章

民事信托

案例 26

马某华诉杨某修民事信托纠纷案

【案情】

原告马某华与被告杨某修是高中同学，认识时间较长，原告的弟弟马某峰与被告杨某修是同事，两人都在某县国税局工作。原告曾通过马某峰介绍，委托被告进行投资。原告基于对被告的信任，于 2011 年 8 月 6 日通过中国农业银行封丘县通达支行，将 6 万元现金转入被告杨某修的银行卡，委托被告进行管理、处分，约定的利息是一分八。随后三个月里，先后有三笔款项转入原告的银行账户，但此后，原告再也没有收到任何款项。

到 2011 年 11 月底，原告和弟弟马某峰、证人焦某领一起到被告杨某修家要求被告返还 6 万元，但未得到偿还。

2012 年 12 月 25 日，原告向新乡市封丘县人民法院起诉称，被告因做生意急需用钱，多次通过原告的弟弟找原告协商借款并表示万无一失。于是，原告于 2011 年 8 月 6 日通过封丘县农业银行通达支行给被告杨某修的银行卡打款 6 万元，约定利息一分八。借款初期，被告按约定支付了三个月的利息，但此后被告以做生意艰难为由，没有再支付利息。原告多次追要，被告均以种种理由推脱，拒不返本付息。

马某华追讨无果，遂向河南省封丘县人民法院提起诉讼，请求杨某返还现金 6 万元，并支付利息。

杨某修辩称，他与原告之间不是借款关系，双方之间的争议是原告委托被告投资引起的，并不是借贷纠纷。原告将 6 万元委托被告进行投资，被告已经将资金投资于河南华大投资担保公司，并且担保公司已经支付了利息。当时口头约定的利息是一分八，但是担保公司为了规避高息检查，在投资协议上写的是一分六。因此，双方之间是委托理财关系，理财的损失应当由马某华承担，杨某修不应偿还马某华现金 6 万元。

为证明双方系委托理财关系而不是借款关系，被告提供了原告的身份证、银行卡的复印件，以及原告与华大投资担保公司签订的投资协议一份。但是，原告对此辩称，该投资协议的委托人签字不是原告本人所签，不能证明双方是委托理财关系。

【审理与判决】

封丘县人民法院审理认为，马某华基于对杨某修的信任将6万元资金委托给杨某修进行管理、处分，双方为信托行为。受托人必须保存处理信托事务的完整记录，并且应当每年定期将信托财产的管理运用、处分及收支情况，报告委托人和受托人。本案马某华对信托财产的运用、处分及收支情况不知情。受托人违背管理职责、处理信托事务不当致使信托财产受到损失的，委托人有权要求受托人恢复信托财产的原状或者予以赔偿。故马某华请求杨某修返还现金6万元，事实清楚，证据充分，应予以支持；马某华请求杨某修偿还其6万元的利息，于法无据，不予支持。杨某修主张双方之间是委托理财关系，不应偿还现金6万元，但是没有证据证明自己按规定履行了信托财产的管理义务和记录报告义务，对此抗辩不予支持。依据《信托法》的相关规定，判决杨某修返还马某华现金6万元，驳回马某华的其他诉讼请求。

杨某修不服，向新乡市中级人民法院提起上诉称：一审判决认定事实错误，双方之间不是信托行为，从未签订过任何书面信托文件，同时双方也不是借贷关系，没有办理任何借款手续和文字证据。事实上，杨某修是帮助马某华办理了在河南华大投资担保有限公司的异地投资理财相关手续，投资的公司、时间及收益都是马某华自己的选择，杨某修只是受委托办理相关手续，并不存在过错，不应承担责任。请求二审依法改判。

马某华答辩称：马某华通过弟弟介绍，认识了杨某修并了解到杨某修在做投资生意，基于信任，于2011年8月6日通过银行汇给杨某修6万元，将该款委托给杨某管理、处分，杨某修如何投资管理运作，马某华并不知情。后来知道资金出现危机后，才多次找上诉人追要款项，故双方实际为信托合同法律关系，同时也构成借贷关系。马某华未向杨某修出具委托书，也未签订委托代理合同，双方不构成委托合同关系，一审适用法律并无不当，请求二审予以维持。

二审庭审过程中，双方均向法院提供了调取的相关财务资料，包括汇款凭条、银行卡交易明细、罗某平的借款及担保合同、华大公司工作组财务记录照片等，双方对证据并无异议，但马某华称，其对杨某修将 6 万元投入到华大投资担保公司及借款给罗某平均不知情，其中的手续均没有他本人的签字。杨某修则称，已将上述事实告知马某华。

新乡市中级人民法院经审理，确认一审认定的事实，另查明：（1）马某华将 6 万元款项打给杨某修后，杨某修将款项投资到河南华大投资担保有限公司，并经担保公司以马某华的名义与罗某平签订借款担保合同，出借方为马某华，借款人为罗某平，约定月利率为 1.6%，借款期限为 2011 年 8 月 6 日至 2011 年 11 月 5 日，河南华大投资担保有限公司为借款提供连带责任担保。但马某华对其款项的投资情况及借款合同签订情况并不知情，担保合同也没有马某华的签字。后河南华大投资担保有限公司因挤兑倒闭，并由相关部门成立工作组进行清理审查。（2）2011 年 8 月 8 日，就 6 万元款项由杨某修向马某华支付利息 1320 元，2011 年 9 月 5 日和 9 月 30 日，经网银向马某华账户分别支付利息各 960 元，以上利息共计 3240 元。经一审法院向马某华开户银行调查取证，银行答复因时间较长，系统无法查明后两笔利息的来源。

新乡市中级人民法院审理认为，本案争议焦点是，涉案的 6 万元款项在马某华与杨某修之间构成何种法律关系。根据双方提交的证据及当事人陈述，马某华将 6 万元款项交付给杨某修，是基于对杨某修的信任，并由杨某修对外投资以收取高额利息，该情形实际上属于民间委托理财行为，而委托理财又兼具委托和信托的双重特征。本案双方的行为表面上与信托合同法律关系相似，但根据信托法的规定，信托是指委托人基于对受托人的信任，将其财产权委托给受托人，由受托人按委托人的意愿以自己的名义，为受益人的利益或者特定目的，进行管理或者处分的行为。信托法同时还规定，设立信托应当采取书面形式。上述法律规定表明，信托必须以书面形式对当事人的权利义务进行明确约定，且信托财产具有独立性，其所有权也随之发生了转移。本案马某华将其财产交付杨某修后，双方并未就该财产如何投资及彼此的权利义务以书面形式进行明确约定，且杨某修将马某华交付的 6 万元款项投资到河南华大投资担保公司，是以马某华的名义而非自己名义对外签订借款合同，后两次的利息也非杨某修直接向马某华支付。故上述情况与信托法规定的内容不符，双方的法律关系不应受信托法调整。马某华称双方亦构成借贷关系，但马某华与杨某修之间并不存在直接的债权债务，马某华明知杨某修在做对外投资业务，其将款项交与杨某修，主观目的是为了通过杨某修的投资行为获取高额利息，杨某修也并非将该款项据为己用，而是将该款以马某华的名义投资到河南华大投资担保有限公司，后期利息亦非杨某修向马某华支付，故双方不属一般意义的借贷关系。

综合以上分析，双方之间的委托理财行为构成事实上的委托合同法律关系，应受合同法调整。根据合同法的规定，委托合同分为有偿委托与无偿委托，本案双方对杨某修受托进行投资是否从中获益存在争议，且均未提供证据予以证明。但杨某修作为受托人应当按委托人马某华的指示处理委托事务，并及时报告处理情况，以确保受托财产的安全及收益。杨某修将6万元款项投资到河南华大投资担保公司，并没有证据证明是受马某华的指示或经其同意，马某华亦不予认可，且马某华对其款项投资到担保公司后又以其名义对外签订借款担保合同的事实并不知情，借款合同也没有马某华的签字，故应认定受托人杨某修就投资事项未向委托人马某华履行告知义务，且对投资单位的信用资质情况未进行严格审查，对所投资财产疏于监管，有悖于受托人的管理职责，因其处理受托事务不当造成马某华的6万元款项无法收回，杨某修有重大过错，对由此造成的损失应承担一定的赔偿责任。另一方面，马某华作为委托方是基于信任才将6万元款项交给杨某修进行投资，委托投资目的是获取高额利息，但高利息与高风险相对应，在没有证据证明杨某修向其承诺到期还本付息的情况下，马某华应当合理预见到投资的风险性，故其在收取高额利息的同时亦应当承担相应的风险。根据权利义务相一致原则，马某华对由此造成的损失亦应承担一定的责任。根据本案实际情况和双方过错程度，对马某华投资的6万元损失，由杨某修承担70%即42000元、由马某华承担30%为宜。综上，一审判决认定事实基本清楚，但适用法律有误。依照《合同法》相关规定，改判杨某修赔偿马某华损失42000元。

【评析】

自2001年我国《信托法》通过实施以来，民事信托并不多见，因民事信托纠纷诉诸法院的案例更是鲜见，本案便是少有的一例。

现实生活中，委托他人投资理财的现象已经十分普遍。但是，由于信托知识不够普及，当事人通常并未明确双方的投资理财构成信托关系；而且，表面看来，委托理财与信托并没有十分严格的界限，因此，人们通常并没有将委托理财看成信托关系。

本案双方当事人对他们之间款项往来的性质持有不同看法。双方都承认原告将 6 万元打入被告的银行卡，都承认原告收到了三期利息，但是，原告主张双方之间是借贷关系，据此要求被告偿还借款并支付约定的利息；被告则主张是原告委托被告投资，据此拒绝还款。

根据法院的质证和审理情况，结合当时投资担保公司泛滥、当地有不少担保公司因种种原因倒闭的情况看，双方之间的实际情况很可能是：被告有投资理财的经验和渠道，原告为获得高收益将资金委托给被告进行投资，被告将资金投入华大投资担保公司，华大投资担保公司或者被告（法院调查未能确认）按照约定的一分八的利率向原告支付了三期投资收益，但随后华大投资担保公司出现经营困难，无力偿还原告的投资，更无力支付投资收益，原告遂主张双方之间是借贷关系，并要求被告承担偿还责任。

根据法院审理情况和投资常识，可以推断认为，原告主张的借贷关系难以成立，理由是：（1）一般来说，民间借贷的利率如果高达一分八，就只能是短期借贷，被告如果像原告主张的那样因为做生意需要资金，就很难支付一分八的利息却又不明确约定借款的期限；（2）原告与华大投资担保公司之间签订了投资协议，虽然不是原告本人的签字，但这正好可以说明是原告委托被告投资的；（3）原告已经按照约定的利率收到三期利息，通常情况下只有担保公司之类资金运作机构，才能支付如此高额的利息。

因此，初审法院认定，双方当事人之间的资金往来属于信托行为，并且对照信托法规定的受托人义务，认定被告作为受托人没有依法履行相关义务，应当承担赔偿损失的责任，从而判决被告归还原告的 6 万元，同时驳回了原告要求支付利息的请求，是有道理的。

但是，正如二审法院指出的，这个判决有一个明显的缺陷，即根据信托法的规定，当事人设立信托只能采取合同、遗嘱等书面形式，而本案的双方当事人均未提及他们之间存在书面协议。而且，本案被告担任受托人主要是出于情谊，并未明确要收取报酬，因此，对于被告履行受托人的谨慎义务应当适用普通理性人的注意标准，被告将资金投资到担保公司，从当时的情况看，符合一个普通理性人的作为，要求被告承担赔偿全部损失的责任，似乎显得过于严苛。

就此而言，二审法院认定双方之间是委托理财行为，构成委托合同法律关系，应当适用合同法，并且根据案情和双方的程度，判决双方当事人分担损失，应当说更稳妥，是比较适当的，因为合同法并未要求委托理财合同必须采取书面形式。

诸如本案之类的纠纷是现实生活中普遍存在的现象。事实上，这类纠纷的案情比较清楚，争议数额不大，法院按照信托关系还是委托理财关系作出判决，就实际结果而言，实际差别可能并不大，关键取决于受委托的当事人是否存在过错或者严重疏忽。

值得深入研究的是，按照《信托法》的规定，当事人设立信托应当采取书面形式并且载明相关事项，而本案当事人并没有签订书面合同，只有双方口头约定和原告给被告打款的事实行为。这就涉及是否承认非书面形式达成的信托的问题。近些年来，立法出现了某种形式主义倾向，而且，立法对经济社会生活的规范有时实行碎片化处理，针对某种普遍的社会现象，立法只规范其中的某一部分，客观上限制了法律规范的适用范围。当年制定统一合同法之初就曾经提出，《合同法》只规范书面合同，不适用于口头合同。后来经过深入调查研究才发现，现实生活中的合同大部分都是口头合同，而且，人民法院完全有能力处理口头合同引发的纠纷，最终才制定出统一适用于书面合同和口头合同的合同法。制定信托法时，全国人大财经委起草的法律草案规范的重点是信托经营机构的信托经营活动，因此，对信托的成立更多地注重书面形式，要求设立信托必须采取书面形式，但是，在法律草案的审议过程中删除了规范信托经营机构的有关章节，使信托法变成主要规范信托关系的基础法律，加上当时几乎没有出现民事信托，因此，最终通过的信托法没有充分考虑到现实生活中以口头形式设立信托的情形，要求设立信托一律采取书面形式。

实际上，根据《信托法》原理，只要当事人有设立信托的明示意图，有明确的信托目的，并且委托人将信托财产交付受托人，即可有效成立信托。从这个意义上说，本案的初审判决显然符合信托法基本原理。

案例 27

黄甲等诉黄乙民事信托纠纷案

【案情】

黄甲与杨某于1989年10月6日登记结婚,双方系再婚夫妻。黄乙、黄丙、黄丁均系黄甲与前妻所生之子。黄甲与杨某准备退休后回到上海定居,1999年年底,黄甲和杨某出资人民币109000元购买上海市宝山区某号楼房402室,该房屋的性质为公有住房,因黄甲和杨某的户籍不在上海,受公有住房购买政策的限制,无法以两人名义购买上述房屋,于是将该房屋的租赁户名登记为黄乙,黄乙随后取得该房屋的租用居住公房凭证。

2000年11月,黄甲、杨某与子女黄乙、黄丙、黄丁达成家庭内部协议,主要内容为:我们夫妇竭尽毕生储蓄购置了某号402室房屋,以度晚年。因目前两人户口尚在大屯,不能办理购房手续,故暂用黄乙名义办理购房手续。该房之所有权与相关权利应属于我们夫妇。今后如何处理该房,决定权在我们。我们将根据各子女与我们相处之表现与现状另行决定。今立此据知会相关各方,以免日后矛盾,并请共同监督之。该份协议的落款处有黄甲和杨某、黄乙、黄丙、黄丁的签名。

购买房屋后,黄甲与杨某一直在该房屋里居住生活。两人备齐户口迁移的相关材料,准备将户口迁入该处房屋时,黄乙却提出新的要求,不配合黄甲和杨某办理户口迁入手续,也不同意变更房屋的租赁户名,致使黄甲与杨某无法成为该房屋的承租人。黄甲与杨某认为,他们与黄乙之间事实上已形成信托法律关系,黄乙有义务配合黄甲与杨某实现对该房屋的合法权益,据此向上海市宝山区人民法院起诉,要求黄乙按该房屋目前的市场价格向黄甲和杨某支付对价。

被告黄乙辩称,黄甲和杨某的诉请缺乏事实及法律依据,他们两人与黄乙之间并不存在信托关系;即使存在信托关系,也不符合解除信托关系的相应条件。当初黄甲、杨某与黄乙是合作购买房屋，黄甲和杨某出资，以黄乙的名义购买房屋，之后黄乙也出资对房屋进行装修，正是因为黄乙户籍在上海，才能购买该房屋，故黄乙对购买该房屋有相应的贡献。购买房屋后，该房屋一直由黄甲和杨某居住使用，黄乙并未妨害两人对系争房屋的使用。现黄甲和杨某要求黄乙按照该房屋的市场价格支付对价，是强迫黄乙购买该房屋，黄乙本人没有经济实力支付价款，也不愿意购买房屋。故不同意黄甲和杨某的诉讼请求。

【审理与判决】

宝山区人民法院审理过程中，黄乙表示，他成为该房屋的承租人是双方协商的结果，因此不同意变更租赁户名，当时签订家庭协议时并未讲过要迁入户口。他不同意购买该房屋，也没有能力支付对价；要求维持房屋现状，让黄甲和杨某继续居住。

法院向黄甲和杨某释明诉讼风险后，两人仍然表示坚持其诉讼请求。

宝山区人民法院审理认为，系争公房由黄甲和杨某出资购买了使用权，但由于两人户口在外地，故以黄乙的名义出面购买。家庭协议的内容也表明，黄乙只是系争公房挂名的承租人，房屋的实际权利人为黄甲和杨某。因此，双方之间并非信托关系，而是实际出资人与名义购买人的关系。黄乙是系争公房名义上的承租人，对系争公房并无相关权利。如黄甲和杨某符合入户条件，可由房屋出租部门对此进行调整。目前系争公房也由黄甲和杨某居住使用，黄乙并未妨害两人对房屋的使用。现黄甲和杨某要求黄乙按照市场价格支付系争公房的对价，在黄乙表示不同意的情况下，对黄乙构成强制性出售，违反了民事行为意思自治的原则，故对黄甲、杨某的请求，本院难以准许。

据此，判决：原告黄甲和杨某要求被告黄乙按照市场价格支付上海市宝山区某号402室公房对价的诉讼请求，不予支持。

【评析】

本案反映了近年来的一种比较常见的现象，即没有购房资格的家庭成员实际出资，以有购买资格的成员的名义购买房屋。在我国推行住房制度改革的过程中，这种现象在许多城市都普遍存在，这类纠纷的案例也时有所闻。

家庭成员之间借名购房，通常都是一出家庭成员齐心协力想方设法获得住房福利的喜剧。但是，成功实现借名购房后，伴随着房屋价格大幅度上涨带来的喜悦，由此引发的家庭纠纷很容易酿出损害甚至丧失家庭成员之间亲情的不幸后果，最终变成一场预料之外的悲剧。本案或许就是这样一个例子。

本案的案情像一个简单又容易理解的故事。一对再婚夫妻打算退休后回到上海养老，但因为没有上海户口，不能直接以自己的名义在上海购买公有房屋，只能以户口在上海的儿子（丈夫与前妻所生）的名义购房，儿子便顺理成章地登记为该房屋的承租人。为了避免以后产生争议，这对老夫妻特意请所有相关的家庭成员一起签订了协议，说明了购房的情况和房屋的权属归他们所有，以后如何处置房屋，则根据子女们的情况再作决定。这样做可能是为了避免子女们为争房屋产生争议，同时也提醒子女们注意适当地孝敬老夫妻，但同时或许留下了随后产生纠纷的隐患。因为购买房屋后上海的住房价格连续上涨，涨幅居全国之首，十年后，到2009年双方发生诉讼时，房屋的价值（价格）可能高得出乎他们的预料。

老夫妻准备好迁移户口回上海的相关材料，打算将户口迁入该房屋时，儿子并未像他们预想得那样积极配合，促成好事，反而提出自己的要求：一是提出当时购买房屋时没有说过老夫妻要迁户口；二是强调因为他有上海户口才能购房，因此他对购房有相应的贡献，三是主张自己装修房屋花了钱。总之，儿子不同意将老夫妻变更为房屋的承租人，而是希望继续保持自己的承租人法律地位。老夫妻于是诉至法院，主张自己与儿子之间存在信托关系，要求儿子按照房屋的现行价格购买房屋，这显然是儿子不情愿也难以做到的。虽然法官向老夫妻释明了诉讼风险，但老夫妻坚持其诉讼请求。

法院只得否认双方之间存在信托关系，同时认定房屋的实际权利人为老夫妻，儿子只是挂名的承租人，对房屋不享有相关权利，双方之间是实际出资人与名义购买人的关系。法院这样认定不仅是有道理的，而且在法律上也是比较安全的：一是因为双方并没有建立信托关系的书面文件，虽然有家庭内部的协议，但是将该协议认定为建立信托关系的书面文件，确实面临很大的法律风险；况且，信托关系只是老夫妻事后主张的，还遭到了儿子的否认。二是因为老夫妻主张的信托关系与其诉讼请求并不相符，如果认定双方存在信托关系，老夫妻应当要求儿子将房屋的承租人变更为他们自己，使房屋的归属在法律上名实相符，而不是要求儿子购买房屋。三是因为这类现象在大城市里比较普遍，如果从法律上认定双方当事人之间存在信托法律关系，在上海甚至全国都可能引起广泛关注，产生很大的社会影响，可能带来不必要的麻烦，这显然也是基层法院需要考虑的因素。

在英美法系国家，像这样自己出资以他人名义购买房屋的，双方之间无疑存在信托关系：出资人是委托人和受益人，房屋的所有人（登记的房屋所有权人）是受托人。甚至夫妻共同出资购买住房但登记在一个人名下的，夫妻之间也成立信托关系，双方都受益人，房屋的法定所有人（登记的房屋所有权人）是受托人。对于夫妻共同出资的情形，这种信托关系是法定的，即成立一项法定信托；即使只有一方出资、房屋登记在一方名下，只要双方共同生活，共同支付生活费用、养育子女，法院也可以给双方施加一项归复信托或者推定信托，登记的房屋所有权人作为受托人，以保护实际出资方的权益。在英美，运用信托制度解决房屋权益纠纷的法律规则已经相当成熟。[①] 在我国，如何运用信托制度解决房屋权争议等民事纠纷，是一个需要深入研究的课题。

---

① 可参看何宝玉：《地产法原理与判例》，中国法制出版社 2013 年版第 8 章。

案例 28

章某虹诉谭某玲委托合同纠纷案

【案情】

2001年7月21日原告美籍华人章某虹与北京华远健翔房地产开发销售部签订认购书，认购开发销售部出售的华亭嘉园1801、1802号房屋。

一周后，章某虹与北京华远房地产开发公司签订了上述两套房屋的商品房买卖合同。但是，8月12日章某虹因难以办理贷款等购房手续，提出申请退房并要求解除购房合同。8月20日，华远房地产开发公司致函章某虹称，因章某虹单方提出解除1801号房屋买卖合同，要求章某虹按照合同约定承担单方解除合同的违约责任。

9月7日，华远房地产开发公司与谭某玲签订1801、1802号两套房屋的商品房买卖合同，合同的契税专用税收缴款书记载的缴款人为谭某玲。2001年10月，谭某玲作为借款人、抵押人与银行（贷款人、抵押权人）、华远公司（保证人）就1801、1802房屋签订按揭担保借款合同。2001年12月，华远公司更名为华润公司。

事实上，银行的购房贷款都是章某虹偿还的，银行的兑账单记载了偿还贷款的具体情况。

但是，购房时购买地下停车位的分期付款只支付了第一期，其余款项一直拖欠未交。2007年12月29日，章某虹出具承诺书称："本人为1801、1802号房屋所有人。当时购房时以谭某玲名义。章某虹为实际房屋拥有人，有关本人购买地下停车位事宜，因当时为分期付款，缴纳第一期后从未再接到过任何缴款通知，今已查清余款尚有105600元，本人约定于2008年1月31日之前付清，不再产生任何违约金等事项，双方唯恐口说无凭，特立此据。"章某虹交纳了1801、1802号房屋的物业费、供暖费、电梯费。

2008年2月20日至2010年8月20日章某虹通过中国银行转账，向谭某玲开立的北京银行还款账户汇款。

2008年3月7日，章某虹与谭某玲签订信托协议约定：信托人及受益人为章某虹，受托人为谭某玲，信托财产为1801、1802号房屋。章某虹于2001年7月21日购买了上述房屋，但因身份问题，无法获得银行按揭贷款，故以谭某玲名义购买房屋并申请贷款。双方经过友好协商，一致同意以谭某玲名义购买该房屋，并以谭某玲的名义向银行申请贷款。章某虹每月/季按时向贷款银行还款，并将款项按时存入贷款银行专为谭某玲开立的账户。如不能按时偿还贷款而被贷款银行采取法律行动，章某虹应保证不能因此使谭某玲遭受财务及法律等方面任何损失；并且，章某虹如不能按时偿还银行贷款，与谭某玲无关，谭某玲应向贷款银行揭示真正的购房人、借款人、还款义务人。谭某玲除依法定或约定取得报酬外，不得利用信托财产为自己谋取利益。谭某玲并未实际支付上述有关房款、按揭申请费用及每月/季还款。章某虹为上述有关房屋、房款、按揭申请费用及每月/季还款的真实所有人、权利人。谭某玲所有购房合同及相关票据的原件均在章亮虹手中，所有银行贷款均由章某虹偿还。

2010年12月，章某虹向北京市海淀区人民法院起诉，主张系争房屋为其所有，要求谭某玲办理房屋过户。

谭某玲辩称，双方签订的信托协议因违反法律而无效。讼争的1801号房屋及1802号房屋的两份买卖合同中的购房人是谭某玲，两份个人住房借款合同的借款人也是谭某玲，产权登记人也是谭某玲。依据物权法的规定，所有权人应确定为谭某玲。章某虹购买房屋根本无贷款主体资格，其利用信托关系掩盖了谭某玲取得贷款的实质，该信托目的违反了银行法相关规定。谭某玲自始坚持认为是谭某玲本人贷款购买诉争房屋，该标的物所有权与章某虹无关。请求法院判决驳回章某虹的诉讼请求。

【审理与判决】

海淀区人民法院认为，本案的关键问题是章某虹与谭某玲签订的信托协议是否有效，争议房产的所有权人应当是谁。

法院审理认为，民事活动应当遵循等价有偿，诚实信用的原则。根据章某虹提交的证据可以证实，其有意购买本案讼争的1801号房屋及1802号房屋，后因贷款问题，不能实现购买目的，遂以谭某玲的名义与华润公司签订了商品房买卖合同。到目前为止，因讼争房屋产生的所有费用均由章某虹支付。章某虹与谭某玲签订的信托协议，亦可证明该事件的全部经过及真实情况。据此，应认定章某虹系争议房屋的实际购买人。华润公司对于协助章某虹办理产权过户手续亦无异议。

据此，判决：谭某玲于判决生效后十日内协助章某虹办理诉争房屋的相关银行贷款的提前偿还贷款手续，同时，章某虹按照相关银行提出的还款数额及还款期限将尚未偿还的全部贷款汇入银行为谭某玲偿还贷款设定的指定账户内；诉争房屋的银行抵押贷款手续解除后七日内，谭某玲及华润公司协助章某虹办理诉争房屋的产权过户手续，将上述两套房屋的产权过户至章亮虹名下。

谭某玲向北京市第一中级人民法院上诉称，其与华润公司签订的两份购房合同主要是为了规避法律，应当属于无效合同；并且一审判决也无法执行。

北京市第一中级人民法院审理认为：谭某玲与章某虹签订的信托协议系双方当事人的真实意思表示，未有违反法律、法规之处，应为有效，双方当事人均应按约定履行。根据信托协议的约定，章某虹系房屋的实际购买人，故章某虹要求谭某玲协助办理产权过户手续的诉讼请求，于法有据。谭某玲上诉称，其与华润公司签订的两份商品房买卖合同存在规避法律问题，属于无效合同，并认为一审判决无法执行，谭某玲就其该项上诉理由并未提供充分的法律依据，两份商品房买卖合同并未违反法律法规的强制性规定，就其该项上诉理由，不予采信。一审法院的判决认定事实清楚，适用法律正确，处理结果并无不当，应予维持。

据此，判决：驳回上诉，维持原判。

【评析】

本案属于通常所说的借名买房案。

在一定的时期，由于房屋价格飞涨，国家和地方政府为了控制房价的不正常上涨，采取了一些房地产调控政策和限购措施，限制某些人的购房资格，同时对一些符合条件的购房人给予税收、贷款利率等优惠，于是，有些人不符合购房的资格条件，或者不能享受税收、信贷优惠政策，但是为了购房或者享受优惠政策，便采取了借名购房的做法。

随着近些年房价迅猛上涨，房屋的价值增长很快，因借名购房引发的纠纷日益增多。通常情况是，被借名的一方依据购房合同、房产证主张代购房屋的所有权，或者主张购房合同无效。

本案原告系美籍华人，在我国境内购房有比较严格的条件限制，并且购房的手续十分复杂，特别是北京市对于外籍人士在京购房和贷款都有一定的限制。本案原告签订购房合同后可能无法获得银行贷款，遂要求解除购房合同，但是房地产公司要求原告承担违约责任，于是，原告才借被告之名购房，以被告的名义办理购房的相关手续，规避北京市对外籍人士购房的相关限制，双方当事人对此都是认可的。2006年以后，北京的住房价格大幅度上涨，有些房屋的价格在短短几年里就翻了一倍，双方当事人可能就如何分配房屋价值的上涨部分未能达成一致，从而产生争议，诉至法院。

法院认定双方签订的信托协议有效，是正确的。虽然北京市对外籍人士在京购房有一些限制，但是这些限制只是政策性规定，主要目的是防止境外游资购房炒作引发房地产泡沫，同时防止外籍人士购房后不能按期偿还贷款给金融机构带来较大的信贷风险，并没有禁止外籍人士购房。这些限制措施不属于法律法规的强制性规定，因此，双方为了规避这些政策规定而签订的信托协议，不构成违反法律法规的强制性规定，不能因此被认定无效。法院虽然没有明确适用《信托法》第11条第1项，但是已经明确指出，信托协议没有违反法律、法规之处。同时，原告一直通过被告按期偿还贷款，并且承诺还清余下的欠款，未给金融机构带来信贷风险，原告借名购房并没有产生严重的不良社会后果。

审理本案的两级法院对违反法律、法规均采用严格解释，对于双方当事人规避地方政府限购政策的行为采取宽容态度，是值得赞赏的。在经济社会转型时期，司法应当以宽容的姿态面对民众规避管制的行为，才能顺应和促进社会的发展。我国实行改革开放以来，虽然经过三十多年的改革发展，但总体来看仍然处于经济、社会大转型时期，法律还不完善，法治尚不健全，社会主义市场经济体制仍未完全形成，一些传统的思想观念，甚至一些政策措施可能是阻碍经济社会发展的因素和进一步改革的对象，因此，司法机关在推进法治的过程中既要坚持严格依法办事的理念，也要秉承适应社会发展的宽容态度，特别是需要有公正司法的智慧和技艺。

本案还涉及另一个问题：被告主张双方签订的信托协议因规避限购政策而无效，这一主张是否应当得到支持？如前所述，原告借被告之名购房是双方都同意的，原告之所以借名购房，被告应当是清楚的。如果说双方签订的信托协议因规避限购政策而违法，被告作为信托协议的当事人显然也是有过错的，如果有过错的被告可以主张协议无效，被告本身就有欺诈的嫌疑，法院如果予以认可，不仅让有过错的当事人因此获得了期望的好处，而且客观上有鼓励人们通过不诚实行为获得利益之嫌。现实中确实有些当事人违规签订了合同，随后又以自己不知法为由主张合同无效。这种做法即使不构成欺诈，也是不诚实的，并且有悖常理，法院显然不应予以支持。

案例 29

刘某辉诉曾某财产损害赔偿纠纷案

【案情】

刘某辉系曾某的姨妈，早年出嫁到浙江，一直工作、生活在浙江，间常回湖南老家，与曾某的母亲刘某云（刘某辉的姐姐）来往较多，关系较好。2007年刘某辉回湖南老家时带回了20万元资金，当时就与曾某商谈过如何处置这笔资金。

2007年9月21日，刘某辉向保险公司办理了保险合同的退保，并以自己的名义将退保得到的188432.16元资金存入工商银行，同时设定了存折的密码。两日后，刘某辉从存折中支用13432元。之后，刘晏辉将该存折连同自己的第一代身份证原件交给曾某，并将存折的密码告诉曾某。

2007年10月8、9、11日，曾某先后认购证券投资基金10万元、5万元、3万元，所用资金有15万元是从上述刘某辉的存折支出。曾某随后将认购证券投资基金的基本情况告诉刘某辉，并将认购单证的复印件交给刘某辉，以便刘某辉随时查询，掌握基金市场动向，必要时及时处理。同年12月18日，曾某交给刘晏辉5000元。

2009年春节前后，曾某所购证券投资基金的单位净值大幅度下挫。刘某辉遂向曾某要求退还17万元，曾某称用刘某辉存折里的17万元认购的证券投资基金，市值已经没有17万元，无法按17万元退还。双方为此发生纠纷。2009年2月18日，曾某的舅舅（刘某辉的弟弟）对刘某辉与曾某之间的退款纠纷进行了调解，但双方当事人后来对这次调解是否达成一致意见存有争议。2月20日，曾某赎回17万份认购的证券投资基金，回款71638元（平均每份基金回款0.4214元），但刘某辉一直未到曾某处取钱。

2009年4月14日，刘晏辉向长沙市芙蓉区人民法院起诉称，2007年9月21日，曾某将刘某辉的退保资金188432.16元存入刘某辉名下的存折并持有存折,事后,刘某辉多次向曾某提出要回该款,并于2009年2月18日通过刘某辉的弟弟与曾某协商,遭到拒绝。曾某占有刘某辉的财产拒不返还,侵害了刘某辉的财产权,请求法院判令曾某返还17万元,支付利息19278元。

曾某辩称:刘晏辉亲自将退保资金存入自己名下的存折,设定了密码,并陆续支出18432元。刘晏辉提出将余款赠与曾某,并将存折连同刘晏辉第一代身份证原件交给曾某,还将存折密码告诉曾某。为此,曾某于2007年10月8、9、11日,通过工商银行购买了18万元(其中有她自己投入的1万元)份额的证券投资基金。此情况已告诉刘某辉。2009年春节前后,因所购投资基金的单位净值下跌,刘某辉要求曾某退还17万元。经亲戚协调,刘某辉同意按17万元的出资份额赎回所购基金。曾某遂赎回所购证券投资基金,获得回款71638元,刘某辉却一直不与她交接,直到向法院起诉。

【审理与判决】

芙蓉区人民法院认为:刘某辉将自己的存折,连同第一代身份证交予曾某,在没有充足证据的情况下,可以认定是交予曾某保管。曾某将存折里的资金取出用于投资,并将投资情况告诉刘某辉后,刘某辉没有提出异议,应当认定其将存折交予曾某并允许曾某动用存折里资金的行为,属于信托行为。曾某在认购投资基金时,正值我国证券、基金市场行情处于上升的时机,其作出的投资判断从动机来看,不能说是错误的。当市场出现变化,基金市场行情下挫,单位基金出现亏损时,再来判断曾某管理刘某辉信托资金的行为对错,是不公平的。况且,曾某也用自有资金认购了投资基金。从法律上对曾丽投资行为的判断,不能以超出一般明智商人在管理其本身事务时的工作表现来要求。虽然曾某的投资为刘某辉的资金带来了损失,但没有证据证明曾某疏忽、失职或故意令刘某辉蒙受损失。依照《民法通则》第106条第2款"公民、法人由于过错侵害国家的、集体的财产,侵害他人财产、人身的,应当承担民事责任"的规定,曾某不应对其投资行为给刘某辉的信托资金带来的损失承担民事赔偿责任。

刘某辉虽然年近古稀,但心智正常,具有行为能力,其要求收回全部信托资金,符合《信托法》第50条"委托人……可以解除信托"的规定。刘某辉曾交予曾某的全部信托资金,有15万元被曾某用于认购证券投资基金。现已根据刘某辉与曾某达成的调解协议,将用刘某辉的信托资金认购的基金份额赎回。根据赎回时的单位基金成交金额计算，回款为63210元，连同剩余信托资金2万元，曾丽应按《信托法》第54条"信托终止后，信托财产……按下列顺序确定归属：……（二）委托人"的规定，向刘某辉返还83210元。

据此，判决：曾某向刘某辉返还83210元；驳回刘某辉的其他诉讼请求。

【评析】

本案是亲属之间委托理财的典型案例。

本案虽系基层法院的初审判决，但是法官较好地运用信托法原理，解决了当事人之间的纠纷，双方均未上诉，说明当事人都认可判决结果，实现了案结事了，值得称道。

本案原告长期在外地工作生活，随着年龄增长，可能难以很好地管理自己的资金，身边又没有足够信赖的人可以依靠，回到家乡感到姐姐的女儿曾某可以信任，因此，将自己退保的资金交给曾某管理，在证券市场十分红火的情况下，原告对于被告曾某动用资金购买证券投资基金并未明确表示反对，可以说是默认的，但是随后，曾某所购证券投资基金的单位净值大幅度下跌，原告的资金损失不小，便要求被告返还原款，由此引发争讼。

本案的双方当事人本是较近的亲戚，并没有签订任何形式的书面文件确认她们之间的民事法律关系，这正是现阶段亲属之间委托理财的客观现实，尽管各种专家反复提醒和告诫人们，经济往来一定要做到"亲兄弟明算账"，特别要注意保存证据，但是仍有许多人似乎更加信任亲属之间的口头承诺或者亲友情谊，而不那么关注法律的形式要求，本案的当事人就是如此，原告只是将存折和身份证交给被告，并告诉了存折的密码，可能还有其他交待，但是没有其他书面证据表明原告的意图，并且随后确实对此产生了争议。好在主审法官没有因为缺乏书面文件就否认当事人之间的信托关系，而是根据双方当事人的陈述、她们的行为以及她们提供的证据，按照一般常情和法律原理进行认证，确认原告将存折、身份证一并交给被告，并将存折密码告诉被告的行为属于信托行为，从而认定双方当事人之间构成信托关系。

本案被告曾某主张，刘某辉将存折交给曾某，表明存折内余款是赠与曾某的。但是，曾某动用存折的资金认购证券投资基金后，不仅把投资情况告诉刘某辉，还将认购单证的复印件交给刘晏辉，以便她能够随时查询、及时处理。法官审理认为，曾某的赠与主张不符合常理：既然存折里的资金已经赠予曾某，曾某如何使用资金就没有必要告诉刘某辉，更不必请刘某辉及时处理证券投资基金了。因此，曾某的赠与主张不能成立，信托关系更符合当事人的实际行为。

亲属之间委托理财，如果能够实现预期获得收益，自然皆大欢喜。但是，经常出现的问题是，万一理财出现损失，应当由谁承担、如何承担损失？本案就属于这种情形。法官一方面运用《信托法》第50条关于委托人解除信托的规定，在投资基金净值下跌，原告要求收回资金的情况下，认定原告解除信托；同时，法官依照《信托法》第54条关于信托终止后信托财产归属的规定，确定剩余的信托财产应当归属原告。

关于基金投资造成的损失应当由谁承担，法官基于亲属之间委托理财的现实以及本案的具体情况，认定被告不应当承担赔偿损失的责任，是正确的。被告是原告的亲戚，并非专业投资管理人，被告为原告管理资金完全是出于亲情，不同于有偿受托人，因此，对被告运用信托资金购买证券投资基金的行为，应当适用普通人的谨慎标准，即被告进行信托资金的投资应当履行普通理性人的注意义务。事实上，被告曾某运用信托资金购买证券投资基金时，正值我国证券市场上涨阶段，曾某购买的证券投资基金都是规模较大、信誉较好的基金公司发行的基金，而且，曾某同时用自有资金购买了相同的投资基金，应当说曾某的购买行为达到了普通理性人的谨慎，正如法官指出的，用随后出现的证券市场下跌导致投资基金单位净值下降来判断曾某投资的对错，是不公平的。被告曾某购买证券投资基金显然希望获得收益，是出于良好的愿望，购买过程中没有疏忽和过失，符合普通理性人的谨慎标准，其购买基金的行为也得到原告认可，因而，对于购买证券投资基金造成的损失，不应当承担赔偿责任。依据《信托法》的规定，信托资金的损失应当由委托人（受益人）即原告承担。

案例 30

张某甲、沈某诉齐某等财产继承纠纷案

【案情】

2004年10月26日，张某奎作为委托人出资53049元，与受托人滕某荣签订《资金信托合同》约定：信托资金用于购买张裕公司的股权，委托人张某奎是信托的唯一受益人；受益人的信托受益权可以依法转让和继承，也可用于清偿到期债务，但在受托人处办理完成相关的信托受益权转让手续后，信托受益权转让方能生效；信托有效期间，委托人可以变更受益人，但应向受托人提供如下文件：(1) 以附件方式出具的"受益人变更通知"；(2) 新受益人的有效身份证明、联系方式及银行账号；(3) 委托人出具的加盖委托人章且签名的经办人授权委托书，委托人向受托人提交上述文件后的30个工作日内，受托人对上述文件进行核实并予以确认，经核实无误后即按委托人的要求变更受益人，并出具符合附件之形式要求的"受益人变更确认书"。

2008年6月30日，张某奎与受托人滕某荣签订《资金信托合同》补充协议，协议中张德奎并未变更受益人，附件三"受益人变更通知书"为空白。

2010年3月28日，张某奎以遗嘱的形式将《资金信托合同》项下的受益人变更为张某丙。2010年12月9日，受托人滕某荣就此出具了"受益人变更确认书"，将信托受益人变更为张某丙。

随后不久，张某奎去世。张某甲、沈某与齐某、张某乙、张某丙就张某奎的遗产继承问题发生争诉，烟台市芝罘区人民法院依法作出判决后，当事人不服，向烟台市中级人民法院上诉，烟台市中级人民法院依法作出终审判决。

张某甲、沈某不服，向烟台市中级人民法院申请再审称：（一）原审判决认定的基本事实缺乏证据证明。原审法院在没有任何证据的情况下，臆断被继承人张某奎系张某丙之父，是错误的，二申请人已向原审法院提交张某奎的婚姻证明，能够证明张某奎与张某丙的生母张某娜没有夫妻关系，张某奎没有张某丙这个儿子；（二）原判决认定事实的主要证据是伪造的。原审法院仅凭一份未经查实的"张某奎的遗嘱"复印件，就判决将张某奎在张裕公司股权每年的收益及衍生利益归张某丙所有是错误的。张某丙提供给原审法院的遗嘱仅为复印件，无法确认遗嘱的真实性；请求撤销终审判决，依法确认张某丙提供的张某奎的遗嘱无效，由张某甲、沈某、齐某三人平均分割张某奎的张裕公司53049元股权每年的收益及衍生利益。

【审理与判决】

烟台市中级人民法院审查认为，本案的焦点问题是被继承人张某奎的53049元应否作为遗产予以分割，解决该问题的关键是如何认定这53049元的性质。2004年10月26日张某奎作为委托人与作为受托人的滕某荣签订《资金信托合同》、2008年6月30日又签订《资金信托合同》补充协议。从两份合同约定的内容看，是依据《信托法》和《合同法》签订的，委托人张某奎的委托资金53049元作为信托资金属于《信托法》的调整范围，该53049元应认定为信托财产。《资金信托合同》第3条约定，委托人指定委托人本人为信托合同的唯一受益人；在本合同项下的信托有效期间，委托人在征得受益人同意后可以变更受益人。《信托法》第15条规定："信托财产与委托人未设立信托的其他财产相区别。设立信托后，委托人死亡或者依法解散、被依法撤销、被宣告破产时，委托人是唯一受益人的，信托终止，信托财产作为其遗产或者清算财产；委托人不是唯一受益人的，信托存续，信托财产不作为其遗产或者清算财产；但作为共同受益人的委托人死亡或者依法解散、被依法撤销、被宣告破产时，其信托受益权作为其遗产或者清算财产。"《资金信托合同》的委托人和受益人同为张某奎，但张某奎于2010年3月28日以遗嘱的形式将本合同项下的受益人变更为张某丙，2010年12月9日，受托人滕某荣出具"受益人变更确认书"将受益人变更为张某丙，因此，张某奎已不再是上述信托合同的唯一受益人，信托存续，该53049元的信托财产不应作为张某奎的遗产进行分割。张某甲、沈某要求分割的请求不应支持。

因初审判决已认定张某奎与张某丙系父子关系，并认定张某奎于2010年3月28日出具的遗嘱有效，该判决已生效且未被撤销，因此，张某甲、沈某关于张某奎与张某丙不是父子、张某奎于2010年3月28日出具的遗嘱无效的理由不成立。

综上，张某甲、沈某申请再审的理由均不成立，其再审申请不符合《民事诉讼法》第 200 条规定的情形，依照《民事诉讼法》第 204 条第 1 款的规定，裁定：驳回张某甲、沈某的再审申请。

【评析】

本案是一个比较简单的民事信托案件。

改革开放以来，随着经济发展，人民生活水平明显提高，大部分人的收入和财产都有很大增长，特别是一些先富者的财富迅速增长。但同时，社会关系和社会生活日益复杂化，导致有些人特别是富有者的家庭生活和家庭关系复杂化，结果，正如俗话所说，家家有本难念的经，穷有穷的苦处，富有富的难处。贫穷的家庭可能为贫穷而发愁，而一些富有的家庭也因为财富的传承或者财产的继承而纠结，近些年来，新闻媒体不时出现一些富有家庭或者家族因为财富传承、财产继承而引发纠纷的报道。在信托制度比较发达的国家，许多富有家庭都利用信托制度解决家庭（族）企业的传承以及财产的继承、分配问题，特别是解决一些非婚生子女等特殊关系人的财产继承问题。

本案或许就是这样一个简单的例子。张某奎生前拿出一笔钱设立信托，先指定自己为信托的唯一受益人，同时保留了变更受益人的权利，随后，他在认为必要的时候，通过遗嘱将受益人变更为张某丙，根据本案双方当事人的争辩意见，可以推断认为，张某丙并非张某奎的婚生子女；后来张某奎去世，相关各方就张某奎的遗产继承问题发生诉讼，虽然诉讼还可能涉及其他财产争议，但本案的主要争议是信托财产的归属问题。

幸好张某奎较好地运用了信托制度，使法院能够依据信托法的相关规定，简单明确地作出判决。张某奎与受托人滕某荣签订了书面形式的《资金信托合同》，合法地设立了信托，并且在信托合同中规定了变更受益人的权利和程序，随后又通过遗嘱将信托的受益人变更为其非婚生子女张某丙，加上受托人滕某荣如约出具了"变更受益人确认书"，履行了信托合同规定的确认受益人变更的手续，从而有效地将信托受益人变更为张某丙，自己只是信托的委托人。因此，张某奎去世时，对信托没有什么重大影响，因为按照信托法原理和《信托法》的相关规定，张某奎去世并不影响信托的存续，信托应当继续有效，只是受益人变成张某丙，从而，张某奎实现了自己的生前愿望。张某奎能够如此聪明、准确地运用信托制度达到自己的目的,目前看来确实是不多见的。

法院依据《信托法》第 15 条的规定,判决信托财产不是张某奎的遗产,无疑是正确的。信托制度的一个很重要的优势,就是信托财产依法具有独立性。一旦信托依法成立,信托财产就独立委托人的其他财产,也独立于受托人的固有财产,委托人、受托人死亡、解散、破产等,都不影响信托财产的地位,信托财产不能作为遗产或者清算财产。而且,信托是为了受益人的利益,委托人与受益人的关系不影响受益人的权益和权利,因此,本案张某丙与委托人张某奎之间是不是父子关系,都不影响张某丙享有的信托利益,张某丙是以信托受益人的身份依法享有信托权益的。

本案可以说是当事人利用信托制度实现自己特殊目的的一个很好的案例。信托是一种具有高度灵活性和适用性的制度,美国信托法学者斯科特就指出,信托的运用如同人类的想象力一样是没有限制的。运用信托制度可以实现人们各种各样的目的。信托作为一种成熟的法律制度,信托法对于当事人之间复杂的关系和权利义务都作了明确规定,而且,现代信托制度是英国的衡平法院发展起来的,而衡平法院是以追求"良心和正义"为己任的,衡平法院培育出来的信托法律制度与普通人心中的正义观念是非常接近的,所以,信托法的理解和适用并不困难。正如本案这样,当事人明确地运用信托制度,合法、有效地设立了信托,一旦发生争议,法院只需要按照《信托法》第 15 条的规定,即可以直接作出判决。

更进一步看,法院的判决实际上具有澄清、普及相关法律规则的作用。诸如本案之类的争议,双方当事人如果了解《信托法》的相关规定和法院的判决,明确了法律规则,也许就不会再向人民法院提起诉讼了。

第六章

营业信托

案例 31

东阁服务公司诉安信信托公司营业信托纠纷案

【案情】

为了给新陵公路建设项目融资，新陵公司与光大银行太原分行协商，2004 年 9 月，光大银行太原分行与众多个人客户签订委托理财协议，约定将理财资金交付给光大银行太原分行，用于新陵公路建设项目，客户同时委托光大银行太原分行委派代表与吉林泛亚信托投资有限公司签订信托合同。后吉林泛亚信托公司因故退出，光大银行太原分行和新陵公司遂找到安信信托公司，并根据理财协议的约定委派代表（本案原告东阁公司），于 2004 年 11 月 20 日与安信信托公司签订《资金信托合同》，约定东阁公司为委托人和受益人、安信信托公司为受托人，由东阁公司提供信托资金四千万元用于新陵公司建设的特定公路项目，信托期限三年，合同还约定了预期收益和支付方式等，并约定信托财产应在信托终止后 5 个工作日内返还受益人。合同签订后，光大银行太原分行将四千万元转入东阁公司账户，东阁公司再将四千万元支付给安信信托公司。东阁公司签订贷款合同后，将信托资金以贷款方式发放给新陵公司，该款项进入新陵公司设立在光大银行的监管账户后，新陵公司分批将信托资金转入新陵公路的施工方（万通公司）开设在光大银行太原分行的账户，用于公路建设。

2005 年 10 月 20 日，东阁公司向安信信托公司发出指令书，称新陵公路建设项目出现资金缺口，须将万通公司持有的新陵公司 28% 股份出让给张某娟，以获得融资一千万元，并承诺在信托合同到期、安信信托公司以处置新陵公路收费权、股权等方式清算信托财产后，承担信托财产的风险和损失。

信托合同期满后，因公路建设项目未能按期完工，致使信托资金无法收回，安信信托公司无法按期向东阁公司返还信托财产。2007 年 10 月，安信信托公司向上海市第二中级人民法院起诉借款人新陵公司和担保人万通公司，该案另行审理。

东阁公司因不能如期获得返还资金，遂向上海市静安区人民法院起诉安信信托违反管理职责、处理信托事务不当，请求赔偿信托财产的损失。理由是：（1）新陵公路项目系违法建设项目；（2）新陵公路项目不能获得收费权以获得收益；（3）新陵公路并未与山西省境内的陵马二级公路相连接，是断头路。

【审理与判决】

法院审理查明：新陵公路建设项目未能按期完工的真正原因是，光大银行太原分行挪用建设资金二千多万元。没有证据证明安信信托知晓此事，故不能以此追究其资金监管责任。

经法院认定，新陵公路项目已取得了河南省人民政府等发出的关于公路建造及设置收费站的批文和收费许可证，是合法的建设项目，公路建成后可以通过收费取得收益；新陵公路通到山西省境内后有陵马公路相连接，不是断头路，建成后可以通车使用。

静安区人民法院审理认为，光大银行太原分行委派东阁公司与安信信托签订的信托合同未违反法律禁止性规定，应认定为合法有效，合同双方应予遵守。信托合同期满，导致信托项目无法完成及信托资金无法收回的原因，系光大银行太原分行、新陵公司和万通公司合意挪用信托项目资金所致，而东阁公司认为安信信托违背管理职责、处理信托事务不当的主张，缺乏事实根据，不予采信。安信信托在信托合同的履行过程中不存在违背管理职责、处理信托事务不当的事实，已尽到对信托财产的管理义务，其仅应承担以收回的信托财产为限向东阁公司支付信托利益的责任，故东阁公司要求安信信托赔偿信托财产损失的诉讼请求，不予支持。安信信托以光大银行太原分行与新陵公司、万通公司恶意串通，以合法形式掩盖非法目的，挪用信托资金，损害安信信托合法权益等为由主张合同无效，缺乏法律根据，不予采纳。依照《信托法》第34条的规定，判决：东阁公司的诉讼请求，不予支持。

东阁公司、安信信托均向上海市第二中级人民法院提起上诉。

东阁公司上诉称：（一）一审法院认定新陵公司项目未能如期完工的真正原因是光大银行太原分行挪用二千万元信托资金，系事实认定错误。光大银行太原分行原私人业务部总经理贾某与新陵公司负责人李乙协商，由李乙以本单位转账支票转走2010万元，汇到贾某指定的账户（该账户不属光大银行太原分行所有），用于弥补贾某个人经营的亏损。这是李乙和贾某个人之间的交易，与光大银行太原分行无关。且安信信托对该笔资金的流出监管不严。（二）一审法院认为新陵公路项目合法，且与陵马公路连接、建成可以通车收费取得收益系事实认定错误，安信信托管理信托事务存在严重失职。新陵公路项目尚缺《公路工程项目报建表》、《公路工程开工报告》和《环境影响报告书》等材料，未办完合法建设项目的全部手续。上诉人一审时提交的山西省交通厅文件证明，陵马公路根本就不存在。一审法院所谓新陵公路建成可以通车收费，完全与事实相悖。安信信托未能审查发现项目的上述缺陷，严重失职。（三）一审法院认为安信信托仅应承担以收回的信托财产为限向上诉人支付信托利益的责任，属于适用法律错误。在证据已经表明安信信托未尽善良管理义务的情况下，安信信托应按信托法律关系承担赔偿财产损失的责任。故请求二审法院撤销一审判决，改判安信信托因违背信托管理职责、处理信托事务不当、有严重过错而赔偿东阁公司信托财产的损失本金四千万元人民币及截止到给付之日的存款利息损失。

安信信托上诉称：（一）本案系争信托合同无效，有充分的法律依据。新陵公路信托项目系光大银行太原分行利用银行信用募集资金，系为填补前期委托理财的亏损，以合法的信托方式，掩盖非法挪用信托资金的目的。光大银行太原分行为达到这一非法目的，不仅与新陵公司和万通公司的实际控制人李乙恶意串通，而且与东阁公司的实际控制人胡某某恶意串通。原审判决认定系争信托合同合法有效，有悖《民法通则》第58条第1款第4项、第7项的规定。同时，根据《商业银行法》第1条、第43条的相关规定和国家对银行业的相关规章规定，本案系争信托合同依法应当认定无效。（二）本案的系争信托合同无效，有充分的事实根据。根据一审法院向太原市检察院调查和对新陵公路实地调查所取得的材料，以及国家审计署对光大银行太原分行河南新陵公路信托项目所作的专项审计报告和光大银行太原分行对专项审计报告的自认，均已证明光大银行太原分行实施新陵公路信托项目的主观恶意及非法目的。故本案系争合同依法应当认定无效，且造成合同无效的全部过错责任在光大银行太原分行，故请求二审法院改判东阁公司与安信信托签订的系争信托合同无效。

光大银行太原分行答辩称：在信托项目的发起和实施阶段，我方始终是被动的。在安信信托主动发起信托后，通过我方代理销售信托计划，我方才向客户募集。根据当时的信托管理法规,代理募集信托计划不能超过200人,而实际向1923人募集,故我方将资金交给威廉公司、东阁公司。我方与威廉公司、东阁公司是委托法律关系,两公司作为我方的受托人与安信信托签订信托合同,不违反法律,不存在恶意串通规避法律侵害安信信托利益的情况。我方在整个项目中没有过错。安信信托没有尽到管理人的义务,应当承担赔偿责任。

新陵公司、万通公司共同答辩称:我方在2004年5月通过北京国际信托投资有限公司认识光大银行太原分行贾某。基于二千万元被光大银行太原分行挪用,新陵公路无法完工收费。对原审法院判决结果不认可。

上海市第二中级人民法院对一审查明的事实予以确认,另就系争资金的流向、账户控制、新陵公司建设履行情况等查明了相关事实。经审理认为,本案的争议焦点,一是系争信托合同是否具有法律效力,二是安信信托在履行信托合同过程中是否存在过错及是否承担民事责任。

关于系争信托合同是否具有法律效力,法院认为,该信托合同合法有效,理由是:(一)河南新陵公路项目真实存在,新陵公司确实存在资金需求,且信托资金已经大部分投入该公路项目建设,从信托合同内容所体现的信托目的来看,是合法有效的;(二)东阁公司与安信信托签订信托合同时并不存在明显的非法目的。尽管东阁公司受光大银行太原分行委托与安信信托签约,但法律并未禁止银行委托另一公司作为受托人与信托公司签订信托合同;(三)部分资金二千多万元被光大银行太原分行挪用,系发生在该信托合同履行过程中,不足以否定信托合同本身的合法效力;(四)安信信托主张光大银行太原分行与新陵公司、万通公司恶意串通,以合法的信托合同掩盖其挪用信托资金填补其前期理财产品亏损之非法目的,损害国家、社会及第三人的利益,但基于安信信托即为该信托合同的当事人,故不能以此为由主张该合同无效。

关于安信信托在履行信托合同过程中是否存在过错,法院认为,安信信托不存在过错,理由是:(一)安信信托在信托合同履行过程中已经依照合同,按照信托文件规定以及《贷款合同》的约定,将信托资金打入新陵公司开设在光大银行太原分行的信托专户,并在信托项目的进展中及时披露信托项目存在的风险情况,要求信托项目借款人及时履行支付信托资金利息义务并敦促其履行公路收费权质押承诺,对信托资金以及项目的进展履行了监管职责。(二)从本案的资金流向和账户实际控制情况来看,贷款项目资金转入新陵公司开设在光大银行太原分行的账户后，其中二千多万元并没有真正用于新陵公路建设，而该部分被挪用的资金是通过开设在光大银行太原分行的系列账户进行流转的，结合账户的控制、使用和业务结算情况，可以认定，账户资金被挪用是光大银行太原分行实际控制了上述系列账户所致，而非安信信托监管不力，故安信信托对此不应担责。

二审法院认为，原审判决并无不当，依法应予维持。两上诉人的上诉请求，均不予支持。据此，判决：驳回上诉，维持原判。

东阁公司向上海市高级人民法院申请再审，上海市高级人民法院审理认为，二审法院认定事实清楚，适用法律正确，审理程序合法，并裁定：驳回东阁公司的再审申请。

【评析】

本案与随后的张某娟诉安信信托公司营业信托纠纷案的争议，实质是相同的，都涉及信托合同是否有效成立，而且都由相同的法院终审。因此，法院对信托合同是否成立的分析也基本相同。

有学者为研究的方便，将本案的基本案情概括为：光大银行的多位个人客户与光大银行签订委托理财合同，约定将资金用于新陵公路建设项目，并委托光大银行委派代表（东阁公司、威廉公司）与安信信托公司签订信托合同；2004年东阁公司、威廉公司分别与安信信托公司签订两个4000万元的信托合同，8000万元信托资金以信托贷款方式划入河南新陵公路建设投资公司，河南万通路桥建设公司为信托贷款提供担保。[1]

可见，本案的案情并不复杂，但是，相关当事人之间的法律关系却不简单。(1) 首先是光大银行与众多客户之间签订委托理财协议确立委托理财关系，实质上也构成信托关系：众多客户作为委托人将资金委托给光大银行，用于新陵公路建设，光大银行是受托人，客户既是委托人，同时也是受益人；[2] (2) 光大银行委派东阁公司作为委托人，与安信信托签订资金信托合同，由

---

[1] 贾希凌、周天林："透视银信合作产品法律风险：光大－安信信托案例评析"，载《金融法学家》（第一集），法律出版社2010年版。

[2] 现阶段我国金融业实行分业经营、分业监管。《商业银行法》第43条规定，商业银行不得在中华人民共和国境内从事信托投资和证券经营业务。因此，中国银监会2005年发布的《商业银行个人理财业务管理暂行办法》明确将商业银行的个人理财业务界定为建立在委托代理关系基础上的银行专业化服务活动。

东阁公司将 4000 万元资金委托给安信信托，用于新陵公司的公路建设；（3）安信信托作为受托人将信托资金贷给新陵公司，款项进入新陵公司设在光大银行的监管账户。随后，新陵公司分批将资金转入公路建设施工方开设在光大银行的账户用于公路建设。

假如一切顺利，公路如期建成并收费，新陵公司向安信信托偿还贷款，安信信托按照资金信托合同将信托利益交付东阁公司（光大银行），光大银行按照委托理财合同履行偿还本金和支付收益的义务，各方当事人皆大欢喜。问题是，由于光大银行业务人员挪用部分建设资金，导致公司建设不能如期完工，由此产生了争议。

本案之所以复杂，主要是因为光大银行身兼多种角色，人为地造成当事人之间法律关系复杂化。隐藏在表象背后的关键可能是，银行与信托公司在表面不违规的形式下开展银信合作，各得其利：光大银行本来可以直接贷款给新陵公司修建公路，但可能受贷款规模所限、受高额利息所诱，只能借道信托公司；安信信托作为合法的通道，只是简单地以受托人的名义过手资金，并轻松地获得相应的利益。如果一切顺利，双方互利共赢。表面上，光大银行通过信托方式，由安信信托将客户的资金贷款给新陵公司，但实际上，几乎所有操作都是由光大银行完成的。这就给法院审理带来了困难。

本案的二审法院避开了当事人之间信托法律关系的分析，而是聚焦于确认信托合同是否有效、安信信托履行合同是否存在过错，确有删繁就简的功效。就信托合同的有效性来说，既然银行与信托公司要在表面合规的形式下开展银信合作，签订一份或者数份在法律上合法有效的合同，显然是对双方律师或者法律顾问的基本要求，因此，对合同的有效性似乎不必质疑。即使安信信托主张光大银行与新陵公司等恶意串通、以合法的信托合同掩盖挪用信托资金填补前期理财产品亏损的非法目的，但正如法院指出的，安信信托作为信托合同的当事人，以此为由主张信托合同无效，于理于法都难以成立。

就安信信托是否存在过错来说，法院既然没有按照信托关系进行分析，而是局限于对履行合同的情况进行分析，而且，如前所述，几乎所有操作实际上都是光大信托进行的，安信信托履行合同似乎确实没有什么过错，尽管安信信托作为受托人这样做，本身就是很大的过错。

法院的判决可能有现实的背景和原因。一方面，法院审理过程中查明，这项业务的实际操作都由光大银行完成的，安信信托只是被借用的通道；而且，道路建设工程未能如期完工也是光大银行造成的，就此而言，认定安信信托不存在过错似乎有事实依据。另一方面，这类通道业务普遍存在，规模比较大，除了信托公司以外，券商、基金公司等也与银行开展这类合作，它们也被借作通道，而且通常都会故意设计比较复杂的法律关系，如果认定信托合同无效或者判决受托人应当承担责任，可能对这类业务甚至对资产管理行业带来很大的负面影响。

不过，不考虑本案的具体案情，单纯从信托法的一般意义上说，委托人将资金交付受托人设立信托，受托人将信托资金交由他人管理、运用，结果给信托资金造成了损失，这种情况下认定受托人没有过错，可能违背信托法的基本原理，似乎也违背"受人之托，忠人之事"的常识。东阁公司既然与安信信托签订了资金信托合同，他们之间就确立了资金信托关系，双方不仅要受信托合同约束，还必须遵守信托法的规定。通过合同设立信托的，信托有效成立后，合同双方当事人之间的合同关系，就被信托关系取代。作为受托人的安信信托既要遵守信托合同的约定，更必须遵守信托法的规定，特别是信托法规定的某些受托人义务，是受托人必须遵守的核心义务。虽然按照信托法原理和有些国家信托法的规定，当事人可以约定排除信托法的某些规定，但是，我国信托法对此并没有明确规定；而且，受托人的忠实义务、谨慎义务等是无论如何都不能排除的。

正如学者指出的，银信合作中的"银强信弱"使得信托公司仅作为通道，实质由商业银行掌控资金，商业银行将贷款移至表外，无形放大信贷资金规模，增加违约风险，加剧风险传染效应。而光大银行和安信信托公司的这次银信合同，双方的操作均不规范，互相转嫁风险，导致项目失败，风险爆发。[1]

我国《信托法》第25条第2款规定："受托人管理信托财产，必须恪尽职守，履行诚实、信用、谨慎、有效管理的义务。"因此，安信信托除了按照合同约定划转资金外，是否履行了信托法规定的谨慎、有效管理义务，至少是值得讨论的。虽然理论上可以认为这种资金信托是一种被动管理型消极信托，但是，我国信托法并没有区分积极信托与消极信托，也没有规定不同信托的受托人承担不同的义务，而保证信托财产的安全是受托人的基本义务。虽然所谓通道类信托的受托人职责实际上可能由不同的主体分担，因而，正

---

[1] 郭嘉熙："从安信信托纠纷看银信合作的风险与防范"，载《中国市场》2015年第22期。

如有的学者提出的，分担受托人职责的各主体应当就其分担的职责和获得的利益承担相应的责任，[①]但是，这并不意味着信托公司作为受托人可以通过合同约定排除自己的受托人责任。

事实上，安信信托将信托资金交给新陵公司用于公路建设，属于信托资金的投资运用，在一般意义上，安信信托作为受托人负有谨慎义务，至少应当选择适当的投资管理人，并进行有效的监督，保证信托资金用于信托目的。有学者就此指出，安信信托作为受托人应当对委托人承担注意义务，即对新陵公路项目应当有审查义务；信托公司的注意义务，应当以新陵项目的真实性、完备性及盈利的可能性为判断标准，新陵项目欠缺基本的项目批文而信托公司竟然没有注意，信托公司显然应当承担未尽注意义务之责任。[②]而且，根据《信托法》第30条的规定，即使受托人依法将信托事务委托给他人代理，也应当对他人处理信托事务的行为承担责任。因此，如果认定东阁公司与安信信托之间存在信托关系，安信信托对信托资金的损失就应当负有一定的责任。当然，安信信托承担责任后，有权向光大银行追偿，最终承担责任的还应当是光大银行。

这样，从实际效果看，与法院的判决结果大体也是相同的，但是，司法裁判的导向是要求信托公司依法履行受托人义务，而不是放任、甚至鼓励信托公司只承受信托、担任受托人却不履行受托人的法定义务，从而通过司法裁决引导和促进信托公司依法规范其业务经营。特别是，当前我国的营业受托人大多无视受托人的谨慎投资义务，因为信托本身就是为某个项目募集资金，受托人募集了资金便完成了大半的信托义务，对信托财产的处置仅仅是将其转让给要求设立信托的公司或者自然人，几乎没有行使信托财产的投资权。受托人通过交易结构的变通获得了更大的经济自主活动能力，却常常忽视受托人应有的义务规范，[③]这种现实情况下，更需要强化受托人依法履行义务。

---

① 汤淑梅："试析通道类信托之受托人责任的承担"，载《北京航空航天大学学报》（社会科学版）2005年第1期。

② 倪受斌、汪翔宇："从安信信托案看银信合作理财中信托合同效力问题"，载《法学》2010年第4期。

③ 吕越钢："信托受托人行为异化论"，载《金融市场》2015年第1期。

案例 32

张某娟等诉安信信托公司营业信托纠纷案

【案情】

2005年10月31日，光大银行太原分行未经张某娟同意，以张某娟名义与安信信托公司签订《设立信托确认书》和《资金信托合同》，约定张某娟为委托人和受益人、安信信托为受托人，由张某娟提供信托资金一千万元，用于新陵公司承建的公路项目，信托期限至2007年9月20日，信托财产管理方式由委托人确定，具体为：以信托资金购买万通公司持有的新陵公司28%股权，信托到期由万通公司溢价回购该股权。

同日，万通公司向张某娟、安信信托承诺收到股权转让款后直接偿还欠新陵公司的款项，以用于新陵公路建设。

次日，张某娟将一千万元支付给安信信托，安信信托按照合同约定的方式将信托资金发放给新陵公司用于公路建设。

后因公路建设项目未能按期完工，万通公司并未溢价回购新陵公司的股权，使信托资金无法收回，张某娟遂向上海市静安区人民法院起诉，要求安信信托承担责任；光大银行太原分行以不当得利为由，要求安信信托返还资金。

法院审理还查明，张某娟与光大银行太原分行下属迎泽街支行签订了《阳光理财协议书》，金额一千万元，期限一年。2006年11月该协议到期，光大银行太原分行又与六位客户签订《阳光理财协议书》，总金额为一千万元，该资金未进入光大银行账户，而是直接用于兑付张某娟的到期理财计划本金，并从太原威廉策划公司的账户中支付张某娟理财收益41.3万元。

法院查明，新陵公路建设项目未能按期完工的主要原因是，光大银行太原分行通过新陵公司、万通公司挪用新陵公路信托项目资金二千多万元，造成建设资金不足。该挪用资金一事，应由新陵公司、万通公司与光大银行另行解决，本案不作处理。同时，没有证据证明安信信托在本案涉讼前知晓此事，故不能以此追究其资金监管责任。

【审理与判决】

上海市静安区人民法院审理认为，光大银行太原分行未经张某娟同意，以张某娟的名义与安信信托签订信托合同，属于无权代理行为，张某娟对该行为不予追认，并表示，只认可其与光大银行太原分行之间存在委托理财关系，向安信信托付款可以认为是为了履行与光大银行太原分行的委托理财协议，故光大银行太原分行的代理行为对张某娟不发生法律效力。本案信托合同直接约束光大银行太原分行与安信信托，张某娟不享有信托合同项下的权利，无权根据合同关系向安信信托主张权利，其诉讼请求应予驳回。安信信托取得一千万元系根据信托合同，光大银行太原分行应根据合同关系主张相应的权利，其以不当得利为由要求安信信托返还，不予支持。据此判决：张某娟的诉讼请求不予支持，光大银行太原分行的诉讼请求不予支持。

安信信托、光大银行太原分行不服判决，向上海市第二中级人民法院上诉。

安信信托上诉称：光大银行太原分行为填补前期理财产品亏损，利用新陵公路项目，挪用巨额信托资金，为通过合法的信托形式掩盖挪用资金的非法目的，冒用张某娟的签名与安信信托签订信托合同，并利用其控制的其他公司开设的银行账户实施转账挪用，致使新陵公路无法完工。但一审法院对上述足以影响合同效力及当事人责任承担的重大事项未予明确说明，仅简单地以光大银行太原分行的行为属无权代理为由，对安信信托提出的系争合同无效不予支持。请求二审改判光大银行太原分行冒用张某娟签名与安信信托签订的《资金信托合同》无效。

光大银行太原分行上诉称：一审法院认定新陵公司公路项目未能如期完工的主要原因是光大银行挪用二千多万元信托资金，系事实认定错误。实际是光大银行太原支行原私人业务部总经理贾某与新陵公司、万通公司实际负责人李某协商，由李某以本单位转账支票转走2010万元，汇到贾某指定的账户，用于弥补贾某个人经营的亏损，这是李某与贾某个人之间的交易，不能认定光大银行太原分行挪用该笔款项。正是安信信托监管不严导致资金被挪用，责任在安信信托。一审法院以安信信托收取一千万元系根据信托合同为由，不支持光大银行太原分行要求返还其不当得利的请求，但是又认可合同效力，与其自身认定自相矛盾。系争信托合同非张某娟本人签署，不是张某娟真实意思表示，信托合同无效，且张某娟没有过错，故合同无效的返还责任应该由安信信托承担。故请求二审法院撤销原审判决，改判安信信托返还不当得利一千万元人民币及截止到给付之日的存款利息损失。

上海市第二中级人民法院审理确认一审认定的事实，另查明以下事实：（一）张某娟与光大银行太原支行签订的《阳光理财协议书》上，落款的"甲方"盖章是"中国光大银行太原迎泽街支行业务专用章"、"中国光大银行太原分行私人银行部"。（二）2006年11月17日，山西金广实业有限公司与光大银行太原支行签订的《阳光理财协议书》上，落款"甲方"盖的是"中国光大银行太原双塔西街支行业务专用章"。同日，光大银行太原支行与郭某某等五人签订的《阳光理财协议书》上，落款"甲方"盖的是"中国光大银行太原迎泽街支行业务专用章"。上述六份协议书理财方案均约定：理财资金用于办理安信信托投资有限公司新陵公路项目贷款资金信托计划受益权转让业务。（三）2006年11月14日，光大银行太原分行原私人业务部总经理贾某向该行领导提交的《关于客户理财业务转让的请示》写道："迎泽支行一位原信托理财客户理财业务尚未到期，因急需资金临时流转，提出退出申请，由于此客户系我行的一位顶级贵宾客户，后续业务量较大，为维护该客户，迎泽支行申请为其办理转让业务。承接客户已基本落实……"光大银行太原分行行长、主管副行长均在该请示上签字。

本案二审期间，安信信托陈述：我方不知道光大银行太原分行和张某娟签有一年期阳光理财协议，对后面6份阳光理财协议也不知情，是看了国家审计署调查取证的材料才知悉的。我方与张某娟签订信托合同，是基于新陵公司反映工程可能超支、存在资金缺口，当时并不知道新陵公路信托计划资金被光大银行太原分行挪用这一情况。该信托合同期限为二年。同时，该信托合同签订及履行期间，我方均未与张某娟见面。我方与张某娟签订信托合同之后，按照合同约定将万通公司28%股权转让给张某娟，并由我方代为持有，就该信托的信托受益权并未进行过转让。

上海市第二中级人民法院审理认为，系争以张某娟名义与安信信托签订的信托合同，基于未经张某娟本人同意、且张某娟亦不予追认，其只认可与光大银行太原分行之间存在委托理财关系，故该信托合同对张某娟不发生法律拘束力。本案的争议焦点在于：（一）系争的信托合同是否有效；（二）冒"张某娟"之名签订该信托合同，究竟应视为光大银行太原分行的行为还仅仅是该行原私人业务部总经理贾某的个人行为;(三)安信信托取得一千万元是否存在合同依据,光大银行太原分行能否以安信信托不当得利为由请求返还。

关于信托合同是否有效,法院认为,系争的信托合同有效。新陵公路建设项目系真实存在,项目进展中新陵公司确实有资金需求,且信托资金亦全部发放给新陵公司用于公路建设。从信托合同内容所体现的信托目的看,是合法有效的。故安信信托主张的系争信托合同基于"光大银行太原分行通过合法的信托形式掩盖挪用信托资金的非法目的"而无效,不能成立。系争信托合同非张某娟本人签署亦未得到其追认,并不妨碍系争合同在实际签署方和安信信托之间发生法律效力,故光大银行太原分行的主张亦不能成立。

关于争议焦点(二),法院认为,应认定为光大银行太原分行的行为。尽管光大银行太原分行主张正规的《阳光理财协议书》应盖有光大银行太原分行或光大银行太原分行理财中心的业务专用章,而张某娟、山西金广实业有限公司、郭某等个人及机构签署的《阳光理财协议书》盖的是都是支行或者私人银行部的章,但是,关于签署理财协议书的用章规定系光大银行内部规定,况且,涉及张某娟理财协议与后六份理财协议衔接的《关于客户理财业务转让的请示》亦有光大银行太原分行负责人的签名认可。故光大银行太原分行关于签署上述理财协议系贾某个人行为的主张难以成立。

关于争议焦点(三),法院认为,光大银行太原分行冒"张某娟"之名与安信信托签订的信托合同,直接约束光大银行太原分行与安信信托。安信信托取得一千万元存在合同上的依据,光大银行太原分行应根据合同关系主张相应的权利,其以不当得利为由要求安信信托返还,缺乏法律依据,不予支持。

综上,原审认定事实清楚,判决并无不当。两上诉人的上诉请求,均于法无据。据此,判决:驳回上诉,维持原判。

光大银行太原分行向上海市高级人民法院申请再审。上海市高级人民法院审理认为,二审法院认定事实清楚,适用法律正确,审理程序合法,并裁定驳回光大银行太原分行的再审申请。

【评析】

本案虽然名为营业信托纠纷,但是法院的判决巧妙地避开了信托,几乎没有提及信托法。依法审理一项营业信托纠纷案,三级法院的判决均未提及信托法,只能赞叹法院的高明。因此,这里只能依据信托法原理加以分析。

本案可能涉及的信托法问题是合同信托的成立与生效。目前，签订合同是设立信托特别是营业信托的主要形式。根据我国《信托法》第8条的规定，采取合同形式设立信托的，信托合同签订时信托成立。按照对这一规定的文义解释，信托合同的成立之时，信托即告成立。尽管学者们对信托合同是诺成合同还是要物合同还存在争议，特别是有些学者强调，信托财产的转移才是准确界定信托的关键，[①] 但是，按照我国《信托法》第2条的信托定义，设立信托只要求委托人将其财产"委托给"受托人，并未要求委托人将财产转移给受托人，而且，信托法对于信托合同的成立并未另行规定特殊要件，因此，一般来说，还是应当理解为，信托合同成立时，信托即成立。

本案张某娟与安信信托之间的资金信托是否成立，不无疑问。既然光大银行太原分行系冒张某娟之名与安信信托签订的资金信托合同，而且，张某娟并未确认光大银行太原分行的所谓代理行为，而张某娟同时又与光大银行太原分行另行签订委托理财合同，并且张某娟主张其交付一千万元资金系履行委托理财合同，那么，成立资金信托就缺乏真实的委托人，而且，对所谓的信托财产也存在争议，因此，很难认定资金信托有效成立，更不用说生效了。法院的判决巧妙地避开了资金信托是否成立的问题，只是认定光大银行太原分行冒"张某娟"之名与安信信托签订的信托合同，直接约束光大银行太原分行与安信信托，安信信托取得一千万元存在合同上的依据，光大银行太原分行应当根据合同关系主张相应的权利，即法院只考虑合同在实际签署的双方之间具有约束力，而没有进一步深入考虑信托合同以及资金信托是否成立的问题。

本案在一定程度上暴露出当前信托经营机构存在的某些问题。安信信托作为资金信托的受托人，其在二审过程中的陈述表明，在系争资金信托合同的签订和履行期间，作为受托人的安信信托均未与所谓的委托人张某娟见过面，对于安信信托是否看到、查证张某娟出具的授权委托书，鉴于判决书认定的事实没有说明，这里难以作出评论。不过，当事人采取书面合同的形式设立信托，本是信托经营机构的受托人竟然在签订合同、履行信托的过程中均未与委托人（受益人）见过面，而且还在诉讼中将此作为辩护理由向法院提出，确实值得正在努力摆脱"坏孩子"形象的信托经营机构认真思考。

---

① 王兆雷、姜南："信托成立时间之辩"，载《山东警察学院学报》2006年第4期。

案例 33

开封正大公司诉上海帮盈油脂公司信托合同纠纷案

【案情】

2003年1月2日，开封正大有限公司与上海帮盈油脂有限公司签订《期货代理交易协议书》（下称协议一）约定：开封正大公司将其拥有的10000吨大豆委托上海帮盈公司全权代理在大连商品交易所进行期货交易，上海帮盈公司有权对交易作出判断并实施交易行为，开封正大公司有权追踪交易情况；上海帮盈公司承诺此笔大豆在大连交易所交易所得利润交付原告人民币110万元作为保底收入，在2003年3月31日与本金人民币2520万元一并无条件偿付原告；双方在协议书中另确认就该10000吨大豆在提单注册为交割仓单时发生的升水所得款项各得50%，上海帮盈公司确认此笔大豆在大连交易所交易之风险及全部费用均由其承担。

同日，双方就开封正大公司另拥有的4220吨大豆又签订一份《期货交易代理协议》（下称协议二）约定：上海帮盈公司2003年3月31日支付原告款项为本金人民币11014200元，该协议没有关于保底利润的约定，其余约定事项与协议一相同。

2003年2月19日，开封正大公司书面委托上海帮盈油脂有限公司全权处理协议二项下4220吨大豆的一切相关事宜。3月20日，双方签署备忘录，确认4220吨大豆已在3月份交割，另一笔10000吨大豆安排在5月份交割；上海帮盈公司4月10日前将4220吨大豆本利共计人民币11014200元汇到开封正大公司账户，4月4日前将10000吨大豆3月份利润110万元的余款70万元汇到开封正大公司账户；上海帮盈公司同意5月23日前支付开封正大公司10000吨大豆5月份交割保底利润人民币150万元及本金对账余额2520万元，共计人民币2670万元；双方确认5月份交割之期货升水利益部分包含在150

万元保底利润部分，原告不再享受升水利益。

随后，上海帮盈公司将协议项下部分大豆在大连交易所注册仓单，并持仓单进行质押，所获款项进入其在中谷公司及渤海公司营业部账号。其余部分进行了现货销售，并开具增值税发票给买方。自 2003 年 3 月 14 日至 6 月 26 日，上海帮盈公司支付开封正大公司人民币 640 万元。

2003 年 6 月 27 日，上海帮盈公司向开封正大公司出具还款承诺书，提出将自有房屋等作为向开封正大公司付款的担保，但随后双方未办理相关担保事宜。同年 9 月 2 日，开封正大公司致函上海帮盈公司，称上海帮盈公司单方面操作期货，与开封正大公司无关，要求上海帮盈公司按约归还欠款，但一直没有结果。

2004 年 5 月，开封正大公司向上海市第一中级人民法院起诉，请求判令上海帮盈公司返还开封正大公司期货交易本金 29477700 元及相应利息 250796.91 元。庭审中，开封正大公司确认返还交易本金为 29120912 元。

上海帮盈公司辩称，双方当事人之间是委托代理关系，代理后果应由原告承担，对原告要求还款的诉请不予认可；并且认为双方在期货交易本金的计算上存在差异。

【审理与判决】

上海市第一中级人民法院认为：原告、被告签订的协议虽冠以"期货代理协议"之名，但作为代理方的被告并非专业期货经纪机构，不具有从事期货经纪业务的经营范围，故双方之间不属客户与期货经纪公司之间的期货交易纠纷。从协议约定内容来看，双方之间系被告代理原告将原告的大豆进行期货交易，被告亦据此辩称双方之间系代理关系，期货交易后果由原告承担，并由此对原告的付款请求进行抗辩。但是，被告作为代理人，在本案中并未以原告名义实施代理行为，此举显然不具备代理关系的基本法律特征，双方之间代理关系不能成立，被告的上述辩称不予采信。

综合分析协议的约定内容及履行方式，本案所涉期货代理协议具有信托合同之特征，原告、被告之间应属信托法律关系。首先，原告基于对被告的信任而委托被告进行期货交易，符合信托关系成立的基础；其次，被告接受原告委托后，作为中谷公司等期货经纪公司的客户，以自己名义在上述公司对协议项下大豆进行交易，符合信托关系中受托人以自己名义处理信托资产的特征；最后，从被告履行协议行为方式的角度来看，被告将部分大豆注册仓单，根据期货交易规则，交易所标准仓单上反映的权利人只能是客户，即本案被告，且被告将仓单质押后，款项亦进入被告在经纪公司的账户，除注册仓单，被告将其余大豆进行现货销售后，开具增值税发票给买方，被告上述行为皆证明，被告在履行与原告所签协议的过程中，对协议项下大豆拥有充分的管理、处分之权利。

原告、被告之间虽为信托法律关系，但本案被告并非专业信托机构，不具备签署信托合同的签约资格，本案所涉协议应为无效。被告应返还原告大豆交易本金，还应支付原告延期付款的利息。

据此，判决：上海帮盈油脂有限公司应支付开封正大有限公司委托交易的大豆本金人民币29120912元，并支付该款项的逾期付款利息（4220吨大豆本金人民币11014200元自2003年4月10日起，10000吨大豆本金人民币18106712元自2003年5月23日起，按中国人民银行同期逾期贷款利率计至实际支付之日）。

【评析】

本案的审理可谓层层递进。法院首先认定双方当事人之间不属于客户与期货经纪公司之间的期货交易纠纷，因为被告不是专业期货经纪机构，其经营范围不包括期货经纪业务；其次，法院否定了被告辩称的双方之间系委托代理关系，因为被告并未以原告的名义实施代理行为；然后，法院进一步分析认定，双方当事人之间签订的期货代理协议具有信托的特征，双方之间应属于信托法律关系，主要理由是：（1）原告基于对被告的信任而委托被告进行期货交易，有建立信托关系的基础；（2）被告接受委托后，以自己的名义进行大豆交易，符合受托人以自己的名义管理、处分信托财产的特征；（3）被告注册仓单、现货销售大豆并向买方出具增值税发票等行为都表明，被告对作为信托财产的大豆具有充分的管理、处分权利。

法院虽然认定双方当事人之间的关系应当属于信托关系，但同时认为，被告并非专业信托机构，不具备签订信托合同的资格，据此，判定双方签订的协议无效，判决被告返还原告的本金并支付相应的利息。

本案的判决应当说是比较公平的。法院虽然认定双方签订的协议无效，因而双方之间的信托关系不能成立，但是，在判决被告返还原告本金的同时，还判决被告按照中国人民银行同期逾期贷款利率向原告支付利息，这对于原告来说，显然比被告只返还本金、支付活期或者同期存款利率更公平得多。从实际结果来看，即使法院认定双方当事人签订的协议有效，原告得到的赔偿数额（即信托财产遭受的损失）大体上也是差不多的。

本案从一个侧面反映出法院在法律规定不明确的情况下适用法律的困难。

我国信托法将信托区分为民事信托、营业信托与公益信托三类，但是，对于营业信托并没有明确的定义，特别是对于营业信托受托人的资格也没有明确规定。中国银监会制定的《信托公司管理办法》对于信托公司的设立和开展信托经营活动有所规范，但是，信托公司的信托经营活动是否等同于"营业信托"，法律规定和信托理论法研究都没有给出明确的答案。相反，不少学者认为，有关经营机构以营利为目的开展营业活动而担任受托人接受信托的，即属于营业信托，因此，营业信托的受托人不限于信托公司。

既然法律规定不明确，法院面临本案之类的情形，适用法律就比较困难。本案双方当事人都是营利性经营机构，按照营业信托认定，受托人又不是经营信托业务的信托公司，与现有行政规章主要规范的营业受托人（信托公司）明显不同；但是，不按照营业信托加以认定，目前对这类委托活动还缺乏明确的法律规范，一旦法院作出判决予以认可，客观上有鼓励这类活动的效果，很可能给金融实践和金融监管带来不利影响。所以，法院似乎只能按照营业信托的要求，认定被告不具备相应的受托人资格，从而否定双方当事人之间的信托关系。

按照信托法理论来分析，我国《信托法》第24条规定："受托人应当是具有完全民事行为能力的自然人和法人。法律、行政法规对受托人的条件另有规定的，从其规定。"第4条规定："受托人采取信托机构形式从事信托活动，其组织和管理由国务院制定具体办法。"目前，国务院对于受托人采取信托机构形式从事信托活动还没有制定行政法规，严格地说也没有其他法律、行政法规对受托人的其他条件作出规定，因此，根据信托法和信托公司管理办法，一般认为，目前营业信托的受托人主要是经中国银监会批准设立的信托公司，其他一些资产管理机构实际上也从事受托理财活动，但由于金融业实行分业经营、分业监管等原因，通常并不认为这些机构是信托经营机构。本案的受托人上海帮盈公司显然不属于信托经营机构，但同时又明显符合《信托法》第28条规定的受托人条件，如果不是出于其他因素的考虑，认定双方之间成立民事信托关系，并未违反信托法的相关规定。至于被告代理进行期货交易的行为是一次性还是经常性、营业性的，被告的代理行为是否违法，可依有关期货交易的法律法规予以规范。

正如有学者指出的，本案信托关系因受托方不是专业信托机构而无效，具有一定的合理性。但是，就非专业资产管理机构从事受托业务是否一定无效，需要探讨金融规制的边界和必要性问题，似不能一概而论。[①]

从实践的观点出发，本案涉及的代理期货交易活动可能属于比较特殊的情形，原告即使委托信托公司作为受托人，信托公司既不具备相应的期货交易资格，也没有能力亲自实施信托，还必须委托其他期货代理机构完成代理行为。就经济效益来说，原告自然会委托被告之类有能力从事期货代理的机构。不论当事人之间是信托关系还是期货交易代理关系，法律和司法都应当便利和促成原告达成合法的经营目的，似不应当轻易予以否定。

本案还引发出另一个值得深入思考的问题：像本案这样的合同纠纷，双方当事人对合同本身并无争议，并且双方都已经基本履行了各自的合同义务，只是一方未完全如约履行义务，法院审理时采取什么态度更为合理，更值得倡导？法院是严格、机械地套用法律规则认定合同无效，让双方当事人回到签订合同前的状况；还是尊重双方当事人的合意和已经履行的实际行为，尽可能地认定合同有效，在此基础上着眼于解决双方当事人的争议。这或许是一个不仅影响本案的大问题。

[①] 赵廉慧：《信托法解释论》，中国法制出版社2015年版，第291页。

案例 34

孙某祥诉农业银行上海闵行支行委托理财合同纠纷案

【案情】

2007年12月27日,孙某祥与农行闵行支行签订"本利丰"理财产品申购书,申购人民币信托理财产品,期限为12个月,起息日为2008年1月15日,到期日为2009年1月15日;投资金额26万元。申购书载明,预期年化收益率为5%~15%,详见产品说明书;到期后一次性返还收益。

申购书的背面载有理财产品交易协议,主要内容为:甲方(投资人)在充分了解"本利丰"产品相关收益与风险的前提下,自愿购买乙方(农行闵行)的"本利丰"人民币个人理财产品。双方共同遵守以下条款:(一)甲方已充分了解并愿意接受本协议项下理财产品的风险,并在充分了解产品说明书、交易条款和相关文件内容的前提下,根据自身判断自愿接受本协议条款并承担相应的风险;……(八)理财产品到期后,乙方提供载有理财产品所持有的所有相关资产的账单,投资人可凭本协议到乙方柜台查阅和领取,在产品存续期内不再单独提供相关账单;……(十一)风险揭示与声明:本协议下保证收益或保本浮动收益理财产品有投资风险,甲方只能获得合同明确承诺的收益,预期收益、预计收益、测算收益或类似表述不代表甲方最终获得的实际收益;本协议下非保本浮动收益理财产品是高风险投资产品,甲方的本金可能会因为市场变动蒙受重大损失。甲方应认真阅读理财产品说明书,充分认识投资风险,谨慎投资;

农行闵行支行的宣传资料告知投资人,该理财产品的资金运用及投资方向为,以信托形式委托中国对外经济贸易信托投资有限公司(外贸信托公司)投资于A股市场首次公开发行的股票、债券和可转换债券,间歇资金投资于银行间市场、货币市场基金、银行存款等。

该理财产品共募集资金 95797 万元，由农行闵行支行以信托资金形式委托外贸信托公司管理。农行闵行支行称，在理财产品投资期内，外贸信托公司将上述信托资金投资于 A 股新股市场及可转换债券，后期因国家证券监管机构暂停新股上市审核，将资金投资于银行定期存款。2009 年 1 月 21 日，农行闵行支行发布到期兑付公告表示，理财产品如约到期，产品净值为 1.0236 元，投资者年化收益率 2.363%。尚有部分非现金类资产是当时尚未上市的立立电子股份，该部分以成本计价为 1188645 元，在全部非现金类资产变现完毕后将向投资者兑付剩余收益。

孙某祥要求农行闵行支行提供信托资金申购新股名单及新股交易资料未果，遂向上海市闵行区人民法院起诉，要求农行闵行支行提供理财产品所涉及全部资金的新股名单及新股交易的所有财务资料，并要求追加外贸信托公司为被告。

【审理与判决】

上海市闵行区人民法院认为，孙某祥自愿投资 26 万元购买农行闵行支行公开发行的涉讼理财产品，并在理财产品申购书上签字确认，因此，孙某祥与农行闵行支行之间存在委托理财合同法律关系。农行闵行支行作为金融机构，具备受托进行资产管理的资质，双方就委托理财事宜签订的理财产品申购书亦系各自的真实意思表示，且内容于法不悖，故双方之间的委托理财合同属合法有效。

本案的争议焦点是：孙某祥现要求农行闵行支行提供涉讼理财产品所涉全部资金所申购的新股名单以及新股买卖的所有财务资料的诉讼请求是否应获支持？首先，孙某祥要求农行闵行支行提供新股买卖财务资料的权利性质上属于合同约定的权利，合同虽约定在理财产品到期后农行闵行支行需提供"载有理财产品所持有的所有相关资产的账单"，但双方对提供何形式的账单并未进一步作具体明确的约定。涉讼理财产品到期后农行闵行支行已向孙某祥兑付了收益，事实上也向孙某祥提供了该款理财产品的投资汇总报告，因此，双方之间的委托理财合同在履行期限届满后实际已经履行完毕。孙某祥如有证据证明农行闵行支行提供报告不实或有其他违约行为，可据此提起违约之诉，要求农行闵行支行承担违约责任；如有证据证明因农行闵行支行提供的财务报告不实或者有其他过错致使其遭受损失的，亦可起诉农行闵行支行承担损失赔偿责任。但孙某祥在本案提出的诉讼请求并不属于上述两种请求权基础，其在合同终止后再要求农行闵行支行提供财务账单资料于法无据。其次，我国民事诉讼举证责任规则是谁主张、谁举证。孙某祥未能提供充分有效的证据，证明农行闵行支行提供的投资汇总报告不实或者履约中存在其他违约、过错行为。孙某祥主张的诉讼请求是因为孙某祥认为"只有法院责令农行闵行支行提供申购新股的真实详细的账单，才能在查清事实的基础上判断农行闵行支行赔偿责任的大小"。可见其诉请是以取证为目的，而法律并不倡导取证式诉讼。再次，涉讼理财产品共有资金九亿多元，孙某祥的投资额仅为其中的 26 万元，但孙某祥要求农行闵行支行提供该款产品所申购的所有新股名单及股票交易的财务资料，其诉讼主张的权利主体不仅包括孙某祥本人，亦包括其他众多投资者。我国现行法律保护特定民事主体自身的合法权益，对不特定群体权利的诉讼问题并未作出特别规定，因此孙某祥的此次诉请已超出一般民事案件的处理范围。综上，孙某祥的诉讼请求缺乏事实与法律依据，不予支持。据此判决：驳回孙某祥的诉讼请求。

孙某祥不服判决，向上海市第一中级人民法院提起上诉称：（一）原审违反法定程序。原审未对孙某祥要求追加中国外贸信托公司为共同被告的申请作裁定，程序违法；原审未同意孙某祥的这一申请，导致必要共同诉讼当事人未参加诉讼，应当撤销原判，发回重审；被告提供的投资汇总报告系节录本复印件，内容也未查证属实，不能作为认定案件事实的证据，故原审在认定证据方面违法。（二）原审适用法律错误。孙某祥无义务提供证明投资汇总报告符合证据三性要件的证据。

农行闵行支行辩称：本案存在两个法律关系，即孙某祥与农行闵行支行之间的委托法律关系、农行闵行支行与外贸信托公司之间的信托法律关系，原审未同意孙某祥要求追加外贸信托公司为被告的申请是正确的。原审判决查明事实清楚，适用法律正确，请求驳回孙某祥的全部上诉请求，维持原判。

上海市第一中级人民法院审理认为，农行闵行支行和外贸信托公司之间的资金信托关系同，与本案审理的委托理财合同关系属于两个不同的法律关系，孙某祥要求追加外贸信托公司为被告的申请无法律依据，原审未予追加符合法律规定；虽然原审未以裁定方式告知孙某祥，但该程序瑕疵未影响正确判决，不属于应予撤销原判、发回重审的法定情形，故对孙某祥的相关上诉理由不予采纳。孙某祥在原审未对投资汇总报告形式真实性提出异议，原审据此采用作为证据并无不当，无论是原审还是本案审理中，孙某祥均未能提交证据证明投资汇总报告内容不真实，故其关于原审认定证据违法、适用法律错误的理由不能成立。综上，原审判决认定事实清楚，适用法律正确。据此判决：驳回上诉，维持原判。

【评析】

近年来因银信合作而引发的委托理财纠纷已很常见，本案就是一个比较简单的典型案例。有些复杂的案件因为情况复杂、涉及面广，而信托公司又面临刚性兑付的潜规则，往往采取其他各种非诉讼方式加以解决，虽然纠纷的社会影响很大，但是最终并不一定诉至人民法院。事实上，近几年出现的一些社会关注度较高的银信合作理财纠纷，由于种种原因，最终并未诉诸法院。

本案是一个投资理财的简单故事，但是作为银信合作的结果被设计成为两段，因而形成两种法律关系：包括原告在内的众多投资者将资金委托农行闵行支行进行投资，他们与农行闵行支行之间形成委托理财法律关系；而农行闵行支行将投资者的资金集中起来，又作为委托人将资金信托给外贸信托公司，他们之间形成信托关系。因此，本案原告作为投资者与外贸信托公司之间没有直接的法律关系，法院在诉讼过程中未依原告的要求追加外贸信托公司为被告，显然于法有据。而且，原告与农行闵行支行签订的理财产品申购书虽然要求农行闵行支行，在产品到期后应当向原告等投资者提供载有理财产品所持有的所有相关资产的账单，但是，申购书对于应当提供何种形式的账单并没有明确具体的约定（作为格式合同的提供者，农行闵行支行不一定是故意这样模糊处理的），因此，既然农行闵行支行在产品到期后已经向投资者提供了投资汇总报告，就很难说它没有依约履行原本就不是很明确的义务，所以，法院判决驳回原告的诉讼请求，也是顺理成章的。

这个案例似乎可以表明，这类银信合作产品的设计确实很好地保护了银行和信托公司的利益：银行受托理财，能够使一部分存款资金变成理财业务，从而使自己获得较高的利润，同时却又不承担《信托法》规定的受托人义务；信托公司虽然是受托人，但是信托的委托人并不是投资者，真正的投资者被排除在信托关系之外，因此，信托公司作为受托人并不需要直接对投资者承担任何责任，信托的委托人虽然享有信托法规定的权利，但是委托人其实更有可能是与受托人一起对付投资者的。

唯一可能受到损害的是投资者。投资者本来是将资金委托银行投资的，但是他与银行之间的关系被设计成为委托理财关系，而且，双方签订的委托理财协议（产品申购书）进一步限定了投资者的权利和银行的义务，因此，一旦出现争议，投资者甚至难以适用普通委托代理法律维护其权益。投资者的资金被转手委托给信托公司进行投资，且不说他必须为投资支付两次费用，更重要的是，他与真正负责投资的信托公司几乎没有任何法律关系，他不知道自己的资金投资何处（购买了哪些股票），也没有权利要求信托公司作出说明，因为信托公司没有义务向他提供投资信息，而银行的相关义务又是含糊不清的。结果，投资者既然不知道自己的资金投资何处，显然就很难证明银行提供的信息是否真实、准确，更无从判断银行是否依约履行了义务。

几乎可以说，本案原告打了一场从投资之始就注定要输的官司。套用一句时髦的话来说，投资者就当是交了一回学费吧！

案例 35

陈某诉吕某东等营业信托纠纷案

【案情】

2009年9月25日,陈某与瑞安市隆祥投资有限公司(隆祥投资公司)订立《委托资产管理协议》约定:隆祥投资公司受托管理陈某的资产20万元,期限自2012年9月25日至2013年9月25日止,管理方式为在上海黄金交易所和天津贵金属交易所进行套利交易,账户年增益率为15%,即月平均收益率为1.25%;如两账户未达到月平均收益率,由隆祥投资公司补足;月平均收益利润汇入陈某在当地农行开立的账户;委托管理期间,两市资产总额小于20万元的,由隆祥投资公司补足。

协议签订后,陈某根据隆祥投资公司的指定,将20万元汇入隆祥投资公司指定的钱某耀个人账户。随后,自2012年10月26日至2013年8月期间,隆祥投资公司通过钱某耀的账户逐月向陈某支付月平均收益各2500元,共支付11个月。

2013年10月12日,经全体股东决议,隆祥投资公司解散并被注销,但是并未通知陈某申报债权。

2013年10月28日,被告赵某静向陈某支付92500元。

《委托资产管理协议》约定的履行期限届满,隆祥投资公司应向原告支付本息共计23万元,实际仅支付12万元,余欠11万元。陈某向隆祥投资公司催讨余款被拒绝。

陈某认为,隆祥投资公司与其签订的《委托资产管理协议》因隆祥投资公司不具有营业信托投资资质而无效,隆祥投资公司应返还陈某的财产并赔偿损失;隆祥投资公司在没有清偿原告债权的情况下被股东注销,公司股东应对公司的债务承担清偿责任。

据此,陈某向瑞安市人民法院起诉,请求确认陈某与隆祥投资公司订立的《委托资产管理协议》无效，判令隆祥投资公司股东吕某东、阮某如、赵某静、赵某诚、赵某伟共同返还陈某的余款 11 万元，并按月利率 1.25% 赔偿利息损失。

【审理与判决】

瑞安市人民法院审理认为，没有证据证明隆祥投资公司具有营业信托资质，因而，陈某与隆祥投资公司订立的《委托资产管理协议》无效。造成《委托资产管理协议》无效的责任在于隆祥投资公司不具有营业信托资质。因此，隆祥投资公司应当返还陈某信托管理的资产，并赔偿利息损失。本院酌情确定，隆祥投资公司应当按《委托资产管理协议》约定的收益率（月 1.25%）赔偿原告的利息损失。由于隆祥投资公司在未经合法清算的情况下被股东注销，股东应对隆祥投资公司的债务承担共同清偿责任。

据此，判决：确认陈某与隆祥投资公司订立的《委托资产管理协议》无效；被告吕某东、阮某如、赵某静、赵某诚、赵某伟共同清偿原告资产 11 万并赔偿利息损失（按月利率 1.25%，自 2013 年 10 月 29 日起计算至实际履行之日止）。

【评析】

我国《信托法》第 3 条将信托分为民事信托、营业信托和公益信托三类；第 4 条还规定：受托人采取信托机构形式从事信托活动，其组织和管理由国务院制定具体办法。严格地说，第 4 条的规定只适用于信托经营机构。对于信托经营机构的组织和管理，国务院正在制定具体办法；而且，法律和行政法规对于营业信托也没有明确、具体的定义。因此，营业信托的法律适用并不明确，哪些机构作为受托人从事信托活动构成营业信托，还需要有更明确的法律规范。

不过，一般认为，营业信托是指依法设立的信托投资机构以营业为目的，以受托人身份承诺信托、处理信托事务的经营行为；[1]或者更简略地说，营业信托是受托人以营业为目的而接受的信托。[2] 营业信托的基本特点体现在受托

---

[1] 侯云霞："营业信托受托人的民事责任"，载《云南民族大学学报》（人文社科版）2005 年第 10 期。

[2] ［日］中野正俊、张军建：《信托法》，中国方正出版社 2004 年版，第 36 页。

人身份上，即受托人是为营利而从事信托业务的经营机构，不是自然人和普通企业。同时，按照金融监管的要求，营业信托的受托人通常应当是取得金融监管机构许可的金融机构。

按照金融监管的要求，根据中国银监会的有关规章，金融机构从事营业信托应当获得中国银监会许可，取得相应的资质。本案被告瑞安市隆祥投资公司以受托人身份与原告陈某签订委托资产管理协议，但是公司并没有获得中国银监会批准从事营业信托的许可，依法不具有从事营业信托业务的资质，因此，其签订资产管理协议的行为超越其业务经营范围，双方签订的委托资产管理协议依法应为无效，法院的判决是正确的。同时，协议无效的主要原因是隆祥投资公司不具备经营信托业务的资质，而在受托管理期间，隆祥投资公司一直占用陈某的20万元资金，因此，法院判决隆祥投资公司返还陈某信托的财产，同时还判决其按照资产管理协议约定的利率向原告支付利息，也是公平合理的。这样判决使受托机构不能因其违规经营而获得利益，有利于遏制没有相应资质的企业违规从事信托业务。

案例 36

灵宝农信联社诉农行河南分行直属支行信托协议纠纷案

【案情】

1992 年 8 月 17 日,中国农业银行河南省信托投资公司(省农行信投公司)与海南新能源股份有限公司(海南新能源公司)签订《投资入股协议》约定:(1)省农行信投公司认购海南新能源公司发起组建的海南万国商城股份有限公司 100 万股,每股 1 元;(2)省农行信投公司同意按照基价认购、定率保利、超额分成方式,以每平方米 6888 元的基础定价认购万国商城公寓楼 2613.24 平方米房产经营权益,投资总额 1800 万元,经营期限两年,经营期满,如万国商城公寓楼加权平均单价低于基础定价,海南新能源公司无条件按基础定价回赎省农行信投公司认购的房产,并支付投资本金及保障利润合计 2268 万元;如万国商城公寓楼的出售或预售价格高于基础定价,超额部分双方各获 50%。同年 8 月 27 日,双方又签订补充协议约定:省农行信投公司放弃原协议的定率保利条款,改以利息方式获取保障利润,双方同意年利率为 13%。

1992 年 12 月 18 日,灵宝县城关信用社(城关信用社)与省农行信投公司签订协议约定:(1)省农行信投公司组织,灵宝城关信用社提供部分资金,参与省农行信投公司对万国商城公司的房产和股份投资,以省农行信投公司与海南新能源公司签订的前述《投资入股协议》为"依据协议",城关信用社出资 500 万元购买万国商城公寓 725.9 平方米楼房的经营权益,投资款应得保障利息额按年利率 13% 计算;如万国商城公寓楼的经营收益高于保息额,超额部分所得的分成收益 60% 归城关信用社,40% 归省农行信投公司;(2)城关信用社出资 11 万元购买海南万国商城公司的股权,由省农行信投公司负责统一操作。省农行信投公司保证维护城关信用社的权益,将应得红利及交易增值等全部收益及时汇给城关信用社。随后,城关信用社按约将 511 万元资金汇入指定的账户。

由于种种原因，万国商城项目没能达到预期的收益。1995年7月9日，海南新能源公司与省农行信投公司等8家单位，就投资万国商城公寓楼房产及经营权益入股协议善后事宜签订合同，针对投资标的物变更、折价抵偿投资款及其收益或借贷款及其利息的相关事宜达成协议：海南万国商城项目建筑面积19.8万平方米，作价323626715元，全部用于抵偿海南新能源公司所欠省农行信投公司等8家单位投资款（借款）及其收益（利息）；若不足于抵偿，余款的处理由海南新能源公司分别与8家单位另签补充协议确定；抵偿后的剩余部分，也由海南新能源公司与8家单位另签补充协议，以货币资金或其他债权人加入的方式协商处理。次日，为解决以万国商城项目折价抵偿各方投资款问题，省农行信投公司等8家单位注册成立了海南万商金联有限公司（万商金联公司），其中省农行信投公司的债权接收额为25272055.47元。

1995年12月23日，海南新能源公司与万商金联公司签订合同约定：万商金联公司受省农行信投公司等8家单位委托，与海南新能源公司签署海南万国商城的转受让合同并办理万国商城项目经营权益的交接手续；交接海南万国商城标准项目建筑面积为19.8万平方米，作价374205204.5元；交接后各方享有权益的比例，由海南万商金联公司与8家单位根据各家抵偿债务情况协商确定，另签合同。

1996年1月4日，省农行信投公司通知灵宝城关信用社等三家单位：（1）所投海南新能源公司资金，经9家投资单位协商和海南新能源公司同意，已成立海南万商金联公司接收万商物业项目并负责经营。（2）海南万商金联公司成立董事会，并由9家投资单位各出一名董事，由省农行信投公司总经理王某亮代理农行系统三家投资单位出任公司董事。（3）按各投资单位达成的协议，按比例出资千分之二解决海南万商金联公司的前期费用。

1996年10月11日，省农行信投公司撤销，改建为中国农业银行河南省分行直属支行（省农行直属分行）。

2002年10月18日，海口市处置积压房地产工作小组办公室指定海口市房地产代为处置中心，根据海口市人大常委会《关于加快停缓建工程处置的决定》，代为处置万国商城等7个停缓建项目。2003年8月1日，该处置中心根据《海口市停缓建工程代为处置办法》第4条的规定，直接对万国商城项目代为处置。

2004年11月23日，海南万商金联公司等万国商城项目的各权益方签字一致认可了各方在万国商城项目中所占的权益（海南万商金联公司占万国商城项目现有面积的57.76%）。2005年4月12日，万国商城项目被海口市房地产代为处置中心、海南万商金联公司委托拍卖；12月26日，中国农业银行海南房地产托管部将拍卖款2612467.2元划回省农行直属支行账上。按投资比例，灵宝城关信用社应得到725685.33元，但该款一直未支付。

1993年灵宝县城关信用社更名为"灵宝市城关农村信用合作社"，并于2006年并入"灵宝市农村信用合作联社"（灵宝农信联社），债权债务由后者承担。

2007年8月15日，灵宝农信联社向省农行直属支行发出履行义务催告书，要求省其返还投资、支付协议约定的投资回报。9月15日，灵宝农信联社向省农行直属支行发出解除合同通知。

2007年11月12日灵宝农信联社向郑州市中级人民法院起诉，请求判令解除其与省农行直属支行所签信托合同；省农行直属支行返还灵宝农信联社财产511万元，并赔偿经济损失6529469元。

【审理与判决】

郑州市中级人民法院认为：灵宝城关信用社与省农行信投公司签订的，约定由省农行信投公司组织、灵宝城关信用社提供部分资金参与海南万国商城的房产与股份投资的协议，属于省农行信投公司的信托业务，合同不违反法律规定，合法有效。由于信托项目万国商城没能达到预期收益，省农行信投公司等8家投资单位就投资海南万国商城公寓楼房产及经营权益入股协议善后事宜，与海南新能源公司签订协议，就投资标的物变更、折价抵偿投资款及收益或借贷款的事宜达成了新的一致意见，原协议及补充协议因此自行失效；省农行信投公司随后又参与注册成立海南万商金联公司，接收抵债物业万国商城项目，这些行为证明省农行信投公司在积极地挽回损失。1996年1月4日，省农行信投公司将投资单位成立海南万商金联公司、接收和经营万商物业项目的事项通知了灵宝城关信用社等三家单位，也证明其没有怠于自身的责任。后因海口市人大常委会《关于加快停缓建工程处置的决定》等政策性原因，致使抵债的万国商城物业项目作为停缓建工程，被海口市房地产代为处置中心强制处置，该行为属于政策性行为，省农行信投公司对此没有过错。

强制处置的拍卖款于 2005 年 12 月 26 日划回省农行直属支行后，一直没有返还灵宝农信联社应得的 725685.33 元，因此省农行直属支行应承担返还义务并偿付相应的利息损失。因双方签订的信托合同期限已经届满，且新的抵偿债务合同及抵偿债务行为已履行完毕，灵宝农信联社请求解除合同没有法律意义，且人民法院只应对解除合同有无效力予以确认，不能直接解除双方的合同。因此，灵宝农信联社要求法院解除合同的诉讼请求不予支持。因省农行直属支行已经尽了合同义务，信托合同如果受托方没有过错，投资的损失应由投资人承担。该合同投资标的物万国商城物业因政策原因被处置而受到的损失，应由灵宝农信联社承担，省农行直属支行作为受托人不承担损害赔偿的责任。

灵宝农信联社主张应由省农行直属支行返还投资的房产是对合同标的物的不当理解，合同标的物是认购海南万国商城的经营权益而不是房产。灵宝农信联社认为应当由省农行直属支行返还投资万国商城公司股权的主张，因省农行信投公司等 8 家单位与海南新能源公司签订的以海南万国商城物业项目抵债的协议，已将股权投资部分的本息计入债权接收总额 25272055.47 元，故对该项诉请不予支持。

据此，判决：省农行直属支行支付灵宝农信联社 725685.33 元及相应利息，驳回灵宝农信联社的其他诉讼请求。

灵宝农信联社不服，向河南省高级人民法院上诉称：（一）灵宝城关信用社与省农行信投公司签订的协议属信托合同，双方的纠纷属信托合同纠纷。原审法院认定双方的合同系信托合同，但却以委托合同纠纷定性、处理本案不当。（二）原审判决认为双方所签合同标的物是认购海南万国商城的经营权益而不是房产，属认定事实错误。双方签订的信托协议，及省农行信投公司与海南新能源公司签订的投资入股协议都明确约定，灵宝城关信用社（省农行信投公司）出资 500 万元参与认购万国商城公寓楼房产，每平方米 6888 元，面积 725.90 平方米。灵宝农信联社委托省农行信投公司投资购买房产，不是委托其参与投资开发房地产。省农行直属支行不按信托协议的约定办理认购房产的产权转移手续，是严重的违约行为。（三）灵宝农信联社还出资 11 万元购买万国商城公司的股权，省农行直属支行对此没有进行任何处分及清偿，应当返还该款项并赔偿损失。（四）1995 年 7 月省农行信投公司等 8 家单位与海南新能源公司签订的合同明确约定：标的物价款不足抵偿海南新能源公司各方投资款（借款）及其收益（利息）的，余款的处理另签订协议确定。万国商城项目经过处置后价款不足清偿欠款时，省农行信投公司应依据上述约定与海南新能源公司签订补充协议，确定剩余欠款的偿还事宜，但其根本没有采取任何措施，导致灵宝农信社的信托财产遭受巨大损失，省农行信投公司存在重大过错，未尽起码的合同义务，应当返还信托财产并赔偿损失。原审判决认定事实错误，证据不足，请求依法撤销原判，判令省农行直属支行返还灵宝农信联社财产511万元，并赔偿经济损失。

省农行直属支行辩称：（一）原审对案件关键事实定性准确，灵宝城关信用社系委托省农行信投公司投资开发房地产，其投资购买的是房产经营权益。双方签订的协议及投资入股协议都注明，合同标的是"投资认购房产经营权益"。双方签订合同的目的及灵宝农信联社的信托方式，均表明投资目的就是为了获取高额利息。（二）1995年7月和12月，省农行信投公司等8家单位与海南新能源公司签订的以万国商城物业项目的抵债协议，已将股权投资部分的本息计算在省农行信投公司的债权接收总额25272055.47元中。（三）根据双方签订的协议中关于省农行信投公司义务的约定，省农行信投公司属于代理投资行为，主要起组织、中介的代理作用，本案属于委托纠纷。信托投资合同的"保息条款"因违反等价有偿、诚实信用等公平原则，且为现行信托管理法规明令禁止，依法应认定为无效条款。省农行信投公司收款后及时将投资款交给海南新能源公司，并且在代理过程中的多个环节都及时向城关信用社通报进展，尽到了责任，该代理行为产生的后果依法应由灵宝农信联社承担。请求驳回上诉，维持原审判决。

河南省高级人民法院审理认为，本案的争议焦点是：双方之间法律关系的性质是什么？省农行信投公司是否尽到了合同义务？应否承担返还灵宝农信社511万元本金并赔偿相应损失的责任？

根据《金融信托投资机构管理暂行规定》[①]第3条的规定，信托投资业务，是指受托人按照委托人指明的特定目的或要求，收受、经理或运用信托资金、信托财产的金融业务。省农行信投公司是依法成立的信托投资公司，具备经营信托投资和信托贷款的资格。灵宝城关信用社与省农行信投公司签订协议，约定由省农行信投公司组织，灵宝城关信用社提供511万元，参与万国商城

[①] 此规章现已失效。

公司的房产和股份投资；其中500万元投资于万国商城公寓楼房的经营权益，11万元购买万国商城公司的股权，省农行信投公司负责办理相关手续，并保障灵宝城关信用社的利益。该合同符合信托合同的特征，本案应属信托合同纠纷。灵宝农信联社上诉主张本案应定性为信托合同纠纷的理由成立，应予支持。

灵宝城关信用社与省农行信投公司所签信托合同的基础是海南新能源公司与省农行信投公司签订的《投资入股协议》，信托事项也主要由该协议决定。根据该协议及补充协议关于购买房产经营权益的内容，省农行信投公司出资1800万元购买万国商城的房产经营权益，合同到期后海南新能源公司最低按1800万元加每年13%，计两年26%的利息与省农行信投公司结算，实际销售价格高于此款额的，多出部分双方分成。因此，无论省农行信投公司认购的房产以何价格变现，海南新能源公司最低应向省农行信投公司支付1800万元加两年26%的利息。未经灵宝农信联社同意，省农行信投公司1995年7月9日与海南新能源公司签订善后协议，以及随后海南万商金联公司与海南新能源公司签订以万国商城物业抵债协议，将海南新能源公司的清偿责任变更为仅以其在海南万国商城的投资权益为限，该项变更降低了对投资人投资回收的保障，增大了灵宝城关信用社的投资风险，并最终导致投资款项流失。关于灵宝城关信用社出资11万元购买万国商城公司的股权事项，双方签订的信托合同及省农行信投公司与海南新能源公司签订的投资入股协议均约定了购买万国商城公司股权事宜，万国商城公司已经成立，省农行信投公司未向灵宝农信联社移交股权手续，其与海南新能源公司签订的以物抵债协议也未反映出对该股权款的处理。综上，省农行信投公司在处理信托事务时违背信托目的，违反合同约定，对于信托款项流失有重大过失，灵宝农信联社有权解除信托合同，省农行直属支行应当返还灵宝农信联社信托财产511万元，并按照同期存款利率赔偿利息损失。

据此，判决：撤销一审判决；解除农行河南省直属支行与灵宝市农信联社签订的信托合同；农行河南省直属支行返还灵宝市农村信用合作联社511万元及利息。

【评析】

本案可以看成一个营业信托纠纷。被告是一家经营信托业务的信托公司，原告将 500 多万元资金委托被告用于认购海南万国商城公寓楼的房产经营权益，以及万国商城公司的股权。虽然双方对于认购万国商城公寓楼的房产还是房产经营收益尚有争议，但从本案的情况看，这种争议的实质意义不大，不足以影响法院的判决。

我国《信托法》第 25 条规定："受托人应当遵守信托文件的规定，为受益人的最大利益处理信托事务。受托人管理信托财产，必须恪尽职守，履行诚实、信用、谨慎、有效管理的义务。"被告作为受托人，应当按照信托法的规定履行义务。尽管有些学者认为，我国信托法关于受托人谨慎义务的上述规定过于原则，缺乏具体标准，导致有些案件里受托人是否违反谨慎义务难以判定，[1] 但就本案而言，受托人省农行信投公司违背职责是如此明显，不必深入分析谨慎义务的具体标准，就足以认定受托人未依法履行义务。

正如有学者指出的，本案初审法院因农行信托公司履行了通知义务并对资产采取了相关处置措施，就认定其尽到了受托人的注意义务，显然受到了审理委托代理纠纷时形成的消极标准的思维影响。过多地受到委托合同思维影响，不能根据信托案件的实际情况合理划定受托人适当行为的边界，会使得商事信托的运行违反权力与风险均衡的基本原则。[2]

本案被告省农行信投公司作为受托人将信托财产投资于海南的房地产权益，按照当时海南房地产热的情形是完全可以理解的，随后投资收益达不到预期，海南新能源公司主张以万国商城项目抵偿债务，同时承诺，对于抵偿不足的余款，另行签订协议确定偿还办法。这些做法应当说是合理的、可行的。但随后，受托人等与海南新能源公司达成了以项目抵偿投资的协议，只将海南新能源公司的偿还责任限定于海南万国商城项目的价值，却未继续与海南新能源公司就未能抵偿的余款达成偿还的协议，特别是在投资收益已经未达到预期的情况下，即使是普通金融机构，更不用说是信托公司，无疑应当就余款的偿还另行签订协议。并且，对于信托财产投资取得的万国商城公司股权是如何处理的，作为受托人的省农行信投公司也未向受益人做任何说明，反而辩称已经计入抵偿协议确定的债权总额，在万国商城公司已经成立的情况下，更可以表明其置受益人利益于不顾的态度。二审法院抓住了被告

---

[1] 陈杰："论商业受托人义务的演变及对我国的启示"，载《河北法学》2014 年第 3 期。
[2] 季奎明：《组织法视角下的商事信托法律问题研究》，法律出版社 2014 年版，第 159 页。

作为受托人处理信托事务过程中违反信托义务的重点,认定被告对于信托财产的损失存在重大过失,判决被告返还信托财产并偿还利息损失,是合法且合理的。对于依法保护投资者权益、促进和规范信托经营机构依法履行义务,都具有积极意义。

第七章

资金信托与贷款信托

案例 37

某教育学院诉中投信托公司资金信托纠纷案

【案情】

2002年8月,中投信托公司与浙江通用科技公司签订《资金信托合同》约定,通用科技公司将其合法所有的1200万元资金委托中投信托投资运作。8月20日,民盟浙江省委与中投信托公司、浙江求是科技服务部、孙某贤共同签订《合作办学协议书》约定:各方同意合作设立求是公司作为浙江求是职业技术学院的全额投资主体,公司注册资本为1500万元,其中中投信托出资1200万元,浙江求是科技服务部出资225万元,孙某贤出资75万元。11月30日各方缴足注册资本,求是公司经工商注册成立。

2003年3月28日,浙江省人民政府批复同意浙江求是职业技术学院(筹)并入浙江科技学院,建立浙江科技学院求是应用技术学院(求是学院),为浙江科技学院的二级学院,其现有办学规模和层次保持不变,学院具有独立法人资格,独立校区,相对独立办学,经济独立核算,按民办体制运作。4月28日,求是学院领取事业单位法人证书,确定举办单位为求是公司和浙江科技学院。

2005年6月13日,求是学院又领取民办学校办学许可证。

2006年8月21日,求是学院董事会向浙江省教育厅提出关于求是学院终止办学及资产转让的请示,同日,浙江省教育厅复函表示:同意求是学院终止办学,省教育厅安排浙江教育学院(教育学院)负责接管,并及时报省政府审批;同意学院董事会委托有资质的中介机构对学院的财务进行全面审计,对资产进行清产核资,并根据结果依法处理。

清算过程中发现,求是公司的注册资本1500万元,在完成工商注册后数日即被转出,而且,求是学院成立后,求是公司大量占用求是学院的资金。

2008年11月26日,浙江教育学院向杭州市西湖区人民法院起诉称:求是公司无正当理由和合法依据占用求是学院资金1300多万元，理应归还。求是学院终止办学后，教育学院根据政府指令全面接管求是学院的资产及债权债务，教育学院有权要求求是公司归还上述款项。中投信托公司根据通用科技公司委托持有求是公司80%的股份，但其实际并未对求是公司履行出资义务；通用科技公司在求是公司成立后，利用其实际享有的股东地位抽走公司资本金1500万元，其行为严重违反《公司法》及有关法律规定，损害了债权人利益，应当对求是公司的债务承担连带责任。请求法院判令求是公司归还不当得利款项1300多万元，中投信托公司与通用科技公司对上述款项承担连带清偿责任。

求是公司反诉称：求是学院系民盟浙江省委与求是公司投资开办，具有独立法人资格，按民办体制运作。2006年8月21日，求是学院董事会被迫同意终止办学并进行资产转让，同日，浙江省教育厅复函同意浙江教育学院根据资产评估中介机构对求是学院的资产进行评估后的净资产，在一个月内付清应付款项。但此后教育学院既未与求是学院共同进行资产评估，也未向求是学院支付任何财产转让对价，而是单方面接管了求是学院全部财产，侵犯了求是公司的合法权益，请求法院判令教育学院支付求是公司受让求是学院净资产的对价6570万元或者返还相应财产。

【审理与判决】

杭州市西湖区人民法院审理认为，本案存在三个争议焦点：

（一）教育学院的不当得利请求权是否成立。教育学院就整体收购求是学院虽然未与求是公司签订收购协议，但从求是学院董事会给省教育厅的请示以及省教育厅的复函和随后教育学院的接管行为看，教育学院与求是公司之间存在收购求是学院的法律关系。教育学院继受取得求是学院后，求是学院此前对外的债权债务应由教育学院享有和承担。根据专项审计报告，求是学院与求是公司之间资金流入、流出相抵后，求是公司应付求是学院人民币1373万余元。求是学院作为民办学校，对举办者投入的资产、国有资产、受赠的财产以及办学积累享有法人财产权，所有资产由其依法管理和使用，任何组织和个人不得侵占。求是公司作为举办人同样也不得使用、占用求是学院的资产。基于此，求是公司本应当严格依法编制会计资料，严格根据实际发生的经济业务事项进行资金流转，但求是公司不仅未按此履行义务，反而利用其控制求是学院资金和财务的便利,没有正当理由却将求是学院的资产转到求是公司,这种财产利益的变动没有法律原因,可以构成不当得利。求是公司没有提供证据证明上述资金流转虽未依法编制会计资料但确有法律原因,应当承担举证不利的法律后果,即承担返还不当得利款 13738854.25 元的民事责任。

(二)关于中投信托公司和通用科技公司的民事责任承担担问题。中投信托公司与通用科技公司存在信托关系,即通用科技公司将其 1200 万元资金作为信托财产,委托中投信托公司用于求是公司的股权投资。股权资金的来源并不影响中投信托公司应当按照《公司法》以及求是公司章程的规定,履行股东的权利和义务。根据求是公司章程,中投信托公司作为持有 80% 股权的大股东,有权向求是公司委派四名董事并委派总经理,以便履行信托职责,行使股东权利,但是中投信托公司委派担任董事的本公司员工周某和姚某实际只是挂名,并未履行任何经营、管理职责,求是公司实际由中投信托公司委派的另一董事兼总经理的通用科技公司的法定代表人高某实际经营管理,即中投信托公司将其对求是公司的股东权利义务完全转移给通用科技公司行使。根据《信托法》的规定,"受托人依法将信托事务委托他人代理的,应当对他人处理信托事务的行为承担责任"。中投信托公司并未亲自履行信托义务,而是将信托事务交给信托委托人通用科技公司处理,双方之间又形成委托代理关系,通用科技公司既是信托的委托人,又是受托人的信托事务代理人。根据代理的有关法律规定,中投信托公司对代理人通用科技公司的代理行为应当承担民事责任;通用科技公司违法进行代理活动,中投信托公司知道或者应当知道而不表示反对的,由二者负连带责任。本案通用科技公司在求是公司成立后第二天就转走了求是公司的出资,显然属于违法代理行为,通用科技公司在出资范围内承担责任,中投信投公司应当承担连带责任;

(三)求是公司的反诉请求是否成立。教育学院与求是公司之间存在收购求是学院的法律关系,求是学院可以要求求是公司按照约定完成出资行为,求是公司有权要求教育学院支付相当于求是学院净资产的对价,但根据专项审核报告,求是学院严重资不抵债,净资产为负值,求是公司的反诉请求没有事实和法律依据,不予支持。

据此,判决:(一)求是公司向浙江教育学院返还不当得利款 1373 万余元;(二)浙江通用科技公司在抽逃资本金的范围内对前项债务承担连带责任;(三)中投信托公对浙江通用科技公司的上述债务承担连带责任。

求是公司、中投信托公司不服,向杭州市中级人民法院上诉称,中投信托公司与通用科技公司、高某之间不是代理关系,一审法院的认定违反《公司法》和《信托法》等有关规定,属定性错误。中投信托公司与委托人签订的资金信托合同明确约定了对信托资金投资形成股权的管理职责划分,中投信托公司仅能根据信托合同及委托人的指令委派董事,行使股东权利,对委托人的指令仅就形式合法性进行审核,并不参与经营管理。无论是资金信托合同还是求是公司章程及信托法的规定,均得不出求是公司总经理具体的经营管理行为系信托事务的结论。一审法院仅以中投信托公司推荐高某为求是公司总经理候选人,高某同时为通用科技公司法定代表人,就认定中投信托公司将股东权利义务转移给通用科技公司,并进而推断认为,中投信托公司与通用科技公司因此形成代理关系,没有事实和法律依据。并且,根据资金信托合同约定,中投信托公司仅是名义股东,并不参与求是公司的经营管理,也没有证据证明其与通用科技公司存在共同的故意或过失,一审法院判令承担连带责任,没有根据。

杭州市中级人民法院审理认为,中投信托公司与通用科技公司签订资金信托合同,双方存在信托法律关系。按照资金信托合同约定,通用科技公司将1200万元资金作为信托财产,委托中投信托公司用于求是公司的股权投资。据此,作为受托人的中投信托公司,其义务是接受通用科技公司的1200万元资金向目标公司出资,中投信托公司在受托人的管理权限内行使股东权利、履行股东义务。中投信托公司根据信托文件及求是公司章程的规定,向求是公司委派高某作为求是公司的董事兼总经理。根据公司法的规定,经理对公司董事会负责,其职责包括负责公司的经营管理工作等。一审法院认为中投信托公司将其对求是公司的股东权利义务完全转移给通用科技公司行使,缺乏证据支持。但中投信托公司以自己的名义担任股东,负有保证出资款真实且稳定的义务。对于求是公司及相关债权人而言,中投信托公司即是登记于公司登记机关的求是公司股东,债权人更无从区分求是公司注册资本被抽逃的行为是公司实际经营人的行为,还是登记股东的行为。高某系中投信托公司委派,同时又是通用科技公司的法定代表人,鉴于其双重身份,求是公司成立后次日出资款即被抽回通用科技公司,该行为应认定为中投信托公司作为登记股东的行为。依照我国《公司法》第36条①关于"公司成立后,股东不得抽逃出资"的规定,中投信托公司应当对求是公司应负债务承担连带责任。中投信托公司以出资款来源于通用科技公司,以其与通用科技公司之间存在的内部关系对抗相关债权人,其主张不能成立。由于1200万元出资款在求是公司成立后即被转回通用科技公司账户,故通用科技公司应在1200万元的范围内与中投信托公司共同对求是公司债务承担连带责任。

据此,判决:维持一审判决第(一)项,撤销第(二)、(三)项,改判中投信托公司、浙江通用科技公司在1200万元的范围内对求是公司的债务承担连带责任。

求是公司、中投信托不服终审判决,向浙江省高级人民法院申请再审。中投公司称:原判认定求是公司成立后资金划转至通用科技公司的行为系抽逃注册资本没有法律依据,无端扩大股东职责,要求股东为其提名出任被投资企业总经理的行为所产生的结果负责,这一认定无法律依据;依据公司法有关规定,经营层的行为后果由公司承担,公司股东仅以其出资为限承担责任,经营层行为如有不当,由经理个人对公司承担责任。混淆信托法层面的委托人与受托人的权利和义务,也混淆委托人行为与受托人行为,原审判决结果错误地将委托人通用科技公司的行为,等同于受托人中投信托公司的行为,缺乏依据,也与信托法理及实践相违背。请求撤销二审判决,改判中投信托公司无须为求是公司的债务承担连带责任。

浙江省高级人民法院审理认为,中投信托公司作为求是公司股东,应当按照公司法和公司章程的规定履行股东的权利和义务。但中投信托公司除按委托人通用科技公司的要求将1200万元资本金打入求是公司及向公司委派董事、经理外,并没有实际履行任何管理、经营之责。求是公司于2002年12月3日成立,注册资本金为1500万元,其中中投信托公司认缴1200万元;但就在公司成立的次日,中投信托公司委派的公司董事兼总经理同时也是通用科技公司的法定代表人高某,又将上述注册资本金全部抽逃转回通用科技公司,其行为明显违反公司法和公司章程的有关规定。中投信托公司作为公司控股股东,本应依法维持公司资本金稳定以确保债权人利益,但却没有依法履行相应的股东职责,理应承担相应责任。否则,委托人可能利用信托制度

---

① 对应《公司法》(2013年修正)第35条。

存在的不健全之处规避法律责任，造成权责失衡或损害第三人利益的不良现象。事实上，中投信托公司和通用科技公司签订的《资金信托合同》第 4 条明确约定：在浙江求是公司成立后，中投信托公司按照《公司法》、公司章程及通用科技公司的意愿行使股东权利和义务；如中投信托公司认为通用科技公司的意愿违反《公司法》、公司章程或者可能损害中投信托公司权益的，中投信托公司有权拒绝实施。中投信托公司的股东责任也绝非提供一个资金往来账户、将信托资金打入公司账户这么简单，而是应该按照公司法、公司章程完整履行公司股东义务。本案无论中投信托公司派出的董事周某、姚某，还是通用科技公司法定代表人高某，均承认中投信托公司从未过问公司的资金调度，从未参加公司董事会、履行董事职责。中投信托公司放弃公司股东职责的行为对公司资本金在成立次日即被抽走负有不可推卸的责任。依据公司法关于股东须维持资本金稳定的规定，原审认定中投信托公司在认缴注册资本金的范围内对通用科技公司抽逃行为承担连带责任并无不当。二审判决认定事实清楚，实体处理得当，应予维持。

据此，判决：维持二审判决。

【评析】

本案被有的学者看成是认定信托公司履行受托人责任的标杆性案件。[①] 因为案情比较复杂，涉及的法律问题比较多，与公司法、信托法以及民法的不当得利制度都有关系，所以，这里对案情及法院审理的介绍都作了简化，省略了一些与信托法没有直接关系的内容，着重介绍和讨论与信托法相关的部分。

本案被告中投信托公司受通用科技公司委托进行股权投资，双方成立信托关系，中投信托公司是受托人。我国《信托法》第 30 条规定：受托人应当自己处理信托事务，但信托文件另有规定或者有不得已事由的，可以委托他人代为处理；受托人依法将信托事务委托他人处理的，应当对他人处理信托事务的行为承担责任。一般认为，所谓自己处理，是指制作信托文件、接受信托财产、办理有关手续、分别登录账簿、从事与信托财产有关的交易、从事

---

① 王众：《信托受益人保护研究》，法律出版社 2014 年版，第 146~149 页。

有关的生产经营管理活动，都应当由受托人本人办理。①这一规定，通常理解为受托人负有的亲自管理义务。

按照这一规定，中投公司作为受托人应当亲自管理信托事务，只有在信托文件另有规定或者不得已情形下，才能将信托事务委托他人处理。事实上，法院查明，中投信托公司确实将信托事务委托他人处理了。这就产生了两个问题：（1）中投信托公司的行为是否违反信托法的规定？（2）中投信托公司是否应当对代理人处理信托事务的行为承担责任？

首先，根据《信托法》第30条第1款的规定，在信托文件有规定或者有不得已事由时，受托人可以委托他人代为处理信托事务。本案受托人是一家信托公司，当时并未出现不得已事由必须委托他人处理信托事务；至于信托文件是否允许受托人委托他人处理信托事务，从审理过程和判决书来看，似乎不能确定。不过，就信托实践而言，不同类型的信托，受托人自己处理信托事务的具体含义和要求可能有所不同。对于普通民事信托，受托人自己处理信托事务可能要求受托人亲自管理、处分信托财产，亲自进行信托财产的交易；对于营业信托，可能要求受托人作出管理、处分信托财产的决定，具体交易事项（如信托资金的投资）可能委托有关专业人士完成；特别是股权投资信托，受托人有义务将信托资金投资于适当企业的股权，但通常不可能直接负责企业的经营管理。本案通用科技公司将信托财产委托给中投公司用于求是公司的股权投资，按照商业合理性来判断，似乎不能要求中投信托公司亲自负责求是公司的经营管理和日常运营，只能要求中投信托公司将信托财产投资于求是公司，并且作为其控股股东向求是公司选派董事、总经理等管理人员。法院审理查明，中投公司已经按照信托文件的要求将信托资金投资于求是公司的股权，并且作为控股股东向求是公司选派了总经理和两位董事，基于信托实践的商业合理性和本案信托的特殊性（股权投资信托），似乎可以认为，中投公司的上述行为并未明显违反信托法规定的亲自管理义务。

其次，根据《信托法》的上述规定，受托人委托他人代理的，应当对他人处理信托事务的行为承担责任。这一规定，与我国《民法通则》关于代理人在代理权限内实施的民事法律行为，被代理人应当承担责任的规定，也是一致的。本案中投信托公司委托通用科技公司法人代表高某作为代理人，负

---

① 卞耀武主编：《中华人民共和国信托法释义》，法律出版社2002年版，第103页。

责求是公司的经营管理，就应当对高某的行为承担责任。根据法院审理查明的事实，中投信托公司作为受托人至少应当对以下两方面的不当行为承担责任：(1) 高某作为中投信托公司的代理人，在求是公司成立后次日就抽逃公司的注册资金，违反了《公司法》的有关规定，根据《信托法》的上述规定，中投信托公司对此应当承担责任；(2) 根据查明的事实，中投信托公司向求是公司派出的另外两位董事周某和姚某实际上只是挂名，并未履行任何经营、管理职责，甚至从未参加公司的董事会履行董事职责，两人是受中投信托公司指派担任求是公司董事的，中投公司对于他们的失职行为也应当承担责任。

需要指出，受托人依法委托他人处理信托事务的，受托人如何对代理人的行为承担责任，不同国家或地区的信托法有不同的规定。大体来说主要有两种模式。一种是只要求受托人就选任和监督代理人承担责任，对代理人的行为一般不承担责任。按照这种模式，只要受托人对代理人的选任和监督给予充分注意，履行了谨慎义务，本身没有过失，即使代理人的行为造成信托财产的损失，受托人也不承担责任；但受托人选择不诚实第三人代为处理信托事务或者怠于监督第三人的行为，致使信托财产发生损失的，受托人应当承担赔偿责任。即采用过失责任原则。一般认为，美国、英国的信托法属于这种模式。对此，《韩国信托法》第37条和我国台湾地区"信托法"第26条均明确规定：受托人依照法律规定使第三人代为处理信托事务的，仅就第三人之选任与监督第三人职务之执行承担责任。另一种模式是我国《信托法》第30条规定的，受托人对代理人的行为承担责任。有些学者认为，这一规定对受托人过于严厉，建议参照英美和韩国信托法，减轻受托人的责任。[①] 但是，在法律修改之前，法院只能按照法律的明确规定确定受托人的责任。

第三，中投信托公司委托高某作为代理人还涉及另一个问题，因为高某也是信托委托人通用科技公司的法人代表，中投信托公司委托高某作为代理人导致双方之间的关系复杂化，既有信托关系，又有委托代理关系，高某作为受托人中投信托公司的代理人，虽然信托的委托人是通用科技公司，但高某作为该公司的法人代表，客观上就形成了这样一种结果：高某既代表信托

---

① 郝咪咪："信托受托人委托权法律规则研究"，华东政法大学2012年硕士学位论文；徐卫："受托人委托权问题研究"，载《私法研究》2008年第6期；刘党英："受托人委托权制度中的责任问题探讨"，载《广东商学院学报》2006年第1期；赵文靖："论信托关系中受托人的委托权"，对外经济贸易大学2004年法律硕士学位论文。

的委托人，又是受托人的代理人，即同时代表委托人与受托人。虽然不清楚高某这样做的背后隐情或者动因，也没有证据表明高某有不正当动机，但是，既然通用科技公司意图参与设立并控制求是公司，为什么不直接向求是公司投资并依法负责公司的经营管理，而是借助中投信托公司的受托人名义实现"曲线"控制？确实令人费解，至少在理论上说，难免有设立虚假信托或者借信托之名行不法之事的嫌疑。

案例 38

上海里奥投资公司诉庆泰信托公司信托合同纠纷案

【案情】

2003年5月29日,上海里奥高新技术投资有限公司(里奥公司)与庆泰信托投资有限责任公司(庆泰信托公司)订立《资金信托合同》及《补充协议》,约定:里奥公司作为委托人和受益人,将其合法所有的资金700万元委托庆泰信托公司进行信托管理,期限为12个月,自2003年5月29日至2004年5月29日,运作范围为国债投资;里奥公司的信托资产到账后,庆泰信托公司开具《信托财产管理证明书》予以确认;信托财产的收益率以信托合同期内庆泰信托公司运作信托财产的实际收益率计算,超过10%的部分作为庆泰信托公司的管理佣金;信托期满终止,原告有权收回信托财产本金和收益,期满后5个工作日内办理财产和收益的清算手续;违约方承担一切损失。《补充协议》同时约定,庆泰公司保证原告信托财产的年收益率固定为10%,2003年11月29日支付35万元,到期清算支付信托本金及剩余收益共计735万元。

次日,里奥公司向庆泰信托公司向交付信托资金,庆泰信托公司出具《委托资产管理证明书》,确认收到信托资金700万元,并载明委托期限至2004年5月28日止。同年12月17日,庆泰信托公司按照《补充协议》约定向原告支付投资收益35万元。

2004年3月22日,里奥公司通知庆泰信托公司要求结算另一信托合同的到期本金和收益,庆泰信托公司回函称难以兑付。

2004年4月7日,里奥公司向上海市第一中级人民法院起诉,要求解除与庆泰信托公司签订的《资金信托合同》,并要求庆泰信托公司立即偿付信托财产及损失。法院开庭审理时,《资金信托合同》已经期满,里奥公司变更诉因及诉讼请求,要求判令庆泰信托公司兑付信托资金700万元、赔偿经济损失 22 万元。

庆泰信托公司辩称，已经支付的收益款 35 万元应予抵销。

【审理与判决】

上海市第一中级人民法院审理认为，讼争《资金信托合同》系双方当事人真实意思表示，合同订立的主体、基本条款均符合《信托法》关于信托设立的法定要件，应属合法有效。双方当事人均应恪守合同确定的权利义务。现信托合同期满，原告作为受益人依法有权享受信托利益，被告亦应按约向原告作出清算报告并兑付信托财产的本金和收益。被告无理拒付且未正当履行信托管理义务显属违约，应当承担赔偿原告信托资金实际损失的违约责任，该损失包括信托资金管理期间的法定孳息和逾期支付的法定滞纳金。

同时，双方当事人签订的《补充协议》另行约定了原告应收取被告支付的固定信托利益，该条款属保底性质，因违反信托法律关系应当遵循的公平原则，故确定为无效条款。原告据此已经取得的 35 万元应在原告诉请的信托财产本金中予以抵销。

综上，依照《信托法》和《合同法》的有关规定，判决：庆泰信托公司偿付上海里奥公司信托财产本金 665 万元及该款实际发生的孳息损失。

【评析】

本案当事人签订《资金信托合同》后又签订《补充协议》约定：信托财产的收益率以被告实际运作取得的收益率计算，超过 10% 的部分作为被告的管理佣金。双方的这一约定可以理解为，原告打算取得一定的信托投资收益但不愿承担信托财产投资的风险；被告不满足于按照确定的数额或者信托财产的一定比例取得信托报酬，双方巧妙地约定以超过 10% 的信托财产投资收益作为被告的管理佣金，表面看来并非保底约定。

按照规范的信托关系，受托人进行信托财产的投资取得的收益属于信托利益，只能由受益人享有，信托财产投资的风险也应当由受益人承担，即收益与风险都归受益人；而受托人管理信托事务、从事信托财产投资，应当按照约定的数额或者按照信托财产的一定比例取得信托报酬，同时应当受到信托法和信托文件的约束，受托人违反法律规定或者违反信托文件约定采取行动的，受益人有权依照信托法向人民法院起诉，请求受托人承担相应的责任。

本案当事人对《资金信托合同》及《补充协议》并无争议。在履行过程中原告得知被告无力清偿另一份信托合同的债务后，担心其信托财产受到损失，因而要求解除合同、合同期满后变更为要求被告履行信托义务，被告并未否认其义务，但是可能面临资金困难一时无力履行义务，因而只是辩称，其已经支付给原告的收益款应当抵销，无论法院认定合同是否有效，这一要求都是合理的。

法院经审理认定，双方签订的《资金信托合同》系双方当事人的真实意思表示，合同主体和基本条款均符合信托法的规定，因而合同有效成立。同时认定双方签订的《补充协议》的有关收益率的条款无效，并据此依法作出判决。

法院的判决有两点值得肯定：一是法院将《资金信托合同》与《补充协议》分别处理，分别确认合同及相关条款的效力，尽可能地维护了双方当事人信托关系的有效成立，在此基础上解决争议，这是在认定合同效力时应当提倡的做法，即尽可能使合同有效；

二是法院认定《补充协议》有关收益率的条款，因为具有保底条款的性质而无效，是客观的、正确的，同时承认《补充协议》的其他条款仍然有效，从而把无效的范围限定在尽可能小的范围。双方当事人之间建立信托法律关系，应当依照《信托法》确定受托人的投资义务和受益人的信托利益。当事人另行约定保底条款，似乎有违信托法原理和信托法律关系应当遵循的原则，而且，被告作为信托公司承诺保底，违反行政规章的规定，隐含着较大的风险，宜认定为无效，同时依据《信托法》的规定来确定受托人的责任和受益人的信托利益：受托人依法谨慎、有效履行投资义务的，信托资金的投资效果，不论收益多高，都由受益人承担，受托人不担保信托资金投资取得确定的收益；受托人履行投资义务有过失或者违反法律规定的，应当依法赔偿由此给信托财产造成的损失。

不过，本案的判决也存在不公正之处。有学者指出，假设受托人利用投资者的资金进行高风险投资，并且获得高额回报，如果判决受托人按照中国人民银行同期贷款利率计算本息返还委托人，就会产生让受托人主张信托无效的激励，而适当的法律规则不应当支持一个人通过自己的错误行为获利。[①]

[①] 赵廉慧：《信托法解释论》，中国法制出版社2015年版，第174页。

还有学者指出，本案这样涉及保底条款的判决也暴露出信托审判中的一类通病：效力层级较高的法律中相关规定空洞甚至缺乏，裁判活动严重依赖效力层级较低且稳定性不足的部门规章，对规章与法律的冲突未给予充分的重视，甚至选择适用违背上位法精神的下位法，暗生司法适用上的混乱，对部门法中的基本原则作过于宽泛的解释，迎合行政规章的意图而忽略社会经济评价。[1] 学者的这些看法，应当引起司法机关的重视。

---

[1] 季奎明：《组织法视角下的商事信托法律问题研究》，法律出版社2014年版，第162页。

案例 39

邹某诉华宝信托公司资金信托纠纷案

【案情】

2011年8月,华宝信托公司发行《华宝-紫石超盈证券投资资金信托计划》,紫石投资公司担保信托计划的投资顾问。原告邹某经人推销,出资300万元购买了300万份信托计划份额,推销人介绍说,该信托计划是保本的。8月18日,原告分别在《华宝-紫石超盈证券投资资金信托计划资金信托合同》的客户信息及签署页和《认购风险申明书》的"委托人"处签字并捺印。当日,原告将300万元资金转入华宝信托公司账户,结算业务申请书附言部分载明"邹某认购紫石超盈300万元"。后华宝信托公司在另一份《华宝-紫石超盈证券投资资金信托计划》的客户信息及签署页盖章。

8月31日,华宝信托公司电话回访,邹某确认购买300万元"华宝-紫石超盈信托计划"和签署合同,并确认清楚知晓上述产品是不承诺保本和最低收益的。《华宝-紫石超盈证券投资资金信托计划资金信托合同》约定:本合同自各方签署后生效,若合同各方签署日期不一致,自最后一方签署之日起生效。该合同的《委托人特别告知条款》第2条载明:信托公司办理资金信托业务时不得承诺信托资金不受损失,也不得承诺信托资金的最低收益;《认购风险申明书》明确约定:本信托计划不承诺保本和最低收益。

2012年7月,有传闻说紫石投资公司经理逃逸,华宝信托工作人员就此向原告作了解释,并表示后续资金尚有保证,但如果当即赎回,可免除手续费。原告担心资金安全,遂同意赎回。8月7日,华宝信托将赎回资金2109710.13元支付给原告。原告要求华宝信托履行保本承诺遭到拒绝,要求银行赔偿损失也被拒绝。原告随后发现《华宝-紫石超盈证券投资资金信托计划资金信托合同》并非原告本人签署,其条款与样式也均与原告最初签署的签字页不同,合同内容与销售人员的陈述也不同。原告认为,资金信托合同的签名并非原告本人签署，合同未成立，自始未发生效力。据此，向上海市浦东新区人民法院起诉，要求确认《华宝－紫石超盈证券投资资金信托计划资金信托合同》未成立；华宝信托应当向原告返还 890289.87 元。

华宝信托公司辩称，本案所涉信托合同经各方签章已成立生效，并获得实际履行；即便原告于信托合同中的签字系他人代签，原告也已履行了信托合同的主要义务，信托合同已成立生效；本案所涉信托产品属于非保本型理财产品。故不同意原告的诉讼请求。

【审理与判决】

浦东新区人民法院审理认为，（一）资金信托合同是否成立取决于双方是否就合同内容达成一致的意思表示。原告签署的信托合同与被告签署的信托合同的打印条款内容一致，而原告的认购单位和认购价款已经通过原告签署的信托合同、电话确认、支付认购价款以及赎回的方式予以确认，故双方之间就资金信托合同已经达成一致的意思表示，合同已经成立并生效；而且，根据《合同法》第 36 条，一方已经履行主要义务，对方接受的，合同成立。本案原告已经履行了支付 300 万元认购价款和赎回 300 万份信托份额的主要义务和权利，被告业已接受，故涉案信托合同成立，合同内容方面，双方已经通过各自签署打印部分内容一致的两份资金信托合同予以明确。因此认定，资金信托合同成立。（二）资金信托合同的《委托人特别告知条款》和《认购风险申明书》已经载明"不承诺保本和最低收益"，原告在被告的工作人员电话回访时，也确认清楚不承诺保本和最低收益；并且原告未提供确凿证据证明其主张，故对原告提出的涉案理财产品是保本型理财产品，并据此要求被告返还其余认购款的请求，难以支持。

据此，判决：驳回原告的诉讼请求。

原告不服判决，向上海市第一中级人民法院提起上诉称，自己签字时只看到签字页，没有看到信托合同文本；华宝信托公司提供的信托合同的签字不是自己所签，故双方没有就信托合同达成合意，信托合同没有成立。而且，在电话回访中承认知晓涉案信托产品不保本和不保最低收益，是销售人员要求所为。赎回也是因为华宝信托服务人员说，如果不赎回，钱就赔光了，所以，赎回是止损行为，不是对合同效力的追认。请求二审法院撤销原审判决，依法改判支持上诉人的诉讼请求。

华宝信托公司辩称，上诉人签字的信托合同与被上诉人提供的信托合同的内容是一致的。上诉人购买及赎回信托产品，华宝信托公司服务人员通过电话确认上诉人购买产品及知晓产品不保本。这些行为均表明，双方都已经履行了合同主要义务，信托合同依法成立，原审认定事实清楚，适用法律正确，请求驳回上诉，维持原判。

上海市第一中级人民法院审理认为，涉案信托合同系双方意思表示的载体，虽然双方当事人并未在同一份合同上签字，但是上诉人单方签字的信托合同与被上诉人签章的信托合同内容相同，且双方均认可购买300万份涉案信托产品，故双方对于信托法律关系的意思表示是一致的；上诉人通过银行转账购买涉案信托产品，被上诉人予以接受，双方已经履行了信托合同的主要义务，双方之间的信托法律关系依法成立。上诉人主张销售人员口头承诺涉案信托产品为保本产品，但未提供证据予以证明；相反，涉案信托合同的《委托人特别告知条款》第2条及《认购风险申明书》均载明不承诺保本和最低收益。上诉人主张其在签字时只看到签字页，没有看到信托合同文本，上诉人作为完全民事行为能力人，应当认识到签字行为所产生的法律后果。即使上诉人所述情况属实，上诉人也应当在签字前要求查看合同内容，上诉人未要求查看合同内容即签字，视为对合同内容的认可，由此产生的法律后果由上诉人承担。上诉人主张是销售人员要求其在电话回访中确认知晓购买的涉案信托产品不承诺保本和最低收益，但是未提供证据予以证明，且上诉人在接受电话回访时处于意志自由的状态，应当能够认识到不承诺保本和最低收益的确切含义。综上，原审法院判决事实清楚，适用法律正确。上诉人的上诉请求缺乏事实和法律依据，不予支持。

据此，判决：驳回上诉，维持原判。

【评析】

本案是近年来十分常见且典型的信托理财纠纷案件。根据媒体报道，因本案所涉同一份信托合同而产生纠纷并诉诸法院的就不止一起，更不用说未诉至法院的同类争议。

本案原告主张双方当事人之间不存在有效的信托关系，法院依据双方签订信托合同的实际情况和当事人提供的证据，判决双方之间的信托合同依法有效成立，并且已经履行完毕，是有法律依据的，法院的判决在法律上确实解决了双方当事人之间的争议。不过，既然对于本案双方当事人之间存在信托关系均无异议，而本案的信托最终以委托人被迫亏本赎回投资而终止，使一项充满希望的信托投资理财计划变成一个赔了夫人又折兵的悲惨故事，那么，从信托法的角度对本案作一些分析，也许不是多余的。

本案双方当事人争议的焦点以及法院的判决都聚焦于信托合同是否有效成立，法院主要依据合同法进行分析、作出判决，同时却忽略了关键的信托法问题，即被告是否依法履行了受托人应尽的义务，被告与紫石投资公司之间是什么关系、应当如何承担责任？

根据其他相关资料，涉案的华宝－紫石超盈证券投资资金信托计划是华宝信托公司与上海紫石投资公司共同参与发行的阳光私募产品。上海紫石投资公司成立于2007年4月，是一家私募基金投资公司，主要业务是将信托公司募集的资金进行股票二级市场的投资。该公司于2010年12月31日发行第一期私募基金产品紫石一期，因业绩优秀成为2011年私募基金业绩冠军，公司随后发行紫石超越、紫石超盈两个私募基金产品，涉案的华宝－紫石超盈证券投资资金信托计划于2011年8月开始募集资金，最低认购金额为200万元，同年9月1日信托计划成立，规模为三亿元，期限为十年。但是，到2012年7月，紫石超越、紫石超盈两只基金的净值跌幅均超过20%，特别是紫石超盈基金净值的下跌幅度已接近30%的清盘水平。随后有传闻说，紫石投资公司负责人兼基金经理张某的学历等可能有假，其担任基金经理的紫石一期私募基金的业绩涉嫌通过不正当手段取得，并且传闻紫石公司因张某涉嫌内幕交易受到证监会调查，张某已逃逸在外；紫石公司也证实张某当时不在国内。

这种情况下，投资者开始恐慌，像本案原告这样的投资者为了减少损失，被迫选择亏本赎回投资。随后不久，紫石超盈证券投资资金信托计划成立后不到一年，就因为基金净值跌幅达到30%而最终清盘，由此引发多起争议诉至法院。

从原告维护自身权益（维护投资者合法权益）的角度，本案的焦点不在于信托合同及信托关系是否成立，因为双方当事人的行为已经是最好的证明，而且被告作为信托经营机构，是格式合同的制作和提供者，应当为维护自身利益做好了充分准备；相反，本案的关键问题在于，从信托计划的实施过程看，被告作为受托人是否依法履行了应尽的义务？

就此而论，本案的难点在于如何认定华宝信托公司与紫石投资公司之间的关系,特别是他们之间如何分担责任?从信托计划的实际操作来看,华宝信托公司负责募集信托基金,紫石投资公司负责信托基金的投资,既然信托合同明确华宝信托公司是受托人,而没有明确紫石投资的受托人身份,他们之间依法不能构成共同受托人关系;而且紫石投资公司显然没有担任托管人的资格,信托计划确定的基金托管人是光大银行,因此,华宝信托与紫石投资之间也不可能是管理人与托管人的关系。按照信托计划,华宝信托是信托的受托人,紫石投资是信托计划的投资顾问,因为看不到信托计划合同,不清楚华宝信托公司与紫石投资公司之间是如何划分责任的。不过,我国信托法并没有明确规定受托人与投资顾问的关系。最接近信托法规定的两者之间的关系是,紫石投资公司是受托人华宝信托公司的投资代理人,即双方构成委托代理关系。

受托人对于其委托的代理人的责任,主要有两种类型,一种是我国信托法规定的受托人完全负责。我国《信托法》第30条的规定:"受托人应当亲自处理信托事务,但信托文件另有规定或者有不得已事由的,可以委托他人代为处理。受托人依法将信托事务委托他人代理的,应当对他人处理信托事务的行为承担责任。"据此,本案华宝信托公司担保受托人,紫石公司作为投资顾问,可以近似地把紫石投资公司看成是受托人委托的投资代理人,其依据是信托文件另有规定,受托人承担责任的方式是,受托人应当对代理人的行为承担责任;另一种类型是日本、韩国和我国台湾地区的信托法规定的受托人部分责任,即受托人委托他人代理的,只对代理人的选任和监督承担责任,对代理人的行为不承担责任。

按照我国《信托法》的规定,华宝信托公司作为受托人,紫石投资公司作为投资代理人,华宝信托应当为紫石投资的行为承担责任。就信托基金的投资责任而言,问题就变成,紫石投资公司作为投资顾问在信托基金投资过程中是否存在过失?作为受托人的华宝信托公司是否存在过失?在更广泛的意义上,华宝信托公司是否按照信托法的规定履行了受托人的义务?如果受托人依法履行了义务,作为投资顾问的紫石公司在信托基金投资过程中也没有过失,原告赎回其投资,双方的信托关系终止,原告应当承担由此带来结果(尽管可能是不利后果);相反,如果华宝信托公司未能依法履行受托人义务或者紫石投资公司的投资存在过失,那么,华宝信托公司作为受托人就应当对原告的损失承担责任。本案原告未提出受托人及投资顾问是否依法履行义务的问题，法院没有必要就此进行调查，法院的判决书对此当然也不必加以说明。

事实上，紫石-超盈证券投资资金信托计划给投资者带来了很大损失，除本案原告以外，还有其他投资者就此向法院起诉。在针对该资金信托计划的另案诉讼中，紫石投资公司向法院提供的证据材料表明，紫石投资公司作为该信托计划的投资顾问代表委托人申请购买的 14 只股票就有一半是 ST 股票，其中还有 3 只是连续三年亏损、退市风险很明显的股票。稍有证券投资常识的人就不难看出，紫石投资公司显然是以投资者利益为赌注进行高风险的股票投机，仅仅这一事实就足以表明紫石投资公司作为投资顾问的失职，华宝信托作为受托人，至少在监督代理人方面失职，依法应当对原告的损失承担一定的责任。

案例40

某县信用联社诉庆泰信托公司信托合同纠纷案

【案情】

2003年4月15日，某县农村信用联社以委托人和受益人身份（甲方）与庆泰信托公司（乙方）签订《资金信托合同》约定：甲方将其合法拥有的资金2000万元委托乙方进行信托管理。甲方授权乙方对上述财产进行运作的范围为投资购买国债，品种为090301，券面利率4.26%，非经甲方书面认可，乙方不得随意变动投资运作范围。对信托财产，由乙方设立投资专用资金账号99797，基于甲方对乙方的信任，以乙方名义进行投资运作。合同约定信托期限为12个月，自2003年4月18日至2004年4月18日止。合同还约定，甲方信托财产到账并正式交付乙方管理时，由乙方开具《信托财产管理证明书》，信托财产管理期限的起始日及截止日均以乙方开具的证明书为准。信托终止，甲方有权收回信托财产本金并得信托财产利益。此外，合同对收益分配、信托报酬及双方的其他权利、义务、风险责任和违约责任均作了约定。

2003年4月23日，庆泰信托公司向某县农村信用联社开具《信托财产管理证明书》载明，委托人和受益人均为某县信用联社，信托金额2000万元，信托期限2003年4月24日至2004年4月23日；信托方式为委托资产管理。

同年11月25日，庆泰信托公司又向某县农村信用联社出具确认书，确认庆泰信托公司已在海通证券上海天平路营业部开立99797号资金账户，该账户为庆泰信托公司与某县农村信用联社进行业务的信托专用账户。

2004年4月23日，合同约定的信托期限届满，但庆泰信托公司既未向某县农村信用联社支付信托收益，也未返还信托本金。某县农村信用联社遂向黄山市中级人民法院起诉，请求法院判令庆泰信托公司归还信托资金并支付信托收益。

庆泰信托公司未到庭参加诉讼，亦未提供答辩状和证据。

【审理与判决】

黄山市中级人民法院审理认为，双方当事人签订的资金信托合同，主体合法，系双方真实意思表示，合同内容不违反法律法规的强制性规定，合同合法有效。某县农村信用联社依合同约定，将信托资金 2000 万元交付庆泰信托公司后，庆泰信托公司应按合同约定进行投资运作，并且在信托期限届满后，及时将信托资金及因信托财产取得的收益交付某县信用联社。但是，信托期限届满后，庆泰信托公司未按合同约定履行上述义务，已构成违约。现某县信用联社起诉要求庆泰信托公司归还信托资金本金 2000 万元及支付合同约定的利息，因庆泰信托公司放弃举证、质证等诉讼权利，依法应承担相应的法律后果。对原告要求庆泰信托公司返还信托资金本金 2000 万元的诉求，本院依法予以支持。对其利息主张，以合同约定的投资国债券面利率 4.26% 计算。

据此，依照《民事诉讼法》第 130 条，《信托法》第 19 条、第 24 条、第 43 条、第 53 条 1 项、第 54 条、第 58 条，以及《合同法》第 60 条的规定，判决：庆泰信托公司归还某县农村信用合作社联合社信托资金 2000 万元及利息（利率按合同约定的国债券面利率 4.26%、自 2003 年 4 月 24 日起计算）。

【评析】

本案是一起比较简单的资金信托纠纷案。原告将其资金委托给被告，由被告用于购买指定的国债，双方甚至明确约定了收益，期满后由被告返还本金并按照约定支付收益。但被告得到资金后，直到信托期满后却未返还原告的信托财产，也未支付信托收益，显属违约。一方面，当事人签订的《资金信托合同》对有关事项都有明确的约定，另一方面，被告又未出庭答辩，也未提交答辩状，因此，法院认定事实及作出判决都比较明确。

本案资金信托合同涉及的信托财产价值并不很大，而且信托财产管理的内容也是简单明确的，被告作为专门经营信托业务的信托公司却明显违约，显然有些出乎预料，可能是因为庆泰信托公司在 2003 年年底资金链出现问题，陷入经营困难，偿付能力明显不足。因此，本案给投资者的教训是，委托投资一定要选择经营能力强、信誉高的信托经营机构，才能在保障信托财产安全的前提下，实现信托财产的收益和增值。

案例 41

中信信托公司诉天平公司贷款信托合同纠纷案

【案情】

2007年8月15日,中信集团与中信信托公司签订《资金信托合同》确立资金信托关系。合同约定:中信集团将4736万元资金委托给中信信托公司,由其按照中信集团的意愿,向中国天平经济文化有限公司(天平公司)发放贷款,期限为12个月,中信信托公司负责按期催收贷款利息,贷款到期负责催收贷款本金。

随后,中信信托公司与天平公司签订《贷款信托合同》约定,将上述信托资金贷给天平公司用于偿还银行贷款,年利率6.84%,期限为12个月,利息按季支付,本金一次偿清,逾期利息计收复利;在信托贷款期限内,中信信托公司按贷款资金余额向天平公司收取8%的手续费。天平公司将其持有的康融拍卖有限责任公司510万股股权作为贷款的质押担保,双方为此另行签订《股权质押合同》,并依法办理了登记。

合同签订后,中信集团依约将4736万元划入天平公司的指定账户。

但是,合同履行过程中,天平公司未能按照合同约定偿还利息;合同期满后,也未能偿还借款本金及利息、罚息和手续费。经中信信托公司多次催促,天平公司仍未履行义务。

2009年6月,中信信托公司向北京市第二中级人民法院起诉,请求判令天平公司偿还借款4736万元以及利息、罚息、手续费共计857.7万元,并判令中信信托公司对天平公司持有的康融拍卖公司的股权享有优先受偿权。

被告天平公司辩称:(一)中信信托公司未向天平公司发放贷款,所借款项是中信集团支付的,故中信信托公司无权主张返还借款。(二)根据中国人民银行《金融信托公司委托贷款业务规定》第8条的规定,委托资金要先存后贷,先拨后用,因此,本案的《资金委托合同》、《贷款信托合同》均属无效;

本案所诉借款其实是以委托贷款名义掩盖的企业借款，应认定无效。（三）中信信托公司与中信集团都是专业信托公司，对贷款流程十分清楚，故应对合同无效负全部责任，借款人并无过错，因此，原告要求支付利息的主张不应得到支持。（四）按照前述《金融信托公司委托贷款业务规定》第 10 条的规定，信托公司应按照委托的金额和期限向委托人收取手续费，中信信托公司应向中信集团收取手续费，即使向天平公司收取手续费，也只能收取信托期限内的手续费。

【审理与判决】

北京市第二中级人民法院审理认为：

（一）关于合同效力。中信集团与中信信托公司签订的《资金信托合同》、天平公司与中信信托公司签订的《贷款信托合同》《股权质押合同》均系当事人的真实意思表示，且不违反法律法规的强制性规定，合法有效。《股权质押合同》签订后依法办理了质押登记，合同项下的质权已经依法设立。签约各方均应按照合同约定履行各自的义务。

（二）关于贷款的发放。本案所涉贷款为委托贷款，中信集团作为委托人与受托人中信信托公司签订《资金信托合同》，中信集团委托中信信托公司将款项贷给中信集团指定的用款人天平公司。同时天平公司与中信信托公司签订的《贷款信托合同》约定，天平公司同意中信信托公司向天平公司发放的贷款，由《资金信托合同》所指委托人直接支付至天平公司指定账户，即由中信集团将款项直接划入天平公司指定的账户。该约定系双方当事人的真实意思表示，虽然与中国人民银行颁布的《金融信托投资公司委托贷款业务规定》第 8 条"委托资金要先存后代，先拨后用"的规定不符，但该规定不属于法律法规，因此天平公司与中信信托公司约定中信集团将款项直接划入天平公司指定的账户，并未违反法律法规的强制性规定，该约定并不导致《资金信托合同》《贷款信托合同》无效，天平公司关于《资金信托合同》《贷款信托合同》无效的抗辩理由不能成立。《资金信托合同》《贷款信托合同》签订后，中信集团已经依约将款项划入天平公司指定的账户，应认定中信信托公司履行了《贷款信托合同》约定的放款义务。

（三）关于中信信托公司的诉讼请求。《贷款信托合同》签订后，中信信托公司依约履行了发放贷款义务，天平公司收到贷款后，在合同约定的借款期限届满时应当偿还全部借款本息。天平公司未按合同约定的期限偿还借款本息，已经构成违约，应承担相应的违约责任。因《贷款信托合同》约定"天平公司未能按本合同约定的计划归还借款本息，中信信托公司有权催收贷款，对逾期贷款本金加收 2.052% 的利息，对逾期未付利息可以按 10.26% 计收复利"，故天平公司应当按照合同约定的标准支付贷款逾期后的罚息和复利。

《贷款信托合同》约定"本合同设定的信托贷款期限内，中信信托公司向天平公司按贷款资金余额，以年 8‰ 的手续费率，收取手续费。"从该约定的内容看，中信信托公司收取的手续费是合同约定的贷款期限内的手续费。故中信信托公司要求天平公司支付合同约定的贷款期限（12 个月）内的手续费的请求，应予支持，其要求天平公司支付贷款期限届满后的手续费的请求没有合同依据，不予支持。

天平公司与中信信托公司签订的《股权质押合同》项下的质权已依法设立，合同约定"天平公司将其持有的康融拍卖公司 510 万股质押给中信信托公司，作为履行《贷款信托合同》的担保"，现天平公司未履行《贷款信托合同》项下偿还借款本息的义务，中信信托公司依照《股权质押合同》的约定对天平公司持有的康融拍卖公司 510 万股股权享有优先受偿权。

据此，依照《合同法》和《担保法》的有关规定，判决：（一）天平公司向中信信托偿还借款本金 4736 万元及利息，并支付手续费 37.88 万元；（二）中信信托公司对天平公司持有的康融拍卖有限责任公司的 510 万股股权享有优先受偿权；（三）驳回中信信托公司的其他诉讼请求。

【评析】

本案的案情比较简单，涉及的法律关系也比较明确。

本案虽然涉及三份合同，但实质上是一种信托贷款关系，或者说构成一种贷款信托。中信集团与中信信托公司签订《资金信托合同》，双方之间形成资金信托关系；中信信托公司与天平公司签订《贷款信托合同》，双方之间形成资金借贷关系，同时签订的《股权质押合同》则是借贷合同的担保合同，只是因为中信集团与中信信托之间的信托关系属于委托人指定用途的贷款信托关系；并且中信集团与中信信托公司之间存在特殊关系，所以，中信信托公司与天平公司签订的《贷款信托合同》约定，天平公司所借款项直接由中信集团打入天平公司指定的账户，实际上中信信托公司与天平公司之间就是一种借贷关系，其特殊之处在于，中信信托公司所贷出的资金是中信集团作为委托人而设立的贷款信托的信托资金。

天平公司作为借款人，在借款期满后未按照合同约定偿还借款本金、支付利息和手续费，构成违约，理应承担相应的责任。法院依据合同法、担保法，判决天平公司偿还借款的本金、利息和合同约定的手续费，并判决中信信托公司对天平公司持有的康融拍卖公司510万股股权享有优先受偿权，合法有据，是正确的。

本案是一个资金信托纠纷案件，但争议发生在信托资金贷出后未能按期得到偿还，涉及信托资金的运用，争议只发生在资金信托的受托人中信信托公司与第三人天平公司之间，资金信托的双方当事人之间并无争议，因此，人民法院只依据合同法、担保法就作出了适当的判决，并未援用信托法的规定。

本案涉及的这类贷款信托在现行金融管制政策下是一种比较普遍的现象。一些企业由于种种原因在一定时间内出现资金过剩，按照金融政策又不能按照适当的利率出贷给其他需要资金的企业，因此，只得借助信托手段或者其他方式，通过信托公司等通道转贷给其他企业，信托公司其实只是一个通道，利用信托的牌照赚取手续费等利益，通常并不需要像一般受托人那样真正对资金的运用负责，因此，一旦资金的运用出现问题，如何确定委托人与信托公司的关系，就需要运用信托法的规定或者信托法原理。这类信托属于委托人指定用途的资金信托，如果第三人运用资金出现问题，不能按期偿还借款（像本案这样），在委托人与信托公司之间如何承担损失，无疑会产生争议。按照信托法原理，委托人指定用途的贷款信托，万一出现借款人不能按期偿还贷款，受托人如无过错，就应当由委托人承担风险；但是，委托人与第三人（借款人）之间并无直接合同关系，委托人能否直接起诉第三人，似有疑问。而且，贷款逾期后的利息损失如何承担，显然也会存在争议。好在本案《资金信托合同》的双方当事人即中信集团与中主信托公司之间存在特殊关系，这些问题并不突出。

还有学者指出了本案判决的背景因素。本案受理时间为2009年7月21日，随后的8月17日，北京市高级人民法院发布的《关于商事审判应对金融危机的若干意见》第1条就明确指出：要从支持北京市金融业经营和发展大局出发，依法最大限度地确保国有金融债权的安全。本案原告及第三人都是大型国企，被告属于没有国资背景的民营企业，若承认被告天平公司的主张而否认信托的效力，原告的债权必然会受到损失。这种背景下，法院的判决结果就容易理解了。[1]

---

[1] 周淼森："论信托有效性的司法对待"，中国政法大学 2011 年硕士学位论文。

案例 42

和某珍诉北京恒晟基业公司信托投资纠纷案

【案情】

2003年6月恒晟基业公司成立，王某泉任董事长，和某珍出资15%，担任公司副总经理并负责保管公司公章。

2007年4月下旬，和某珍先后给恒晟基业公司汇款合计70万元，汇款凭证的用途栏注明为"投资"。

2007年4月26日，恒晟基业公司作为委托人，与受托人平安公司签订平安盛桥中国优势股权投资集合资金信托合同载明，委托资金总额1000万元。其中，《平安盛桥中国优势股权投资集合资金信托信托计划》载明：信托计划成立时的规模下限为3亿元，信托合同份数不超过200份，本信托计划为封闭式信托，信托计划存续期间不得认购或赎回；信托计划的期限为5年，自信托成立日起计算，若5年内所投资项目均顺利退出并实现分配，剩余未分配信托财产不足1000万元，受托人与投资顾问协商后可提前终止本信托计划；信托计划期满后如有部分投资项目因相关政策限制暂时无法退出（如限售期或锁定期等要求），经代表不少于四分之三的信托计划受益人及受托人同意，本信托计划可延期结束。募集对象为中国境内的自然人、法人或者依法成立的其他组织，委托人的认购资金应不低于1000万元，并按100万元的整数倍增加；投资者与受托人正式签署信托合同并依信托合同约定交纳信托资金，其委托行为得以确认，因此产生的信托关系在信托合同生效后生效；受托人可不定期对受益人进行分红。信托计划的《风险申明书》载明：平安信托依据信托文件的约定管理、运用、处分信托财产导致信托财产受到损失的，由信托财产承担；平安信托违背信托文件的约定管理、运用、处分信托财产导致信托财产受到损失的，由平安信托负责赔偿，不足赔偿时由信托财产承担等。

平安公司次日给恒晟基业公司开具信托资金收款收据载明：委托人恒晟基

业公司投资金额1000万元,已交付信托专户。同日,恒晟基业公司给和某珍开具收据载明,收到和某珍"平安盛桥优势股权证券投资款"100万元。

2007年6月15日,和某珍在《资产委托协议书》上签名,并加盖恒晟基业公司公章,协议主要内容为:经乙方恒晟基业公司(受托方)推荐,甲方和某珍(委托方)同意利用乙方的资产投资管理经验和平台,就"平安盛桥中国优势股权投资集合资金信托计划"进行投资;甲方同意于本协议签订生效后10日内将其合法拥有的货币现金100万元汇入乙方指定账户,乙方确认收到相关款项后,应开出收款证明交与甲方,甲方与其他自然人的出资会同乙方出资形成的该项目投资,由乙方统一对平安公司进行投资,乙方投资总额(含甲方与他人出资)合计为1000万元;本协议为甲方利用乙方资产管理经验和平台同乙方自有资金合计一起进行投资的行为,乙方承诺确保甲方该投资收益不低于投资本金的三倍,甲方投资收益如未达到乙方承诺确保的标准,由乙方负责补齐差额,乙方投资风险由乙方自行承担;信托资产封闭期为5年,即2007年5月11日至2012年5月10日,甲方在信托资产封闭期内不得撤回投资,封闭期期满后,甲方有权随时撤回投资并依据本协议获取相关收益,乙方应予以配合;甲方享有委托资产的所有权及收益权,乙方保证从本信托资产所获得全部收益(连同本金)及时足额转交甲方;乙方作为甲方的投资受托人与平安公司签订合法有效的信托合同,乙方应严格按照前述合同代理甲方行使合同约定的权利和义务,乙方在整个投资期内应将所获得与该项投资活动有关的全部资料和信息及时、真实、准确地传递给甲方;甲乙双方均保证如期如约履行本协议,任一方不得擅自变更或解除,一方未经对方同意违反本协议,须向对方承担违约责任;本协议经双方签章确认,自甲方委托资金全部到达委托账户翌日起生效,至信托投资期满,并且甲方得到所有应得收益时失效。乙方签章除和某珍加盖的恒晟基业公司公章外,另加盖了公司法定代表人王某泉的名章。

2010年9月平安公司向恒晟基业公司支付投资收益1000万元;2013年12月和2014年6月又分别支付投资收益650万元和620万元。

2010年10月19日,和某珍收取恒晟基业公司998950元。随后的诉讼中,双方对该款项的性质看法不一,和某珍主张是信托收益,恒晟基业公司称是偿还的借款本金。

2012年4月,平安公司发布受益人大会公告载明:本着受益人利益最化原则，拟将本信托计划延长2年；同时公布了受益人大会表决办法。2012年5月，平安公司发布表决结果公告，决定信托计划延期到2014年5月11日。

2012年4月，和某珍向北京市朝阳区人民法院起诉，要求恒晟基业公司返还投资款100万元并支付投资收益及利息，法院认定双方存在委托投资关系，但认为信托期限未满，判决驳回其诉讼请求。

2012年5月31日，和某珍向恒晟基业公司送达《到期撤资取收益通知》说明：2007年4月，和某珍经恒晟基业公司介绍动员，出于对该公司的信任，出资参与平安盛桥中国优势股权投资集合资金信托计划的投资，并于2007年6月与恒晟基业公司补签了《资产委托投资协议书》，现信托资产封闭期（2012年5月10日）已届期满，依据协议发出通知要求撤回上述投资并获取收益，要求恒晟基业公司尽快安排，如约兑现，否则将启动法律程序。恒晟基业公司收到通知后未予回复。

2014年7月3日，和某珍向朝阳区人民法院起诉，要求恒晟基业公司支付投资收益款及利息。

恒晟基业公司答辩称：（一）《资产委托投资协议书》约定，无论盈亏恒晟基业公司均保证和某珍获得固定本息回报，属于名为委托理财、实为借贷关系，和某珍的本意符合借款行为的构成要件，双方之间为借款合同关系；而且，该约定属于保底条款，依法是无效的，导致合同整体无效。（二）恒晟基业公司的经营范围不包括委托理财，如认定双方之间成立委托理财合同关系，则双方之间的行为应系无效行为。（三）和某珍投资的100万元本金已于2010年10月19日获得全额返还，无权要求获得收益。《信托合同》系恒晟基业公司与案外人签订，对和某珍无约束力。恒晟基业公司曾口头向出资人承诺保证本金不受损失、保证利息收益不低于银行同期贷款利率，故恒晟基业公司同意按照银行贷款利率支付和某珍出资期间的利息。

【审理与判决】

朝阳区人民法院审理认定：《资产委托投资协议书》的签约从形式上看是和某珍与恒晟基业公司，但恒晟基业公司不承认签约，而和某珍承认恒晟基业公司的公章系其加盖，故现有证据不足以认定该协议书是和某珍与恒晟基业公司所签。但是有证据证明和某珍汇款70万元给恒晟基业公司，其中一笔汇款的凭证明确记载为"投资"。恒晟基业公司曾给和某珍开具收取投资款100万元的收据，收据记载的投资名目与恒晟基业公司和平安公司所签信托合同的信托产品相符。平安公司给法院的调查回函确认，信托计划于2010年9月曾分红一次，恒晟基业公司分得1000万元（与信托合同约定的投资金额等额）。而恒晟基业公司于2010年10月19日给付和某珍998950元，金额与收据记载的和某珍投资额基本相符。恒晟基业公司2012年5月31日收到和某珍发出的《到期撤资取收益通知》后，没有以适当方式否定和某珍有关出资参与信托计划的描述。综上，法院认为，现有证据可以形成证据链，根据证据高度盖然性原则，和某珍有关其投资100万元给恒晟基业公司参与信托计划，恒晟基业公司接受并已分红的陈述，应予采信。

关于和某珍要求恒晟基业公司支付投资收益的诉讼请求。恒晟基业公司已经向和某珍支付了第一期的信托收益，现恒晟基业公司收到了平安公司支付的两笔信托收益，按照双方的交易惯例，恒晟基业公司应将信托收益支付给和某珍。和某珍要求恒晟基业公司支付信托收益的诉讼请求，于法有据，法院予以支持。恒晟基业公司如因信托收益产生税费，信托结束时可以与和某珍结算。恒晟基业公司逾期支付投资收益，应向和某珍赔偿利息损失。双方并未约定恒晟基业公司向和某珍支付投资收益的期限，故法院将利息的起算点调整至和某珍向法院提起诉讼之日。

关于恒晟基业公司提出双方的合同应属无效的答辩意见，鉴于和某珍与恒晟基业公司之间的合同关系不存在《合同法》第52条规定的合同无效情形，对该答辩意见不予采信。恒晟基业公司提出双方只是借款关系的答辩意见，缺乏事实依据，不予采信。

综上，依照《合同法》相关规定，判决：恒晟基业公司向和某珍支付信托收益1269393.81元及相应利息。

恒晟基业公司不服，向北京市第三中级人民法院提起上诉，请求撤销一审判决，改判驳回和某珍的诉讼请求。理由是：（一）本案的案由名为委托理财，实为借贷，应适用借贷的相关规定，一审法院认定错误；（二）资产委托投资协议书应为无效，该协议书由和某珍自行加盖公章，并非公司真实意思表示，而且保底条款是合同的核心条款，该条款无效导致合同整体无效。

和某珍答辩称：（一）本案是委托理财合同关系，并非借款合同，案由的认定对本案没有影响；（二）协议书确实是和某珍加盖公章，但当时和某珍是公司高管，其加盖公章应视为公司行为而非个人行为，法院应当认可协议书的效力；（三）无论协议书是否有效，双方已实际履行协议。请求二审法院依法维持原判决。

二审审理期间，和某珍向法院提交《股权转让协议》，证明和某珍向恒晟基业公司董事长王某泉转让股权时，王某泉认可恒晟基业公司代理和某珍投资平安盛桥中国优级势股权投资集合资金信托计划的出资本金为100万，该信托投资计划资产封闭期到期后，本金及投资收益全部归和某珍所有。恒晟基业公司对该证据的真实性予以确认，但认为协议的内容均是王某泉的个人行为，与公司无关。法院对该证据的真实性予以确认。

北京市第三中级人民法院审理认为：和某珍虽然持有《资产委托投资协议书》，但恒晟基业公司不认可签约行为，且该协议书的公章系和某珍加盖，因此，一审法院未予认定恒晟基业公司与和某珍签订《资产委托投资协议书》是正确的。

但是，和某珍持有的汇款凭证注明的内容为"投资"、恒晟基业公司给和某珍开具100万元的收据也注明为"投资款"、恒晟基业公司给付和某珍998950元款项的这些事实，结合和某珍二审提交的《股权协议协议》的相关内容，法院认为，一审法院认定和某珍向恒晟基业公司交付100万元投资款，委托其从事平案盛桥中国优势股权投资集合资金信托业务的事实成立。基于和某珍投资100万元参与信托计划，恒晟基业公司应当将其相关份额（100万元）本金及收益支付给和某珍。故此，一审法院判令恒晟基业公司给付和某珍相应的信托收益并无不当，同时，由于恒晟基业公司迟延给付，一审法院判令恒晟基业公司支付自2014年7月3日起至实际付清之日止的利息并无不当。法院对此均予以确认。

恒晟基业公司上诉称本案应为民间借贷合同纠纷，因与法院查明的事实不符，不予采信。恒晟基业公司上诉称资产委托投资协议应属无效协议，因该协议并非双方当事人达成的一致意思表示。在该协议未成立的情况下，一审法院对该协议的效力不予确认并无不当。恒晟基业公司的该项上诉理由，亦不予采信。

综上，北京市第三中级人民法院认为，恒晟基业公司的上诉请求无相应的事实及法律依据，据此判决：驳回上诉，维持原判。

【评析】

本案实际上涉及两项委托投资。一项是原告作为委托人，将一定的资金委托给被告，由被告代其投资于平安盛桥中国优势股权投资集合资金信托计划；另一项是被告作为委托人，将一定的资金（其中包含其自有资金和原告等人的资金）委托给平安公司，平安公司作为平安盛桥中国优势股权投资集合资金信托的受托人。两项委托投资既相互独立，又存在一定的关联。

后一项委托投资有被告与平安公司签订的平安盛桥中国优势股权投资集合资金信托合同、集合资金信托计划、风险申明书等书面文件，双方按照规范的要求达成协议，建立资金信托关系，平安公司作为信托受托人，按照信托计划管理、运用信托基金，进行投资，依约分期向信托的委托人（包括本案被告在内）支付信托利益，并且，在信托计划终止前，为了受益人的最大利益，平安公司还按照信托计划的约定，通过受益人大会，决定将信托计划的期限延长两年，最终，平安公司依约将信托本金和信托利益交付委托人（受益人），信托终止，这项信托并未引起争议。

正是两项委托投资之间的关联性引发了本案的争议。表面看来，被告与平安公司签订了平安盛桥中国优势股权投资集合资金信托合同，建立信托关系，被告是委托人，平安公司是受托人，但实际上，被告向集合资金信托计划的投资既包含自有资金，也有其他人（包括本案原告）的资金，被告是代表自己和他人，以委托人身份与平安公司签订信托合同的。这就涉及前一项委托投资关系，即原告与被告的委托关系，原告将一定的资金委托给被告，投资于平安盛桥中国优势股权投资集合资金信托，实际签订信托合同的是被告与平安公司，原告隐身在后，虽然出资投资于集合资金信托，但是并未直接与平安公司建立信托关系，而是由被告代理的，因此，原告虽有信托投资，但却与受托人平安公司没有直接关系。

现实生活中，这种类型的委托投资是非常普遍的现象。根据中国银监会发布的《信托公司集合资金信托计划管理办法》的规定，参与单个信托计划的自然人（不包括符合规定条件的合格投资者或者单笔委托金额在300万元以上的自然人）不得超过50人，而且只能采取私募的方式募集信托资金。作为受托人的信托公司自然希望能够及时完成资金募集，使集合资金信托及早成立、生效，因此，对于像本案被告这样通过向他人募集资金后投资于集合资金信托计划的代表型委托人,自然是睁一只眼闭一只眼,只要形式上符合规定,乐得不加过问,从而可以不对此承担负责任;另一方面,随着经济发展,人民收入水平不断提高,而投资渠道不多,特别是银行存款利率偏低,许多小额资金都在寻找适宜的投资出路,像本案这样的信托计划既能获得较高收益,又有信托公司的刚性兑付保底,无疑会受到中小投资者的偏爱,加上代销机构的代销人员为赚取代销费而尽力推销,甚至不惜夸大其辞虚假宣传,所以,许多中小投资者将其小额资金委托他人代为投入集合资金信托计划,本案之类的多次委托投资的现象十分常见。

通常情况下,这类信托计划如期终止,投资人获得相应的投资收益,信托公司取得较高的信托报酬,双方各得其所,并未引发争议。但是,有些情况下,因为信托计划的投资项目出现问题,导致投资者难以获得预期的收益,信托公司作为受托人,为维护良好的信誉,会想方设法解决争议,例如,寻找第三方接手投资项目,延长信托计划的期限,甚至以固有资金兑付投资者的收益等,因此,这类争议虽然不少,媒体上也屡有报道,但是大部分纠纷最终都以各种方式得到化解,最终诉诸法院的案件并不是很多。

像本案原告这样委托他人投资于集合资金信托计划,受托人已经如约向投资代理人支付信托收益,投资代理人拒绝向原告转付投资收益,从而引发争议并诉至法院的,似乎并不多见。这种情况下,法院只要理清各当事人之间的关系,特别是明确了两项委托投资关系,就不难作出正确的判决,本案就是一个例子。

第八章

收益权信托与受益权转让

案例 43

安信信托诉昆山纯高投资公司资产收益权信托纠纷案

【案情】

2009年9月11日，昆山纯高投资开发有限公司作为委托人、安信信托公司作为受托人签订《信托合同》约定：本信托系受托人基于委托人交付的信托财产向投资人发行信托受益权份额62700份而设立；信托受益权分为优先受益权和一般受益权，优先受益权优先于一般受益权从信托财产中分配信托收益和获偿信托本金，优先受益权获得清偿后，一般受益权获得全部剩余信托财产；基础资产是委托人持有的昆山·联邦国际项目土地的国有土地使用权和80370.23平方米在建工程，信托财产是指委托人对基础财产依法享有取得收益的权利及因对其管理、运用、处分或者其他情形而取得的财产。合同第2条约定的信托目的是，委托人为实现基础资产财产价值的流动化，以其合法享有的取得基础资产收益的权利设定的同时向投资者发行信托受益权份额的财产权信托，受托人按信托文件约定为受益人的利益管理、运用和处分信托财产、向受益人分配信托利益；合同第4条约定：信托设立时优先受益权规模为不低于人民币2.15亿元、不超过2.3亿元，其余为一般受益权；第6条约定：优先受益人投资于信托优先受益权的资金，由受托人按信托文件的约定交付委托人，并监督委托人将资金用于支付昆山·联邦国际项目的未付工程款和调整财务结构；信托存续期内，信托财产涉及的基础资产继续按原有方式保管，委托人承诺妥善保管基础资产并负责管理、经营和销售该基础资产，同时，为保证基础资产收益款的按时足额收回以及保证委托人履行资金补足义务，委托人自愿以受托人为抵押权人将基础资产抵押给本信托，以保证受托人在管理信托财产时顺利行使各项权利，包括但不限于对该基础资产的受益权和处分权；本信托应在保管银行开立信托专户，信托专户的开设和管理由受托人负责,受托人承诺开设独立的信托专户对所募集资金及信托财产进行管理,本信托的一切资金往来均需通过该账户进行;受托人不得假借本信托的名义开立任何其他账户,亦不得适用本信托专户进行本信托业务以外的活动;第7条约定,一般受益人未按本合同约定向信托专户内汇集基础资产收益款或未履行资金补足义务的,逾期期间应计收罚息,罚息按应付未付价款的日万分之二点一计收。合同还约定了受托人的报酬、违约责任等事项。

同日,安信信托公司作为贷款人,昆山纯高投资开发公司作为借款人,戴甲、戴乙、昆山纯高投资开发公司作为保证人,共同签订《信托贷款合同》约定:安信信托公司作为受托人,根据信托合同获得信托资金并向借款人发放贷款,起止日期为2009年9月18日至2012年9月18日;贷款金额为不超过2.3亿元,以借据为准。合同约定了分次偿还贷款的具体安排、贷款利率及收取方式、逾期处理等。合同还约定,借款人以昆山·联邦国际项目土地的国有土地使用权和80370.23平方米在建工程抵押给贷款人;保证人为信托贷款本金、利息、复利、罚息、违约金、损失赔偿金及处置抵押物的相关费用的偿还提供连带责任保证担保,直至《信托贷款合同》项下的全部款项归还完毕。

同时保证人承诺:因昆山纯高公司工程款债务而被债权人优先于抵押权主张执行《抵押协议》抵押物时,造成信托贷款抵押担保权益贬损部分损失由保证人承担。合同第12条约定:贷款期间,借款人向贷款人指定的账户划转销售款,按照约定在指定日期满足最低现金余额要求。信托专户的资金不足以偿还全部贷款本息的,不足部分由借款人自筹后划至信托专户用以清偿贷款;借款人未按约定补足资金的,逾期按照日万分之二点一计收罚息。第16条约定,借款人逾期支付本合同和《资金监管协议》的相关款项的,按每日万分之二点一计收罚息;同时,贷款人有权自逾期之日起按年利率10%计收复利,并按每日万分之三计收违约金。可以拍卖、变卖或以其他方式处置抵押物(包括但不限于以贷款人指定的价格处置抵押物),用所得价款清偿全部贷款本金及至到期日未付利息、复利、罚息、违约金、损失赔偿金及处置抵押物的相关费用。第20条约定:本合同未尽事宜按照《资金监管协议》的约定执行;《资金监管协议》未做约定的,双方可另行签署补充协议约定;《资金监管协议》及补充协议均是本合同的组成部分,与本合同具有同等效力。

同日,安信信托公司与昆山纯高投资开发公司还签订《资金监管协议》约定,安信信托公司通过设立昆山·联邦国际资产收益财产权信托并转让优先受益权的方式向昆山纯高公司融通资金;协议有效期内,为保证"昆山·联邦国际"资产收益财产权信托项下全部优先受益权按时、足额分配,昆山纯高公司保证并承诺信托专户及安信信托公司指定的账户内最低现金余额达到约定的要求(具体要求与《信托贷款合同》相同),昆山纯高公司未能如期按照协议规定支付任何应由其支付的到期应付款项,即构成违约,违约处理与《信托贷款合同》的约定相同。协议还约定,《抵押协议》、《担保函》是协议的从属部分,与协议具有同等法律效力。

《信托贷款合同》、《资金监管协议》中安信信托公司指定专户最低现金余额表比信托合同的信托专户最低现金余额表,多列2009年底以前最低现金余额2070万元、信托成立后第575天及第755天的最低现金余额,此三笔最低现金余额在协议中约定是指安信信托公司向昆山纯高公司收取的财务顾问费。三表中所述全部贷款初始本金、融资资金本金、全部信托优先受益权初始本金都指向同一笔资金即2.15亿元。此外,三表的其余所列内容一致。

信托合同以及《信托贷款合同》均提及《资金监管协议》,《资金监管协议》仅提及信托合同,未提及《信托贷款合同》;《信托贷款合同》则提及《资金监管协议》为《信托贷款合同》的组成部分。双方当事人于签订三份协议的当日向国信公证处申请办理赋予强制执行效力的债权文书的公证,国信该公证处于2009年9月17日出具公证书。

2009年9月11日,昆山纯高公司与安信信托公司还签订两份《抵押协议》约定:为确保《信托贷款合同》项下昆山纯高公司义务的履行,该公司愿意以其有权处分的在建工程提供抵押担保。担保范围包括:主债务所对应的支付资金及债务人因违反主合同而产生的违约金、损害赔偿金、利息、复利、罚息、安信信托公司垫付的有关费用,以及安信信托公司实现债权和抵押权而支付的诉讼费、仲裁费、财产保全费、差旅费、执行费、评估费、拍卖费、查询费、律师代理费等。抵押协议还约定,安信信托公司可以根据强制执行公证书直接请求人民法院强制执行抵押财产,并从中优先受偿。双方随后办理了抵押登记手续。

同日,昆山纯高公司、戴甲与戴乙分别向安信信托公司出具了《担保函》,主要内容均为,为确保作为主合同即信托合同和《资金监管协议》项下昆山纯高公司的义务能切实履行,自愿就昆山纯高公司在主合同项下的全部义务的履行向安信信托公司提供不可撤销的连带责任保证担保。

2009年9月24日，安信信托公司昆山·联邦国际资产收益财产权信托成立并发布公告明确：信托优先受益权实际募集资金2.15亿元，其余为信托一般受益权，由昆山纯高公司持有。9月25日、27日，安信信托公司从信托专户分别转账给昆山纯高公司1亿元、1.15亿元，共计2.15亿元，转账凭证的摘要分别载明支付信托一般受益权转让款、优先受益权转让款。

2010年12月，双方当事人签订《资产收益财产权信托补充协议》约定：昆山纯高公司申请提前回购本信托项下期限为18个月和24个月部分的信托优先受益权，回购本金金额为8600万元；回购的优先受益权自动转为同等份额的信托一般受益权，在剩余部分优先受益权足额分配前，一般受益权不得分配。

2012年6月4日，国信公证处向安信信托公司出具《通知书》，明确安信信托公司以昆山纯高公司多次逾期未提供还款保证金、未满足最低余额要求为理由，要求该处出具执行证书，但昆山纯高公司提出其无不履行或不完全履行的事实发生，且对债权文书中规定的履行义务存在疑义，即逾期支付还款保证金、未满足最低余额不属于逾期还款的范围并且还款保证金的约定违背了公平原则，应予撤销；有关财务顾问费的约定也违反法律规定，不应该支付，并提供了相关证据，对此，公证处认为不具备出具执行证书的条件。

2012年6月，戴甲、戴乙与安信信托公司签订《抵押合同》约定：为确保2009年9月11日签订的《信托贷款合同》项下昆山纯高公司义务的履行，戴甲、戴乙愿意以其房产提供抵押担保；不论其他担保的情况如何，戴甲、戴乙的担保责任均不因此减免，安信信托公司有权直接要求戴甲、戴乙在其担保范围内承担担保责任，戴甲、戴乙不提出任何异议。

6月12日、13日，戴甲、戴乙分别办理了房产抵押登记。

2012年，安信信托公司与昆山纯高公司签订《信托贷款合同补充协议》约定：为配合纯高公司申请委托贷款，纯高公司自愿在合同签署后2个工作日支付首笔保证金300万元并提供三处房地产抵押给安信信托公司（第二顺位抵押），安信信托公司收到该项保证金且第二顺位抵押登记手续办理完毕后2个工作日内，为纯高公司办理《抵押协议》项下6500平方米抵押物的解除抵押登记手续。协议第2条约定，为配合办理上述第1条所约定的第二顺位抵押登记，双方确认该项抵押登记的主债权金额，即为《信托贷款合同》项下债务人应支付的贷款本息余额的一部分，该主债权金额仅为办理第二顺位抵押登记之用，不构成一项新增贷款。第3条约定，债务人应于第1条约定的解除抵押手续完毕之日起10个工作日内再支付第二笔保证金2700万，本协议项下累计支付保证金应为3000万元，全部保证金应支付至债权人指定的账户，均不构成《信托贷款合同》项下的提前还款。上述保证金支付完毕后2个工作日内，债权人将第1条约定的三处房地产的第二顺位抵押予以解除。第5条约定，债务人逾期支付第3条约定的保证金，且债务人未在第4条约定的期间内办理完毕重新抵押手续的，债权人有权宣布贷款提前到期，已收取的保证金作为本协议项下的违约金，由债权人直接扣收，贷款本息、财务顾问费及其他相关信托文件项下的违约金、罚息的金额，不因债权人收取本项违约金而减少。

昆山纯高公司分别于2012年6月11日、7月2日向安信信托公司付款310万元、19248284元，合计22348284元，安信信托公司认可收到该两笔款项，但称根据补充协议的约定，昆山纯高公司未足额支付保证金3000万元，故该两笔款项应予没收。昆山纯高公司认为该两笔款是根据补充协议的约定用于回购优先受益权本金，故优先受益权本金余额应为106051716元。

此外，经安信信托公司、昆山纯高公司核对，双方确认，除本金外，昆山纯高公司在信托期限内还支付安信信托公司38693361.47元。安信信托公司、昆山纯高公司均确认该款项系昆山纯高公司给付安信信托公司用于兑付投资人信托收益，除此之外，安信信托公司认为该款项还用于支付保管费、律师费、诉讼费等。

2012年9月贷款期届满后，昆山纯高公司未能履行还本付息义务，安信信托多次交涉无果，遂以信托贷款合同纠纷向上海市第二中级人民法院起诉，要求昆山纯高公司返还贷款本金1.284亿元以及5385万余元的违约金（含利息、违约金、罚息和复利）等，并请求昆山纯高公司和保证人戴甲、戴乙以其抵押财产履行担保责任。

【审理与判决】

上海市第二中级人民法院审理认为：本案的主要争议焦点是：本案是金融借款合同纠纷还是营业信托纠纷；昆山纯高公司是否违约以及违约责任的认定；安信信托公司可否实现抵押权以及戴甲、戴乙、昆山纯高公司是否应承担担保责任。

一、关于本案纠纷的性质问题

法院认为,首先,虽然安信信托公司系以其与昆山纯高公司存在信托贷款合同纠纷为起诉事由,但昆山纯高公司、戴甲、戴乙以本案系信托纠纷提出抗辩,安信信托公司对信托成立及与昆山纯高公司签订信托合同的事实亦不予否认。鉴于信托合同系双方当事人真实意思表示,且未违反法律、法规的强制性规定,该合同合法有效。故安信信托公司与昆山纯高公司之间存在信托法律关系。

其次,安信信托公司认可先签订信托合同,再签订《信托贷款合同》。《信托贷款合同》关于信托贷款的释义已明确该信托贷款系根据信托合同、投资说明书获得信托资金,以信托资金向借款人发放的贷款,故双方之间的信托法律关系在先系不争的事实。

第三,上述信托贷款的释义也表明,安信信托公司主张的贷款本金系来源于信托资金,即信托合同所涉的优先受益权本金与《信托贷款合同》所涉的贷款本金系同一笔资金即2.15亿元。双方当事人对此均予以认可。故法院确认,昆山纯高公司收到安信信托公司给付的资金只有一笔2.15亿元。

第四,《信托贷款合同》与信托合同约定的内容,除本金系同一笔资金之外,约定的还款方式也大致相同,《信托贷款合同》虽约定借款期限三年,但除了比信托合同多约定了三笔财务顾问费之外,其所列最低现金余额表的还款时间、金额与信托合同完全相同。故《信托贷款合同》虽系一份独立的主合同,但其还款结构与通常意义的贷款有所不同,应视为依附于信托合同而产生。

第五,根据信托合同关于信托财产的管理与运用方式的约定,信托优先受益人(即案外投资人)投资于信托优先受益权的资金,应由受托人安信信托公司交付给委托人昆山纯高公司,并监督委托人将资金用于支付未付工程款和调整财务结构。该投资资金应视为案外投资人购买受益权份额的资金,不应视为安信信托公司的自有资金。而安信信托公司将该笔本应根据信托合同交付昆山纯高公司的信托资金,却与昆山纯高公司另行签订《信托贷款合同》以贷款的方式发放给昆山纯高公司,显然与信托合同的上述约定以及不得使用信托专户进行本信托业务以外的活动的约定有悖。除此之外,从相关的信托宣传资料来看,安信信托公司亦未将该信托贷款事宜向案外投资人披露,故对案外投资人而言,其所能知晓的法律关系仅仅是信托合同而非《信托贷款合同》。安信信托公司在《信托贷款合同》中另行约定了贷款利率,该利率高于安信信托公司向案外投资人兑付的收益率,相当于安信信托公司利用案外投资人的资金放贷为自己谋取利差,这种行为与我国信托法有关受托人除依法取得报酬外不得利用信托财产为自己谋取利益的规定相悖。

综上,一方面,信托合同成立在先,本案信托的设立、投资人资金的募集,都具有公示效力,且已履行完毕;另一方面,贷款资金来源于信托募集资金,在支付2.15亿元的特种转账借方传票摘要中亦分别载明支付信托优先受益权转让款、优先受益权转让款,《信托贷款合同》的还款方式采用信托合同中对信托专户最低现金余额的约定方式,该合同依附于信托合同而产生,安信信托公司发放贷款又有违信托合同约定。故安信信托公司将2.15亿元以贷款方式发放给昆山纯高公司,现以昆山纯高公司未偿还贷款为诉由,显属不当。

法院认为,本案纠纷的性质应定为营业信托纠纷。安信信托公司与昆山纯高公司签订《信托贷款合同》与信托合同存在冲突,因为案外投资人的一笔款项不能既作为案外投资人购买受益权份额的款项,又作为安信信托公司的放贷款项。之所以针对一份款项签订两份合同,法院采信昆山纯高公司的陈述,即房地产交易中心不接受信托合同作为主合同办理抵押登记手续,故将贷款合同作为主合同并签署《抵押协议》而办理抵押登记。安信信托公司对此亦未否认。法院认为,由于本案信托财产仅仅是收益权,而基础财产的抵押是保障案外投资人获得受益权的重要手段,缺乏这种抵押,安信信托公司亦无法为昆山纯高公司招徕足够多的案外投资人。因此,抵押的办理对安信信托公司、昆山纯高公司以及案外投资人均有重要意义。由于信托合同结构复杂、权利义务不清晰,难以用于办理抵押登记,安信信托公司与昆山纯高公司通过签订《信托贷款合同》以达成办理抵押登记手续的目的,情有可原。对此双方均有预期且达成了合意。昆山纯高公司现要求法院完全否认《信托贷款合同》并进而否定抵押权的存在,与双方当时的合意不符,不予采信。因此,应认定《信托贷款合同》仅作为表面形式,实质在于实现信托合同约定的抵押权登记。至于安信信托公司借机在《信托贷款合同》约定昆山纯高公司承担罚息、复利、违约金等责任,借昆山纯高公司违约之机主张高额的违约责任归其所有而不是归案外投资人所有,这种未经案外投资人同意而借助案外投资人财产私自谋利的行为违反诚实信用原则,不应以支持。安信信托公司与昆山纯高公司之间的权利义务以及违约责任，应以信托合同为准。

二、关于昆山纯高公司是否违约以及违约责任认定的问题

根据信托合同中信托专户最低现金余额表的约定内容、信托补充协议第1条的约定以及安信信托公司的情况说明、昆山纯高公司自制的付款清单的内容，经法院核对，可以认定昆山纯高公司违反了信托合同的约定，未按约定的付款时间向信托专户足额支付最低现金余额，存在违约行为，因此必须承担相应的违约责任，包括归还本金及其他违约责任。

关于安信信托公司诉请的本金部分，因安信信托公司与昆山纯高公司均确认昆山纯高公司除了已向安信信托公司支付本金8660万元，还支付了22348284元。但安信信托公司认为该款系保证金，昆山纯高公司尚未付足3000万元，根据《信托贷款合同补充协议》第5条的约定，已收取的该部分保证金作为违约金扣收。法院认为，根据前述已查明的事实以及本案系营业信托纠纷性质的认定，昆山纯高公司欠付的本金系基于信托合同而产生的信托优先受益权本金。补充协议中虽有安信信托公司所述之约定，但该协议是基于《信托贷款合同》而签订。鉴于前文所述，《信托贷款合同》仅为表面形式，安信信托公司根据该协议的约定直接扣收昆山纯高公司向信托专户支付的款项22348284元，显属不当，且在安信信托公司委托审计的专项审计报告载明的借款人实际履行情况，亦将该款项与其它安信信托公司认可的昆山纯高公司已偿付本金一并列为还款准备金。综上，理应将此款在信托优先受益权本金中予以扣除，法院确认昆山纯高公司欠付安信信托公司的信托优先受益权本金为106051716元。

关于安信信托公司诉请的利息、罚息、违约金、复利可否支持的问题。法院认为：其一，本案系营业信托纠纷，理应根据信托合同的约定要求昆山纯高公司承担相应的付款及违约责任。这是因为在昆山纯高公司违约的情况下，安信信托公司为了兑付案外投资人的投资收益，会暂时自行垫付资金，并引发相应的利息损失。故昆山纯高公司应按照该合同第7.2.4条的约定承担支付罚息的违约责任，即按应付未付价款的日万分之二点一计收罚息。其二，安信信托公司根据《信托贷款合同》诉请的利息、罚息、违约金、复利累加高达年利率40%左右，显然过高，对于整个信托市场将会产生不利影响。其三，尽管信托合同中提及《资金监管协议》，而《资金监管协议》也约定了高额违约责任，但法院认为，本案《资金监管协议》又约定为《信托贷款合同》的

组成部分，同理不宜支持上述高额违约责任。而且安信信托公司签订《资金监管协议》的主要目的是为了保障案外投资人的利益，也不能通过约定高额违约责任为自己谋利。毕竟安信信托公司给付昆山纯高公司的资金 2.15 亿元系来源于案外投资人，并非来源于其自有资金，故无论安信信托公司依据《信托贷款合同》还是《资金监管协议》诉请昆山纯高公司支付高额的违约责任，都缺乏合理性。其五，根据信托合同对罚息进行具体计算时，安信信托公司提供了一份专项审计报告，其中计算的罚息为 16764109.50 元，法院认为可以以此作为参考基数。法院同时注意到该报告将解押还款准备金计入违约金额，由于该款未在信托合同中约定，故将该款的违约金额亦计收罚息，要求昆山纯高公司承担，有所不当。综合考虑各项因素，法院酌情认定安信信托公司可收取的罚息为 14000000 元。

关于实现债权的费用问题。《资金监管协议》、《抵押协议》约定了安信信托公司可主张实现债权的费用，且安信信托公司提交了委托合同、发票等证据，故安信信托公司主张的律师费可予支持。但安信信托公司主张的评估费、审计费系安信信托公司在诉讼中为评估被保全财产的价值以及确认其诉请的金额而自行委托评估、审计单位作出评估、审计报告。另外，安信信托公司所提供的审计报告其实就是违约责任数据的具体计算，鉴于安信信托公司已经支付了高额的律师费，该计算工作亦可由律师承担，本来就无需另行聘请审计机构。故对安信信托公司主张的该部分费用不予支持。

除此之外，根据信托合同的约定，安信信托公司可收取信托报酬并约定了信托报酬的计算方式。鉴于安信信托公司按照信托合同的约定已履行了募集信托优先受益权本金等合同义务，故安信信托公司可根据上述约定另行收取相应的信托报酬。但因安信信托公司未在本案中将信托报酬作为诉请予以提出，而且根据信托合同的约定，信托报酬的收取也取决于昆山纯高公司的现有财产能否满足优先受益人的利益，故本案对此不作处理，由各方当事人另行解决。此外，安信信托公司向昆山纯高公司收取了财务顾问费 23351716 元，又称融资服务费。安信信托公司、昆山纯高公司对此无异议。此部分费用虽未在信托合同中予以约定，但在信托成立公告中将有关该笔费用的支付及依据作为备注，且安信信托公司也确实通过向案外投资人募集信托优先受益权本金 2.15 亿元，为昆山纯高公司完成了融资的义务，故安信信托公司收取该费用亦无不当。但鉴于安信信托公司诉请中并未涉及该费用，昆山纯高公司又在另案中诉请要求返还该部分费用，故本案亦不作处理。

三、关于安信信托公司可否实现抵押权的问题

首先，本案所涉《抵押协议》、《抵押合同》均系当事人签订合同时的真实意思表示，且未违反法律、行政法规的强制性规定，合法有效。其次，虽然《抵押协议》约定是为确保《信托贷款合同》项下昆山纯高公司义务的履行，但昆山纯高公司与安信信托公司在信托合同中也约定将其基础财产抵押给本信托并约定另行签订抵押协议。如前所述，《信托贷款合同》仅是双方当事人实现抵押权登记的形式，双方对此达成了合意，抵押物已经办理抵押登记手续，故安信信托公司向昆山纯高公司主张其抵押权的实现并无不当，应予支持。昆山纯高公司有关抵押无效的辩称意见缺乏法律依据，不予支持。此外，戴甲、戴乙与安信信托公司签订的《抵押合同》亦明确约定，为确保《信托贷款合同》项下昆山纯高公司义务的履行，愿意以其有权处分的房产提供抵押担保。该部分抵押物亦办理了相应的抵押登记手续，故安信信托公司向戴甲、戴乙主张该部分抵押权的实现应予以支持。根据《抵押合同》关于抵押权实现方式的约定，戴甲、戴乙与昆山纯高公司承担同等顺序的抵押担保责任。

关于戴甲、戴乙、昆山纯高公司的保证责任问题。法院认为，戴甲、戴乙、昆山纯高公司出具《担保函》系其真实意思表示，且该《担保函》并非仅为《信托贷款合同》项下义务的履行承担保证责任，亦明确为《资金监管协议》、信托合同项下全部义务的履行承担连带责任保证担保。故对安信信托公司要求戴甲、戴乙、昆山纯高公司承担保证责任的诉请，予以支持。鉴于昆山纯高公司以自己的财产设定抵押，故戴甲、戴乙、昆山纯高公司应当对抵押担保以外的债务承担连带保证责任，并在承担保证责任后有权向昆山纯高公司追偿。

据此，判决：（一）昆山纯高公司偿还安信信托公司信托优先受益权本金106051716元；（二）昆山纯高公司支付安信信托公司罚息14000000元，并支付以106051716元为基数，按日万分之二点一计收自2012年9月25日起至判决生效之日止的罚息；（三）昆山纯高公司支付安信信托公司律师费100万元；（四）昆山纯高公司不履行上述判决第一至三项付款义务的，安信信托公司可以与昆山纯高公司协议，以纯高公司抵押的房产折价，或者以拍卖、变卖该抵押财产所得价款优先受偿；抵押财产折价或者拍卖、变卖后的价款超过债权数额的部分，归昆山纯高公司所有，不足部分由昆山纯高公司清偿；（五）

昆山纯高公司不履行上述判决第一至三项付款义务的，安信信托公司可以与昆山纯高公司协议，以其在建工程折价，或者以拍卖、变卖该抵押财产所得价款优先受偿；抵押财产折价或者拍卖、变卖后，其价款超过债权数额的部分归昆山纯高公司所有，不足部分由昆山纯高公司清偿；（六）昆山纯高公司不履行上述判决第一至三项付款义务的，安信信托公司可以与戴甲、戴乙协议，以其抵押的房产折价，或者以拍卖、变卖上述房地产所得价款优先受偿；其价款超过债权数额的部分归戴甲、戴乙所有，不足部分由昆山纯高公司清偿；如上述抵押物不足以清偿第一至三项付款义务的，戴甲、戴乙、昆山纯高公司应对昆山纯高公司上述第一至三项偿付金额的剩余部分承担连带保证责任；戴甲、戴乙履行保证责任后，有权向昆山纯高公司追偿；（七）对安信信托公司的其余诉讼请求不予支持。

双方当事人均不服，分别向上海市高级人民法院提起上诉。

安信信托公司上诉称：（一）本案应为信托贷款合同纠纷。因为《信托贷款合同》系信托文件的重要组成部分，但又相对独立，当事人的履行凭证均证明系贷款合同。安信信托公司发行信托计划并在信托计划设立后，将募集的资金以贷款方式发放给昆山纯高公司，符合信托法的规定，也符合信托合同的约定，且案外投资人均应当知道。（二）根据《信托贷款合同》的约定，原审在未支持安信信托公司将昆山纯高公司支付的解押还款准备金22348284元作为约定的违约金没收时，理应按双方约定的顺序进行抵充，即依法应先抵充律师费和罚息，然后抵充应予支持的评估费、审计费，余款再抵充本金。原审对安信信托公司诉请的实现债权的评估费、审计费不予支持，不仅有悖合同约定，也有悖法律规定。（三）原审判决主文第七项系适用法律错误。根据《信托贷款合同》的约定，以及戴甲、戴乙、昆山纯高公司分别出具给安信信托公司的《担保函》载明的内容，依法应当支持安信信托公司按照约定实现债权的请求。戴甲、戴乙、昆山纯高公司对昆山纯高公司应履行的各项债务清偿承担连带担保责任，而非仅对物的担保的不足清偿部分承担连带保证责任。（四）对原审不予处理但认定为昆山纯高公司给付安信信托公司用于兑付投资人信托收益的38693361.47元款项性质有异议，根据贷款合同上述款项应界定为贷款利息。综上，请求二审法院撤销原审判决第一项、第二项、第七项，分别依法改判。

昆山纯高公司、戴甲、戴乙共同答辩称：（一）本案所涉信托法律关系为资产收益财产权信托法律关系，不存在安信信托公司主张的信托贷款法律关系，双方签订的《信托贷款合同》无效，且贷款合同项下的 2.15 亿元，安信信托公司并未向昆山纯高公司发放。（二）原审判决第一项应予撤销，但不同意安信信托公司的改判内容。信托文件没有约定昆山纯高公司需归还信托本金，根据信托法的相关规定，昆山纯高公司没有偿还安信信托公司信托本金和收益的义务，安信信托公司已刚性兑付，昆山纯高公司最低现金余额补足义务已经失去基础。安信信托公司主张律师费、罚息、评估费、审计费等缺乏事实和法律依据。原审认定安信信托公司与昆山纯高公司之间的权利义务以及违约责任应以信托合同为准，上述费用在信托合同中没有约定，故安信信托公司主张按照《信托贷款合同》进行抵充不能成立。（三）戴甲、戴乙、昆山纯高公司对昆山纯高公司应履行的付款义务承担连带保证责任缺乏事实依据。据此，请求二审法院撤销原审判决，驳回安信信托公司原审全部诉请。

昆山纯高公司、戴甲、戴乙、昆山纯高公司上诉称：（一）根据信托合同约定计算的罚息应为 1192824.73 元，因安信信托公司已于 2012 年 9 月 24 日实施刚性兑付，故自 2012 年 9 月 25 日开始，安信信托公司无权主张昆山纯高公司履行最低现金余额补足义务，也不应再计算罚息。原审酌情认定安信信托公司可收取罚息 14000000 元属于适用法律错误。根据信托合同约定，不存在酌情的法定事由。（二）戴甲、戴乙的抵押担保与 600 万元的贷款有关，而安信信托公司并未发放 600 万元贷款，故主债权未发生，抵押权也未生效。（三）昆山纯高公司以营业信托纠纷起诉安信信托公司，原审法院已受理，本案必须以另案的审理结果为依据，而另案尚未开始审理，本案理应中止审理。原审法院未予准许，程序违法。（四）原审将 23351716 元款项认定为安信信托公司向昆山纯高公司收取的财务顾问费，该项认定属于另案评判范畴，虽在本案中未作出判决，但显然能得出另案的判决结果，属于"未审先判"，应予撤销。（五）原审判决昆山纯高公司偿还安信信托公司信托优先受益权本金缺乏事实及法律依据。安信信托公司早已刚性兑付，故最低现金余额补足义务已失去基础，从刚性兑付之日起，昆山纯高公司不存在违约行为。原审法院仅应判决以信托财产为限对外承担责任，并将处置收益余额分配给一般受益权人即昆山纯高公司，而不应判决昆山纯高公司偿还信托优先受益权本金。综上，请求二审法院撤销原审判决第二项并依法改判决；撤销原审判决第六项；撤销原审判决书载明的"安信信托公司向昆山纯高公司收取财物顾问费

23351716元亦无不当"之内容。

安信信托公司答辩称：（一）昆山纯高公司关于根据信托合同约定计算的罚息应为1192824.73元的主张有悖事实与法律，应予驳回。安信信托公司提供的审计报告的内容和结果系根据双方订立的合同约定作出的。昆山纯高公司的此项上诉请求仅计算了信托专户最低现金余额要求，而未计算其应向信托专户汇入的解除抵押的还款保证金，且昆山纯高公司制作的计算表中的汇入金额、违约天数、计算结果都有错误。原审酌情支持的罚息不是过高而是过低。（二）本案所涉《抵押协议》、《抵押合同》均系当事人的真实意思表示，且未违反法律、行政法规的强制性规定。安信信托公司对昆山纯高公司有合法的主债权，抵押物均办理了相应的抵押登记手续。戴甲、戴乙与安信信托公司签订的《抵押合同》明确约定，系为确保《信托贷款合同》项下昆山纯高公司义务的履行，愿意以其有权处分的房产提供抵押担保，并明确了抵押权实现方式。（三）昆山纯高公司对原审判决第一项的本金金额不仅已向原审法院举证证明，且在原审庭审时予以承认，故其关于不应判决其偿还信托优先受益权本金的主张不能成立。据此，请求二审法院支持其上诉请求，驳回昆山纯高公司、戴甲、戴乙、昆山纯高公司的上诉请求。

上海市高级人民法院经审理，确认原审法院查明的事实。

针对安信信托公司的上诉请求，法院认为，本案信托合同经过备案登记，不违反法律禁止性规定，系安信信托公司和昆山纯高公司的真实意思表示，应属有效。现安信信托公司以各方当事人自始至终履行的是《信托贷款合同》，且募集的资金以贷款方式发放给昆山纯高公司为由，认为本案应为信托贷款合同纠纷；而昆山纯高公司对此持有异议，认为本案所涉信托法律关系为资产收益财产权信托法律关系。本院认为，双方之间的信托合同签订在先，《信托贷款合同》订立在后，且双方均认可《信托贷款合同》所涉的贷款本金2.15亿元与信托合同所涉的优先受益权本金系同一笔资金。2009年9月25日、27日，安信信托公司从信托专户账号中分别转账给昆山纯高公司1亿元和1.15亿元，在特种转账借方传票的摘要中分别载明支付信托优先受益权转让款、优先受益权转让款。由此可见，所谓的贷款资金其实来源于信托募集资金。且从两份合同先后订立的时间及具体的约定内容不难看出《信托贷款合同》依附于信托合同而产生。故本院认可原审法院对本案纠纷性质的认定，本案应定为营业信托纠纷。本案双方当事人针对一份款项签订两份合同，其实质是以贷款合同为形式，来保障安信信托公司对信托财产的控制权，实际上安信信托公司对所谓的贷款本身并不享有权利。原审法院结合房地产交易中心办理抵押登记的局限性及双方当事人通过签订《信托贷款合同》以达成办理抵押登记的合意，从而认定《信托贷款合同》仅为表面形式，其实质在于实现信托合同中所约定的抵押登记，本院予以支持。综上，安信信托公司主张将本案定性为信托贷款合同纠纷，不予采信。本案既认定为营业信托纠纷，则安信信托公司与昆山纯高公司之间的权利、义务及违约责任应以信托合同为准，系争的欠付本金应为信托优先受益权本金，而《信托贷款合同》仅为表面形式，故安信信托公司主张应将昆山纯高公司支付的款项22348284元按《信托贷款合同》约定，先抵充律师费、罚息和评估费、审计费，余款再抵充本金的主张没有事实和法律依据，不予支持。原审将此款在信托优先受益权本金中扣除并无不当，应予支持。安信信托公司认为戴甲、戴乙、昆山纯高公司对昆山纯高公司应履行的各项债务清偿承担连带担保责任，而非仅对物的担保的不足清偿部分承担连带保证责任。本院认为，被担保的债权既有物的担保又有人的担保的，债务人不履行到期债务或者发生当事人约定的实现担保物权的情形，债权人应当按照约定实现债权。本案中，根据安信信托公司与戴甲、戴乙订立的《抵押合同》明确的抵押权实现方式，戴甲、戴乙应与昆山纯高公司承担同等顺序的抵押担保责任。故安信信托公司应当先就上述三方提供物的担保实现债权。原审判令昆山纯高公司、戴甲与戴乙提供的抵押物不足以清偿付款义务的，戴甲、戴乙、昆山纯高公司应对昆山纯高公司偿付金额的剩余部分承担连带保证责任并无不当，应予维持。

  针对昆山纯高公司、戴甲、戴乙、昆山纯高公司的上诉请求，法院认为，昆山纯高公司未按约定的付款时间向信托专户足额支付最低现金余额，违反了信托合同的约定，存在违约行为，理应归还本金及承担违约责任。现其对原审酌情认定的罚息14000000元提出异议，并根据信托合同约定计算了罚息为1192824.73元。昆山纯高公司计算的罚息系基于安信信托公司已于2012年9月24日实施刚性兑付，故自2012年9月25日开始，安信信托公司无权主张昆山纯高公司履行最低现金余额补足义务，也不应再计算罚息。本院认为，安信信托公司是否或何时对案外投资人实施刚性兑付，并不能成为昆山纯高公司不履行最低现金余额补足义务和减免罚息的抗辩理由。昆山纯高公司自行计算的罚息及依据有悖本案已查明的事实，不予采信。昆山纯高公司、戴甲、戴乙、昆山纯高公司二审坚持认为戴甲、戴乙的抵押担保是与600万元的贷款有关，鉴于该笔主债权并未发生，故抵押权未生效。本院认为，戴甲、戴乙与安信信托公司签订的《抵押合同》中明确约定愿意以其有权处分的房产为确保《信托贷款合同》项下昆山纯高公司义务的履行提供抵押担保，由此可见该部分抵押物确为《信托贷款合同》而设立，并被办理了相应的抵押登记手续。昆山纯高公司、戴甲、戴乙的上述抗辩理由与事实不符，显然不能成立。原审支持安信信托公司向戴甲、戴乙主张该部分抵押权并无不当，应予维持。昆山纯高公司以其已另案起诉安信信托公司为由，认为本案应中止审理，本院认为，原审法院对另案的受理、审理并不影响本案的审理，本案并不存在应中止审理的法定事由，故对昆山纯高公司要求本案中止审理的抗辩不予采纳。昆山纯高公司认为原审判决其偿还安信信托公司信托优先受益权本金缺乏事实及法律依据。本院认为原审的判决基于昆山纯高公司违反了信托合同的约定，且昆山纯高公司在一审庭审中认可尚欠安信信托公司信托本金106051716元，该表述清晰明确，无歧义。其在二审中予以否认，但对不应偿还信托优先受益权本金的主张并未提供证据予以佐证，故不予采信。

据此，判决：驳回上诉，维持原判。

【评析】

本案是信托业界关注度很高、社会影响很大的一个重要案件。信托业界普遍认为，本案是第一个接受司法审查的资产收益权信托案件，对信托业界关系重大。

所谓资产收益权信托，就是以特定资产的收益权作为信托财产而设立的信托。一般认为，资产收益权是指资产所有权人对基础资产所享有的以预售、销售或者其他形式使用和处分基础资产所形成的现金收入的权利。法学理论界对于资产收益权的性质一直存在争议，主要有三种观点：（1）用益物权说，认为资产收益权是一种用益物权或者一种新型用益物权，[①] 即资产收益权人对基础资产享有的占有、使用、收益的权利，本质上是基础资产所有人为资产收益权人设定了一项具有用益物权性质的收益权；（2）将来债权说，认为资产收益权是融资方对其特定资产经营管理过程中所享有的对第三人的金钱债

[①] 孟勤国、刘俊红："论资产收益权的法律性质与风险防范"，载《河北学刊》2014年第4期。

权；(3) 权能说，认为资产收益权是基础资产的一项权能，基础资产为所有权的，资产收益权即是所有权的收益权能；基础资产是股权的，资产收益权是股权的自益权。收益权作为一个单项权能，法律上并未明确该项权能一旦独立出来后仍然能够被支配而独立地占有、使用和处分，一旦基础财产被强制执行，受托人和受益人无法基于《信托法》第17条第2款的规定提出执行异议从而对抗强制执行。① 法学理论界多数意见认同资产收益权是一种将来债权。②

既然资产收益权的性质尚有争议，法学理论界对于资产收益权能否作为信托财产、是否满足作为信托财产的确定性要求等，自然也存在不同意见。有学者认为，资产收益权在民法意义上实际为期待利益，仅享有"收益"的权能，无法真正转让，必须依附于所有权而存在，因此无法成为确定的信托财产；有学者认为，资产收益权作为一种将来债权，符合债权标的合法性、确定性、可让与性，可以纳入信托财产的范畴。③ 也有学者认为，资产收益权是具有相对独立性的财产性权利，具备成为交易标的的条件。④

一般意义上承认资产收益权作为信托财产的适格性或许值得研究。但是，结合本案的具体情况来看，基础资产是委托人持有的昆山·联邦国际项目的土地使用权和在建工程，信托财产是委托人对基础财产依法享有取得收益的权利及因对其管理、运用、处分或者其他情形而取得的财产，即昆山·联邦国际项目的土地及在建工程的收益权，其价值也是确定的，尽管收益权依附于基础资产，存在着处分基础资产可能带来的复杂问题，例如，基础财产被强制执行时，不能依据《信托法》第17条第2款的规定提出异议，但是，基础资产已经办理抵押登记，不存在无法对抗强制执行基础资产的担忧，基础资产的收益权作为信托财产是合适的。更有学者进一步认为，信托财产可以包含基础资产及其收益，本案的基础资产作为信托财产已经转让给安信信托经营管理，并以所得收益偿还公众投资人。⑤

---

① 周亮："论信托法的创新功能及其司法裁判尺度之统一"，载《学术探索》2014年第12期。
② 董庶："论信托财产的确定"，载《法律适用》2014年第7期；胡伟："反思与完善：资产收益权信托之检视"，载《华北金融》2013年第8期；刘均："资产收益权信托法律问题研究－以昆山联邦国际项目资产收益权信托案为视角"，华东政法大学2014年硕士学位论文。
③ 胡伟："反思与完善：资产收益权信托之检视"，载《华北金融》2013年第8期。
④ 裴欣："资产收益权信托的法律分析"，载《中国律师》2014年第3期。
⑤ 余凌云："收益权信托之合法性分析"，载《法学》2015年第7期。

根据法院认定的事实，结合媒体报道和相关专业人士对类似业务的分析，本案的实际情况可能是：昆山纯高投资开发公司的联邦国际项目急需资金开发建设，由于国家实施房地产宏观调控政策，收紧了银行业金融机构的房地产贷款，昆山纯高公司只得求助于安信信托公司。针对这种情况，信托公司的通常做法是，由信托公司成立一项集合资金信托计划，向不特定的社会公众募集信托资金，再将信托资金贷款给昆山纯高公司用于项目建设，即采取集合资金信托加贷款的模式融资。但是，按照有关金融监管机构的规定，以贷款方式运用信托资金需要占用信托公司较多的风险资本；而且，信托公司运用信托资金向房地产开发项目发放贷款的，该项目必须符合"四三二标准"，即房地产开发项目四证齐全（国有土地使用证、建设用地规划许可证、建设工程规划许可证、建筑工程施工许可证）、项目资本金比例达到国家最低要求30%、开发商或者其控股股东具备房地产开发二级资质，而昆山纯高公司并不具备房地产开发的二级资质，因此，信托公司向其发放信托贷款不仅需要占用风险资本，而且面临违规的风险，因此，安信信托转而采用资产收益权信托模式，即昆山纯高公司作为委托人，以其合法享有的基础资产（昆山·联邦国际项目的土地使用权及在建工程）的收益权设立信托，安信信托公司作为受托人将资产收益权份额化，分割为优先受益权和一般受益权，其中，优先受益权由社会公众投资者获得，对应份额为2.15亿元；一般受益权由昆山纯高公司持有。

因此，双方签订了《资产收益财产权信托合同》、《保证合同》等，通过设立资产收益权信托解决融资难题，但是又面临新的困难，即登记问题。根据建设部发布的《城市房地产抵押管理办法》，实践中房地产登记机关往往只接受工程建设资金贷款的抵押，资产收益权信托通常难以办理登记。为此，双方另行签订《信托贷款合同》，同时还签订《抵押协议》约定：昆山纯高公司以在建工程作为抵押担保。随后，双方如愿办理了抵押登记。

原本应当比较简明的信托贷款融资方式，经过双方签订一系列法律文件后，使双方之间的关系变得比较复杂，特别是同时存在《资产收益权信托合同》与《信托贷款合同》，一方面导致双方当事人的法律关系混淆不清，另一方面还将信托业界经常采用的"阴阳合同"潜规则公开化，这两点正是本案争议的关键。

显然，本案的审理面临两方面难题。一方面是这类案件固有的困难，因为社会各方面特别是法学理论界和信托业界对于资产收益权的性质以及资产收益权信托的有效性看法不一，法院很容易被迫纠缠于理论争议而难以做出人们普遍认可的判决；另一方面是本案人为的困难，因为当事人为了规避监管要求签订了多份法律文件，大大增加了法院认定当事人之间关系的难度：认定双方当事人之间是资产收益权信托关系，就面临登记的有效性甚至信托的有效性问题；相反，认定双方之间是信托贷款关系，又与双方签订的《资产收益权信托合同》以及实际操作相背，法院明显面临两难，但又必须作出裁决，解决争议。

应当说审理本案的法官具有充分的司法智慧和技巧，作出了比较令人满意的判决。

首先，法院依据当事人之间交易的实质，认定双方当事人之间实质是信托合同关系而非信托贷款合同关系，本案属于营业信托纠纷而非贷款合同纠纷。虽然安信信托主张当事人之间的纠纷是贷款合同纠纷，并且双方确实签订了《信托贷款合同》，但是法院认为，《信托贷款合同》与《资产收益权信托合同》的内容基本一致，而其中约定的还款结构等与通常意义的贷款合同明显不同；而且，安信信托向昆山纯高支付的资金是投资者的优先受益权款项，根据信托合同的约定，这部分资金本是公众投资者认购优先受益权的价款，安信信托又通过贷款合同约定，将这笔资金作为贷款发放给昆山纯高公司，明显与交易的核心法律关系存在矛盾。法院基于双方交易的实质而非形式，认定双方当事人之间存在信托合同关系。

而且，正如法官指出的，本案情况复杂，需要考虑内部关系与外部关系，并且应当优先考虑外部关系，从公众投资者的角度分析，因为保护投资者利益才是司法关注的重点，投资者签订的合同、收到的单据、阅读的信托宣传材料，才是认定本案双方当事人关系的主要证据。而投资者对于《信托贷款合同》根本不知情。据此，本案也应认定为营业信托关系。[①]

有学者就此指出，本案的判决肯定了双方当事人通过创新的信托方式开展的融资活动的合法性和有效性，并没有保守地从传统债权关系角度否定双

[①] 符望："信托法律关系的司法认定——以资产收益权信托的纠纷与困境为例"，载《中国信托法论坛（2014）》，法律出版社2015年版，第88页。

方之间的信托关系，实际上是对信托创新功能的认可。[①]有学者从商事信托的本质特征的视角分析指出，本案双方当事人的交易过程，显然与商事信托的本质特征相吻合。[②]

但也有学者指出，安信信托公司采取名实不符的财产权信托模式，使得原本简单清晰的交易结构变得复杂混乱，导致信托关系当事人权利义务关系模糊不清，这种创新的更大动机是规避监管。[③]有学者更清楚地指出，所谓房地产信托项目创新，是为了规避银监会对房地产贷款的四三二要求，从而产生了特定资产收益权、投资附加回购、结构化设计、有限合伙、合作开发等信托模式。[④]

其次，法院巧妙地避开了资产收益权信托的理论问题，并未纠缠于资产收益权的性质及其作为信托财产适格性的理论争议，直接认定双方当事人之间的信托合同有效，确认双方之间存在信托合同关系，承认了信托合同的效力，客观上认可了本案的资产收益权信托，[⑤]实际上是间接地承认了资产收益权作为信托财产的创新，[⑥]并且据此解决了双方当事人之间的争议，但同时又未明确地对资产收益权作为信托财产的适格性作出司法确认，并未在一般意义上承认资产收益权信托的有效性。这样判决，既解决了个案的争议，对今后的类似案件有一定的指导和参考意义，又避免了得出一般性结论可能产生的争议以及对特定案件的不适当性。况且，我国人民法院审理案件主要是运用法律或者法理解决当事人之间的特定争议，而非确立某种抽象的法学理论或者法律规则。有学者进而指出，对商事信托领域的司法干预必须控制在合理的范围内，法院对是否限制私人自治理念作出判断应当保持较高的审慎与

[①] 周亮："论信托法的创新功能及其司法裁判尺度之统一"，载《学术探索》2014年第12期。
[②] 王建文、张莉莉："商事信托的司法裁判：理念与规则"，载《中国信托法论坛（2014）》，法律出版社2015年版，第17页。
[③] 戚云辉："信托创新的法律风险及其规避"，载《金融法苑》2013年第2期。
[④] 朱佳平、马荣伟："信托创新不应缺失风险对策"，载《法人》2015年第1期。
[⑤] 有学者就此指出，既然双方当事人均未否认信托合同的效力，法院本着不告不理的原则，技术性地回避了"资产收益权能否作为符合我国《信托法》规定的信托财产"这个关键法律问题。见严威："论资产收益权信托融资的现实法律依据"，上海交通大学2014年硕士学位论文。
[⑥] 汪其昌："资产管理中的投资者保护与金融创新——从司法审判视角对昆山纯高案的金融法律学分析"，载《中国商法年刊（2014）》，法律出版社2014年版，第479页。

克制。法院在本案对财产收益权信托的默认就体现了司法干预的审慎。[①]

第三，法院并没有因为《信托贷款合同》与本案纠纷的性质存在矛盾而认定无效，而是将其看成"形式上的合同"，客观上承认其效力，在此基础上认可作为抵押登记主合同的《信托贷款合同》是为抵押登记目的而达成的，是现阶段无法用《信托合同》等其他法律文件完成抵押登记手续的无奈之举，同时认定抵押合同的订立和抵押登记的完成是双方当事人的合意，并且昆山纯高公司对于抵押权的形成和实现均应有充分的预期，从而认定抵押登记有效。正如有法官指出的，对于"阴阳合同"，应当优先考虑外部关系、从保护公众投资者的角度认定信托法律关系及抵押权的效力，而不能不顾市场现实随意否定抵押权效力，避免造成众多公众投资者血本无归。[②]

抵押登记的效力问题是本案的关键和难点。不办理抵押登记，收益权就无法得到保障，公众投资者的权益难以得到有效的保护，但在实践中，房地产登记机关一般都会因为资产收益权信托合同的结构复杂、权利义务不清，拒绝依据资产收益权信托合同办理抵押登记，却愿意依据贷款合同办理抵押登记。本案当事人办理抵押登记意义重大，因为它不仅直接关系到公众投资者的优先受益权能否得到保障、安信信托的抵押权是否有效，而且可能影响到资产收益权信托的有效成立。法院充分尊重信托业的实践和信托登记的现实，认识到当事人是在房地产交易中心不接受《资产收益权信托合同》办理抵押登记手续的情况下，被迫以《信托贷款合同》作为主合同签署《抵押协议》并办理抵押登记，是双方当事人采取的变通措施，因此，法院并未判定《信托贷款合同》无效，而是认定《信托贷款合同》是《资产收益权信托合同》的附属协议，是"形式上的合同"，实质是实现《资产收益权信托合同》约定的抵押权登记，并认定了抵押登记的效力，从而实现了双方当事人的初始意图，巧妙地解决了抵押效力的难题。

本案未涉及第三方债权，法院只需要平衡安信信托与昆山纯高公司两方的利益，从维护交易安全、保护金融机构债权的角度肯定了抵押权的效力，一旦涉及第三方权利，从公平原则以及平衡多方当事人利益的实际需要出发，

[①] 王建文、张莉莉："商事信托的司法裁判：理念与规则"，载范健主编：《中国信托法论坛（2014）》，法律出版社，2015年版，第17页。

[②] 高长久、符望、吴峻雪："信托法律关系的司法认定"，载《证券法苑》，2014年第2期。

不排除法院否定阴阳合同的效力，甚至进一步否定抵押合同的效力，因此，本案的判决并不意味着通过阴阳合同办理抵押权的办法总是能够获得司法的确认。[1]

此外，本案安信信托公司的收益率达到40%也受到质疑，其中除了信托报酬，还有财务顾问费。法院判决认为，安信信托另行约定的贷款利率高于向投资人兑付的收益率，相当于利用投资人的资金放贷为自己谋取利差，不符合受托人除依法取得报酬外不得利用信托财产为自己谋取私利的规定。有学者认为，这表明司法机关倾向于保护融资方利益，不希望融资成本太高。[2]

本案的判决较好地体现了人民法院审理民商事案件中"实质重于形式"的司法精神和理念。面对当前我国金融活动复杂化、法律规定碎片化、监管措施分散化的现实状况，这种司法理念尤其显得难能可贵。从实践的观点出发，对金融活动实行统一监管目前还面临很大的困难，而立法规范的建立和完善不论主观还是客观上都是滞后的，难以满足现实的需要，这些现实因素更加突显了司法在当前解决各种新型金融纠纷中的独特作用，也为通过司法裁决规范新型金融活动展示出更大的空间。

---

[1] 周瑜："安信信托诉昆山纯高案一审判决案例分析"，载《商》2014年第25期。
[2] 沈雅琴、张强："从安信信托案看财产收益权信托业务的风险及防范措施"，载《杭州金融研修学院学报》2015年第4期。

案例 44

上海岩鑫实业公司诉华宝信托公司信托合同纠纷案

【案情】

2004年2月4日,上海岩鑫实业公司(岩鑫公司)与华宝信托公司签订《资金信托合同》约定:信托资金金额为竞拍并完成望春花公司法人股约400万股过户至岩鑫公司名下的全部成本,预计约为450万元,华宝信托公司为受托人,岩鑫公司为受益人,信托期限暂定两年,华宝信托每年收取1%的管理费,若岩鑫公司通过转让受益权变更受益人,华宝信托公司有权另收取0.8%的手续费;未经华宝信托同意,岩鑫公司不得变更、撤销、解除或终止信托;合同终止后,信托财产归岩鑫公司。

次日,岩鑫公司将454万元及一年的管理费共计约458万元支付给华宝信托。

同年4月5日,岩鑫公司与上海致真投资咨询公司(致真公司)签订《望春花法人股信托受益权转让合同》约定:岩鑫公司向致真公司出让前述《资金信托合同》项下400万股望春花公司法人股信托受益权,转让金额约为962万元,岩鑫公司在信托合同中享有的委托人和受益人的所有权利义务均转移给致真公司;信托期限为长期;致真公司可以再转让受益权,但应持合同及转让申请书或其他转让申请文件,与受让人到华宝信托办理手续。双方还约定,岩鑫公司在合同签署前已收取致真公司定金100万元,如在4月15日前不能完成受益权交割,岩鑫公司应双倍返还定金。

当日,华宝信托收取致真公司交付的受益权转让手续费,但未办理受益权转让手续,岩鑫公司于4月7日致函华宝信托催办未果。

4月15日,致真公司向岩鑫公司发出索赔函,决定停止执行《转让合同》,要求岩鑫公司支付违约金200万元。

4月29日，华宝信托公司将手续费退还给致真公司，次日又致函岩鑫公司，决定停止办理《资金信托合同》项下望春花法人股受益权转让手续。岩鑫公司按约支付致真公司200万元。

随后，岩鑫公司以华宝信托收取转让手续费却不履行义务致使岩鑫公司蒙受巨大经济损失为由，向上海市第一中级人民法院起诉，请求判令解除《资金信托合同》，将400万股望春花公司法人股转至岩鑫公司名下，并赔偿岩鑫公司的损失607万元。

【审理与判决】

上海市第一中级人民法院审理认为：（一）关于岩鑫公司是否有权转让信托受益权，法律对自益信托的受益权转让无禁止性规定，华宝信托公司辩称岩鑫公司的转让行为违反合同约定，但合同没有约定委托人不得转让受益权，华宝信托公司将委托人不得变更信托理解为包括不得转让受益权，与签约时双方真实意思表示明显相悖，与合同关于华宝信托公司在岩鑫公司变更受益人时收取手续费的约定亦相矛盾。岩鑫公司将受益权转让他人系其合法处分权利。（二）关于华宝信托拒绝办理受益权转让是否违约，根据《信托投资公司资金信托管理暂行办法》的规定，华宝信托公司拒绝办理显然违反其作为金融机构的法定义务。华宝信托公司认为其拒绝办理主要在于岩鑫公司同时提出了办理再转让手续等不合理要求，但未提供相应证据证明，相反，华宝信托公司按照岩鑫公司的转让价格收取了手续费，该行为与其拒绝办理所依据的事实相矛盾。即使其所说属实，华宝信托公司为岩鑫公司办理与致真公司之间转让事宜，与其拒绝办理再转让并不矛盾。故华宝信托公司拒绝办理受益权转让手续构成违约。（三）关于合同解除及相应后果，华宝信托公司的违约行为致使岩鑫公司无法实现基于信托合同的合法利益，岩鑫公司据此要求解除信托合同，于法有据，应予支持。合同解除后，华宝信托公司应将信托财产返还岩鑫公司，即将400万股望春花法人股过户至岩鑫公司名下。华宝信托公司还应就违约给岩鑫公司造成的损失承担赔偿责任。

据此，判决：（一）解除岩鑫公司与华宝信托公司的《资金信托合同》，华宝信托公司将400万股望春花法人股过户至上海岩鑫公司名下；（二）华宝信托公司赔偿岩鑫公司损失共计人民币607万元。

华宝信托公司不服，向上海市高级人民法院上诉称：（一）岩鑫公司向致真公司转让的是委托人和受益人的所有权利和义务，是《资金信托合同》权利义务的概括转让，信托受益权是概括转让的内容之一，一审判决仅认定岩鑫公司转让的是信托受益权，系认定事实错误。（二）岩鑫公司将委托人和受益人的权利和义务转移，实质是委托人变更信托，根据《资金信托合同》约定和合同法的规定，委托人变更信托应当经受托人同意，一审判决认定合同没有明确约定委托人不得转让受益权，是对《资金信托合同》、《信托法》、《合同法》的错误理解。（三）华宝信托拒绝办理受益权转让手续是行使法律和合同赋予的权利，一审认定上诉人违约属于认定事实错误。岩鑫公司将委托人和受益人的权利义务全部转移给致真公司，属于变更信托，按照合同约定应经华宝信托同意，所以，华宝信托根据法律规定和合同约定拒绝办理信托受益权转让手续，是按照约定行使权利，不构成违约。（四）华宝信托审查认为，岩鑫公司与致真公司之间的权利义务转移意图通过信托行为规避法律和政策，因此有权对规避法律的行为停止办理信托受益权转让手续。而且，岩鑫公司通过信托受益权转让使自己利益最大化，使新受益人信托利益无法实现，华宝信托也有权对受益人利益无法实现的信托受益权转让手续停止办理。据此，一审法院认定事实错误，请求撤销原判，驳回岩鑫公司的全部诉讼请求。

岩鑫公司答辩称：（一）《转让合同》是受益权转让而不是权利义务的概括转让。《转让合同》系华宝信托制作，合同的目的和内容都已明确是受益权转让。华宝信托致函岩鑫公司时也认为转让的是受益权而非合同权利义务的概括转让。（二）受益权转让符合法律规定和合同约定，上诉人有义务办理转让手续。《信托投资公司资金信托管理暂行办法》第10条规定：信托文件有效期内，受益人可以根据信托文件的规定转让其享有的信托受益权；信托公司应为受益人办理信托受益权转让的有关手续。《资金信托合同》也约定：委托人根据本合同约定或法律规定变更受益人的，受托人有权向委托人收取委托金额的0.8%作为受益人变更手续费。而且，华宝信托已于2004年4月5日按此收取了手续费并出具财务收据。（三）本案所涉定金为履约定金。《转让合同》的目的是受益权的转让，定金是为了履行《转让合同》。《转让合同》已于4月5日签署，再约定4月15日不签约视为违约是自相矛盾的，该《转让合同》系华宝信托制作，一旦产生理解分歧，应该作出对岩鑫公司有利的解释。据此，请求驳回上诉，维持原判。

上海市高级人民法院审理认为，本案是一起因委托人转让信托受益权产生的信托合同纠纷，争议的主要问题在于，华宝信托作为受托人未按委托人岩鑫公司的要求办理受益权转让手续，是否违反信托合同的约定？根据合同和相关法律、法规的规定，华宝信托是否有权拒绝委托人变更受益权人的要求？如果构成违约，华宝信托应如何承担责任？

《信托法》第48条规定，受益人的信托受益权可以依法转让和继承，但信托文件有限制性规定的除外。据此，只要信托合同没有限制，受益人可以转让其受益权。但受益人转让受益权，在未取得受托人同意的情形下，不得对原信托文件作出变更，也不得给受托人附加任何义务。本案岩鑫公司与华宝信托签订的《资金信托合同》规定，该信托为自益信托、指定管理资金信托。委托人指定信托资金由受托人管理，用于竞拍望春花社会法人股并办理过户，合同存续期为2年。但岩鑫公司与致真公司签订的受益权《转让合同》则约定，信托合同中转让方享有的委托人和受益人的所有权利、义务均转移给受让方，信托受益权全部转让完成后，信托期限为长期。《转让合同》第7条规定了受益权的再转让，受让人可以转让信托受益权，每次转让额不得少于5万元。转让人与受让人可自行确定具体转让价格，并自行处理资金交割事宜。受益人再转让信托受益权，应持转让合同和信托受益权转让申请书或其他转让申请文件，与受让人共同到华宝信托处办理转让登记手续。未办理登记手续的，不得对抗华宝信托。受益人再转让信托受益权，应当将信托项下委托人与受益人的权利和义务全部转让给受让人。两相比较，《转让合同》对于受益权转让后受益人的权利发生了变更，原《资金信托合同》约定的信托期限由两年变为长期，并且规定了受让人可以分割转让受益权。很明显，岩鑫公司在转让信托受益权时赋予新的信托受益人致真公司新的权利，该条款的约定直接给受让人设立了权利，也给受托人华宝信托附加了新的义务。在2004年4月6日岩鑫公司向华宝信托发出的催办函中，岩鑫公司也明确要求华宝信托发行望春花法人股信托受益权转让的信托计划，并要求华宝信托在2004年4月8日前明确履行2004年4月5日签订的《望春花法人股信托受益权再转让合同》。

根据以上事实，法院认为，岩鑫公司与致真公司之间签订的《转让合同》虽名为信托受益权转让，实为委托人的权利义务的转让行为。根据合同法的规定，当事人将自己在合同中的权利和义务一并转让给第三人的，应当经对方当事人同意。岩鑫公司在未经华宝信托确认的情况下，将其在《资金信托合同》中的全部权利和义务一并转让给致真公司，明显违反了法律规定。此外，从岩鑫公司与致真公司之间签订的合同内容来看，转让的标的不仅仅涉及受益权，也包括了以受托人名义持有的望春花法人股股权的转让。其转让价格是以每股的协议价格来计算的，其在诉讼中向华宝信托主张的也是转让的差价损失，而不仅仅限于其持有的望春花法人股上的信托利益损失。由此可见，岩鑫公司转让的不是单纯的受益权上的利益而是整个股权。而根据当时法人股的转让的有关规定，法人股转让只限于转让股数占上市公司总股本的 5% 以上，且仅限于法人之间"一对一"的转让，不得通过公开拍卖（司法拍卖除外）或者其他公开征集受让人的形式进行。故在此情形下，华宝信托作为信托受托人有权根据法律、法规的规定对转让受益权的内容进行审查，在确定委托人附加其新的义务时，在转让方和受让方未修改相关转让条款前，有权拒绝办理受益权转让手续。原审认定华宝信托拒绝办理转让手续构成违约，属认定不当，应予纠正。上诉人华宝信托关于其有权拒绝办理转让手续的上诉理由成立，应予支持。基于以上认定，在华宝信托不构成违约的前提下，岩鑫公司基于华宝信托违约要求华宝信托承担违约责任并赔偿损失的诉请已无事实和法律依据，该项诉讼请求不应得到支持。鉴于双方已失去信任，原审判决支持岩鑫公司解除《资金信托合同》并返还部分管理费的判项可予维持。

关于岩鑫公司辩称华宝信托已收取了转让手续费应认定为其已同意按《转让合同》办理登记手续一说，本院认为，华宝信托收取手续费的行为并不表明其同意按岩鑫公司的转让要求办理，其收取手续费也未出具正式发票，并且在决定拒绝办理后及时将预收的手续费返还了致真公司，故岩鑫公司以收取手续费的行为推定华宝信托同意办理并必须在一定期限内办理，明显与交易规则不符，预收费用也并不排除华宝信托审查《转让合同》内容的权利。岩鑫公司关于转让合同为华宝信托草拟，经查，华宝信托承认曾为岩鑫公司向致真公司转让受益权起草过合同，但否认涉讼的合同与其起草的合同是一致的。鉴于《转让合同》是岩鑫公司与致真公司之间签订的，合同签订双方应对于其约定的条款负责，华宝信托并没有在该合同上签字盖章，该合同与其起草的合同是否一致尚无证据证明，故以华宝信托曾草拟过合同文本为由，认定华宝信托已实际同意按《转让合同》的具体要求办理手续，依据不足。对岩鑫公司的上述解释，不予采信。

综上，原审认定事实不当，应予纠正；上诉人的上诉理由部分成立，应予支持。

据此，判决：维持一审判决第（一）项，撤销一审判决第（二）项。

【评析】

本案是一个信托受益权转让案件。

传统民事信托的受益权很少发生转让，因此，受益权的转让并未引起关注。我国在2001年制定《信托法》、引入信托制度时，并未针对受益权转让作出明确、具体的规定。信托法实施以来，由于多种原因，如同日本、韩国引入信托制度一样，民事信托并没有多大发展，运用信托制度的主要领域是信托经营机构担任受托人的营业信托，信托受益权的流动和变现成为信托经营机构的迫切需要，因此，信托受益权的转让成为信托经营机构十分关注的现实问题。

按照信托法原理，信托受益权一般来说可以自主转让，但也存在一些限制：（1）信托文件可以限制受益权转让，因为转让受益权可能不符合委托人的意愿或者不符合受益人利益，比较典型的是英国的保护信托和美国和浪费者信托。（2）依受益权的性质不得转让。信托如果明确要求受益人具有某种身份，信托的受益权就应当限定于具有特定身份的人，因而不能随意转让。而且，受益权如属人身专属权，具有特定受益人一身专属的性质，或者，信托目的是为了特定受益人的特殊利益（例如为特定未成年人的生活扶养、教育等设立的信托），依受益权的性质，应不能转让。（3）受益权属于法律禁止转让的权利。有些信托的受益权属于法律禁止转让的财产权，例如，受益权是维持受益人及其家庭生活所必需的，则信托受益权依法不能转让。比较典型的是，养老金信托的信托利益是职工退休后领取的养老金，因而不得随意转让。

我国《信托法》第48条规定："受益人的信托受益权可以依法转让和继承，但信托文件有限制性规定的除外。"这一规定允许受益权转让，但是有一项例外，即信托文件有限制性规定的。可见，信托法允许信托文件对受益权的转让施加限制，理论上说可以设立诸如英国的保护信托、美国的浪费者信托。但是，信托文件对受益权转让的限制只是信托内部的约定，在未公示的情况下能否约束受让人，值得怀疑。我国信托法没有明确规定信托登记的内容，因此，信托文件对受益权转让的限制是否属于登记的内容尚不明确。如不登记，受让人就无从得知。因此，可以认为，信托文件对受益权转让的限制，不能约束善意的受让人。

此外，出于金融监管的需要，我国有关行政规章对特定信托受益权转让的受让人施加了某些限制。根据《信托公司集合资金信托计划管理办法》的规定，自然人持有的集合资金信托受益权不得向自然人拆分转让，机构持有的受益权不得向自然人转让。这在一定意义上也可以看成是对受益权转让的限制。

我国信托法没有明确规定受益权的具体内容。一般来说，受益权有广义与狭义之分。狭义的受益权是指受益人享有信托利益的权利（日本2006年信托法称为受益债权），广义的受益权不仅包括享有信托利益的权利，还进一步包括受益人依据信托文件享有的其他权利，如享有信托利益的权利派生出来的权利，以及为保障实现信托利益而享有的权利。实践中当事人转让的往往是狭义的受益权，即取得信托利益的权利，但有时当事人并未认真区分。

本案岩鑫公司与致真公司签订受益权转让合同，将其作为委托人与受益人的全部权利义务都转移给致真公司，这已经不单纯是受益权的转让；这给法律的适用带来了困难。二审法院运用合同法的合同权利转让规则，而不直接适用信托法，不是没有道理的。而且，二审法院以"委托人与受托人之间信任关系的丧失"作为解除信托合同的理由，也是独到的。信托是建立在委托人信任受托人的基础之上的，既然双方之间的信任关系丧失，信托的实施就很容易出现争议，据此解除信托关系，也是避免今后产生纠纷、维护双方权益的次优选择。国外也有类似的判例。

我国信托立法之初主要是为了规范信托公司的信托经营活动，但是在信托法草案审议过程中调整了立法思路，删除了草案中关于规范信托经营活动的规定，最终通过实施的《信托法》成为信托关系法，作为信托关系的基础法律全面适用于民事信托、营业信托和公益信托，但是，其中直接适用于营业信托的规定很少。而我国信托实践发展的特点是，多年来信托制度的民事运用进展比较缓慢，反而是各种形式的营业信托迅速发展，结果就形成了非常矛盾的局面：一方面，信托经营活动日益引起社会的普遍关注，但信托法却成了很少运用的法律，信托法的许多规定被束之高阁，好看不好用；另一方面，信托实践中的出现的一些问题又无法可依，有法不能用。信托法甚至被看成是水中月、镜中花。

本案涉及的信托受益权转让问题就是一个典型例子。我国《信托法》第48条对于受益权转让虽有规定，但主要是从信托法基本原理方面作出的原则性规定，难以满足实践的需要，因为实践中的信托受益权转让并未发生于普通民事信托的受益权，而是主要涉及营业信托的受益权，因此，受益权转让不仅要适用信托法的规定，而且涉及合同法、公司法、证券法等其他法律，法律的适用就可能比较复杂。

本案的受益权转让纠纷理当优先适用信托法，依据信托法不能解决争议的，再适用合同法的相关规定。根据信托法原理，信托法作为私法，充分尊重当事人的意思自治，信托法大量采用任意性规定，允许信托文件另作约定，并且尊重当事人的另行约定。我国《信托法》第48条对此也有明确规定。因此，解决信托争议的法律适用顺序，一般来说，首先应当是信托文件的特别约定，然后是信托法的规定，随后是其他相关法律的规定。

因此，正如有学者指出的，本案作为双方当事人重要文件的信托合同明确约定，未经受托人同意，委托人不得变更信托。如果优先适用信托法，并且能够认定岩鑫公司转让信托合同的权利构成变更信托，那么，信托合同关于未经受托人同意不得变更信托的约定，直接可以作为受托人拒绝登记的依据，再援引《合同法》关于合同权利的概括让与的一般规定，似有舍本逐末之嫌。[1] 也有学者认为，根据信托合同的约定，未经华宝信托公司同意，不得变更、撤销、解除或者终止信托，因此，岩鑫公司无权直接将信托受益权转让给致真公司，岩鑫公司的转让行为效力待定，是否有效取决于华宝信托公司是否追认。[2] 而华宝信托公司已经明确予以否认，所以，受益权转让无效。就此而言，本案的关键似乎在于确定岩鑫公司的转让受益权行为是否构成变更信托。

---

[1] 季奎明：《组织法视角下的商业信托法律问题研究》，法律出版社2014年版，第155页。
[2] 杨婧："自益信托下信托受益权转让研究——以岩鑫实业诉华宝信托为例"，载《金融法苑》2003年第2期。

案例 45

中融信托诉易融公司信托受益权转让纠纷案

【案情】

2004年4月22日，上海易融企业发展有限公司（易融公司）与中融国际信托有限公司（中融信托）签订《资金信托合同》约定：易融公司将1.03亿元资金信托给中融信托，由中融信托以自身名义受让河南豫联能源集团有限责任公司（河南豫联）持有的河南中孚实业股份有限公司（中孚实业）法人股2500万股（占中孚实业总股本的14.21%）的股权，信托期限为3年，受益人为易融公司。随后，中融信托依约受让中孚实业股份，并将相应股权过户至中融信托名下。中孚实业作出《股东持股变动报告书》，披露了中融信托受让河南豫联股份事宜，并载明该受让系接受易融公司委托而进行的信托行为，信托期限为3年，易融公司为唯一受益人，信托终止后，中融信托将股权及相关权益转交易融公司或其指定的第三方。

2005年4月13日，易融公司与上海般诺电子公司（般若公司）签订《信托受益权转让协议》约定，易融公司将其在《资金信托合同》项下的受益权及其作为受益人的权利和义务全部、不可撤销地转让给般诺公司；转让价格为1.03亿元；本协议在转让方和受让方签章且受托人中融信托对转让予以盖章确认后生效。双方签署协议后，中融信托盖章确认。4月26日，中融信托出具《受益权转让确认函》，确认已在转让协议上盖章，并办理相关受益权转让的登记手续。后般诺公司以信托受益人身份履行了相关权利。

2007年4月26日，易融公司与般诺公司共同向中融信托提交《提前终止申请书》，申请终止《资金信托合同》《信托受益权转让协议》，请中融信托依照约定履行终止义务。

同日，三方共同签署《股权投资资金信托终止协议》约定：三方一致同意提前终止《资金信托合同》《信托受益权转让协议》《补充协议》。中融信托出具《中孚实业股权投资信托清算报告》，载明委托人为易融公司，受托人为中融信托，受益人为般诺公司，报告期为 2004 年 7 月 28 日至 2007 年 4 月 26 日，信托财产期初额为 10300 万元，受让河南豫联持有的中孚实业法人股 3250 万股，本信托于 2007 年 4 月 27 日提前终止，现将信托财产向受益人进行分配，扣除发生的信托费用，分配现金 257017047.87 元，分配中孚实业股权 16314575 股。

2007 年 4 月 27 日，般诺公司作为委托人和受益人、中融信托作为受托人签订《中孚实业股权信托合同》，约定般诺公司将其拥有的中孚实业股权信托给中融信托以获取较高的投资收益。信托财产包括般诺公司因信托而取得的中孚实业 16314575 股股权等，信托期限为 18 个月，自 2007 年 4 月 27 日至 2008 年 10 月 27 日止。

后当事人对信托财产权属产生争议，中融信托和般诺公司向上海市第一中级人民法院起诉请求确认《信托受益权转让协议》有效，确认般诺公司已自 2005 年 4 月 27 日起依该协议取得信托受益权。

【审理与判决】

双方当事人对信托的设立均无异议，争议的焦点是，《信托受益权转让协议》是否有效，信托财产的受益权是否已有效转让？

（一）关于《信托受益权转让协议》的效力

被告易融公司主张《信托受益权转让协议》无效，理由是该协议存在《合同法》第 52 条第 1 项规定的无效情形，即原告般诺公司的注册资金没有到位，签订协议时存在欺诈，损害了上市公司的国有股的利益。

法院审理认为，《信托受益权转让协议》效力如何，应审查该协议是否存在我国《合同法》第 52 条规定的无效情形。易融公司主张转让协议存在的无效情形为，一方以欺诈、胁迫的手段订立合同，损害国家利益。根据本案事实，般诺公司已经通过中融信托向股权出让方河南豫联支付了股权转让款，履行了其在协议项下的付款义务，并不存在般诺公司注册资金不到位致使其没有履行能力的情况，也没有因此造成河南豫联在出让股权后无法收到股权转让款的损失，故被告易融公司所称的受益权转让协议损害了上市公司的国有股利益的观点不能成立。《信托受益权转让协议》亦不存在其它的无效情形，据此，该协议应为合法有效，被告易融公司主张协议无效的观点，缺乏事实和法律依据，不予采纳。

（二）关于信托受益权是否已有效转让

两原告主张信托财产的受益权已由被告易融公司转让给了原告般诺公司，在信托终止后，信托财产已分配给般诺公司，故信托财产应属般诺公司所有。被告易融公司则认为，系争股权受让时已进行了公告，披露了中融信托持有的股权为信托财产，易融公司是该信托财产的唯一受益人，受益权转让协议签订后并未进行新的公告，故信托财产仍登记在易融公司名下，属易融公司所有。

法院认为，信托受益权的转让属于信托法律关系，我国《信托法》第48条规定：受益人的信托受益权可以依法转让和继承，但信托文件有限制性规定的除外。本案易融公司与中融信托签订的《资金信托合同》约定，易融公司如需转让受益权，由易融公司及新受益人书面通知中融信托，经中融信托书面确认后次日起，新受益人即享有信托受益权。《信托受益权转让协议》也有相同约定。据此，信托合同允许受益权转让，转让生效条件是经中融信托书面确认。根据本案事实，易融公司与般诺公司于2005年4月13日签订受益权转让协议后，中融信托已在协议上盖章确认，并于4月26日出具《受益权转让确认函》，故信托合同及受益权转让协议约定的受益权转让生效条件已经成就，易融公司与般诺公司间的《信托受益权转让协议》已生效，般诺公司自2005年4月27日起享有信托合同项下的受益权。

关于受益权转让是否以信息披露为必要条件，法院认为，中融信托受让中孚实业股权时，曾依据《上市公司股东持股变动信息披露管理办法》[①]的相关规定进行了法定的信息披露，除中融信托此次受让中孚实业14.21%股权的行为外，还披露了上述股权系信托财产，易融公司是信托财产唯一受益人等内容。上述《披露管理办法》[②]的规定系针对上市公司股东持股变动的情况，本案中孚实业股权登记在信托受托人中融信托公司名下，尽管信托财产的受益人发生变动，但持有中孚实业股权的仍是中融信托，在中融信托持股比例没有变动的情况下，并不产生证券法规定的信息披露义务。而易融公司与般诺公司间的信托受益权转让属信托法律关系，我国《信托法》及相关法律规范没有规定信息披露是变更信托受益人的生效要件，故信息披露不是易融公

---

① 该管理办法已被《上市公司收购管理办法》废止。
② 该管理办法已被《上市公司收购管理办法》废止。

司与般诺公司间受益权转让协议生效和受益权转让完成的要件，受益权转让协议没有进行信息披露的事实，不影响受益权已经有效转让的法律效力。易融公司认为受益权转让协议签订后须经公告方能生效的观点，缺乏法律依据，不予采纳。

被告易融公司提出，受益权转让协议签订后，般诺公司未按期支付转让款，该协议已实际终止履行。法院认为，上述转让协议是当事人的真实意思表示，一经中融信托确认生效后，即对易融公司及般诺公司产生法律约束力，如需解除或终止合同履行，应符合法律规定。根据受益权转让协议约定，般诺公司应于2005年6月15日前支付转让价款，且根据易融公司、般诺公司及河南豫联之间的付款安排确认函，鉴于易融公司尚未支付信托资金，故般诺公司应直接向河南豫联支付上述款项。后般诺公司于2007年4月19日通过中融信托向河南豫联支付了转让款，造成迟延履行，为此般诺公司支付了相应的逾期付款利息。从以上履行过程可以看出，般诺公司受让信托受益权之后，确实存在迟延付款的违约情况，但易融公司并未按照《合同法》的有关规定，向般诺公司提出解除合同的要求，双方也未就协议是否终止履行达成过一致意见。现般诺公司已支付了受益权转让款，亦承担了相应的逾期付款违约责任，故其在受益权转让协议项下的付款义务已履行完毕。易融公司认为受益权转让协议因般诺公司逾期未付款而自动终止的观点，缺乏法律依据，不予采纳。

综上，法院认为，易融公司与般诺公司之间的《信托受益权转让协议》合法有效，般诺公司已自2005年4月27日起取得信托财产的受益权，三方当事人于2007年4月26日协议终止信托关系时，中融信托按信托合同约定将信托财产向受益人般诺公司进行了分配，其中分配"中孚实业"股权16314575股。上述信托财产依法应属般诺公司所有。两原告诉请要求确认般诺公司已自2005年4月27日起取得信托财产受益权，并说明在此基础之上本案信托关系终止时，全部信托财产理应归属分配给受益人般诺公司，故中孚实业16314575股股权之全部权益，亦应由般诺公司完全享有。该诉请于法有据，予以支持。

易融公司不服，向上海市高级人民法院提出上诉，请求撤销一审判决，驳回般诺公司、中融信托的所有诉讼请求。

上海市高级人民法院作出维持原判的终审判决。

【评析】

本案涉及信托受益权的转让。

我国《信托法》对于信托受益权转让只有第48条的原则规定。由于信托受益权的法律性质不够明确，对于受益权转让的成立与生效很容易产生争议，比如，以本案的股权之类依法应当登记的财产设立信托的，信托受益权转让时是否需要登记、公示，转让何时成立、生效？信托法对此没有明确规定。

按照判决书载明的案件事实以及法院的分析、论证，本案的判决无疑是有法律依据的。

不过，与判决书的平铺直叙和精心措辞相比，媒体对本案的报道似乎显得更复杂得多。根据媒体的报道，本案是一系列案件的结果。起因是一家国有企业改制：河南豫联公司持有上市公司中孚实业78.8%的股份，豫联公司的大股东（某地方政府）欲将该股份转让给一家在英属维尔京群岛注册的香港公司东英工业，由此导致中孚实业的实际控制人发生变化。按照证券法的规定，投资者持有一家上市公司30%股份而继续收购的，应当依法向公司的所有股东发出收购要约。为回避法律规定的这一义务，河南豫联公司将其持有的2500万股中孚实业法人股转让给中融信托公司，价格为每股4.12元，当日中孚实业的收盘价为5.69元。

中融信托的背后实际上是易融公司。早在这次收购的三个月前，即2004年4月22日，易融公司便与中融信托签订《资金信托合同》，约定易融公司向中融信托交付1.03亿元信托资金，由中融信托受让河南豫联持有的中孚实业法人股2500万股，信托期限3年，信托的委托人和受益人为易融公司。合同约定易融公司分三次向中融信托付款，但实际上易融公司一直没有付款，只到2005年4月与般诺公司、中融信托签订信托受益权转让协议时，仍未付款。两天后，易融公司、般诺公司与河南豫联签署确认函约定，由般诺公司直接向河南豫联支付1.03亿元。但是截止2007年4月18日，般诺公司一直没有付款。而在这两年多期间，中孚实业的股价从每股4.89元猛涨到26.78元。

工商资料显示，般诺公司于2004年12月1日在上海成立，注册资本200万元，2005年5月增加到5000万元，但工商登记资料保存的一份审计报告显示，到2005年3月，般诺公司账面实收资本为零，实际到位为零。

2007年4月公司因虚假增资被工商机关查处，股东才补缴200万元注册资本。另外，2008年3月24日上海市静安区法院的一起刑事判决确认，被告人刘某以代办验资业务为名，为557家公司虚报注册资本，欺骗公司登记主管部门取得公司登记，般诺公司即为其中的一家。而且，这家从事电子、计算机领域的技术开发、技术转让经营的公司，自成立后到2006年，经营的唯一业务就是与易融公司签订《信托受益权转让协议》。

最终引发纠纷的导火索则是一项贷款担保。2006年易融公司为陕西尔康制药公司向交通银行西安分行贷款提供担保，2007年3月贷款到期，尔康公司未能如期偿还，2007年8月，陕西省高级人民法院裁定，对担保人易融公司强制执行，要求冻结易融公司实际持有、登记在中融信托名下的中孚实业400万股限售流通股，并处置其中一部分用于偿还贷款，其依据是，般诺公司尚未将1.03亿元付给易融公司，受益权转让协议无效，易融公司仍然是该股份的实际控制人和受益人。般诺公司提出执行异议被驳回。

但随后，最高人民法院执行办认为，陕西省高级人民法院执行的财产是具有独立性的信托财产，并以明传电报的形式要求撤销裁定。陕西高院遂撤销其裁定。

2007年8月，易融公司又因为尔康制药公司向商洛信用社贷款提供担保，被陕西省商洛市中级人民法院裁定强制执行，冻结了易融公司持有的中孚实业股票，并处置其中一部分偿还贷款。般诺公司再次提出执行异议被驳回。同样因为最高人民法院执行办认为执行的财产是信托财产，商洛中院撤销其裁定。

但随后，商洛中院审判委员会研究认为，根据公示资料，信托受益人为易融公司而非般诺公司，并且商洛中院执行时，资金信托合同已经到期终止，商洛中院的执行并没有错误，因此，商洛中院又恢复了执行裁定。2008年2月18日，般诺公司与中融信托在上海提起诉讼，引发本案。

我国信托法对信托受益权转让的规定不够具体、明确，因此，如何确认本案受益权转让的效力或许会有不同看法，而法院的审理和判决可能受限于当事人提供的证据。但是，如果媒体的报道属实，看到媒体的报道，即使一个没有法律知识的理性的人，单凭常识就很容易想到本案的一些奇特之处。例如，为什么河南豫联公司的大股东（地方政府）要将其持有的上市公司中孚实业公司的股份，转让给一家在英属维尔京群岛注册的香港公司？为什么信托的委托人并未如期交付信托资金（这本身就涉及信托的成立问题）、而且受益权转让的受让人并未如约、按期支付转让价款，但对方当事人都没有提出异议、没有争讼发生？

或许，正如媒体报道所说，本案的背后隐藏着一个借助国企改制，成功实现空手套白狼的故事。

案例 46

成都银行西安分行诉中体产业公司借款合同案

【案情】

2011年11月28日,成都银行西安分行(西安分行)与厦门国际信托公司(厦门信托公司)签订《资金信托合同》约定:西安分行作为委托人和受益人,向厦门信托公司提供信托资金6亿元,信托期限2年,厦门信托公司按照西安分行的意愿以厦门信托公司名义,将信托资金贷款给沙坪坝体育投资公司,用于沙坪坝区体育中心(西部奥体城)体育场馆及其配套设施建设,以获取的信托财产扣除约定的信托报酬和信托费用后支付给受益人。沙坪坝体育投资公司的控股股东重庆中体投公司提供连带保证。合同还约定了信托当事人的权利义务、信托净收益、信托受益权转让、违约责任等。

同年12月24日,厦门信托公司(甲方)与沙坪坝体育投资公司(乙方)签订《信托贷款合同》约定:借款金额6亿元,借款期限2年,年利率7.5%,借款用于重庆沙坪坝区体育中心体育场馆建设;乙方应于2013年12月29日前还清全部借款,乙方逾期还款或者未按照合同约定使用借款,甲方有权加收罚息;乙方未按期付息的,计收复利。乙方出现违约情况的,甲方有权按贷款本金的10%向乙方收取违约金并要求乙方赔偿损失。同日,重庆中体投公司向厦门信托公司出具《不可撤销担保书》,对上述借款提供连带责任担保。

2011年12月28日,西安分行致函厦门信托公司,指定资金信托合同的借款人为沙坪坝体育投资公司,借款金额6亿元,借款期限2年,年利率7.5%,借款用途为重庆沙坪坝区体育中心(西部奥体城)体育场馆及其配套设施建设,由重庆中体投公司承担连带保证责任,项目还款来源于体育场馆周边的土地挂牌出让收入和优惠政策税费返还收入。

次日,西安分行向厦门信托公司转账6亿元,同日,厦门信托公司向沙坪坝体育投资公司发放同额信托贷款。

2012年2月27日，沙坪坝体育投资公司（甲方）、西安分行（乙方）、中体产业公司（丙方）签订《三方合作协议》约定：(1) 乙方于2011年12月28日与厦门信托公司签订《资金信托合同》，获得该信托合同项下全部信托受益权，三方确认该信托受益权的价值为6亿元。(2) 甲方与厦门信托公司签署《借款合同》，获得6亿元信托贷款，用于重庆市沙坪坝区体育中心征地整治和体育场馆建设。甲方承诺，上述信托贷款专款专用，全部用于重庆沙坪坝体育中心项目土地整治及项目建设，并保证到期及时足额偿还信托贷款本金及应付利息。(3) 中体产业公司承诺，若到期甲方无法偿还或无法足额偿还上述信托贷款，并且前述《借款合同》项下的连带责任保证人重庆中体投公司无法承担保证责任时，中体产业公司无条件向乙方买入上述信托合同项下信托贷款全部或甲方未足额偿还部分相对应的信托受益权。(4) 若发生中体产业公司买入上述信托受益权的情况，自中体产业公司将购买价款划入西安分行指定账户之日起，信托受益权转由中体产业公司享有，西安分行将不再享有在《资金信托合同》及相关信托文件项下受益人享有的权利，相应的义务也将免除。西安分行应立即向受托人发出信托受益权已经转让给中体产业公司的书面通知。该合同还对沙坪坝体育投资公司提前还款、未还款时沙坪坝体育投资公司对西安分行的违约责任等作了约定。

2013年12月9日，沙坪坝体育投资公司向厦门信托公司还款2.56亿元。12月29日，《资金贷款合同》约定的还款期限到期。

2014年1月8日，西安分行书面请求中体产业公司履行购入信托受益权的合同义务。次日，厦门信托公司分别向沙坪坝体育投资公司、重庆中体投公司发出《催收到期贷款通知书》、《督促履行连带保证责任通知书》，分别要求其承担还款及保证责任。

2014年1月10日，沙坪坝体育投资公司向厦门信托公司还款2亿元。厦门信托公司在收到前述2笔共计4.56亿元还款后，均于收款当日将款项转入西安分行账户。此后，中体产业公司尚拖欠借款本金1.44亿元及利息未归还。

西安分行遂向陕西省高级人民法院起诉，要求中体产业公司立即履行《三方合作协议》义务，无条件回购原告信托受益权，支付原告回购价款加上利息及1440万元违约金。

被告中体产业公司辩称：（一）根据《三方合作协议》，中体产业公司向西安分行收购诉争信托受益权的条件尚未成就，中体产业公司不承担义务。

按照《三方合作协议》约定的内容，中体产业公司承诺收购诉争信托受益权系附条件的法律行为，当条件"沙坪坝体育投资公司无法偿还或无法足额偿还上述信托贷款，并且前述《借款合同》项下的连带责任保证人重庆中体投公司无法承担保证责任时，"收购承诺生效，故本案不是借款合同纠纷，也不是担保合同纠纷，而是附条件的债权转让合同纠纷。西安分行无法证明"沙坪坝体育投资公司无法偿还或无法足额偿还上述信托贷款，并且前述《借款合同》项下的连带责任保证人重庆中体投公司无法承担保证责任"，故协议约定的信托受益权收购条件尚未成就，中体产业公司不需向西安分行支付收购价款，西安分行的诉讼请求不能成立。（二）即使《三方合作协议》规定的收购条件已经成就，因《三方合作协议》未约定债权转让的对价，双方约定的信托受益权转让无法履行，应由中体产业公司与西安分行协商解决。（三）西安分行诉请的1440万元违约金及罚息计算不符合法律规定，罚息已经具有惩罚性，且为复利，在此基础之上再按照10%计算违约金，不应得到支持。请求驳回西安分行的诉讼请求。

【审理与判决】

陕西省高级人民法院认为，西安分行与中体产业公司、沙坪坝体育投资公司签订的《三方合作协议》意思表示真实，内容不违反法律、行政法规的强制性规定，应属有效合同。该协议以《资金信托合同》、《信托贷款合同》为基础，确定成都银行西安分行、沙坪坝体育投资公司和中体产业公司的权利义务关系，各方当事人均应依照合同的约定，享受合同权利、承担合同义务。《资金信托合同》约定了作为信托资金的委托方和受益方，西安分行获得该合同项下的全部信托受益权并有权转让；《信托贷款合同》约定了厦门信托公司向沙坪坝体育投资公司提供信托贷款的金额、利率、还款期限、违约责任等内容。在《三方合作协议》里，《资金信托合同》中信托受益权的价值经三方共同确定为6亿元。中体产业公司承诺："若到期沙坪坝体育投资公司无法偿还或无法足额偿还上述信托贷款，并且前述《借款合同》项下的连带责任保证人重庆中体投公司无法承担保证责任时，则中体产业公司无条件向成西安分行买入上述信托合同项下信托贷款全部或沙坪坝体育投资公司未足额偿还部分相对应的信托受益权。"故中体产业公司在《三方合作协议》中的合同义务为：2013年12月29日信托贷款合同到期日届满后，如果沙坪坝体育投资公司无法偿还或无法足额偿还上述信托贷款且重庆中体投公司无法承担保证责任的条件成就，中体产业公司即应无条件向西安分行买入上述信托合同项下信托贷款全部或未足额偿还部分相对应的信托受益权。至西安分行提起诉讼时止，《信托贷款合同》约定的还款期限已经届满，借款人沙坪坝体育投资公司尚欠借款本金 1.44 亿元及利息未归还，重庆中体投公司亦没有履行保证责任，《三方合作协议》约定的中体产业公司无条件向西安分行买入上述信托合同项下信托受益权的条件已经成就，中体产业公司应当依约履行回购义务。

关于信托受益权价款问题。《三方合作协议》确定信托受益权的价值为 6 亿元，当沙坪坝体育投资公司未履行还款义务时，信托受益权的对价为 6 亿元，当沙坪坝体育投资公司部分履行还款义务时，信托受益权的对价则为未还款余额。本案未还款余额为人民币 1.44 亿元，故信托受益权的价款应确定为人民币 1.44 亿元。

关于中体产业公司是否应当承担违约责任及违约金具体数额问题。中体产业公司在《三方合作协议》约定期限届满后，未履行该协议确定的回购西安分行名下信托受益权的合同义务，已构成违约。依照《合同法》第 107 条"当事人一方不履行合同义务或者履行合同义务不符合约定的，应当承担继续履行、采取补救措施或者赔偿损失等违约责任"的规定，中体产业公司应当继续履行合同并赔偿西安分行因此遭受的损失。根据案情，西安分行遭受的损失可酌情认定为自 2014 年 1 月 11 日起至中体产业公司全部履行回购义务之日止，以 1.44 亿元未还款余额为基数的利息损失，按照相关规定，该利息以中国人民银行同期贷款利率为标准计算为宜。

对原告西安分行请求按照《信托贷款合同》约定的逾期贷款利率计算债务利息再加上 1440 万元（1.44 亿元的 10%）计算违约金的诉讼请求，经查，《信托贷款合同》的双方当事人系厦门信托公司与沙坪坝体育投资公司，该合同确定的是厦门信托公司与沙坪坝体育投资公司之间的权利义务关系，与西安分行没有实质关联，沙坪坝体育投资公司针对厦门信托公司的违约行为及其相应后果，只能由厦门信托公司依据《信托贷款合同》向沙坪坝体育投资公司主张权利，西安分行无权以《信托贷款合同》为依据，要求中体产业公司承担本应由沙坪坝体育投资公司针对厦门信托公司而承担的合同责任，西安分行只能依据《三方合作协议》的约定要求中体产业公司承担相应的合同责任。故西安分行此项诉讼请求不予支持。

对被告中体产业公司辩称中体产业公司履行购入成都银行西安分行名下信托受益权的条件尚未成就，只有对借款人沙坪坝体育投资公司和保证人重庆中体投公司穷尽一切法律手段后，借款人无法偿还且保证人也无法承担保证责任时，中体产业公司信托受益权回购的条件才具备的理由，法院认为，《信托贷款合同》的借款人沙坪坝体育投资公司系中体产业公司的下属项目公司，保证人重庆中体投公司系中体产业公司子公司的参股公司，均与中体产业公司存在一致的利益关系，《三方合作协议》并未对"无法偿还"的具体内容、真实含义、条件成就标准作出特别的明确约定，按照对《三方合作协议》内容的通常理解和本案的具体情况，债务人沙坪坝体育投资公司逾期没有足额履行还款义务、保证人重庆中体投公司没有承担保证责任，中体产业公司承诺回购的条件即已成就，应当依约履行回购义务，故中体产业公司辩称本案回购条件不成就的理由，没有事实和法律依据，不能成立；对中体产业公司所称西安分行诉请的1440万元违约金及罚息计算不符合法律规定的理由，经查属实，可予部分采信。

据此判决：中体产业公司应以1.44亿元的价格向成都银行西安分行购入其与厦门信托公司签订的《资金信托合同》项下的信托受益权；并按照中国人民银行同期贷款利率，向西安分行支付2014年1月11日至履行前项义务期间的利息损失。

【评析】

本案当事人之间原本是比较简单的借贷关系，即成都银行西安分行将资金借给沙坪坝体育公司，用于体育场馆及配套设施建设，中体产业公司予以担保，但是，双方当事人基于合理、不合理的原因而借助信托通道，结果变成复杂的多方关系。

本案纠纷虽因资金信托引起，但关键涉及信托受益权的转让。本案原告成都银行西安分行与厦门信托公司设立的单一资金投资信托于2011年11月28日有效成立。三个月后，作为受益人的西安分行、信托资金使用方重庆沙萍坝体育投资公司与被告中体产业公司又签订三方协议约定，如果沙萍坝体育投资公司到期无法偿还或者无法足额偿还信托贷款，中体产业公司无条件购买信托合同项下未偿还部分对应的信托受益权，即这部分信托受益权转归中体产业公司。该协议名为信托受益权转让，实际是中体产业公司为沙萍坝体育投资公司的贷款补充担保。现实的问题是，到 2014 年 1 月双方发生争诉时，资金信托的期限已经届满，信托理应依法终止。

要解决本案的争议，首先应当明确，根据《信托法》第 55 条的规定，信托终止后，在依法将信托财产转移给权利归属人的过程中，视为信托存续。同时，根据《信托法》第 58 条的规定，"信托终止的，受托人应当作出处理信托事务的清算报告。受益人或者信托财产的权利归属人对清算报告无异议的，受托人就清算报告所列事项解除责任。"就是说，受托人作出信托事务清算报告并经受益人、权利归属人认可之前，信托并未真正终止，信托受益权仍然有效。

本案的资金信托成立后，成都银行西安分行作为受益人，享有信托的受益权。这种受益权不论是作为一种物权还是债权，都可以依法转让，对此，我国《信托法》第 48 条明确规定受益人的信托受益权可以依法转让和继承。据此，沙萍坝体育投资公司、成都银行西安分行与中体产业公司随后签订的三方合作协议，可以看成一份附条件转让部分信托受益权的合同，即当沙萍坝体育投资公司不能如期偿还信托贷款时，由中体产业公司购买未能偿还部分相对应的受益权。信托期满后，三方协议所附条件成就，沙萍坝体育投资公司尚有 1.44 亿元信托贷款未能偿还，西安分行有权要求中体产业公司如约履行三方协议，受让未偿还信托贷款相对应的部分受益权，并支付价款。

第九章

结构化信托

案例 47

倍力工程机械公司诉上海国际信托公司营业信托纠纷案

【案情】

2011年11月28日,上海国际信托公司(上海信托)与江苏倍力工程机械公司(倍力公司)签订投资合同,拟设立期限为2.5年的上海信托·名珠系列"名珠二十一号"(一期)可交换债权投资集合资金信托计划,其中,向合格投资者发行优先信托单位总份数不超过2500万份,向倍力公司定向发行总份数不低于250万份的一般信托单位。投资合同第1条约定:自上海信托支付对价金额之日起满12个月之日,倍力公司应当支付优先信托单位总份数×1元×13%的款项。投资合同还对受托人的回售权以及回售价款的计算作了规定:当倍力公司或江苏倍力投资发展集团有限公司(倍力集团)发生重大违约时,上海信托有权要求倍力公司全额支付回售价款买回可交换债权,倍力公司应在上海信托发出书面回售通知之日起5个工作日内全额支付回售价款;倍力公司按期足额支付回售价款后,可交换债权自回售日起归于倍力公司并因债务混同而自动消灭;对于不同的回售日期间,即上海信托公司支付对价金额之日起24个月内、超过24个月不足30个月、超过30个月回售的,分别规定了回售价款的不同计算方式。投资合同第15条还规定了违约责任:倍力公司迟延支付任何款项时,应按照未付金额的每日万分之五支付违约金,以及对已质押的股权行使质权。双方就争议的解决约定:如果协商不成,任何一方均应向上海信托住所地人民法院起诉。

上海信托还与倍力公司签订《名珠二十一号(一期)可交换债权投资集合资金信托合同》约定:总份数为不超过2750万份信托单位,其中,优先信托单位总份数为不超过2500万份,一般信托单位为不低于250万份。优先信托单位由个人或机构投资者认购;一般信托单位向倍力公司定向募集,认购一般信托单位的认购资金为不低于250万元，上海信托为受托人。合同第7条规定了普通债权的应付款日和应付金额，倍力公司"自上海信托支付对价金额之日起满12个月之日，应向原告付优先信托单位总份数×1元×13%。"该条第3款还约定了受托人的回售权，在倍力公司或倍力集团发生重大信用风险等情形时，受托人可以要求倍力公司提前买回可交换债权。回售价款的计算方式与投资合同的约定相同。

随后，上海信托发布"名珠二十一号"（一期）可交换债权投资集合资金信托计划说明书，其中第7条第1款规定：自上海信托支付对价金额之日起，上海信托对倍力公司享有如下普通债权，即倍力公司负有在如下"应付款日"前向上海信托支付如下"应付金额"的债务。自上海信托支付对价金额之日起满12个月之日，倍力公司应支付优先信托单位份数×1元×13%；第3款对上海信托的回售权作了与投资合同相同的约定。

2011年11月28日，上海信托与倍力公司和倍力集团签订《上海信托·名珠系列"名珠二十一号"（一期）可交换债权投资集合资金信托计划框架协议》。框架协议第1条确定"信托单位分为优先信托单位和一般信托单位，合格投资者认购不超过2500万份投资信托单位，取得优先受益权，倍力公司认购不低于250万份一般信托单位，取得一般受益权。优先信托单位与一般信托单位面值1元，认购价格1元。"第2条对上海信托的普通债权作了规定，自上海信托支付对价金额之日起满12个月之日，倍力公司应当支付"优先信托单位总份数×1元×13%"。协议还明确了上海信托享有的股权资产包，即股权代码为300201，于2014年4月7日上市流通的海哲伦股票，其股数的计算方式为"优先信托单位总份数×1元÷（2500万元÷369.5万股）"。协议对上海信托的回售权作了与投资合同相同的规定。

2011年11月25日，倍力公司召开股东会议，全票同意公司以不低于250万元人民币认购上海信托管理的上海信托·名珠系列"名珠二十一号"（一期）可交换债权投资集合资金信托计划项下全部一般信托单位，并且按照信托计划相关文件的约定履行包括追加增强信托资金在内的各项义务。

2011年11月28日，上海信托与倍力公司签订了《上海信托·名珠系列"名珠二十一号"（一期）可交换债权投资集合资金信托计划增强信托资金追加协议》，以此作为倍力公司为信托计划的一般委托人/受益人，在特定情况下向信托计划追加增强信托资金的承诺。同时，双方还签署了《上海信托·名珠系列"名珠二十一号"(一期)可交换债权投资集合资金信托计划一般信托单位认购风险申明书》,约定倍力公司作为投资者认购上海信托·名珠系列"名珠二十一号"(一期)可交换债权投资集合资金信托计划一般信托单位250万份,认购资金为250万元整。

2011年12月21日倍力公司向上海信托支付250万。次日,上海信托向倍力公司出具信托产品认购单,确认倍力公司已经支付250万元作为认购其信托产品的对价,此认购单经双方盖章确认。

信托成立一年后,倍力公司未能按约回购可交换债权,上海信托公司向上海市黄浦区人民法院起诉,请求判令倍力公司支付可交换债权回售价款人民币3382万元,以及因延迟支付按日万分之五计算的违约金;否则,请求依法拍卖倍力集团所拥有的海伦哲股票以清偿。

黄浦区人民法院经审理,判决支持上海信托公司的诉讼请求。

倍力公司不服,向上海市第二中级人民法院提出上诉。二审期间,上海信托公司主动放弃部分违约金的请求,上海市第二中级人民法院除变更一审判决关于违约金的处理外,维持一审判决,驳回倍力公司的上诉请求。

判决生效后,上海信托向黄浦区人民法院申请执行,经执行,2014年5月8日黄浦区人民法院向上海信托划付36262180元,7月4日划付1354926元,共计37617106元。

根据信托合同相关条款的约定,系争信托计划提前终止的条件已经满足,故该信托计划于2014年5月8日提前终止。5月22日上海信托发出信托计划提前终止及清算分配报告,经清算,倍力公司作为一般受益人,应付其信托本金为2500000元,认购期资金利息为69.44元,应付信托收益为-1624901.44元,清算期利息为2205.42元,应分配金额为877373.42元。在法院划付第二笔执行款后,上海信托对信托计划收益进行了第二次分配,应付倍力公司信托收益为1246531.92元,清算期利息为1745.14元,应分配金额为1248277.06元。经两次分配,倍力公司应分配的金额合计2125650.48元。

倍力公司多次与上海信托交涉,要求提供信托计划收入分配明细遭到拒绝,遂于2015年1月7日向黄浦区人民法院起诉称,上海信托对信托计划的相关费用支出及信托利益的分配不合理、不合法,严重侵害了倍力公司的合法权益,请求判令上海信托支付倍力公司信托本金38万元及投资收益50万元。

【审理与判决】

黄浦区人民法院审理认为：我国《信托法》第54条规定，共同受益人按照信托文件的规定享受信托利益。根据本案相关信托文件的约定，将受益人区分为优先受益人与一般受益人。优先受益人指持有优先信托单位的投资者。一般受益人指持有一般信托单位的投资者及本案原告倍力公司。受益人享有的受益权区分为优先受益权与一般受益权两种类别；根据认购信托单位的金额不同，优先受益权进一步区分为优先A类、优先B类受益权。受托人以信托财产净值为限向受益人分配信托利益。全体优先受益人信托利益未得到足额分配之前，不得向一般受益人分配任何信托利益。上述信托利益分配的规定于法不悖。被告作为受托人，应当遵守信托文件的规定，为受益人的最大利益处理信托事务。现被告提供的证据能够证明其在管理信托财产过程中支付因处理信托事务所支出的费用、取得报酬、分配信托利益均系依约管理信托财产的行为。原告虽质疑相关费用支出及信托利益分配的合理合法性，但其提供的证据并不足以证明其主张。故其诉讼请求缺乏事实及法律依据，不予支持。据此，依照《信托法》第45条、《民事诉讼法》第64条、《最高人民法院关于适用〈中华人民共和国民事诉讼法〉的解释》第90条之规定，判决：对原告江苏倍力工程机械有限公司的诉讼请求不予支持。

【评析】

本案是一个结构化信托案件。

结构化信托是近年来随着资金短缺和证券投资业务的发展而出现的新型投资信托。所谓结构化信托，按照中国银监会2010年发布的《关于加强信托公司结构化信托业务监管有关问题的通知》的定义，是指信托公司根据投资者不同的风险偏好对信托受益权进行分层配置，使具有不同风险承担能力和意愿的投资者通过投资不同层级的受益权来获取不同的收益，并承担相应风险的集合资金信托业务。

根据上述定义，结合结构化信托的实践，结构化信托的主要特征可以归纳如下：

其一，信托的委托人采用一般委托人、优先委托人的双重模式，优先委托人通常是社会公众投资者，一般委托人通常是具有一定投资经验的机构投资者或者从事经营活动的企业。一般委托人和优先委托人的资金共同构成初始信托财产，其中，优先委托人投入的信托资金应当占有一定的比例，不能太少。并且，依据信托文件的约定，一般委托人对于信托资金的投资或者使用可能享有一定的权利，包括直接投资、运用的权利或者指示受托人的权利；

其二，相应地，信托的受益权也分为一般受益权与优先受益权，优先委托人即优先受益人享有优先受益权，一般委托人即一般受益人享有劣后的受益权；有些结构化信托还进一步将受益权细分为优先受益权、一般受益权与劣后受益权；

其三，信托收益按照不同的先后顺序分别向不同类型的受益人分配，优先受益人享有优先分配权，有权优先获得信托文件约定的收益；在优先受益人获得分配后，剩余的信托利益或者信托财产再分配给一般受益人。有学者认为，结构化信托的主要特征体现在信托产品运行的商事性、信托收益权分层设置及信托收益分配存在先后顺序等方面，甚至强调，结构化信托就是按照信托利益的分配顺序进行界定的。①

其四，与信托收益的分配顺序相对应，优先受益人与一般受益人承担不同的风险，优先受益人优先获得确定的收益，同时，以其投入的信托资金为限承担责任，因此，其风险是有限的，并且通常风险比较小；一般受益人在优先受益人之后获得分配，其能否获得收益分配、获得多少分配，具有较大的不确定性，而且，并非以其投入的信托资金为限承担责任，因而面临较大的风险；

其五，作为对优先受益人的增信措施，一般受益人提供的信托资金作为信托财产，在信托收益不足以支付优先受益人的收益时，应当用于分配给优先受益人，从而在一定程度上确保优先受益人的利益；与此相应，如果信托获得很高的收益，在分配优先受益人的利益之后，剩余的信托收益则归一般受益人，这种情况下，一般受益人就会获得很高的收益。就此而言，不同类型的受益人承担的风险与其可能获得的收益是相对应的。

有学者指出，结构化信托的主要理念就是劣后受益人通过自有资金作为质押品进行扩大资金量的融资行为，以质押的自有资金保证了优先受益人的本金和收益，优先受益人的本金和收益都是确定的，最终的结果不论是取得

---

① 严夕金："论结构化信托的法律属性"，中国社会科学院 2013 年硕士专业学位论文。

了超额收益还是发生了亏损，都由劣后受益人承担。[①]

因此，对一般受益人而言，结构化信托的风险是很高的，主要原因在于：（1）结构化信托的一般受益人与优先受益人通常按照一定比例配比出资，具有较大的杠杆效应。假如按照一比三配资，一般受益人出资100万元，就可以动用400万元的信托资金，一般受益人的亏损或者收益就可能相应地放大3倍，这种杠杆效应会相应地放大一般受益人的风险。（2）结构化信托的信托资金通常都用于进行证券投资，而证券市场受经济周期、国内外经济形势和重大事件、大众投资心理等多种因素影响，证券投资的收益波动大且变化无常，不仅取决于投资者本身的资金实力、投资知识、投资经验和技能，而且取决于市场的变化，特别是出现系统性风险造成投资损失，是投资者难以回避的，而结构化信托要求一般委托人作为收益和风险的最后承担者，万一遭遇证券市场的系统性风险，例如股市的系统性下跌，一般受益人就要承担系统性风险造成的损失，这就在无形中增大了一般委托人的风险。（3）为保护优先受益人的利益，信托资金的投资通常都包含强制平仓的规定，即当信托单位的价值低于约定的止损水平时，受托人有权强制出售信托财产包含的证券，这种情况下，因为是被迫出售，通常会出现较大的投资损失，一般委托人作为顺序在后的受益人，最终要承担这些损失；在股票市场连续下跌的过程中或者出现系统性风险时，信托单位的净值比较容易触发强制平仓的止损线，这事实就等于一般受益人几乎肯定要承担系统性风险带来的损失。

此外，我国结构化信托产品还处在资金融通的初级阶段，信托公司的主动管理能力不足，隐藏着多种形式的风险。[②]而且，正如本案所表现出来的那样，经营型结构化信托的一般受益人还要面临生产经营的风险。

根据近年来我国发展结构化信托的实践，可以按照一般受益人的不同，将结构化信托分为如下两类：

一类是经营型结构化信托，其一般受益人通常是需要融资的经营企业，同时也是信托资金的使用者，设立结构化信托的主要目的是融资，这类企业因为生产经营需要资金，通过信托公司设立结构化信托，企业自身作为一般

[①] 顾鹏："AJ信托公司结构化证券信托业务及风险管理研究"，上海交通大学2010年硕士学位论文。

[②] 郭昱良："我国结构化信托产品的风险评价"，北京交通大学2015年硕士学位论文。

受益人认购一般受益权或者劣后受益权，信托公司向公众投资者出售优先受益权份额，一般受益权与优先受益权的比例通常在一比十以内，信托成立后，信托资金交一般受益人使用，一般受益人作为资金使用者向信托公司承诺，信托到期将按照约定回购优先受益权（包括约定的收益），通常还应当提供担保；而且，一般受益人的出资既构成信托资金的一部分，同时，因为一般受益人劣后取得信托利益或信托财产，这些出资也具有增强信用的作用。

另一类是证券投资型结构化信托，其一般受益人通常是需要从事证券投资的企业或者个人，通常也是证券投资的实际操作者，有时是意图获得高收益的投资者，主要以证券投资为目的而设立结构化信托，自己作为一般受益人出资一部分，信托公司向公众投资者出售优先受益权获得另一部分资金，一般受益权与优先受益权的资金配比通常是一比二、一比三等，有的甚至更高，信托成立后，全部信托资金交由一般受益人进行证券投资操作，因此，这类结构化信托实质是证券投资的配资和杠杆投资，只是借用了信托的方式。一般受益人承诺信托资金足以清偿优先受益人的信托利益（包括信托受益权及约定的收益），并且劣后获得信托利益，因此，一般受益权对于优先受益人的权益也具有担保的作用。

本案是一项经营型结构化信托。原告倍力公司因生产经营需要资金，遂采取设立结构化信托的办法融资，倍力公司作为一般受益人出资250万元，上海信托公司向公众投资者出售优先受益权获得2500万元，全部信托资金交由倍力公司使用，倍力公司承诺，信托到期时按照约定回购优先受益权。倍力公司设立信托的主要目的是获得融资而非获得投资的收益，其作为一般受益人出资250万元，实际上具有增信和担保的功能。同时，为保障优先受益人的利益，信托文件还约定了严格的违约责任。

不幸的是，倍力公司未能按约履行回购优先受益权的义务，上海信托公司依照信托文件向上海市黄浦区人民法院起诉，请求法院判令倍力公司支付回购款及违约金，并要求依法拍卖、变卖倍力集团所有的369.5万股海伦哲股票以清偿上述款项。黄浦区人民法院根据信托文件的明确约定，依法判决支持上海信托的诉讼请求。

倍力公司不服判决，向上海市第二中级人民法院提起上诉。但是二审法院维持了一审判决，只是因为上海信托公司在二审中自愿放弃部分违约金，二审法院变更了一审判决对违约金的处理。

上述判决依法执行完毕后，倍力公司出资的250万元信托资金最终只收到212.5万元，遂向上海信托公司交涉，但上海信托公司拒不提供信托计划的收入分配明细，因此，倍力公司又向黄浦区人民法院起诉，要求上海信托公司支付倍力公司信托资金38万元及投资收益50万元。黄浦区人民法院判决：对倍力公司的诉讼请求不予支持。

本案实际上经过两次审理，初审都在黄浦区人民法院，案件事实的认定比较容易，加之前一次审理时二审基本维持了一审判决，而且，相关的信托文件对于当事人的主要权利义务都有明确的约定，虽然倍力公司作为信托的委托人和受益人，依据《信托法》第20条和第49条的规定，有权要求受托人上海信托公司提供信托财产管理运用、处分及收支情况，但是，受托人上海信托公司是否应当向倍力公司提供信托计划收入分配明细、明细到什么程度？即使信托文件没有作出有利于受托人的约定，也都是可以争辩的。例如，受托人是否需要向倍力公司提供优先受益人的信托利益分配明细？显然是值得讨论的。因此，黄浦区人民法院对于倍力公司的请求不予支持，是不难理解的。

本案是比较典型的经营型结结构化信托，倍力公司作为一般受益人享有一般受益权，公众投资者作为优先受益人享有优先受益权，上海信托公司担任信托的受托人，负责向公众投资者出售优先受益权募集大部分信托资金，并负责监督信托资金的安全，保障优先受益人的利益；信托成立后，倍力公司实际运用信托资金（理论上包括倍力公司本身出资的部分信托资金），承诺按期回购公众投资者的优先受益权，并且为履行该承诺提供了担保。如果倍力公司的经营活动进展顺利，信托到期时能够如约按期回购买优先受益权，则信托终止，相关当事人各得其所：公众投资者获得了确定的收益，上海信托公司获得了信托报酬和其他利益，倍力公司运用信托资金支持了生产经营，投入信托的资金也可能获得一定的收益。

问题就出在倍力公司的生产经营可能存在困难，结果难以履行按约如期回购优先受益权的义务。这正是企业生产经营活动可能面临的风险。

本案从一个侧面表明，生产经营企业通过结构化信托融资面临的风险确实很大，搞不好无异于饮鸩止渴。因为企业通过结构化信托融资通常都是在难以采取其他方式融资时的无奈选择。而且，通常情况下，生产经营企业并不十分了解结构化信托的精妙设计和隐含风险，而信托公司通常都是信托文件的提供者，他们制作信托文件时无疑会充分考虑到自身风险的防范，例如，本案的受托人在信托文件里不仅明确了自己的回售权，并且分别按照不同的回售期间约定了回售价款的不同计算方法，还特别约定了受托人享有提前回售权，即在倍力公司或者倍力集团发生重大信用风险等情形时，受托人可以要求倍力公司提前买回可交换债权。信托文件对受托人权益的维护可以说是相当周全的，而生产经营企业作为委托人通常没有完善的风险防范条款和权益保护措施。

　　本案倍力公司作为一般委托人（受益人）出资 250 万元，加上公众投资者的出资 2500 万元，形成 2750 万元的信托资金，信托终止后，倍力公司的实际支出达到 3761.7 万元，最终收回了 212.5 万元信托本金。事实上，通过设立结构化信托，倍力公司的实际融资额为 2500 万元，融资的总体成本高达 50%，而且还损失了 38 万元信托本金以及 250 万元信托本金的相应利息，可以说是赔了夫人又折兵。[①] 这个案例提醒生产经营企业，不要轻易采取结构化信托的方式融资。

[①] 有学者针对多家机构推荐的结构化信托产品，经过实际测算发现，仍然存在较大的风险损失的可能性，因此指出，投资者如果对风险和收益之间的关系缺乏正确的认识，极容易陷入"财富陷阱"。见郭昱良："我国结构化信托产品的风险评价"，北京交通大学 2015 年硕士学位论文。

案例 48

周某诉青海政达矿业公司信托合同纠纷案

【案情】

2009年9月15日，青海政达公司作为委托人与受托人中海公司签订《信托合同》约定：青海政达公司是信托的一般受益人，全额认购信托的一般信托单位；委托人基于对受托人的信任，认购信托并加入信托计划，授权一般受益人青海政达公司代表委托人下达投资指令，信托财产主要投资于股票、封闭式基金、债券等；信托期限为12个月，自信托计划成立之日起计算；信托计划终止时，信托计划清算报告无需审计，受托人可以提交未经审计的清算报告，但法律法规的强制性规定要求必须进行审计的除外；受托人因处理信托事务发生的费用由信托财产承担，受托人以其固有财产先行支付的，对信托财产享有优先受偿的权利，信托财产承担的费用包括信托计划事务管理费、相关服务机构费用、信托财产投资交易费用、受托人的信托报酬、信托财产应承担的其他费用；受托人以信托财产净值为限向受益人分配信托利益，信托财产扣除应由信托财产承担的费用后，根据约定的信托利益分配办法，用于支付优先受益权项下信托利益和一般受益权项下信托利益；全体优先受益人最高信托利益未得到足额分配之前，不得向一般受益人分配信托利益。

同日，委托人青海政达公司与受托人中海公司还签订《一般信托单位认购风险申明书》约定：青海政达公司认购一般信托单位5000万元。2009年9月21日，青海政达公司向中海公司去函将认购金额变更为4239.5万元；当日，中海公司致函青海政达公司和中国光大银行股份有限公司，称光大银行作为优先级信托单位已经募集8479万元，信托计划成立。

2009年9月29日，周某委托秦皇岛四季房地产开发有限公司向青海政达公司汇款2119.75万元。信托计划成立后，信托计划的总资产为12718.5万元。信托资金存于银行账户，青海政达公司与周某有权使用但不能提现或转账。

周某与青海政达公司各操作信托资金的50%用于股票投资，并且各自对操作的资金自负盈亏。

2010年1月12日，青海政达公司（甲方）与周某（乙方）就截至此前双方投资盈亏情况进行结算并签订《合作投资协议》约定：甲方与中海公司开展合作，乙方对甲方与中海公司的合作已充分了解，并有意与甲方共同发行一期结构化产品；乙方知晓甲方与中海公司协议的详细内容，并自愿与甲方共同承担该合同中的相关义务；信托计划资金总规模为12718.5万元；双方确认对于本信托的一般受益人出资按照50∶50分担，由双方各自出资2119.75万元；对信托项下的信托资金，双方初始各拥有50%即6359.25万元的信托资金的权益；截至2010年1月12日，扣除前期费用后账户余额为131652418.39元，其中甲方资产占44.32%，乙方资产占55.68%。双方的收益以该比例确认，信托终止后双方分别拥有信托资金44.32%和55.68%的权益；双方将共同指定一名证券操作人员对信托资金额度范围内的资金进行管理；对于信托费用，由于发行信托而引发的各项费用，包括但不限于优先受益人利息、信托公司管理费、银行托管费等，双方按50∶50的比例承担；由信托资金操作引发的各项费用，包括但不限于券商交易手续费等，按照双方投资比例44.32∶55.68进行分担，证券操作人员的支出经甲乙双方共同确认后，不计入本费用，由甲乙双方自行支付；作为名义一般受益人的甲方所应履行的公司所得税，双方以本信托终止时经甲乙双方共同确认的实际盈利的比例承担，如无盈利按照50∶50的比例承担所得税；对信托收益，当本信托终止时，甲乙双方经对账并对经共同确认后的账面盈利进行分配。协议签订后，双方委托同一名证券操作员对信托资金进行操作。操作过程中，应中海公司要求，双方再次向信托资金中打入合计150万元的止损款。

2010年9月20日，集合资金信托终止。次日，中海公司分别向光大银行和青海政达公司出具清算报告，向光大银行出具的《信托资金清算报告（优先）》载明：2010年9月20日信托计划终止，优先受益人光大银行；本信托的信托收入2612595.79元，其中利息收入380474.69元，投资收益730721.1元，追加资金150万元，一般委托人募集期利息1400元；信托费用为1547320.5元（其中信托管理费1271850元，保管费254370元，其他费用21100.5元）；本信托收益为1065275.29元，其中光大银行信托收益为5256980元；受托人已完成向受益人归还信托本金12718.5万元、分配信托收益1065275.29元，其中归还光大银行信托本金8479万元，分配信托收益5256980元。

中海公司向青海政达公司出具的《信托资金清算报告（一般）》载明：2010年9月20日信托计划终止，一般受益人青海政达公司；本信托的信托收入2612595.79元，其中利息收入380474.69元，投资收益730721.1元，追加资金150万元，一般委托人募集期利息1400元；信托费用1547320.5元，其中信托管理费1271850元，保管费254370元，其他费用21100.5元；信托收益1065275.29元，其中青海政达公司信托收益为-4191704.71元；受托人已完成向受益人归还信托本金12718.5万元、分配信托收益1065275.29元，其中归还青海政达公司信托本金4239.5万元，分配信托收益-4191704.71元。

2010年9月27日，青海政达公司向周某指定银行账户汇款20835201.38元。双方确认此款包含了周某向信托资金中打入的止损款835201.38元，青海政达公司向周某返还投资款为2000万元，双方对于150万元的投入及返还不存异议。

周某对于信托收益的分配存在异议，遂于2012年3月向北京市朝阳区人民法院起诉称，按照协议，政达公司尚有5635725.95元未退还周某，要求青海政达公司予以退还并支付相应的利息（自2010年9月26日至全部退还之日止，按照中国人民银行同期贷款利率计算）。

政达公司辩称，周某在信托计划开始后以一般受益人身份加入信托计划，现信托计划一般受益人亏损约419万元，周某作为一般受益人不应有盈利；信托计划结束后应先支付优先受益人的利益，剩余部分才清算一般受益人的利益。周某计算诉讼请求时将信托计划资金总额按照55.68∶44.32进行分割，其享有信托计划资金总额的55.68%，负担优先受益人的本金和收益的50%，此计算方式错在如果按照55.68%享有信托资金，也应该按照这一比例向优先受益人支付本金和收益。周某的此种计算方式使其多占了信托资金总额的5.68%，所以在整个信托计划亏损时其才可能享有收益；在信托结束后，应先与优先受益人进行清算，之后青海政达公司与周某进行分配。综上，青海政达公司向周某支付的款项已经多于其应得的款项，故不同意周某的诉讼请求。

【审理与判决】

北京市朝阳区人民法院审理认为，双方签订的《合作投资协议》系双方当事人的真实意思表示，且不违反国家法律、行政法规的强制性规定，合法有效。

在双方签订《合作投资协议》前（以下简称第一阶段），双方各自操作50%的信托资金，并对各自操作的信托资金自负盈亏。这一阶段信托计划作为一个整体由中海公司清算盈亏，但周某与政达公司作为信托计划内两个独立核算的个体，其盈亏情况可能与整个信托计划不一致，即使整个信托计划亏损，周某与政达公司中的一方也可能盈利，盈利与亏损只与自己的操作有关。签订《合作投资协议》后（以下简称第二阶段），双方共同指定一名证券操作人员进行操作，对操作的盈亏按照44.32%：55.68%的比例进行分担。双方在第二阶段的盈亏是一致的，只要此阶段整个基金亏损，那么双方必然亏损，只是双方因比例不同亏损的数额会有差异。在第一阶段盈利第二阶段亏损，周某在整个信托计划中的盈亏为两阶段盈亏之和。政达公司的盈亏情况亦应按此原理计算。

在第一个阶段，青海政达公司亏损8068125.09元，周某盈利7036060.64元；在第二阶段，信托计划亏损4659640.26元，青海政达公司应负担44.32%即2065152.56元，周某应负担55.68%即2594487.7元。

周某第一阶段盈利7036060.64元，第二阶段亏损2594487.7元，故在整个信托计划中盈利4441572.94元；周某投入资金为21197500元，信托计划结束后周某应分得资金为盈利加投入合计25639072.94元，青海政达公司已向周某返还了2000万元（已经扣除双方没争议的150万元止损款的投入及返还），青海政达公司应再向周某返还5639072.94元。周某的诉讼请求于法有据，应予以支持。

《合作投资协议》约定，信托结束后甲方拥有信托资金44.32%、乙方拥有55.68%的权益。按照信托清算报告，信托结束后一般受益人剩余的资金为36703295.29元，双方按照55.68：44.32的比例进行分割，周某得20436394.82元，青海政达公司分得16266900.47元。照此比例分割剩余资金意味着双方照此比例负担了成本，但是按照双方的约定，优先受益人的投入及收益应由双方平均负担，所以，这样分割信托资金，周某多负担了5.58%的优先受益人的投入及收益，此部分费用应由青海政达公司负担。

据此，判决：青海政达公司向周某返还信托资金5635725.95元，并支付相应的利息。

青海政达公司不服，向北京市第二中级人民法院上诉，请求撤销原判，依法改判青海政达公司支付周某436394元。主要上诉理由：（一）一审判决的两个计算方式均不符合《合作投资协议》的本意。第一种计算方式是将整个信托计划盈亏分成两个阶段，分别计算每个阶段的盈亏，两个阶段盈亏之和为整个信托项目的盈亏。但是，双方当事人在签订《合作投资协议》之前，就已经将前期亏损、收益的资金按照账面余额重新进行分配，并在协议中重新予以变更和确认。依据《合作投资协议》，进行清算时根本不存在分阶段的方式。况且双方当事人均认可《合作投资协议》的计算方法，只是对如何分担偿还优先受益人本金问题有分歧。该计算方法背离了《合作投资协议》的本意。第二种计算方式是将优先受益人的投入和收益由双方当事人平均负担。但是双方当事人在《合作投资协议》中并没有该项约定。根据协议的约定，合同双方应当分别按照44.32%和55.68%的比例偿还优先受益人的投资额。一审判决认为按照《合作投资协议》的约定，优先受益人的投入款属于因信托发行而产生、信托结束时应返还的费用，故投入款应由双方当事人均担的认定是错误的，因为优先受益人的投入款已经包含在协议的投资额内，该笔投入款亦是信托本金的性质，并非应返还的费用。（二）青海政达公司认可的计算方法为：信托结束后，周某与青海政达公司应当首先向光大银行返还信托本金8479万元和信托收益5256980元，因中海公司归还青海政达公司信托本金4239.5万元，分配信托收益-4191704.71元，故青海政达公司与周某应当就回款38203295.29元依照44.32%比55.68%的比例进行分配，计算后，周某应取得款项21271594.82元，扣除已付周某资金20835201.38元，应再付周某436393.44元。综上，一审判决认定事实不清，计算方法错误，请求二审法院支持青海政达公司的上诉请求。

周某服从一审法院判决，其针对青海政达公司的上诉理由答辩称：一审判决认定事实清楚，适用法律正确，二审应予维持。（一）青海政达公司主张由其返还光大银行44.32%的本金，由周某返还55.68%的本金，没有任何事实依据。青海政达公司与周某实际各自使用光大银行50%的本金，即4239.5万元。《合作投资协议》并没有改变双方各自使用光大银行50%本金的基本事实。青海政达公司在整个信托项目中使用的光大银行的本金始终都是4239.5万元。签署《合作投资协议》时，青海政达公司并没有将其使用的5.68%的光大银行本金转让给周某。青海政达公司实际使用光大银行50%的本金，却主张自己只返还 44.32% 的本金，要求周某返还 55.68% 的本金，没有任何事实依据。（二）青海政达公司提出的按照比例返还本金的主张亦违反公平原则，没有法律和合同依据。青海政达公司未就其主张提供具体法律依据，《合作投资协议》也没有约定在双方当事人各自使用光大银行 50% 的本金的情况下，却要按照 44.32%、55.68% 的比例进行偿还。（三）《合作投资协议》既没有对合同双方使用光大银行本金的比例进行重新分配，也没有约定用周某的盈利弥补青海政达公司的亏损。合同双方各自使用光大银行 50% 本金的比例未变，并未就此重新分配；合同双方没有对前期亏损和收益进行任何分配；形成的资产比例仅是前期双方投资各自自负盈亏的结果。（四）青海政达公司使用了光大银行 50% 的本金，却主张只返还 44.32% 的本金，相当于从中获取了 5.68% 的不当得利，客观上是用周某的盈利弥补青海政达公司的亏损。一审判决否认了青海政达公司获取不当得利的行为，对双方的权益作出了公平的分配。（五）青海政达公司要求用一般受益人的剩余资金按 44.32%、55.68% 进行最终分配，违反了合同约定，实质上是用周某的收益弥补了青海政达公司的损失。《合作投资协议》约定，合同双方各自拥有信托资金的 44.32%、55.68% 的权益，而不是"一般受益人剩余资金" 44.32%、55.68% 的权益。青海政达公司主张在信托结束后，先将光大银行的本金和固定收益扣除后，再按 44.32%、55.68% 进行分配，实质上是让周某多承担光大银行的本金及收益。周某只应返还自己使用的光大银行的本金。

　　北京市第二中级人民法院认为，周某与青海政达公司之间签订的《合作投资协议》合法有效。双方在操作信托资金的过程中，于 2010 年 1 月 12 日在协议中就各自的资产进行了确认，并计算出各自资产在信托总资产中的比例。该协议约定：在信托结束后青海政达公司拥有信托资金 44.32% 的权益，周某拥有信托资金 55.68% 的权益。本案《信托合同》的内容是《合作投资协议》的履行依据，该合同约定：信托资金是指信托计划项下的货币资金。依照《信托合同》及《合作投资协议》的上述约定，在信托结束后，周某应当拥有信托总资金 55.68% 的权益。现青海政达公司主张周某只对扣除光大银行本金及收益之后的信托资金拥有 55.68% 的权益，该主张没有合同依据和事实依据，不予支持。因周某在本案信托项目中只使用了光大银行信托本金的 50%，且依照《合作投资协议》的约定周某应承担优先受益人光大银行利息的 50%，所以，在信托结束后，周某应当按照 50% 的比例给付光大银行信托本金及收益。青海政达公司主张周某应当按照55.68%的比例返还光大银行的信托本金及收益，该主张与双方当事人使用光大银行信托本金的事实不符，且无合同依据和法律依据，本院不予支持。

综上，依照《合作投资协议》的内容及双方当事人履约的事实：在信托结束后，周某拥有信托资金55.68%的权益，故此时周某的权益为71409753.28元（计算方法为，信托初始资金12718.5万元加最终收益1065275.29元之和的55.68%）。根据本案两份信托资金清算报告的记载，信托收益1065275.29元系由信托收入2612595.79元减去信托费用1547320.5元计算而来，按照55.68%的比例计算周某的上述权益时，周某分摊了信托费用1547320.5元的55.68%，但是依照《合作投资协议》的约定，其应当承担该费用的50%，故其被多扣了5.68%的信托费用即87887.8元，应当将该部分补齐，故周某的最终权益额为71497641.08元（计算方法为，71409753.28元加87887.8元）。因周某应当承担光大银行信托本金及收益的50%，所以应在周某的最终权益额中扣除45023490元（计算方法为，光大银行信托本金8479万元加光大银行收益5256980元之和的50%）。最终，周某应当取得的款项为26474151.08元（计算方法为，71497641.08元–45023490元）。现青海政达公司已向周某给付20835201.38元，故其还应向周某给付余款5638949.70元。现周某要求青海政达公司退还其信托资金5635725.95元，合法有据，应予支持。一审法院判决认定事实清楚，适用法律正确，应予维持。据此，判决：驳回上诉，维持原判。

2014年3月13日，青海政达矿业有限公司名称变更为"中城建第六工程局集团老令置业有限公司"（老令置业公司）。老令置业公司不服判决，向北京市高级人民法院申请再审。同年10月21日，北京市高级人民法院裁定指令北京市第二中级人民法院再审。

北京市第二中级人民法院再审认为，本案争议的焦点为信托结束后，信托权益如何计算分配。按照《合作投资协议》约定，信托结束后，双方分别拥有信托资金44.32%和55.68%的权益。发行信托而引发的费用由双方按50∶50的比例承担。周某与老令置业公司均属于信托的一般受益人，因此优先受益人投入信托计划中的本金，与作为一般受益人的周某及老令置业公司无关，在双方当事人之间分配信托权益时不应将该金额计算在内。对于支付给优先受益人的收益，在原审中双方当事人均认可属于信托费用，该意思表示并不违反法律的禁止性规定及双方的合同约定，因此，再审中老令置业公司主张优先受益人收益不属于信托费用，违反禁反言的诉讼原则，对此主张，不予采纳。

按照中海信托公司出具的信托资金清算报告（一般）记载，属于一般受益人的信托本金为 4239.5 万元，信托收入为 261.259579 万元（包含追加资金 150 万元），信托费用为 154.73205 万元，信托收益为 –419.170471 万元。经过原审庭审质证，双方均认可支付给光大银行的 525.698 万元属于信托费用。信托结束后，周某应享有的信托权益为：（收入）一般受益人信托本金与信托收入之和的 55.68%，即（4239.5 万元 +261.259579 万元）*55.68%=2506.022934 万元；（支出）信托费用的 50%，即（154.73205 万元 +525.698 万元）*50%=340.215025 万元；收入减去支出为 2165.807909 万元。老令置业公司已给付周某 2083.520138 万元，扣除已给付的金额，老令置业公司还应给付周某信托权益 82.287771 万元，并支付自起诉日起的相应利息。

综上，原审计算的周某应得的信托权益金额错误，再审予以更改。据此，判决：撤销一审及二审判决，改判老令置业有限公司给付周某信托权益 822877.71 元，并支付相应的利息（自 2012 年 3 月 28 日起至付清之日止，按照中国人民银行规定的同期贷款利率计算）。

【评析】

本案是一个稍显复杂的证券投资型结构化信托案例。

按照前述结构化信托的定义，结构化信托实际上是结构化资金信托，其分层结构主要体现在受益人及受益权的区分，而且，委托人往往同时就是受益人。结构化信托将信托的受益权分为优先受益权与一般受益权两类，有些甚至分为优先受益权、一般受益权、劣后受益权三类，主要是为了区分不同类型受益人享受信托利益以及承担风险的先后顺序，以满足不同类型受益人（投资者）的不同需求，分别实现各自的不同愿望，厌恶风险的投资者可以选择作为优先受益人，偏好风险的投资者可以选择作为一般受益人。

结构化资金信托的关键就在于，信托收益的分配方式与普通资金信托不同。按照结构化资金信托的信托文件，信托资金投资产生收益后，在支付信托费用、信托报酬等支出后，可用于向受益人分配的信托财产，不是同时按比例向全体受益人分配，而是按照约定的顺序，先后向不同类型的受益人分配：首先应当按照约定的收益水平向优先受益人分配，剩余的信托财产再分配给一般受益人；信托财产没有剩余的，一般受益人就不能获得分配，甚至还有可能承担损失。通过这种安排，一方面使优先受益人（通常是普通投资者）获得确定的、可能较低的投资收益，虽然也可能存在一定的风险，但是风险通常比较小；另一方面使一般受益人获得不确定的、可能很高的剩余收益，但同时面临较高的风险。不同风险偏好的投资者可以自行选择成为不同类型的受益人，分别按照先后顺序享有不同的权益。

前文已经指出，按照一般受益人的不同，结构化信托可以分为经营型和证券投资型结构化信托，就制度设计来说，两者的主要区别在于信托资金的运用不同：经营型结构化信托的信托资金通常用于一般受益人的生产经营，而证券投资型结构化信托的信托资金通常用于证券投资。正如有学者指出的，证券投资型结构化信托产品满足了不同风险偏好的投资者的需要，将追求低风险固定收益的投资者与追求高风险的杠杆投资者结合在一起，大大扩延伸了证券投资信托的适用范围，其核心是满足了劣后投资者融资买入证券的需求，同时又通过强行平仓机制保障优先受益人资金的安全。[①]

本案被告有一定的闲置资金希望用于投资，并且期望获得较高的收益，因而没有用闲置资金设立普通资金信托或者采用其他低收益投资方式，而是与中海信托公司合作设立结构化信托：被告作为一般受益人出资 5000 万元认购全部一般受益权，中海信托公司通过光大银行另行向公众投资者募集资金，公众投资者认购优先受益权，作为优先受益人，优先享有约定的投资收益。本案原告周某可能具有一定的投资理财经验（事实证明，周某确实具有一定的投资能力），但他自己没有足够的资金用于股票投资，希望借用他人的资金进行投资，以期能够借鸡生蛋，取得较高收益。

被告与中海信托公司签订结构化资金信托合同后，可能没有足够的资金购买全部一般受益权，原告正好通过第三人拿出一部分资金用于购买结构化资金信托的部分一般受益权，并且与被告约定，各自负责运作其出资的部分信托资金，并对自己的投资盈亏负责。经过三个多月的投资运作，原告的投资取得了不小的收益，而被告的投资收益却不明显。于是，双方在承认前一阶段投资结果的情况下签订《合作投资协议》，约定双方共同指定投资操作人，按照前期投资收益形成的比例（原告与被告分别为 55.68% 和 44.32%）享受

[①] 吴凌翔："证券投资型结构化信托创新研究"，上海交通大学 2012 年 MBA 学位论文。

一般受益权的信托利益。遗憾的是，信托资金投资的收益并不理想，信托终止时信托资金甚至出现了亏损，双方就信托财产的分配产生争议并诉诸法院。

有趣的是，本案的争议发生在一般受益人之间，而不是像通常那样发生在一般受益人与受托人之间。鉴于结构化资金信托包含不同类型的受益人，并且，本案是在资金信托实施一段时间后，作为一般受益人的双方当事人在承认结构化资金信托、认可前一阶段投资结果的情况下签订《合作投资协议》，就利益分配和费用承担等达成协议，然后继续实施信托的，由此导致当事人之间的关系及信托的实施复杂化，信托不仅同时存在一般受益人与优先受益人，而且，在信托实施过程中又增加了一般受益人；信托的实施既要承认前期的投资结果，又要按照两位一般受益人之间的新协议分配信托利益、承担信托费用。这就很容易使法院的审理纠结于实施信托的具体情节（例如将信托的实施分为两个阶段）或者双方当事人之间无谓的争议（例如付给光大银行的投资收益款是不是信托费用）。

事实上，正如法院再审的判决所为，按照信托法原理和结构化资金信托的基本特征，结合本案的案情，资金信托终止后，信托财产的分配方式应当是简单而明确的：首先，全部信托财产扣除信托费用（管理信托、处理信托事务的支出以及信托资金投资的费用、信托报酬等，不包含偿还优先受益人的信托本金和支付给优先受益人的信托收益），剩下的是可分配信托财产；其次，用可分配信托财产偿还优先受益人的信托本金，并按照约定的收益率向优先受益人支付信托利益（本案当事人将优先受益人的信托本金看成费用，显然是一种误解，将法律概念与事实概念混为一谈）；再次，剩余的可分配信托财产用于偿付一般受益人的本金；如果像本案这样，一般受益人为两人以上，并且剩余的可分配信托财产不足以偿付全部信托本金的，则各一般受益人按照约定的比例分别获得相应的偿付，未得到偿付的部分造成的损失由各一般受益人自行承担；最后，可分配信托财产偿付一般受益人的信托本金后如果还有剩余，再用于支付一般受益人的信托利益或者信托收益，一般受益人为两人以上的，则分别按照约定的比例获得相应的收益。

本案所涉结构化资金信托终止后，经受托人清算，一般受益人的收益部分为负数，因此，实际上不存在向一般受益人分配信托收益的问题，或者，也可以说，向优先受益人分配完毕之后，剩余的信托财产可以直接按照双方约定的比例进行分配，而不必区分信托本金与投资收益。一般受益人最终可能要遭受损失，这正是一般受益人作为剩余信托财产享有者面临的风险。

通常情况下，结构化证券投资信托的一般受益人期望的是信托资金的投资能够取得较高收益，信托终止时，信托财产向优先受益人分配之后，一般受益人还能获得较多的剩余信托财产。本案双方当事人在设立信托时无疑都抱有这样的美好期望，不幸的是，证券市场的变化导致他们的期望落空，但这正是他们应当承担的风险，他们在设立信托时应当预见到这种风险。

案例49

叶某诉厦门国际信托公司营业信托纠纷案

【案情】

叶某具有一定的证券投资经验,期望通过证券投资获得较高收益。他在某证券营业部听业务员介绍说,新型结构化证券投资资金信托可以随时买卖证券,证券价值跌到警戒线电脑会自动平仓,遂于2013年3月10日,与厦门国际信托有限公司(厦门信托公司)签订信托合同,约定成立新型结构化资金信托,叶某作为一般委托人出资500万元,另一家企业作为优先委托人出资1500万元,信托资金共计2000万元;厦门信托公司担任受托人,按照信托合同的规定将信托资金加以集合运用,投资于上海和深圳证券交易所上市交易的股票、基金、债券、国债逆回购和银行存款,但具体投资操作完全由叶某负责,并以该期全部信托财产为基础资产,作出优先受益权与一般受益权的结构化安排;银河证券公司为信托计划提供证券经纪服务。受托人厦门信托公司通过银河证券公司保留对投资账户的控制权,以便在必要时进行平仓操作。

信托合同还约定:该资金信托计划每日计算信托财产单位净值并设置预警线及止损线,一般受益权与优先受益权之比为一比三,预警线与止损线分别为单位净值0.95和0.90,若当日收盘时,经受托人估算的信托财产单位净值在预警线0.95元(含)以下,受托人应及时以电话或传真的方式提示风险,一般委托人有义务于次日上午11时30分前向该期信托计划追加资金,一般受益权的委托人未按期足额追加增强信托资金的,受托人有权直接卖出部分股票直至以市值计算的持仓比例不超过50%,在信托财产单位净值恢复到0.95元(含)以上之前,受托人有权拒绝委托人指令权人所有的买入指令;若当日收盘时,经受托人估算的信托财产单位净值在止损线0.90元(含)以下,受托人应及时以电话或传真的方式提示风险,在一般受益人按时足额追加信托资金前，受托人只接受卖出证券的投资建议，一般受益人未在规定时间内足额追加信托资金使信托单位估值高于 0.95 元的，自次日上午 11 时 30 分起受托人将拒绝委托人指令权人的任何投资建议，并对信托计划持有的全部证券资产按市价委托方式进行变现、对信托计划持有的开放式基金进行全部赎回，该平仓操作是不可逆的，直至信托财产全部变现为止。信托资金扣除优先委托人最高年化收益率 7%、受托人报酬 1%、保管费 0.2% 等费用后，归叶某所有。

次日，叶某如约向厦门信托公司账户转入 500 万元；4 月 12 日又按要求转入 50 万元，6 月 24 日再次按要求转入 16 万元。

2013 年 6 月 24 日，厦门信托公司员工李某电话告知叶某，资金信托的单位净值跌破预警线，加上叶某当天补入的 16 万元，还需于次日上午 11 时 30 分前再补入 137 万元。但是，叶某随后并未按要求再补入资金。6 月 25 日，厦门信托公司开始按照约定卖出股票变现。

到 2014 年 3 月 14 日，厦门信托公司向叶某发出《合资金信托清算报告》及《证券投资基金估值表》载明：截至信托到期终止日 2014 年 3 月 14 日，信托资产净值为 16351828.13 元，优先受益人信托利益为 16050000 元，证券账户存款利息 60302.12 元，到期可分配一般受益人利益为 362130.25 元。2014 年 3 月 24 日，信托公司向叶某的账户转入 362130.25 元。

叶某认为，厦门信托公司在叶某不知情的情况下，将信托计划项下的所有证券资产在远离止损线的最低点人工强制平仓，使叶某遭受重大损失，叶某签订合同存在重大误解，厦门信托公司签订合同时有欺诈行为，遂向厦门市中级人民法院提起诉讼，请求判令：撤销资金信托合同，厦门信托公司返还叶某本金 530 万元并赔偿损失 100 万元。

厦门信托公司答辩称，厦门信托公司严格按照信托文件的约定管理信托财产，不存在欺诈行为；信托文件已就信托计划风险向叶某进行了充分的揭示。

银河证券公司答辩称：银河证券公司系应叶某的要求为其提供信托计划的居间介绍服务，服务范围限于居间介绍；银河证券公司依据信托文件进行居间介绍，客观上不存在误导。

【审理与判决】

厦门市中级人民法院法院审理认为，叶某提出银河证券公司的业务员向其虚假宣传可以随时买卖证券，到警戒线电脑自动平仓，但叶某并未提交证据予以证实，银河证券公司亦不予确认；并且，叶某已经在《厦门信托聚富银河新型结构化证券投资集合资金信托计划风险申明书》上按照提示亲手抄写"本人已详阅并充分理解信托文件和其他备查文件"，足以证明叶某已阅读并充分理解信托文件的内容，叶某主张签订合同存在重大误解缺乏依据，不予支持。讼争信托产品系由叶某作为一般委托人出资500万元，由优先委托人出资1500万元，信托资金2000万元全部交由叶某操作，产品低于预警线0.95时，叶某应追加资金；低于止损线0.90时，信托公司有权强行平仓，余额扣除优先委托人最高年化收益率7.0%、受托人信托报酬年费率1%、保管费年费率0.2%等费用后，归叶某所有。因此，叶某在获取收益的同时承担相应的风险，讼争信托产品并不存在显失公平或欺诈的情形。叶某主张存在显失公平及欺诈行为，缺乏依据，不予支持。综上，叶某关于讼争厦门信托聚富银河新型结构化证券投资资金信托计划信托文件存在欺诈、重大误解、显失公平而应予撤销的主张，缺乏依据，不予支持。

据此，判决：驳回叶某的诉讼请求。

【评析】

本案是一个比较典型的证券投资型结构化信托案例，信托的一般委托人（受益人）是具有一定证券投资经验的自然人。

这类结构化信托的一般受益人设立信托，实质是进行杠杆投资，即以信托的方式进行证券投资的融资。一般受益人拿出小部分资金，通过设立信托，向公众投资者出售优先受益权获得更多资金，形成数额较大的信托资金，由一般受益人进行证券投资。全部信托资金中，一般受益人与优先受益人的资金比例通常在一比三、一比四甚至一比十，这就明显放大了一般受益人可用于证券投资的资金数额。如果投资顺利，一般受益人的收益就会相应地放大；如果投资失败，同样会放大一般受益人的损失。在一定意义上，就相当于一般受益人利用他人资金进行证券投资的赌博。

证券投资型结构化信托的信托资金通常用于证券投资，风险较大。为确保优先受益人（通常是社会公众投资者）的利益，信托文件通常设定信托财产价值的警戒线和止损线，并且明确约定：当信托财产的价值低于警戒线水平时，一般受益人有义务补充信托资金，使信托财产价值高于警戒线水平；当信托财产价值低于止损线水平时,受托人有权强制出售信托财产所包含的证券(即通常所说的强制平仓),这种情况往往发生在证券市场低迷的时候,强制平仓属于被动的紧急处理,难免慌不择路,挥泪斩仓,必然造成信托财产包含的证券被迫低价出售,导致信托财产的损失。信托财产出现的损失,首先用一般受益人投入的信托资金承担损失,而且,信托财产的损失最终都要由一般受益人承担。因此,证券型结构化信托的一般受益人面临很大的风险,尽管他们期望的是获得很高的收益,并且这种期望有时也有可能实现,但是,一旦遭遇证券市场的系统性风险,例如 2015 年 6 月以后我国股市出现普遍、持续性下跌,一般受益人就必须承受巨大的损失。

这正是结构化信托的重要特征。优先受益人获得较低而确定的收益,一般受益人获得不确定的剩余收益。作为剩余收益的享有者,一般受益人承担的风险与可能获得的收益是成正比的。正如有学者指出的,这种安排其实没有什么不公平,是资本市场反复博弈中形成的稳定规则,也可以说是由当事人自行定制的特别商事合同,而非信托法意义下的交易安排。①

显然,在证券市场持续下跌时一般受益人的风险会被放大,并且要承担其个人无法防范的系统性风险,这些风险非普通人可以承受。因此,本案主审法官明确警示:投资者签订结构化证券投资资金信托合同需谨慎,希望只有那些有较大风险承受能力的投资者才选择杠杆类信托产品,并且,投资者需审慎地阅读信托文件,了解此类信托产品的风险特征,避免信托实施过程中产生纠纷。同时也希望信托公司在推介过程中应当充分解释产品内容、揭示风险;特别是委托第三方推介时,更需要对第三方的推介行为进行监督,规范推介行为,避免给投资者造成误导,防止合同纠纷产生。②

本案原告叶某有一定的证券投资经验,也有一定的资金,本来可以用自有资金进行证券投资,但是,为了用更多的资金进行证券投资以获取更大收益,听信了证券公司业务员的介绍,并未充分认识到结构化信托的一般受益人可能承担的巨大风险,就作为一般受益人参与设立了证券投资型结构化信托,依约将 500 万元资金纳入信托,并亲自运用信托资金进行证券投资,寄

---

① 缪因知:"配资客户被强平,打官司能赢吗?",载《新京报》2015 年 7 月 27 日,第 B02 版。
② 何春晓、张超:"厦门一投资人诉请信托赔偿被驳回",载《人民法院报》,2015 年 7 月 21 日,第 3 版。

希望于更大的资金能够获得更高的投资收益。

不幸的是，当时证券市场处于下跌周期，股市久跌不涨，信托资金的单位净值不久就跌破了预警线，叶某如约先后两次按要求补入了资金，但当证券公司第三次要求叶某补充时，叶某可能确实再无资金可补，因此并未按要求补入资金。随后，证券市场的下跌导致信托资金的单位净值跌破止损线，证券公司开始按照约定强制卖出信托账户里的股票，造成的损失出乎叶某的预料。信托终止时，叶某作为一般受益人先后投入信托资金566万元，经过清算后，分配得到的信托利益约36万元。

叶某忙了半天，不仅没有获得任何收益，反而损失了500多万元，遂向法院起诉称，自己签订合同时存在重大误解，受托人签订合同时有欺诈行为，而且，受托人在叶某不知情的情况下在远离止损线的最低点强制平仓，造成重大损失；要求撤销信托合同，厦门信托公司返还叶某信托资金并赔偿损失。

法院审理查明，一方面，叶某提出银河证券公司的业务员向其虚假宣传可以随时买卖证券，到警戒线电脑自动平仓，但叶某并未提交证据予以证实，银河证券公司亦不予确认，这种口头许诺通常都难以证实；另一方面，叶某已经按照提示和要求，在《信托计划风险申明书》上亲手抄写了"本人已详阅并充分理解信托文件和其他备查文件"，足以证明叶某已阅读并充分理解信托文件的内容，叶某主张签订合同存在重大误解、厦门信托公司有欺诈行为、信托合同显失公平，均难以成立；相反，厦门信托公司的行为均系依照信托合同的约定而为，法院顺理成章地驳回了叶某的诉讼请求。

第十章

其他

案例 50

建设银行荔湾支行诉蓝粤能源公司等信用证融资纠纷案

【案情】

2011年12月5日，中国建设银行荔湾支行与蓝粤能源公司签订《贸易融资额度合同》及相关附件约定，自当年12月22日起至2012年11月25日，荔湾支行向蓝粤能源公司提供最高不超过等值人民币5.5亿元的贸易融资额度，其中包括开立承付期限90天（含）以内，额度为等值人民币5.5亿元的远期信用证。同日，荔湾支行（乙方）又分别与粤东电力、蓝海海运、蓝某彬（甲方）签订《最高额保证合同》、《最高额自然人保证合同》约定：甲方为上述蓝粤能源公司贸易融资合同项下的债务提供最高限额为26.7亿元的连带责任保证。担保范围为主合同项下全部债务，包括但不限于全部本金、利息（包括复利和罚息）、违约金、赔偿金、债务人应向乙方支付的其他款项（包括但不限于乙方垫付的有关手续费、电讯费、杂费、信用证项下受益人拒绝承担的有关银行费用等）、乙方实现债权与担保权利而发生的费用（包括但不限于诉讼费、仲裁费、财产保全费、差旅费、执行费、评估费、拍卖费、公证费、送达费、公告费、律师费等）。合同还约定：如果主合同项下债务到期或者乙方根据主合同的约定或法律规定宣布债务提前到期，债务人未按时足额履行，或者债务人违反主合同的其他约定，甲方应在保证范围内承担保证责任。如果甲方未在乙方要求的期限内全部支付应付款项，应自逾期之日起至甲方向乙方支付全部应付款项之日止，根据迟延付款金额按每日万分之伍的标准向乙方支付违约金。在此情形下，甲方承担的保证责任与上述违约金之和不以合同约定的最高责任限额为限。

2012年11月2日，蓝粤能源公司为履行其与海洋投资香港有限公司之间的煤炭进口合同，向荔湾支行申请支用贸易融资额度开立金额为8592万元的远期信用证，为此，蓝粤能源公司向荔湾支行出具《信托收据》并签订《保证金质押合同》。《信托收据》确认，自该收据出具之日起，荔湾支行即取得上述信用证项下所涉单据和货物的所有权，荔湾支行与蓝粤能源公司之间确立信托法律关系，荔湾支行为委托人和受益人，蓝粤能源公司仅作为上述信托货物的受托人。《保证金质押合同》约定，蓝粤能源公司交存981万元保证金，为上述债务提供质押担保。同日，荔湾支行为蓝粤能源公司开出跟单信用证。信用证开立后，蓝粤能源公司进口了164998吨煤。随后荔湾支行对该信用证进行承兑，并向蓝粤能源公司放款84867952.27元，用于蓝粤能源公司偿还建行首尔分行信用证垫付款。蓝粤能源公司在款项到期后未能足额清偿欠款，构成违约。

蓝粤能源公司进口的164998吨煤炭提货单由蓝粤能源公司交付荔湾支行，但因其他纠纷，该批煤炭被广西防城港市港口区人民法院查封，荔湾支行已就该查封向广西北海海事法院提起异议，该异议尚在审理中。因该批煤炭被法院查封，荔湾支行未能提货变现。

2012年12月6日，荔湾支行与蓝某彬签订《最高额权利质押合同》约定：蓝某彬以其持有的蓝粤能源公司6%的股权，为荔湾支行与蓝海海运、蓝粤能源公司人民币贷款、银行承兑汇票等多项授信业务而于2008年1月1日至2012年12月31日间签订的借款合同主合同项下的债务提供最高额权利质押担保。最高额权利质押项下担保责任的最高限额为人民币238978.02万元。次日，广东省工商局为上述股权质押办理了股权出资登记手续。

2013年3月21日、4月21日，荔湾支行两次向粤东电力、蓝海海运、蓝某彬发出催收通知书，要求其履行保证责任，清偿蓝粤能源公司拖欠的债务本金及利息。但粤东电力、蓝海海运、蓝某彬未能清偿上述欠款。

随后，荔湾支行向广州市中级人民法院起诉，请求判令：（一）蓝粤能源公司清偿信用证垫付款本金及相应利息；（二）确认上述信用证项下164998吨煤属于荔湾支行的财产，并以处置该财产所得款项优先清偿信用证项下债务；（三）粤东电力、蓝海海运、蓝某彬对蓝粤能源公司的上述债务承担连带清偿责任；（四）粤东电力、蓝海海运按其承担保证责任应支付的金额，依每日万分之五的标准支付违约金，直至债务清偿；（五）确认荔湾支行对蓝某彬持有的蓝粤能源公司6%的股权享有优先受偿权。

蓝粤能源公司、粤东电力、蓝海海运、蓝某彬辩称，蓝粤能源公司已将信用证项下煤炭提单交付荔湾支行，以抵偿垫付的信用证款项，现煤炭未变卖，蓝粤能源公司是否还欠荔湾支行的款项并不清楚。根据测算，该煤炭变卖后，荔湾支行还应返还 1000 万元给蓝粤能源公司。粤东电力、蓝海海运、蓝某彬对蓝粤能源公司所欠款项的保证责任应当是在当事人保证范围内的责任，超出保证范围的责任没有法律依据。因此，请求依法驳回荔湾支行的请求。

【审理与判决】

广州市中级人民法院经审理认为，本案争议的焦点，一是 164998 吨煤炭的权属问题；二是如荔湾支行对 164998 吨煤炭不享有所有权，是否享有优先受偿权；三是蓝粤能源公司应否清偿荔湾支行垫付的本金 84867952.27 元及利息；四是粤东电力、蓝海海运、蓝某彬是否应否承担每日万分之五的违约金。

关于 164998 吨煤炭的权属问题。荔湾支行因开具信用证与蓝粤能源公司产生债权债务关系，在诉请判令蓝粤能源公司及保证人清偿垫付款的同时，又诉请确认 164998 吨煤炭的所有权，在同一案件里主张两个不同的法律关系，可能产生因同一法律事实而双重获利的结果，且两项诉请自相矛盾。而荔湾支行并非就 164998 吨煤炭的权属问题与其他当事人发生争议，该批煤炭被其他法院查封后，荔湾支行也已寻求其他救济途径予以解决，其要求确认 164998 吨煤炭权属的请求，不属于本案审理范围，该项诉请应予驳回。

关于荔湾支行对 164998 吨煤炭是否享有优先受偿权问题。荔湾支行认为，蓝粤能源公司已将 164998 吨煤炭的货物提单交付给荔湾支行，双方签署了《信托协议》，该提单实际具有质押性质，故荔湾支行对 164998 吨煤炭享有优先受偿权。荔湾支行虽持有 164998 吨煤炭的货运提单，但其并未与蓝粤能源公司就该提单依法定程序设定质押。信托协议及提单的交付即便具有为本案债务进行担保的含义，其效力也仅限于双方当事人之间，不产生对抗第三人的效力。对荔湾支行要求确认其对 164998 吨煤炭享有优先受偿权的诉请，不予支持。

关于蓝粤能源公司应否清偿荔湾支行垫付的本金 84867952.27 元及利息的问题。蓝粤能源公司认为，其已将 164998 吨煤炭的提单交付给了荔湾支行，用于抵偿蓝粤能源公司拖欠的款项，这些煤炭的价值足以抵偿本案所涉欠款本金及利息，故荔湾支行不应再要求被告承担还款责任。即便需要清偿，荔湾支行也应先将 164998 吨煤炭变现后，不足部分由蓝粤能源公司、粤东电力、蓝海海运、蓝某彬清偿。尽管蓝粤能源公司已将164998吨煤炭的提单交付荔湾支行，但双方并未约定直接以煤炭抵偿欠款。且该提单是否清洁提单，荔湾支行能否凭该提单提取货物抵偿欠款尚未确定。根据查明的事实，因其他债务纠纷，该提单项下煤炭已被法院查封，荔湾支行并未实际提取煤炭，其债权并未得到实现。蓝粤能源公司及粤东电力、蓝海海运、蓝某彬对其拖欠荔湾支行的本金及利息金额予以确认，荔湾支行即有权要求蓝粤能源公司清偿垫付的本金84867952.27元及利息。至于该债务以何种方式清偿，提单如何处理，双方可自行协商，故对荔湾支行要求蓝粤能源清公司偿垫付的本金84867952.27元及利息，粤东电力、蓝海海运、蓝某彬对上述债权承担连带清偿责任的请求予以支持。

关于粤东电力、蓝海海运、蓝文彬应否承担每日万分之五的违约金的问题。虽然荔湾支行与粤东电力、蓝海海运、蓝某彬签订的保证合同对保证人到期不履行清偿义务约定了日万分之五的违约责任，且在主债务人蓝粤能源公司到期未能履行还款义务的情形下，荔湾支行亦向保证人进行了催收，但鉴于蓝粤能源公司在与荔湾支行订立合同时即将信用证项下的煤炭提单交付给了荔湾支行，双方存在以煤炭变现款清偿债务的意思表示，现因第三方原因不能提取煤炭，双方对应履行的债权债务金额尚存纠纷的情况下，荔湾支行以粤东电力、蓝海海运、蓝某彬已构成违约为由，要求其承担违约责任不当。再则，荔湾支行于本案起诉要求蓝粤能源公司偿还的84867952.27元本金及利息，已经包含复利、罚息，蓝粤能源公司及粤东电力、蓝海海运、蓝某彬对该欠款本金及利息均无异议，该金额系对荔湾支行本金及利息损失的补偿。在此基础上要求保证人再承担日万分之五的违约金，系对保证人进行双重惩罚，不符合《合同法》第113条"损失赔偿额应当相当于因违约所造成的损失"的规定，故对荔湾支行的该项诉请不予支持。

关于荔湾支行要求对蓝文彬持有的6%的蓝粤能源公司股权享有优先受偿权的问题。因该权利质押经合法登记依法成立，对此予以支持。

综上所述，荔湾支行要求蓝粤能源公司及其保证人粤东电力、蓝海海运、蓝某彬清偿本金84867952.27元及利息，荔湾支行对蓝文彬持有的蓝粤能源公司6%的股权享有优先受偿权的理由成立，予以支持。荔湾支行要求确认164998吨煤炭的权属及优先受偿权，以及要求粤东电力、蓝海海运、蓝文彬自逾期付款日起，在保证人应承担的保证金额范围内按日万分之五承担违约金，理由不成立，予以驳回。依据《合同法》、《担保法》、《民事诉讼法》有关规定，判决：（一）蓝粤能源公司向荔湾支行偿还信用证垫款本金人民币84867952.27元及相应利息；（二）粤东电力、蓝海海运、蓝文彬对上述债务承担连带清偿责任；（三）荔湾支行对蓝文彬持有的蓝粤能源6%的股权享有优先受偿权。

荔湾支行不服判决，向广东省高级人民法院上诉称：（一）荔湾支行对信用证项下的煤炭享有所有权。海运提单是物权凭证，涉案提单为不记名指示提单，且该提单已由承运人空白背书给荔湾支行，荔湾支行作为提单的合法持有人，享有提单货物所有权。（二）提单是所有权凭证，当提单项下的货物被他人占有时，提单持有人有权提起确认之诉，荔湾支行要求确认所有权的主张，应当得到支持。（三）荔湾支行主张债权并提起煤炭确权之诉并不存在双重获利的情形，两项诉讼请求也不矛盾。向北海海事法院提出财产保全异议申请书，并没有提出确权之诉，北海海事法院至今并未作出处理，一审以荔湾支行已寻求其他法律途径救济予以解决为由驳回确权之诉的请求不当。鉴于荔湾支行提起煤炭确权之诉，最终目的是以煤炭的处置价款优先清偿信用证垫款，不足的差额部分由蓝粤能源公司继续清偿，但至今为止既未获得清偿，又未对煤炭处置，不存在双重获利。况且，一审中蓝粤能源公司认可提单交付是用于抵偿垫付的信用证款项。退一步讲，即使不享有所有权，也享有优先权，因双方签署了《信托协议》和《信托收据》，提单具有担保的性质。（四）粤东电力、蓝海海运应承担每日万分之五的违约金。鉴于合同的约定并不违反法律的规定，粤东电力和蓝海海运也没有明确提出减少违约金的请求，应当按照合同的约定执行。据此，请求确认信用证项下的煤炭属于荔湾支行，并以处置该财产所得的款项优先受偿信用证项下的债务，粤东电力和蓝海海运按照日万分之五支付违约金。

蓝粤能源公司辩称，荔湾支行既要求蓝粤能源公司支付垫款，又要求所有权，构成双重债务，煤炭的处置价款优先清偿差额，不足部分才能由蓝粤公司清偿。根据信托收据，煤炭所有权已经转给荔湾支行，在煤炭未变现的情况下要求蓝粤能源公司清偿不符合法律规定。

广东省高级人民法院审理认为，本案为信用证融资纠纷。根据当事人的上诉、答辩意见，二审争议的焦点，一是荔湾支行是否对涉案164998吨煤炭享有所有权；二是荔湾支行是否对涉案164998吨煤炭享有优先受偿权；三是粤东电力、蓝海海运、蓝某斌应否承担每日万分之五的违约金。

关于荔湾支行是否对涉案 164998 吨煤炭享有所有权的问题。荔湾支行起诉要求确认对其持有的提单项下煤炭享有所有权，该批煤炭被其他法院查封后，荔湾支行针对查封提出了异议，但并未提起确认所有权的诉讼请求，故一审法院认为荔湾支行确认所有权属的诉讼请求不属于本案审理范围，依据不足，应予纠正。《物权法》第 23 条规定，动产物权的设立和转让，自交付时发生效力。蓝粤能源公司出具《信托收据》时，涉案煤炭交承运人运输，属于第三人占有的情形，在不存在直接交付的情况下，只能采取《物权法》第 26 条规定的指示交付形式。《海商法》第 71 条规定，提单，是指用以证明海上货物运输合同和货物已经由承运人接收或者装船，以及承运人保证据以交付货物的单证。提单的交付仅意味着提货请求权的转移，在未将提货请求权转移的事实通知实际占有人时，并不构成提单项下货物的交付。本案中，荔湾支行并未提供充分证据证明已经将货物转让的事实通知实际占有货物的承运人以完成交付，故其要求确认其对涉案煤炭的所有权，依据不足，不应支持。一审法院驳回荔湾支行该项诉讼请求，应予维持。

关于荔湾支行对涉案 164998 吨煤炭享有优先受偿权问题。《信托法》第 7 条规定，信托财产必须是委托人合法所有的财产，从《信托收据》内容来看，信托财产为涉案煤炭，荔湾支行作为委托人并未取得涉案煤炭的所有权，故以涉案煤炭为信托财产的信托并未有效设立。《物权法》第 212 条规定，质权自出质人交付质押财产时设立。动产质权的设立应以出质人交付质押财产为要件，根据《最高人民法院关于适用〈中华人民共和国担保法〉若干问题的解释》第 88 条的规定，出质人以间接占有的财产出质的，质押合同自书面通知送达占有人时视为移交。尽管《信托收据》存在将处置涉案煤炭的价款用于偿还荔湾支行借款的内容，蓝粤能源公司也将提单交付给荔湾支行，但并没有证据证明荔湾支行或蓝粤能源公司将涉案煤炭设定质权情况通知承运人，故荔湾支行对涉案煤炭不享有质权。综上，原判决驳回荔湾支行对涉案煤炭享有优先受偿权的诉讼请求，理据充分，应予维持。

关于被告粤东电力、蓝海海运、蓝某斌是否应当承担每日万分之五的违约金问题，因三被告一审答辩就提出"保证责任应当是在当事人保证范围内的责任，超出保证范围的担保责任没有法律依据"的抗辩，视为提出了违约金过高的抗辩。荔湾支行起诉要求蓝粤能源公司偿还的利息已经包含复利和罚息，既要求保证人对上述本息承担连带责任，又要求其承担日万分之五的违约金，系对保证人的双重惩罚，一审法院驳回荔湾支行要求粤东电力、蓝海海运、蓝某斌支付违约金的诉讼请求，并无不当，应予维持。

综上，原审判决认定事实清楚，处理结果并无不当，据此，判决：驳回上诉，维持原判。

【评析】

本案是一个涉及信托收据的案件。

本案的关键是如何看待信托收据的效力。信托收据（trust receipt、trust letter）是银行从事进口信用证业务的基本法律文件。一般地说，所谓信托收据是指，进口商为完成进口而与提供融资的银行签署的协议，该协议表明进口商作为银行的代理人（受托人）为银行出售货物，进口商出售货物取得的利益应当优先用于偿还银行的融资。

目前，对于信托收据主要有两种理解：一种是认为开证银行对单证及其货物享有所有权，进口商以银行受托人的身份处置货物，我国银行界大多采用这种理解；另一种是认为开证银行对单证及货物享有质权，进口商以银行受托人身份处置货物，英美多采用这种观点和做法。两者的共同点是，都认可进口商以银行受托人身份处置货物，不同点在于，开证银行对单证及其货物享有什么权利，是所有权还是质权。[①]

具体来说，信托收据是银行的客户（进口商）进口的货物或者货物所有权凭证由银行控制时，为了不付款而提取货物所签发的文件，它是一份信托合同，但是信托收据的内容通常由银行决定。一般来说，信托收据的主要内容有：进口商保证到期付款，并且承认，在未付清货款前货物所有权及其收益归银行所有，进口商以银行的受托人身份代银行报关、提货、保险、销售货物，所有销售收入必须存入银行指定账户，不得动用等。信托收据通常明确规定，获得货物或货物所有权凭证的客户只是以银行代理人的身份处理业务：如果将货物提出，应当以银行名义存仓；如果将货物售出，应当立即将货款交与银行；银行有权随时取消信托收据，收回货物。这些规定可以防止进口商万一破产

---

① 郭双焦："信托收据和进口押汇风险及其防范"，载《国际商务——对外经济贸易大学学报》2008年第2期。

进行清算时可能给银行带来损失。

因此，信托收据的基本功能就是为进口商提供融资便利，同时为银行的债权提供一种保护机制。因为进口商不能及时支付货款而由银行预先支付，银行为保护其贷款债权，要求限制进口商对货物的处分权，特别是强调处分货物的收益应当优先用于偿还银行的款项。所以，银行的信托收据通常约定，出售有关货物所得款项应当付至银行指定的账户。银行通过信托收据建立的信托关系，主要是为了区分进口货物与进口商的其他财产及债权债务，从而借助信托财产的独立性，实现进口商偿还货款的担保功能。因此，信托收据可以看成进口融资阶段使用的一种临时性担保安排，目的是平衡银行收回款项的安全性与效率性的矛盾。① 不过，尽管信托收据具有一定的担保意义，但它本身并不是建立了一种独立的担保关系，事实上，它是一种独立于担保之外的合同，有时以担保物权关系的存在为前提，也可以与其他担保法律关系并存。②

但是，信托收据确立的信托关系是一种独特的信托关系，与普通信托关系相比具有一些特殊性：（1）当事人之间关系的特殊性。委托人与受托人之间不仅存在信托关系，还存在债权债务关系，而且，债权债务关系是信托关系的基础。（2）信托财产管理的特殊性。信托财产本身不是委托人所有的，也不是受他人委托加以管理的，作为委托人的银行既没有、也未打算拥有、控制、管理信托财产，只是通过协议临时针对信托财产形成一种合法的权利关系，目的是确保相关债权的实现。因此，英美法认为，银行对单证和单证所代表的货物享有质权（而不是所有权），进口商以银行受托人的身份处分货物。③（3）受托人职责的特殊性。受托人的主要职责只是出售信托财产，即处分信托财产，而不是对信托财产进行经营管理，因此，信托关系的存续通常具有短期性，只要受托人出售信托财产并将所得款项用于偿还委托人的债务，信托目的即告实现，信托关系随即终止。（4）当事人与信托财产之间关系的特殊性。委托人、受托人与信托财产建立关系的顺序，通常是先有受托人（进口商）对货物的所有权，然后才有委托人（银行）对信托财产的权利，即受

---

① 沈达明：《美国银行业务法》，对外经济贸易出版社1995年版，第203页。
② 李金泽："我国银行信托收据有关法律问题探讨"，载《金融论坛》2001年第7期。
③ 张岳令："进口押汇项下信托收据与让与担保问题探析"，载《农村金融研究》2012年第9期。

托人（进口商）对货物的合法权利在先，委托人对信托财产的相应权利在后；[①]而普通信托的受托人对信托财产享有的权利义务都发生在委托人设立信托之后，受托人在信托设立前与信托财产通常没有关系。

因此，信托收据为一种短期的临时性安排，其基本功能在于为受托人提供融资的同时，也为委托人的债权提供担保，构建信托关系的目的在于实现债权而非实现信托利益。因此，信托收据构建的法律关系体现出临时性、短期性以及目的特殊性等特点。[②]

信托收据的这些特征，很容易给信托收据在我国的实践运用带来困难。我国信托法虽然从法理上规范了信托关系，但是，信托收据确立的信托关系如何得到承认，如何根据实践需要并且符合信托法的规定而运用信托收据，还需要不断实践和探索，特别是要解决好与相关法律的协调和衔接问题。

目前，我国银行业在进口押汇实践中经常采用信托收据，主要是与其他维护银行债权利益的机制结合起来使用。具体操作办法大体是：进口商为了从国外进口货物，向银行申请开立信用证；银行接到进口商提供的担保或者保证后开立信用证，并且在收到境外出口商的银行寄交的信用证所要求的全部单据后，通知进口商备齐货款到银行赎取进口货物的全套单据；进口商不能备齐货款时，便向银行申请进口押汇形式的短期融资服务，即进口商以签署信托收据的方式，承诺信用证项下的货物的所有权归属于银行，[③]进口商只是代银行占有和处理货物，并用所得款项清偿银行的融资款；银行随即将进口货物的全套单据交给进口商，以便进口商取得、处分货物。

有学者指出，信托收据是建立信托法律关系的书面凭证。设定信托对银行的好处主要表现在三个方面：（1）进口商作为受托人必须保存好管理、处分货物的完整记录，并承担向银行报告的义务；（2）信托财产不是进口商的固有财产，实行分别管理，出售收入纳入专户，一定程度上具有对抗第三人的效力；（3）银行作为委托人和受益人，可以解除信托，有权撤销受托人违

[①] 罗澄澄："信托收据法律制度研究"，辽宁大学 2012 年法律硕士学位论文。
[②] 刘鑫："信托收据制度的法律完善"，中国政法大学 2012 年硕士学位论文。
[③] 大多数银行在信托收据中明确要求进口商把货物所有权转移给银行，以致信托收据实质上是客户将货物所有权转移给银行的确认书。见崔云惠："信托收据在运用中存在的问题及解决办法"，载《内蒙古科技与经济》2006 年第 1 期。

反信托目的处分信托财产的行为。①

实践中，银行为了确保融资安全，可能希望在签署信托收据的同时实现进口货物的质押。例如，银行既要求进口商出具信托收据，将货物的所有权转移到银行名下，同时还可能要求进口商将货物质押给银行，实际上往往是将货物的有关物权凭证质押给银行。按照我国相关法律规定，银行同时要求信托收据和货物质押可能是存在问题的。如果银行已经通过信托收据将货物所有权转移到银行名下（尽管这样做本身也可能面临问题），同时银行又将货物信托给受托人（进口商）出售，就只能成立信托关系，不存在质押关系，当然，这种信托关系的实质是利用信托的特征发挥货物的担保功能；如果先成立质押合同，银行就不应当要求进口商将货物所有权转移到银行名下，因为质押关系的设立并不需要财产所有权的转移，而是以不转移财产所有权为前提的，正是由于货物所有权不转移而物发生转移，才使质权成为必要和可能。因此，银行同时选择信托关系和质押关系，在法律上很可能面临困难。正如学者指出的，以我国《担保法》和《物权法》的现行规定，似很难以质权为前提建立有效的信托收据法律关系。②

鉴于信托收据的实践适用我国相关法律规定存在明显的矛盾和风险，有学者甚至建议，银行在实务中，对于涉外纠纷，可依当事人意思自治原则，选择适用外国法或者选用仲裁，避免适用我国法律因法律冲突导致自身合法利益受损。③

本案就面临这个问题。原告荔湾支行寄希望于同时获得信托收据与货物质押的双重保护，但是，二审法院先后否认了信托关系的成立及货物质权的设立，因为荔湾支行并未取得涉案煤炭的所有权，因此未能成立以涉案煤炭为信托财产的信托关系；同时，因为原告未能直接占有并移交涉案煤炭，虽然《信托收据》明确了应当将处置涉案煤炭的价款用于偿还原告发放的贷款，原告取得了涉案煤炭的提单，④但是没有将涉案煤炭设定质权的情况通知煤炭的承运人，按照《担保法》的规定及相关的司法解释，动产质权的设立应当以

---

① 何家宝："论提单质押、进口押汇和信托收据"，载《法学》2005 年第 10 期。
② 罗澄澄："信托收据法律制度研究"，辽宁大学 2012 年法律硕士学位论文。
③ 龚柳青："信托收据与银行的风险防范"，载《企业经济》，2009 年第 11 期。
④ 关于转让提单是否等于货物所有权转移，目前也有肯定说与否定说。如见李囡囡："论提单转让与货物所有权转移之关系"，载《辽宁行政学院学报》，2008 年第 4 期。

出质人交付质押财产为要件;出质人间接占有质押财产的,质押合同自书面通知占有人时视为移交,所以,质权未能有效设立。即原告对涉案煤炭不享有质权,也就不享有优先受偿的权利。

信托收据确立的信托关系有效成立,一个很大的难点就是信托财产的确定及有效转移。如前所述,信托收据的特征之一,就是作为委托人的银行并不真正拥有信托财产,只是通过信托收据的协议安排,将信托财产变为委托人所有。但是,按照信托法的规定,设立信托必须有确定的信托财产。这样一来,一方面,委托人不拥有信托财产,信托收据确立的信托关系就难以有效成立;另一方面,信托关系不能成立,委托人依据信托关系享有的权利也难以行使。如果不能打破这个恶性循环,就很难运用信托收据。实践中面临的迫切问题可能是,如何在法律上合法、有效地将信托财产所有权转移给作为委托人的银行?

有学者建议,可以将信托收据视为附生效条件的信托合同:进口商依提单提到货物成为货物合法所有人之时,将货物的所有权转移给银行;银行成为信托关系的委托人,进口商成为信托关系的受托人,代银行保管、处理进口货物,并将所得价款优先用于偿还银行押汇款。信托收据作为附生效条件的信托合同,不属于"信托财产不能确定"的情形。这样,信托收据制度就可以与《信托法》相协调。[①]

解决这个问题,还需要法学理论界、实务界及司法机关不断探索,逐步完善相关的法律制度和规则。

[①] 罗澄澄:"信托收据法律制度研究",辽宁大学 2012 年法律硕士学位论文。

案例 51

建行青岛开发区支行诉青岛中外运物流公司贷款合同纠纷案

【案情】

2010年10月25日,中国建设银行青岛经济技术开发区支行(开发区支行)与耀来公司(耀来公司)签订贸易融资额度合同,约定开发区支行向耀来公司提供最高不超过等值8000万元人民币的贸易融资总额度,有效期间为2010年10月22日至2011年10月21日。关于信托收据贷款的特别约定载明,信托收据贷款是指开发区支行根据耀来公司的申请,于信用证/进口货到付款(T/T)/进口代收的付款到期日向耀来公司提供的短期融资,用于对外付款。

2011年2月22日,开发区支行、耀来公司、中外运物流公司签订货押授信信托监管协议(适用于仓单信托)约定,对信托货物的监管方式为中外运物流公司应按当照监管协议约定及时开出以开发区支行为抬头的合法有效的仓单,并按照约定将仓单正本交付开发区支行,中外运物流公司同意对信托仓单所记载货物进行单独监管,独立承担监管责任。信托期间,中外运物流公司应按照合同法和仓储合同的约定妥善、谨慎保管所占有的货物,接受开发区支行对仓单的查询和对监管货物的检查,中外运物流公司凭开发区支行出具的提货通知书办理仓单项下货物的出库和发货手续。未经开发区支行有权人书面签字同意而为耀来公司办理仓单项下货物的出库和发货手续,给开发区支行造成损失的,中外运物流公司应承担相应的赔偿责任。信托期间,在开发区支行依法或依其与耀来公司之间的任何协议要求实现信托权利、处分仓单项下货物时,中外运物流公司有义务予以协助、配合。

2011年8月12日,中外运物流公司向开发区支行出具仓单注明,备案清单号:107065679/680/681/100.8吨/100.8吨/201.6吨,泰国STR20橡胶,净重403.2吨,入库日期为2011.8.12,存放地点青岛保税区莫斯科路39号青岛华安国际物流有限公司。8月19日，中外运物流公司向开发区支行出具仓单注明：备案清单号：107065672/201.6吨，泰国STR20橡胶，净重201.6吨，入库日期为2011.8.19，存放地点青岛保税区莫斯科路39号青岛华安国际物流有限公司。

2011年10月17日，耀来公司向开发区支行申请了两笔非信用证项下信托收据贷款，分别用于发票（汇票）金额为969696美元、484848美元的进口代收业务。同日，耀来公司向开发区支行出具两份信托收据，主要内容为：一旦开发区支行向耀来公司交付或者同意其使用/处置进口代收项下的货物或该货物的权利凭证、单据等文件，耀来公司同意并确认，开发区支行享有或自本信托收据出具之日起即取得上述文件及其代表货物的所有权。同时，信托收据确立了双方之间的信托法律关系，开发区支行为委托人与受益人，耀来公司为受托人，上述文件及其代表的货物为信托财产。耀来公司作为受托人为开发区支行利益持有信托财产，自担费用对货物进行卸载、储存、制造、加工、运输、出售。处分信托财产的价款及与信托财产相关的任何所得也应归入信托财产。耀来公司承诺，一旦取得上述款项，将立即存入开发区支行指定的账户或交付开发区支行，用以偿还耀来公司所欠开发区支行债务。在货物出售给买方之前，耀来公司保证将作为开发区支行受托人的情况告知买方，并将有关情况通知开发区支行，出售信托财产的价款结算将在开发区支行监督下进行，一经开发区支行要求，耀来公司即将该货物的账目、任何销售收入或与该货物有关的销售合同详细情况提交给开发区支行。如开发区支行要求，耀来公司保证向开发区支行提交货物的有关文件或按开发区支行的指示存仓，并做成以开发区支行为抬头的仓单。开发区支行可随时撤销信托，一经开发区支行要求，耀来公司应立即将全套物权凭证、单据及其他文件或单据项下的货物退还给开发区支行。

同日，开发区支行为耀来公司就484848美元、969696美元两笔进口代收业务办理单位外汇支付手续，于当日套汇为1056967.69欧元后，为耀来公司办理贷款转存手续。开发区支行于2011年10月18日付汇。

随后，耀来公司一直未偿还贷款本息。开发区支行遂向青岛市黄岛区人民法院提起诉讼，请求判令耀来公司偿还开发区支行借款本息1070865.72欧元，撤销开发区支行与耀来公司的信托关系，开发区支行有权处分信托收据贷款业务项下涉及的单据以及单据所代表的货物以偿还贷款，中外运物流公司承担监管责任，协助开发区支行处分其监管的耀来公司申请的信托收据贷款业务项下涉及的单据以及单据所代表的货物。

一审中，耀来公司为证明备案清单号107065679所对应的100.8吨、备案清单号107065672所对应的201.6吨共计302.4吨泰国STR20橡胶已出售给他方，向法院提交其与（香港）同舟化工贸易有限公司采用传真形式签订的编号为YL11/0048-01的销售合同、外币进账单、对账单。该合同约定，（香港）同舟化工贸易有限公司向耀来公司购买泰国STR20橡胶302.4吨，价款为1294272美元。款到交货，青岛保税区买方自提（青岛中外运联丰国际物流有限公司控货）。2011年10月12日为通关日，通关之日起3个工作日内付款。合同签署日期为2011年10月11日，并特别要求该合同须于2011年10月12日18时前签字盖章回传，否则卖方有权取消该合同。耀来公司提交的销售合同上加盖买卖双方印章。2011年10月17日，买方向耀来公司在开发区支行营业部开立账户付款1294272美元。

开发区支行主张仓单所记载的备案清单号107065679所对应的100.8吨泰国311120橡胶与备案清单号107065672所对应的201.6吨泰国STR20橡胶为信托财产，并申请一审法院采取财产保全措施予以查封，而仓单所记载的其他302.4吨货物非本案信托财产，作为其他授信货物，已结清且指示中外运物流公司放货，与本案无关。但耀来公司、中外运物流公司则认为，仓单货物已经出售并办理货权转让备案。

根据黄岛海关协助提供的情况，107065679-81号三份备案清单项下技术分类天然橡胶共计403.2吨，其中302.4吨已报关出区（由耀来公司于2011年10月31日转至青岛诺思兰德国际贸易有限公司），剩余100.8吨。107065672号备案清单项下技术分类天然橡胶共计201.6吨。2011年7月29日，上述货物分别由温州帝嘉豪对外贸易有限公司、温州瓯哥华对外贸易有限公司转至Macao Odafix International Group Co. Ltd，同日，由该公司转至耀来公司。2011年10月12日，上述货物由青岛华安国际物流有限公司仓库转至中外运物流公司仓库；10月13日，上述货物由耀来公司转至（香港）同舟化工贸易有限公司。2011年10月31日，上述货物由（香港）同舟化工贸易有限公司转至宝达投资（香港）有限公司。2011年11月18日，上述货物由中外运物流公司仓库转至青岛华安国际物流有限公司仓库。

【审理与判决】

青岛市黄岛区人民法院审理认为，双方的信托合同关系因信托财产不能确定而无效。能够确定信托财产的就是贷款申请书中列明的相关单据，开发区支行作为权利主张方有责任提供证据证明信托财产的情况，其在法院指定的举证期限内因银行搬家等原因无法找到单据，并称正本已交给耀来公司但未能提交证据证明。开发区支行称信托财产就是中外运物流公司向其出具仓单所载明的货物，不能成立。根据耀来公司2011年10月17日向开发区支行出具的信托收据，即使双方信托关系有效，开发区支行最早也只能于2011年10月17日开始对货物享有所有权。而中外运物流公司向开发区支行出具两份仓单的时间分别是2011年8月12日和19日，持有仓单就意味着开始对货物行使权利。显然，两者不是指向同一笔货物。开发区支行也未能提交证据，证明信托财产就是中外运物流公司向其出具仓单所载明的货物。假如信托财产就是仓单所载明的货物，因仓单所载明的货物系海关监管货物，根据《海关法》①第37条的规定，海关监管的货物系限制流通物，未经海关许可，不得质押，开发区支行未取得海关的批准，仓单货物暂时不能成为信托财产。开发区支行与耀来公司、中外运物流公司签订的货押授信信托监管协议是主合同的从合同，主合同无效，从合同亦应无效，中外运物流公司不应承担责任。

据此，判决：耀来公司向开发区支行偿还借款本金8318335.72元及利息376199.54元，驳回开发区支行的其他诉讼请求。

开发区支行不服，向青岛市中级人民法院提起上诉。

青岛市中级人民法院审理认为，鉴于各方当事人对一审法院就借款本息的给付责任所作判决均无异议，二审不再审查。本案二审的争议焦点是，开发区支行与耀来公司之间是否成立有效的信托关系、开发区支行可否处分信托货物，以及中外运物流公司是否承担民事责任。

关于开发区支行与耀来公司之间是否成立有效的信托关系问题。本案贸易融资额度合同以及关于信托收据贷款的特别约定，与货押授信信托监管协议的对应关系是明确的，实际办理信托收据贷款时，仓单项下货物恰处于中外运物流公司储存期间，因此，仓单项下302.4吨货物应为本案信托财产。在

---

① 《海关法》已于2013年12月28日修正。

开发区支行与耀来公司实际设立信托关系时，开发区支行持有保管人即中外运物流公司向其出具的仓单，仓单作为提取仓储物的凭证，仓单持有人在仓单上背书并经保管人签字或者盖章的，可以转让提取仓储物的权利。可以说，开发区支行对仓储物享有财产权。尽管耀来公司已于2011年7月29日成为备案货权人，但因履行货押授信信托监管协议而由中外运物流公司又于2011年8月12日、19日向开发区支行交付仓单后，耀来公司已不能够绝对、自主地行使货物支配权。而开发区支行在为耀来公司提供融资便利的同时，持有仓单实现对货物的控制，以信托收据形式将仓单所表彰的部分财产权能委托与耀来公司，通过耀来公司的管理或处分行为，完成货物所有权的最终实现，符合信托的目的。在中外运物流公司的参与下，开发区支行与耀来公司之间成立信托关系，信托目的未违反法律、行政法规或者损害社会公共利益，信托财产确定，无导致信托无效的情形。中外运物流公司主张信托收据在开发区支行与耀来公司之间形成质押法律关系，一方面，各方当事人均无质押意思表示，另一方面，开发区支行虽持有仓单，但已通过信托收据将货物交由耀来公司使用、处分，并凭提货通知书办理提货与出仓、出库，不符合动产质押以转移占有为设立要件，而权利质押需以耀来公司为仓单权利人为前提。因此，中外运物流公司有关信托收据在开发区支行与耀来公司之间形成了质押法律关系的说法，不能成立。

关于开发区支行可否处分信托货物问题。关于信托收据贷款的特别约定载明，开发区支行可随时撤销信托，一经开发区支行要求，耀来公司应立即将全套物权凭证、单据及其他文件或单据项下的货物退还给开发区支行。《信托法》第22条第1款规定："受托人违反信托目的处分信托财产或者因违背管理职责、处理信托事务不当致使信托财产受到损失的，委托人有权申请人民法院撤销该处分行为，并有权要求受托人恢复信托财产的原状或者予以赔偿；该信托财产的受让人明知是违反信托目的而接受该财产的，应当予以返还或者予以赔偿。"因此，开发区支行的撤销权有法律规定和合同约定作为依据，但根据法律规定，开发区支行要求返还单据或者货物的前提是受让人明知违反信托目的而接受财产。关于信托收据贷款的特别约定记载，耀来公司作为受托人，对信托货物有自主出售权。在耀来公司以其名义将货物出卖给买受人，买受人已支付对价，并已办理海关备案登记，也无证据证明买受人明知买卖行为违反信托目的的情况下，开发区支行有关其有权处分单据或货物的诉讼请求，不应予以支持。对于开发区支行提出的耀来公司所处分的货物是不是开发区支行主张的货物问题，开发区支行提出反对意见的主要根据在于，一是耀来公司与买受人签订销售合同的行为发生在其与开发区支行实际办理信托收据贷款之前，二是销售合同记载的控货人为青岛中外运联丰国际物流有限公司。既然开发区支行主张信托财产的权利依据是仓单，而非通过信托收据向耀来公司交付单据，那么，耀来公司与买受人在其与开发区支行实际办理信托收据贷款之前签订销售合同，并非必然导致耀来公司所处分的货物非开发区支行主张的货物。而销售合同记载的控货人真实与否，均不足以以此确定买卖标的物，毕竟海关备案登记转让的货物即是开发区支行主张的货物，即使海关是依据有关当事人申请而作备案，也可说明有关申请人备案转让的就是开发区支行在本案主张的货物。

关于中外运物流公司在本案中是否承担民事责任问题。货押授信信托监管协议明确约定，签订协议的目的在于保障开发区支行与耀来公司签署贸易融资额度合同的履行，中外运物流公司作为仓储方与监管方，愿意对存放于其仓库的货物承担保管义务，并按照协议的约定承担监管责任。该协议合法有效。开发区支行在本案中针对中外运物流公司的诉讼请求是要求其承担监管责任，协助开发区支行处分其监管的耀来公司申请的信托收据贷款业务项下涉及的单据以及单据所代表的货物。货押授信信托监管协议约定的信托货物的监管方式为，中外运物流公司应按照监管协议约定及时开出以开发区支行为抬头的合法有效的仓单，并按照约定将仓单正本交付给开发区支行。中外运物流公司的义务是，在开发区支行依法或依其与耀来公司之间的任何协议要求实现信托权利，处分仓单项下货物时，应当予以协助、配合。可见，监管义务的履行与仓单密切相关。正是借助仓单作为提取仓储物凭证并可依法转让的特征，保障开发区支行对信托财产运作情况进行监督。中外运物流公司向开发区支行出具仓单时并不直接占有仓储物，而开发区支行既非存货人，亦非仓单受让人，仓单的出具是各方当事人在所签订的货押授信信托监管协议框架下，为此后从事的信托收据贷款共同作出的安排。仓单是权利凭证，但非所有权凭证，仓单权利的行使受制于产生仓单的合同关系以及法律规定，不能脱离货押授信信托监管协议而单独强调仓单的权利属性。《物权法》第241条规定："基于合同关系等产生的占有，有关不动产或者动产的使用、收益、违约责任等，按照合同约定；合同没有约定或者约定不明确的，依照有关法律规定。"中外运物流公司基于货押授信信托监管协议产生对货物的占有，开发区支行以仓单权利人身份行使物权，中外运物流公司的义务应当按照货押授信信托监管协议的约定确定。在耀来公司已处分信托货物后，开发区支行再要求中外运物流公司协助其实现权利，缺乏事实基础与法律依据。

综上所述，本案对于信托关系的认定，符合当事人之间的约定，体现了当事人的意愿。一审判决认定事实基本清楚，但在适用法律对民事行为效力作出认定时，割裂了各民事行为的有机联系，对本案法律关系的认定缺乏整体把握，导致出现偏差。开发区支行对本案法律关系以及有关民事行为的效力提出的上诉理由予以支持，但对其上诉请求不予支持。一审判决结果正确，可予维持。据此，判决：驳回上诉，维持原判。

【评析】

本案也是一个涉及信托收据的案例。法院成功地确认了当事人可以通过信托收据建立信托关系，特别是实现财产权所包含的各项权利的分割与分享。

信托的核心就是为实现各种目的对信托财产权进行分割。信托财产的一个重要特征就是，没有人对信托财产享有大陆法系意义上的绝对所有权，谁都不享有对信托财产的占有、使用、收益、处分的全部权能，相反，信托财产的各项权利或者权能是分开的，受托人作为信托财产所有者享有信托财产的占有、使用、处分的权利，但是信托财产的收益权只由受益人享有，受托人除按约定取得信托报酬以外，不得享有信托利益，更不能享有信托财产的任何利益。随着经济发展、人口增长，财产（特别是不动产）的不同权益由不同的人分享可能是一个无法回避的趋势。即便是大陆法系典范的德国民法，也在土地所有权之外进一步发展出地上权和次地上权，让不同的人分享同一土地的不同权益。

本案原告建设银行青岛开发区支行通过信托收据和仓单的运用，很好地利用了信托制度，实现了信托财产权利的分割与分享，成功地促成了进口货物及转售交易。耀来公司因进口货物需要资金而向建设银行青岛开发区支行申请贷款，开发区支行为维护信贷资金安全，利用信托法原理和信托收据制度，通过签发信托收据，再加上货物仓单的控制，将进口货物（信托财产）的所有权置于其名下，取得进口货物的所有权，同时再作为信托的委托人（及受益人）将货物的占有、使用、处分权交给耀来公司，使耀来公司可以作为受托人以自己的名义合法、有效地将货物再次出售给他人，并以出售货物所得款项偿还开发区支行的贷款，从而完成进口货物转售，这种做法在国际贸易实践中是非常普遍的。

这种做法的最大特征，或许就是通过对财产权利的分割与分享，实现不同人的不同需求，促进经济、贸易活动。进口的货物本来应当属于耀来公司的，但耀来公司进口的目的是转售货物并获得收益，并不一定打算真正拥有和利用货物；同时，耀来公司为了进口货物需要向开发区支行申请贷款，开发区支行愿意提供融资，但是为了保证贷款债权的安全，需要在名义上享有进口货物的财产权，以便在贷款得到偿还前能够控制货物；为此，通过信托收据和仓单，使开发区支行享有了进口货物的财产权，并且通过持有货物的仓单实现对货物的控制，但它同时通过信托收据，将货物的占有权、处分权等委托给耀来公司行使，以便耀来公司能够以受托人的身份及时将货物转售出去以实现其经营目的。可见，这种做法的核心就是通过信托收据和仓单等，将进口货物的不同权利在当事人之间进行各取所需的分割和分享，满足各方的需求，实现各方的目的和利益。

令人欣慰的是，审理本案的两级法院的法官都明确定用了信托法，从一个侧面表明信托法的运用日渐深入。稍显遗憾的是，一审法院对于信托财产确定性的理解，特别是对于哪些财产是信托财产的事实认定，以及认定当事人之间是否成立信托关系方面，尚有偏颇之处。

按照我国《信托法》的规定，成立信托必须有确定的信托财产，信托财产是委托人合法拥有的财产或者财产权利。一审法院审理认为，本案双方当事人的信托合同关系因信托财产不能确定而无效，理由是，开发区支行称信托财产就是中外运物流公司向其出具仓单所载明的货物，这一主张不能成立，因为根据信托收据，即使双方信托关系有效，开发区支行最早也只能于2011年10月17日开始对货物享有所有权，而中外运物流公司向开发区支行出具两份仓单的时间分别是2011年8月12日和19日，持有仓单就意味着开始对货物行使权利，显然，两者不是指向同一笔货物，因而信托收据所指的信托财产不能确定，信托关系依法难以成立。

好在二审法院能够从整体上审查本案事实，认定本案的贸易融资额度合同、关于信托收据贷款的特别约定、货押授信信托监管协议三者之间存在明确的对应关系，2011年8月中外运物流公司向开发区支行出具仓单，就是在履行货押授信信托监管协议；2011年10月17日开发区支行与耀来公司于实际设立信托关系时，开发区支行持有货物保管人即中外运物流公司出具的仓单，仓单作为提取仓储物的凭证，仓单持有人在仓单上背书并经保管人签字或者盖章，就可以转让提取仓储物的权利，因此可以说，开发区支行对仓储物享有财产权，完全可以有效成立信托关系，而本案不存在其他可以导致信托无效的因素，所以当事人之间的信托关系有效成立。

现代信托制度起源于英国。历史上英国曾经是全球的海上霸主，英国的海运法一直处于世界领先地位。英国海运法在发展过程中有意无意地将衡平法和信托的某些观念和规则纳入其中，而海运是直接与贸易特别是国际贸易密切相关的。目前世界经济一体化、经济贸易全球化的趋势日益明显，而国际贸易的基本规则更多地由英美主导，我国作为一个新兴的大国要积极地参与制定国际贸易规则，首先就必须了解和熟悉现行的国际贸易规则，更好地运用这些规则。就此而言，信托收据制度的运用就可以看成是一个体现。本案二审法院在信托收据制度如何具体运用尚不够明确的情况下，能够避开信托财产确定性的理论争议，根据案情认定双方当事人签订的信托收据有效成立，使得双方能够有效地利用信托收据制度，顺利实现国际贸易，是值得赞赏的。

案例52

华融信托公司信托贷款合同纠纷执行异议案

【案情】

华融信托公司于2013年与浙江赛日新材料科技有限公司（赛日公司）签订信托贷款合同补充协议，约定向赛日公司发放信托贷款一亿元，专项用于补充赛日公司流动资金。同时，华融信托公司还与浦发银行余姚支行、赛日公司签订用款账户监管协议，约定赛日公司在余姚支行开立账号为94×××117的账户为监管账户，赛日公司使用信托资金时，须向华融信托公司提交资金使用申请书，经审核同意后，由支行完成划款。随后，华融信托公司先后将资金划入余姚支行账户。

2014年6月26日，余姚市人民法院根据余姚支行的申请，依法作出民事裁定书，冻结了赛日公司94×××117账户的银行存款1680万元。案件进入执行后，余姚市人民法院于2014年7月1日作出执行裁定书，扣划赛日公司94×××117账户的银行存款1664万余元。

华融信托公司向余姚市人民法院提出执行异议称：华融信托公司与赛日公司签订信托贷款合同补充协议后，又与余姚支行、赛日公司签订账户监管协议，约定赛日公司在余姚支行开立的94×××117账户为监管账户，赛日公司使用信托资金时须向华融信托公司提交申请，经审核同意后，由余姚支行划款。本案信托资金虽已进入监管账户，但赛日公司尚未按照约定申请使用，即信托资金尚未交付赛日公司，不属于赛日公司的财产，账户的资金性质上仍是信托财产。法院扣划监管账户的信托资金不符合《信托法》第17条规定的条件。余姚支行作为监管银行，滥用其监管银行地位和信息优势，违反协议将信托资金用于归还企业贷款，缺乏法律依据，要求法院撤销执行裁定书，返还错误扣划的资金。

余姚支行认为，监管账户不同于信托账户，赛日公司开立的94×××117

账户系企业账户,并非信托专用账户,账户里的资金应为赛日公司的财产,并非信托资金,不受信托法调整,可由法院强制执行。从账目往来看,账户的款项是由宁波维远国际贸易公司划入,与华融信托公司没有关系。而余姚支行对赛日公司享有到期债权,且已由余姚市人民法院作出生效的民事调解书予以确认,人民法院的执行裁定书对上述账户资金的扣划是合法有效的。

【审理与判决】

余姚市人民法院审理还查明,华融信托公司先与赛日公司签订的资金监管协议约定,赛日公司同意将其在余姚支行的账户作为接收华融信托公司划付B类信托贷款资金的监管账户,该账户同时作为赛日公司提前归集B类信托贷款本金的归集账户,以及赛日公司偿付A类信托贷款的全部款项义务履行完毕之日起至偿付B类信托贷款全部款项义务的期间,赛日公司及其股东陈某君参股的企业分配利息、红利时的收款账户,约定的监管账户账号为94×××09。随后,华融信托公司又与余姚支行、赛日公司签订用款账户监管协议,约定赛日公司在余姚支行开设账号为94×××117的账户为监管账户,对资金使用进行监管。

法院根据银行往来账户查明,华融信托公司于2014年分别于4月11日将8000万元、4月14日将2000万元汇入赛日公司94×××09账户。2014年4月11日,赛日公司将8000万元款项(分16笔,每笔500万元)、5月12日将2000万元(分2笔,每笔1000万元)汇入宁波维远贸易公司。2014年4月11日,维远贸易公司将3000万元(分6笔,每笔500万元)、4月14日将5000万元(分10笔,每笔500万元)、5月12日将2000元(分2笔,每笔1000万元)汇入赛日公司94×××17账户。

法院审理认为,根据信托法第2条的规定,信托是指委托人基于对受托人的信任,将其财产权委托给受托人,由受托人按委托人的意愿以自己的名义,为受益人的利益或者特定目的,进行管理或者处分的行为。根据信托法第14条的规定,受托人因承诺信托而取得的财产是信托财产。《中国人民银行关于信托投资公司人民币银行结算账户开立和使用有关事项的通知》要求,信托投资公司对受托的信托财产,应在商业银行设置专用存款账户。信托财产专户的存款人名称应为受托人(即信托投资公司)全称,不同的信托财产应开立不同的专户,并对应不同的账号。本案法院冻结扣划的账号为

94×××117的账号存款人为赛日公司,而非华融信托公司,该账户设立不符合信托财产专户的要求。华融信托公司认为,通过资金流向,华融信托公司将1亿元分两次打入赛日公司94×××09账户,赛日公司通过上述账户将1亿元陆续汇入宁波维远贸易公司,维远贸易公司将1亿元打入赛日公司94×××117账户,最终赛日公司94×××117账户的款项仍系华融信托公司的信托资金,这种看法于法无据。

综上,余姚市人民法院认定,赛日公司94×××1账户的财产并非信托财产,法院强制执行并无不妥;华融信托公司提出的异议请求,理由不成立,应予驳回。

据此,裁定:驳回华融信托公司的异议请求。

【评析】

本案是一个涉及信托财产强制执行的问题,但关键却在于认定系争财产是不是信托财产。

依照《信托法》的规定,信托财产具有独立性,不属于委托人和受托人的遗产或清算财产,不受委托人和受托人的债权人追索;并且,除了《信托法》第17规定的例外情形,不得针对信托财产强制执行。信托财产具有独立性,是信托法明确规定的信托财产的重要特征。正因为信托财产依法具有独立性,法律要求受托人应当对信托财产单独管理,至少应当单独记账。信托财产不仅应当与受托人的固有财产分开,还要与受托人管理的其他信托的信托财产分开。为了落实信托法的要求,《中国人民银行关于信托投资公司人民币银行结算账户开立和使用有关事项的通知》明确要求,信托投资公司对受托的信托财产,应在商业银行设置专用存款账户。信托财产专户的存款人名称应为受托人(即信托投资公司)全称,不同的信托财产应开立不同的专户,并对应不同的账号。其目的就是能够确认每项信托的信托财产,以确保信托财产的独立性得到落实。

本案华融信托公司作为贷款信托的受托人,本来应当以受托人的名义开立一个单独的资金账户,专门用于接收、发放信托贷款资金,但实际上却没有为信托贷款资金开立单独的账户,而是让贷款企业赛日公司开立一个资金监管账户,同时又允许该账户接收、划付非信托资金。结果,该账户既非信托专户,账户的资金往来比较复杂,虽然系争的资金最终被转入监管账户,但是，资金经过了较为复杂的流动过程，难以证明该账户里的资金系信托贷款资金。既然不能确认系争的资金是信托财产，也就难以主张信托财产的独立性而依法排除法院的强制执行。

从实务的观点来看，信托公司作为受托人应当严格按照信托法的要求管理、处分信托财产，其中，信托财产的分别管理是信托法规定的受托人的一项基本重要义务，也是确保信托财产独立性的前提。信托财产的独立性是法律明确规定的，通常并无疑问，实践中经常出现的问题是，如何确认特定的财产是信托财产。信托财产不能确认，信托财产的独立性就无从谈起。因此，受托人必须认真履行信托财产的分别管理义务。对此，我国台湾地区信托法和日本2006年新修改的信托法都规定，受托人违反分别管理义务的，不论出于什么原因，都一律要求受托人承担责任。这一立法趋势应当引起我国信托经营机构的重视。

案例 53

中国音著协诉长安影视公司等侵犯著作权纠纷案

【案情】

1993年4月5日至1995年8月1日期间，一批音乐艺术家先后与中国音乐著作权协会（中国音著协）签订著作权协议，其中包括，张鲁就《北风吹》的乐曲，贺敬之就《白毛女》歌词，张敬安就《洪湖水，浪打浪》的词曲，欧阳谦叔就《洪湖赤卫队歌剧、剧本、作曲》的乐曲，娄生茂、吴洪源就《学习雷锋好榜样》的词曲，刘西林、胡守云就《解放区的天》的词曲，光未然、冼妮娜就《黄河大合唱》的词曲，玛拉沁夫、都鲁玛就《敖包相会》的词曲、郑小提就《中国人民解放军进行曲》、《延安颂》的乐曲、刘嘉媛就《兄妹开荒》乐曲，分别与中国音著协签订音乐著作权转让合同或著作权合同，将上述作品的公开表演权、广播权、录制发行权在合同规定的条件下信托给中国音著协。

2001年，长安影视公司等制作的《激情燃烧的岁月》（下称《激》剧）发行。2001年9月29日，长安影视公司与广州俏佳人公司签订版权转让协议。次日，长安影视公司出具授权书，将《激》剧VCD光盘、DVD光盘等音像制品版权授予广州俏佳人公司，授权期限为2001年10月1日至2004年10月1日。

2001年10月10日，贵州东方出版社出具销售委托书，委托广州俏佳人公司总经销该社出版发行的《激》剧。

2003年1月20日，中国音著协在北京图书大厦以150元的价格购得《激》剧VCD光盘一套。该光盘套封上载明：中国人民解放军总政话剧团、中国人民解放军沈阳军区话剧团、西安长安影视制作有限责任公司联合录制，广州俏佳人文化传播有限公司制作总经销，贵州东方音像出版社出版发行及出版文号。在该剧中，制作方未经中国音著协同意，使用了前述9首音乐作品，时长从10秒到2分22秒不等。

中国音著协遂向北京市第一中级人民法院起诉长安影视公司等侵犯其著作权，请求其按照中国音著协所订使用费标准予以赔偿。

【审理与判决】

北京市第一中级人民法院认为：中国音著协作为依法成立的音乐作品著作权集体管理机构，依据其与本案所涉音乐作品的著作权人签订的合同，有权对本案涉及的音乐作品的公开表演权、广播权、录制发行权进行管理，并以自己的名义提起侵权诉讼。长安影视公司录制《激》剧，未经《北风吹》的词作者贺敬之、《保卫黄河》的词作者光未然、《洪湖水，浪打浪》的曲作者张敬安和欧阳谦叔、《学习雷锋好榜样》的词作者吴洪源和曲作者娄生茂、《敖包相会》的词作者玛拉沁夫或者上述著作权人委托授权的机构或个人的许可，在该剧中以演唱的方式使用了上述音乐作品，其行为构成侵权，应承担相应的民事法律责任。作为《激》剧 VCD 光盘的出版发行方和制作总经销方，贵州东方出版社和广州俏佳人公司应就长安影视公司的侵权行为承担连带责任。据此，判决：长安影视公司赔偿中国音著协 71150 元，贵州东方出版社、广州俏佳人公司承担连带责任。

长安影视公司、广州俏佳人公司不服判决，向北京市高级人民法院提起上诉。

长安影视公司的上诉理由是：中国音著协有权管理的权利仅限于作品的公开表演权、广播权、录制发行权，而长安影视公司是以摄制电影、电视的方式使用音乐作品的，且《激》剧中以演唱的方式使用音乐作品不应视为公开表演，故长安影视公司未侵犯中国音著协管理的权利；《激》剧拍摄完成时间为 2001 年 3 月，2001 年 7 月 27 日获电视剧发行许可证，2001 年 9 月播出，本案应适用 2001 年 10 月 27 日修正前的《著作权法》，原审法院适用法律错误；而且，原审法院判决的赔偿数额过重，没有法律依据。请求撤销原判，驳回中国音著协的诉讼请求。

广州俏佳人公司的上诉理由是：《激》剧已经取得电视剧发行许可证，广州俏佳人公司详细审查了该剧的有关政府批准文件，尽到法律要求的审查义务，剧中使用音乐作品是否侵权并非其作为发行方应承担的审查义务，原审法院判决其承担法律责任不当；部分作者与中国音著协签订的是音乐著作权转让合同，不是信托合同，并不属于中国音著协信托管理的权利范围，原审法院对《信托法》第 52 条理解有误；有些涉案音乐作品词曲作者著作权权属存在瑕疵，一些歌曲中国音著协尽管获得歌词著作权人的授权，未经曲作者的授权，不能行使相应权利；既然原审判决对《激》剧的著作权及其合法性予以认可，并且认为北京图书大厦的销售行为不存在侵权，作为发行方的广州俏佳人公司亦不应构成侵权，公司既未侵犯中国音著协管理的表演权，也未侵犯发行权，原审法院判令其承担连带侵权责任的事实依据和法律依据不足，且赔偿数额过高，请求依法撤销原审判决，驳回中国音著协的诉讼请求。

长安影视公司在二审过程中还提出，中国音著协与《保卫黄河》词作者光未然签订的著作权合同确定的受益人仅是光未然本人，光未然于 2002 年去世，根据信托法的规定，信托合同应当终止。

北京市高级人民法院审理认为：涉案电视剧《激》剧在 2001 年 7 月 27 日获得电视剧发行许可证，9 月 29 日长安影视公司与广州俏佳人公司签订版权转让协议，次日向广州俏佳人公司出具授权书。10 月 10 日，贵州东方出版社委托广州俏佳人公司总经销。上述行为均发生在 2001 年 10 月 27 日《著作权法》[①]修正之前，但广州俏佳人公司的发行行为延续至此后，而 2003 年 1 月 20 日北京图书大厦依然在出售涉案作品。根据《最高人民法院关于审理著作权民事纠纷案件适用法律若干问题的解释》第 31 条的规定，长安影视公司制作完成《激》剧及贵州东方出版社出版《激》剧的时间均在 2001 年 10 月 27 日前，应适用该日修正前的《著作权法》；广州俏佳人公司发行《激》剧 VCD 制品的时间虽然在 2001 年 10 月 27 日前，但其行为延续至此之后，因此，他们的发行和销售行为均应适用修正后的《著作权法》。原审法院适用法律有误，长安影视公司关于原审判决适用法律错误的上诉请求有理，应予支持。

涉案九首音乐作品均已在正规出版物公开发表，并为我国公众熟知，应受著作权法保护毋庸置疑，相关作者亦依法享有著作权。根据最高人民法院相关规定，中国音著协作为依法成立的音乐作品著作权集体管理机构，依据与涉案音乐作品著作权人签订的合同，有权对这些音乐作品的公开表演权、广播权、录制发行权进行管理，并以自己的名义提起侵权诉讼。结合中国音著协与音乐著作权人签订合同的内容，虽然部分作者与中国音著协签订的著

---

① 最新《著作权法》已于 2010 年 2 月 26 日修正。

作权合同的形式是音乐著作权转让合同，但从合同内容看，可以认定双方建立了一种带有信托性质的民事法律关系。故广州俏佳人公司主张部分作者与中国音著协签订的是音乐著作权转让合同，不是信托合同，并不属于中国音著协信托管理的权利范围的上诉理由不能成立，不予支持。

鉴于长安影视公司和广州俏佳人公司针对原审判决关于其侵犯《北风吹》、《保卫黄河》、《洪湖水，浪打浪》、《学习雷锋好榜样》和《敖包相会》五首音乐作品著作权的认定提出上诉，本院亦应针对该五首音乐作品是否构成侵权进行审理。由于长安影视公司在制作《激》剧中均未完整使用该五首音乐作品，因此，本案的关键问题是，如何认定长安影视公司在剧中使用上述作品的性质。对此，应当结合具体使用情况进行判断，既要保护著作权人的合法权利，激发其继续创作的热情，又要维护社会公众对作品正当合理的使用，鼓励优秀作品的创作和传播。

首先，对于比较完整的使用作品的一段歌词或乐曲，尽管时间较短，但是所使用的歌词部分已经完整地表现了作者希望通过作品表达出的思想内容，所使用的乐曲部分体现了作者在音乐作品中具有艺术个性的旋律、节奏、和声、复调的安排和设计，而且被使用部分在整个作品中所占比例较大，应属于实质性地使用了音乐作品。在《激》剧中音乐作品《保卫黄河》的使用是将完整的歌词演唱两遍共 56 秒，该作品的使用方式属于实质性地使用了作品。具体而言，长安影视公司将该音乐作品制作并固定在载体上的行为构成复制，广州俏佳人公司和贵州东方出版社制作发行《激》剧 VCD 光盘的行为是对该音乐作品的复制和发行，北京图书大厦销售《激》剧 VCD 光盘的行为构成对该音乐作品的发行。这些行为在未得到中国音著协许可的情况下，侵犯了中国音著协管理的音乐作品《保卫黄河》的复制权和发行权，应当承担相应的民事责任。

其次，对于使用音乐作品仅涉及作品的几个小节或几句歌词，未完整地使用整段歌词或乐谱的情况，考虑到被使用部分在整个音乐作品所占比例较小，没有实质性地再现作品的完整表达方式和作者表达出的思想内容及作者在乐曲方面的独特构思；使用的形式和内容非常有限，没有对音乐作品的市场价值造成不利影响，也不会对音乐作品的发行传播构成威胁，即未对著作权人的利益构成实质损害，因此，这种方式的使用应当是合理使用他人作品，可以不经著作权人许可，不向其支付报酬，但应当指明作者姓名、作品名称。

长安影视公司在制作《激》剧中使用《北风吹》、《洪湖水，浪打浪》、《学习雷锋好榜样》和《敖包相会》四首音乐作品仅涉及该作品的几个小节或几句歌词，尽管个别音乐作品使用时间较长，但均未完整地使用整段歌词或乐谱，应当属于合理使用。虽然长安影视公司均未给相关音乐作品的著作权人合理署名，存在过失，但此项权利并非中国音著协管理范围，故不属本案审理范围。

长安影视公司提出涉案音乐作品《保卫黄河》词作者光未然已经去世，由于其与中国音著协签订的著作权合同约定其为唯一的受益人，根据《信托法》第 15 条的规定，信托关系终止，中国音著协无权就音乐作品《保卫黄河》主张词作者的有关权利。由于长安影视公司当庭没有提交任何证据，其在庭后补交的户籍证明信提交的时间已过举证期限，亦不属于二审出现的新证据，本院不予支持。

广州俏佳人公司上诉称其详细审查了该剧的有关政府批准文件，且《激》剧即便存在侵权事实，非法使用音乐作品或应支付使用费的当事人应是该剧的制片人，有些涉案音乐作品词曲作者著作权权属存在瑕疵一节，本院认为，《激》剧获得的有关政府批准文件只是国家相关行政主管部门应《激》剧制作方的申请根据有关规定在《激》剧进入市场前进行行政审批的行政许可行为。行政主管部门仅对申请人提交的材料是否齐全、是否符合法定形式进行形式审查，《激》剧中是否存在侵犯他人民事权利的内容并非行政主管部门审查范围。因此，《激》剧获得有关政府的批准这一事实，并不代表《激》剧不存在侵犯他人民事权利的内容。而在先的制作行为存在侵犯他人民事权利的内容，导致在后的出版、发行和销售行为均构成侵权行为。长安影视公司在《激》剧中实质上使用了音乐作品《保卫黄河》的词曲内容。作为合作作品的歌曲，其歌词和乐曲均可分割使用，分别由词曲作者享有著作权。因此，只要中国音著协与音乐作品词曲作者任何一方签订的著作权合同合法有效，长安影视公司未经许可在《激》剧中的使用便构成侵权。故广州俏佳人公司的前述上诉请求不能成立，本院不予支持。

原审法院认为，中国音著协主张权利的音乐作品已与如导演、演员等其他民事主体的智力创作成果不可分割，并形成了新的作品，即《激》剧，而该剧的出版发行，满足了社会公众欣赏该剧的精神需求，体现了社会公共利益，据此，原审法院驳回了中国音著协就北京图书大厦应当停止销售的主张。

本院认为,以体现社会公共利益作为可以销售侵权复制品的理由没有法律依据,原审法院的此项认定不当,本院予以纠正。

长安影视公司未经许可在《激》剧中使用音乐作品《保卫黄河》,侵犯了中国音著协依法享有的合法权利,应当承担相应的民事责任;广州俏佳人公司和贵州东方出版社制作发行含有侵权内容的《激》剧 VCD 光盘,应承担连带赔偿责任;北京图书大厦销售《激》剧 VCD 光盘,虽然其辩称是从广州俏佳人公司进货,但未提供进货合法来源的证据,应当同长安影视公司、广州俏佳人公司和贵州东方出版社一同承担连带赔偿责任。中国音著协主张赔偿的标准是其对外许可使用音乐作品的收费标准,该标准的制定不违反国家强制性规定,本院予以认可。由于广州俏佳人公司和贵州东方出版社拒绝提供《激》剧 VCD 光盘的发行数量,根据最高人民法院《关于民事诉讼证据的若干规定》第 75 条的规定,原审法院认可中国音著协主张的 3 万套的数量有法律依据,本院予以认定。本院将综合侵权的事实、情节、使用方式、使用时间等因素,并考虑中国音著协为本案支出的合理费用等因素确定赔偿数额。

综上,原审法院认定事实不清,适用法律错误,应予改判。根据修正前、后的《著作权法》及《民事诉讼法》的有关规定,判决:(一)撤销一审判决;(二)未经中国音乐著作权协会许可,贵州东方音像出版社、广州俏佳人文化传播有限公司、北京图书大厦有限责任公司不得出版、发行、销售含有本案所涉音乐作品《保卫黄河》的电视剧《激情燃烧的岁月》VCD、DVD 光盘及其他录像制品;(三)长安影视公司赔偿中国音著协 20150 元。

【评析】

本案是一个典型的著作权委托管理产生的信托。本案被告既有侵权作品的制作方,还有销售方,并且经北京市高级人民法院终审,因而具有比较广泛的社会影响。

一般认为,音乐著作权是指音乐作品的创作者对其作品依法享有的权利,主要包括音乐作品的表演权、复制权、广播权、网络传输权等财产权利以及署名权、保护作品完整权等精神权利。在我国,音乐著作权维权困难几乎是人所共知的,这既有主观原因,也有客观因素。从主观方面看,人们的著作权意识普遍比较淡薄,特别是音乐著作权的概念远没有深入人心,许多营业场所使用他人音乐作品时根本没有意识到著作权问题,前些年广为流传的

"十五的月亮十六元"的故事,就是一个典型。

从客观方面看,音乐作品易于传播,而且传播方式很多,音乐作品的使用具有量大、面广、分散等特点,音乐著作权人无法控制其音乐作品的使用情况,甚至可能不知道有人使用其作品,事实上,许多音乐作品被各种演唱会、音乐会、音乐厅、广播电视、宾馆、餐厅等使用,其著作权人根本就不知道,更谈不上维护其著作权;即使得知自己的音乐作品被使用,音乐著作权受到侵害,著作权人要想维权通常也很困难,他必须找到侵权人调查取证,不仅耗费物力,而且需要时间,维权成本显然很高,搞不好可能得不偿失。即使有些权利(如戏剧作品)的使用比较容易监督,可以由著作权人直接管理,但随着使用方式的日趋多样化,著作权人很难真正了解所有的使用情况,仍然需要委托他人管理。[1]

另一方面,音乐作品的合法使用者要想取得使用许可,同样也面临困难,特别是需要使用许多音乐作品时,就需要东奔西走,分别向各个著作权人申请许可,支付费用,对于需要使用许多音乐作品的经营者来说,同样也要付出高昂的成本。

面对这种困难,音乐著作权人以及音乐作品的使用者,都希望有一个机构能够帮助他们达到自己的目的。实行音乐著作权集体管理,既有利于更好地保护音乐著作权人的权益,同时也方便音乐作品的使用和传播。因此,虽然法律赋予音乐著作权人有权亲自维护其著作权,但是,世界各国普遍成立了音乐著作权集体管理机构,集中管理音乐作品的著作权。通常的做法是,音乐著作权人将其音乐著作权委托给音乐著作权集体管理组织管理,由其向使用者发放使用许可,收取费用,再将费用转交音乐著作权人。这种著作权集体管理模式自18世纪末出现以来,目前已经遍及全球。

1992年12月我国成立了中国音乐著作权协会(中国音著协),音乐著作权人将其著作权委托中国音著协实行集体管理。不过,对于著作权人与著作权集体管理管理组织之间构成何种法律关系,各方面看法不一,主要有两种观点:一种观点认为是代理关系,即著作权集体管理机构是著作权人的代理人;另一种观点认为是信托关系,即著作权人将其著作权信托给集体管理组织

---

[1] 李潇雨、王宏:"对我国著作权集体管理模式的法理解析",载《华北电力学院学报》(哲学社会科学版)2011年第1期。

管理。此外，也有认为权利转让关系，即著作权人将其著作权转让给著作权集体管理机构。①

我国《著作权法》第8条第1款明确规定："著作权人和与著作权有关的权利人可以授权著作权集体管理组织行使著作权或者与著作权有关的权利。著作权集体管理组织被授权后，可以以自己的名义为著作权人和与著作权有关的权利人主张权利，并可以作为当事人进行涉及著作权或者与著作权有关的权利的诉讼、仲裁活动。"1993年9月最高人民法院给中国音乐著作权协会的复函也明确，著作权集体管理组织与著作权人之间是"通过合同方式建立平等主体之间的带有信托性质的民事法律关系"。据此，结合著作权集体管理与信托的特征，学者们认为，应当认定我国的著作权人与著作权集体管理组织之间构成信托关系。②

不过，上述法律规定和司法复函解释并未明确规定，著作权集体管理构成一项信托。特别是有些著作权人与著作权集体管理组织签订的著作权委托管理合同，不一定完全符合信托法的规定和要求，例如，本案中有些著作权人与中国音著协签订了著作权转让合同，有些签订的是著作权合同。因此，司法实践中，关键是法院如何具体适用。

本案二审法院没有拘泥于著作权人与中国音著协签订合同的形式，例如，有些签订的是著作权转让合同，而是首先认定中国音著协作为依法成立的音乐作品著作权集体管理机构，依据与著作权人签订的合同，有权对涉案音乐作品的公开表演权、广播权、录制发行权进行管理，并以自己的名义提起侵权诉讼；进而关注中国音著协与音乐著作权人签订合同的内容，认为虽然部分作者与中国音著协签订合同的形式是音乐著作权转让合同，但从合同内容看，可以认定双方建立了一种带有信托性质的民事法律关系。这一判决并未直接认定著作权人与中国音著协之间是信托关系，但是承认他们之间存在带有信托性质的法律关系，无疑是值得肯定的。

关于长安影视公司提出的《保卫黄河》词作者已经去世，根据《信托法》第15条的规定，信托关系应当终止，中国音著协无权就该作品主张词作者的

---

① 毕力格图："著作权集体管理组织制度研究"，内蒙古大学2013年硕士学位论文。
② 刘学在："著作权集体管理组织之当事人适格问题研究"，载《法学评论》2007年第6期；林泹民："信托关系下的著作权管理组织"，载《东南大学学报》（哲社版）2013年6月，第15卷增刊。

有关权利。对此，法院以缺乏证据予以驳回，处理得比较巧妙。这可能是目前著作权集体管理适用信托法的一个难点。根据《信托法》第15条的规定，信托设立后委托人死亡的，委托人如果是信托的唯一受益人，信托应当终止，信托财产作为其遗产。目前，我国法律法规并未明确规定著作权集体管理机构与著作权人之间构成信托关系，只是法院在司法实践中将其视为信托关系加以处理，而著作权人和著作权集体管理组织都不太了解信托法，因此，双方签订著作权委托管理合同时，通常没有考虑到信托法的有关规定，一般都将著作权人作为唯一受益人，一旦著作权人去世，就会像本案这样面临信托是否应当终止的难题。

《信托法》第15条是关于信托财产与委托人关系的规定，主要是明确委托人用于设立信托的财产应当与委托人的其他财产相区别，信托设立后，信托财产成为服从于信托目的之独立财产，独立于委托人的意愿和其他财产；同时明确了委托人死亡、被撤销、被解散、被宣告破产等情况下信托财产的处分原则，并不是针对信托终止的规定。《信托法》第53条才是专门针对信托终止的规定。从这两个条文在信托法中的位置就可以看出这一点：第15条放在第三章"信托财产"，第53条放在第五章"信托的变更和终止"。而且，《信托法》第52条明确规定：除本法和信托文件另有规定的以外，信托不因委托人或者受托人死亡、丧失民事行为能力、依法解散、被依法撤销或者被宣告破产而终止，也不因受托人的辞任而终止。这一规定表明，原则上，信托不因委托人死亡而终止。

著作权委托管理形成的信托关系具有一定的特殊性，其信托目的是维护著作权人的权益，而且，特定著作权依法受到保护的期限通常就是信托期限。因此，根据《信托法》第53条规定的信托终止事由，著作权委托管理信托的委托人死亡的，除非信托文件将其规定为终止事由或者信托期限恰好届满，否则并不构成信托终止事由，因为信托期限尚未届满，信托目的尚未完全实现；而且，委托人死亡对于信托的实施没有什么影响，只是需要将其信托利益作为委托人的遗产依法处分。有学者就此指出，知识产权所形成的经济利益并不因原权利人的死亡或解散而消失，这种利益应当可以被继承，所以，本案法院尽量维持信托的态度值得肯定。[①]

[①] 季奎明：《组织法视角下的商事信托法律问题研究》，法律出版社2014年版，第138页。

为避免争议,今后随着著作权委托管理的信托关系被广泛接受,著作权集体管理组织与著作权人签订合同时,应当要求著作权人增加指定自身以外的其他受益人,或者明确委托人去世后信托受益权的归属。

此外,著作权集体管理信托关系还面临有些学者指出的信托财产的确定性问题、信托财产的登记等问题,[①] 都需要在实践中逐步探索,加以解决。

[①] 刘韶华:"信托视角下的著作权集体管理制度",载《法律适用》2006年第5期。

案例 54

华宝信托公司诉陈某兴金融借款合同纠纷案

【案情】

2007年5月23日,上汽通用汽车金融有限责任公司(上汽金融公司)与陈某兴签订《汽车贷款合同》、《汽车抵押合同》及附件,约定陈某兴为购买车辆向上汽金融公司借款6万元,期限为36个月,自当日起至2010年5月23日止,还款方式为等额还款,陈某兴就所购车辆办理了车辆抵押登记作为借款的担保。

合同签订后,上汽金融公司按约发放了贷款,利率为中国人民银行基准利率上浮28.25%,合同签订时年利率为8.08%,如遇中国人民银行基准利率发生变动,在变动生效之月后第二个月的第一个还款日起,贷款利率相应地发生变动。

此外,《汽车贷款合同》还约定,陈某兴如未按时全额偿还应付的贷款本金、利息及应向上汽金融公司支付的其他款项,并且逾期30天以上,即构成合同严重违约,上汽金融公司有权宣布贷款立即到期,并要求陈某兴立即清偿合同项下的所有未付款项。

2007年12月27日,上汽金融公司和与华宝信托公司签署《通元2008年第一期个人汽车抵押贷款证券化信托合同》,约定将上述《汽车贷款合同》所涉及的包括:(1)(现有的和将来的、实际的和或有的)全部所有权和相关权益;(2)到期或者将到期的全部还款;(3)被清收、被出售或者被以其他方式处置所产生的回收款;(4)请求、起诉、收回、接受与以下财产相关的全部应偿付款项;(5)相关承诺的利益以及强制执行财产的全部权力和法律救济,均信托给华宝信托公司。12月29日,双方在中国债券信息网、中国货币网刊登了《通元2008年第一期个人汽车抵押贷款证券化信托公告》;2008年1月18日,双方又在中国债券信息网、中国货币网刊登了《通元2008年第一期个人汽车抵押贷款证券化信托成立公告》。

《汽车贷款合同》成立后，双方依约履行各自义务，但陈某兴自2007年11月起未能按期还款，华宝信托公司多次催收无果，遂于2008年4月向上海市浦东新区人民法院起诉，要求判令陈某兴支付贷款剩余本金52626.68元、贷款利息2216.32元、逾期利息288.13元以及自起诉到实际清偿日期间的利息和逾期利息，并判令华宝信托公司有权行使抵押车辆的抵押权，所得价款优先用于清偿上述债务。

陈某兴未应诉答辩。

【审理与判决】

上海浦东新区人民法院审理认为，本案系因上汽金融公司将其对被告享有的个人汽车抵押贷款债权信托给原告并予以证券化后，被告不能按约还款而引发的纠纷。本案争议的焦点是，原告作为受托人是否有权以自己的名义直接向被告主张本案系争贷款债权，以及是否可以同时主张系争车辆抵押权。

关于原告是否有权以自己的名义直接向被告主张本案系争的贷款债权，法院认为，本案原告系基于与上汽金融公司的信托合同主张系争贷款债权，所谓信托法律关系是指委托人基于对受托人的信任，将其财产权委托给受托人，由受托人为受益人的利益或者特定目的，进行管理和处分过程中所形成的法律关系。信托关系成立后，受托人依法可以以自己的名义向债务人主张债权。本案上汽金融公司与被告签订的《汽车贷款合同》、《汽车抵押合同》系双方当事人的真实意思表示，依法有效，双方均应恪守。上汽金融公司和原告签订的《通元2008年第一期个人汽车抵押贷款证券化信托合同》亦系当事人的真实意思表示，并获得了中国人民银行和中国银监会的批准，合法有效；同时，上汽金融公司和原告之间的《通元2008年第一期个人汽车抵押贷款证券化信托公告》以及《通元2008年第一期个人汽车抵押贷款证券化信托成立公告》已经依法在中国债券信息网、中国货币网的全国性媒体刊登，符合信托法等规范性法律文件对于通过设立特定目的信托转让相关资产应依法进行公告的有关规定，故原告与上汽金融公司就本案贷款债权构成信托法律关系，原告作为受托人基于信托合同，有权以自己的名义，为上汽金融公司的利益，对该贷款债权进行管理或者处分。因此，原告以自己的名义向被告主张上汽金融公司的贷款债权，且亦不损害作为债务人的被告的合法权益，于法不悖,应予准许。上汽金融公司已经依约履行放贷义务,对被告享有贷款债权,被告亦应按约履行偿还贷款本息义务。因被告未按《汽车贷款合同》履行还款义务,根据合同约定已经构成严重违约,原告有权以自己的名义宣布被告的贷款立即到期,并要求被告立即清偿贷款合同项下的所有未付款项。

关于原告可否同时主张系争车辆的抵押权,法院认为:(1)原告根据与上汽金融公司的信托法律关系,依法以自己的名义向被告主张贷款主债权,而抵押权作为贷款主债权的从权利,根据主、从债权关系的基本理论,原告亦可以自己的名义主张抵押权;(2)从我国现行物权法的有关规定来看,汽车作为特殊动产,抵押权自抵押合同生效时设立,动产抵押登记的效力是未经登记不得对抗善意第三人,并未强制规定抵押权人变更后必须重新办理抵押登记手续或变更登记手续,故由拥有系争贷款主债权的原告主张主债权的从权利(抵押权)于法无悖,也不损害被告作为债务人的合法权益;(3)本案被告逾期欠款只是大批量汽车抵押贷款合同中的少数个例,若要求每个抵押贷款合同转让抵押权必须重新办理抵押登记手续或抵押权人变更手续,在实际操作中经济成本较高,并且可能因抵押人拒绝合作或者怠于协助而难以顺利完成变更登记,从而不利于保护债权人的合法权益。因此,原告作为信托关系的受托人在主张贷款主债权的同时,有权以自己的名义直接向债务人主张抵押权。综上所述,原告之诉请具有事实和法律依据,依法应以持。

据此,判决:支持原告的全部诉讼请求。

【评析】

本案是一个比较少见的涉及资产证券化的司法判例。本案实质上并非资产证券化纠纷,但是与信贷资产资产证券化直接相关。

资产证券化是西方发达国家在20世纪后期金融创新的成果之一,据说最早起源于美国的住房抵押贷款证券化。一般认为,资产证券化的实质是,借用信托制度的安排,把当前缺乏流动性但未来可以产生稳定现金流的资产,以未来的现金流收益作为担保,转化为可以自由流通的证券,出售给金融市场的投资者。

按照学者的定义,资产证券化是指发起人将缺乏流动性但能在未来产生可预见的稳定现金流或资产集合出售给特殊目的机构,由其通过一定的结构安排、分离和重组资产的收益和风险,并增强资产的信用、转化成由资产产生的现金流担保的可自由流通的证券,销售给金融市场上投资者的融资制度。[①]

资产证券化的典型结构安排是,企业或者金融机构将能够产生收益但缺乏流动性的资产出售给特殊目的机构(受托人),以实现破产隔离,受托人对资产进行重组、增信后形成资产池,以资产池的收益为基础发行证券,出售给金融市场的投资者。籍此安排,企业和金融机构可以凭借缺乏流动性的资产而融资(投资者购买证券形成的资金),使这部分资产流动起来,投资者依凭证券取得资产的收益。

资产证券化作为一种金融创新手段,在我国还处在发展的初期阶段。资产证券化涉及的法律关系比较复杂,潜在的金融风险比较大,对监管的要求比较高,而我国既缺乏实践经验,又没有深入、充分的理论研究,我国现行有关法律法规对资产证券化还没有明确规定,因此,金融监管机关对资产证券化的态度比较慎重。2000年以后,金融机构开始试点信贷资产证券化。2005年4月,中国人民银行与中国银监会联合发布《信贷资产证券化试点管理办法》,该办法第2条将资产证券化定义为,银行业金融机构作为发起人,将信贷资产信托给受托机构,由受托机构以资产支持证券的形式向投资机构发行受益证券,以该财产所产生的现金支付资产支持证券收益的结构性融资活动。

随后,中国建设银行和国家开发银行按照该办法规定的结构和框架开展信贷资产证券化试点;2006年以后,中国工行银行、浦发银行、兴业银行、招商银行、信达资产管理公司先后发行资产支持证券,在中国人民银行和银监会的主导下,基本确立了以信贷资产为融资基础、由信托公司组建信托型SPV、在银行间债券市场发行资产支持证券并进行流通的证券化框架。

但是,在2008年末金融危机爆发后,暂停了资产证券化发行。直到2012年5月,中国人民银行、中国银监会、财政部联合发出通知,再次启动资产证券化。

本案的案情比较简明,但涉及的法律问题较为复杂。被告通过抵押贷款购车,与上汽金融公司签订了《汽车贷款合同》和《汽车抵押合同》,约定了贷款购车和汽车抵押担保事项,如愿购车。随后,上汽金融公司开展个人

[①] 洪艳蓉:《资产证券化法律问题研究》,北京大学出版社2004年版,第5~6页。

汽车抵押贷款证券化，将其经营的全部个人贷款购车及抵押贷款的相关权利信托给华宝信托公司，成立通元2008年第一期个人汽车抵押贷款证券化信托，并依法进行了公告。被告陈某兴购车后履行义务不到一年就不再依合同履行偿还贷款的义务，华宝信托公司作为受托人向法院起诉，要求陈某兴履行义务，并主张抵押权。由此产生了两个问题需要回答，即华宝信托公司能否直接起诉被告并主张信贷债权和抵押权；二是信贷资产证券化之后，抵押权转让给华宝信托公司是否需要重新办理登记？

本案主审法官认为，资产证券化是一种金融创新，司法对其进行裁判，一方面必须严格遵守现行法律和国家宏观金融政策，另一方面还必须考虑司法机关与其他国家机关及行业自律组织在规范金融创新上的功能分配。[1]因此，对资产证券化相关案件的司法审查，应当注意透过表面形式，从实质关系来甄别和规制相关金融主体的法律关系。[2]法官首先通过分析资产证券化的信托法律关系，确认实行信贷资产证券化以后，贷款债权和抵押权转移给华宝信托公司，成立信托法律关系，根据信托法的规定和信托法理，华宝信托公司作为受托人，完全有权以自己的名义，为受益人的利益主张权利；有学者指出，在确立信托财产独立性的前提下，令受托人为了信托财产的利益参与诉讼无疑是最合理的选择，法院灵活而又合理的解释方式值得肯定。[3]然后，从主从债权理论、动产抵押登记的对抗效力、实际操作的现实困难三个方面，分析了抵押权转移给华宝信托公司不需要登记的理由，在现行法律法规缺乏明确规定的情况下，运用相关法律规定，较好地解决了新型纠纷，值得赞赏。

当然，宏观金融政策支持发展资产证券化业务对本案的判决可能也有一定的影响。法院如果不承认发起人与信托公司之间的信托关系，发起人转让的金融债权将不再成为信托财产，也不享有信托财产独立性所带来的破产隔离效果。[4]因此，针对本案信托机构是否享有抵押权的关键问题，法官认为，如果要求重新办理抵押登记手续，方可转移抵押权，实践操作中可能出现抵

---

[1] 顾权："形式抑抑或实质主义：论信托型资产证券化案件的司法审查"，载《新类型案件诉讼与构建和谐社会》，人民法院出版社2009年版，第199页。
[2] 顾权："信托型资产证券化案件的法律关系如何确认"，载《中国审判》2010年第1期。
[3] 季奎明：《组织法视角下的商事信托法律问题研究》，法律出版社2014年版，第146页。
[4] 周淼淼："论信托有效性的司法对待"，中国政法大学2011年硕士学位论文。

押人不合作的情况，导致抵押权难以有效转移。因此认定，资产证券化业务中的信托机构无需办理变更登记也可以享有抵押权。

或许正是因为本案涉及信贷资产证券化，是一个新型纠纷，法官论证华宝信托公司受让抵押权后可以不重新办理登记时提出三方面理由以增强论证力，这也是缺乏明确法律规则情况下的"保险"措施。但是，多提出一个理由就会削弱其他理由的说服力。有学者就此指出，三个理由看上去合理，但其实，华宝信托公司之所以无需重新办理抵押权登记，是因为抵押合同是债权的从合同，主债权转移了，从债权随之转让是基本法理（即法官提出的第一个理由）。这一理由就足够了，无需画蛇添足，以免产生适得其反的效果。[①]

[①] 孟勤国："抵押权被信托，信托公司权利如何实现"，载《中国审判》2010年第1期。

案例 55

王某杰诉李某东等信托合同纠纷案

【案情】

因所在企业改制为中国水利水电第七工程局成都水电建设工程有限公司（简称成都水电公司），王某杰于2004年5月31日与单位解除劳动合同，同意进入改制后的成都水电公司，并同意将其应得经济补偿金38961元转为新公司的股权。

2004年12月24日，王某杰与李某东签订信托合同约定：王某杰委托李某东将上述经济补偿金用于成都水电公司的股权投资，由受益人王某杰享有在该公司的资本收益。李某东还通过相同的信托合同代其他职工持有公司的股份。

2008年4月28日，李某东在未取得王某杰书面授权的情况下，自行与中国水利水电第七工程局签订《股权转让协议书》，其中明确，李某东与成都水电公司138名职工已分别于2004年签订《信托合同》，李某东代138名职工持有成都水电公司部分股权，现李某东愿意并且获得一切合法授权依照本协议条款，将以其名义持有的所有成都水电公司股权（包括李某东自己持有和代职工持有的股权，共计占成都水电公司总股本约5.9%，投资总额3537908.70元）及相关权益转让给中国水电七局工程有限公司。

2009年6月16日，成都水电公司制作"第二批回购出资及扣除经济补偿金后兑现支付签字表"，记载王某以经济补偿金38961元出资形成的股权占公司全部股权的比例为0.0649%。

2012年王某杰向成都市温江区人民法院起诉，请求撤销李某东与中国水电七局工程有限公司签订的《股权转让协议》，并判令中国水电七局工程有限公司返还王某杰享有的被李某东擅自转让的成都水电公司股份。

【审理与判决】

温江区人民法院审理认为,李某东与中国水电七局工程有限公司签订的《股权转让协议》涉及转让其代持的王某杰的股权部分应予撤销,但是,李某东已经不是成都水电公司的股东,即使中国水电七局工程有限公司同意向李某东转让成都水电公司的股权,根据《公司法》①第72条第2款的规定,股东向股东以外的人转让股权应当经其他股东过半数同意,而王某杰未举证证明成都水电公司的其他股东同意中国水电七局工程有限公司向李某东转让公司的股权。

据此,判决:李某东与中国七局工程有限公司签订的《股权转让协议》涉及转让其代王某杰持有的成都水电公司股权(出资额38961元,占总股本比例为0.0649%)的部分予以撤销;驳回王某的其他诉讼请求。

王某东不服,向成都市中级人民法院上诉称,初审认定事实不清,适用法律错误,请求撤销原判,主要理由是:(1)李某东与中国水电七局工程有限公司签订的《股权转让协议》已经生效判决撤销,应当在公司、工商登记机关的相关文件中恢复李某东为股东;(2)王某杰的诉求是恢复原状,不是要求当股东,本案以信托纠纷立案,但未依《信托法》规定判决;(3)股权的恢复是可行的,不存在向股东以外的人转让股权的情形。

中国水电七局工程有限公司答辩称,原审认定事实清楚,适用法律正确,请求维持原判。

成都水电公司答辩称:(1)李某东转让股权之前向王某杰询问过意见,在得知已经取得授权委托书的情况下才办理股权转让,后来才得知并未签署授权委托书。(2)李某东是否恢复为公司自然人股东身份与王某杰无关。原审认定事实清楚,适用法律正确,请求维持原判。

李某东答辩称:自己误认为王某同意转让,才与中国水电七局工程有限公司签订股权转让协议;李某东已经不是成都水电公司股东,也不同意再成为股东。

成都市中级人民法院查明的事实与原审一致,同时另查明,王某杰与李某东已自愿达成协议,解除双方签订的信托合同。

---

① 《公司法》已于2013年12月28日修正。

成都市中级人民法院审理认为，王某杰与李某东签订的信托合同是双方的真实意思表示，且不违反法律行政法规的规定，应属有效。李某东应当按照合同约定对信托财产进行管理。根据《信托法》第22条的规定，受托人违反信托目的处分信托财产或者因违背管理职责、处理信托事务不当致使信托财产受到损失的，委托人有权申请人民法院撤销该处分行为，并有权要求受托人恢复信托财产的原状或者予以赔偿；该信托财产的受让人明知是违反信托目的而接受该财产的，应当予以返还或者予以赔偿。李某东违反信托目的，在未取得委托人授权的情况下处分信托财产，其处分行为已被法院判决予以撤销，王某杰有权要求李某东及中国水电七局工程有限公司恢复信托财产原状或者予以赔偿。故王某杰的诉讼请求成立，应予支持。原审认定事实清楚，适用法律有误。

据此，判决：撤销初审判决，中国水电七局工程有限公司将王某杰在该公司以信托方式投资形成的登记在李某名下的股权（出资额38961元，占总股本比例为0.0649%）恢复至李向东名下。

【评析】

本案涉及企业改制过程中职工股的代持，这是近些年来比较常见的现象。

企业改制通常都比较复杂，历史的、现实的、法律的、政策的因素很多，涉及的法律关系也比较复杂，特别是现行法律的许多规定不能很好地适用于企业改制，有些企业为了及时完成改制转型，采取了一些变通的办法，其中，企业职工股的代持就是一个无奈的选择，因为我国《公司法》第78条规定，设立股份有限公司应当有2人以上200人以下为发起人，因此，企业改制过程中职工人数越过200人的，就有部分职工不能直接作为发起人，其股份需要由他人代为持有。实践中，职工股的代持人主要有企业职工和企业工会两类，即通常由工会或者企业职工，代部分职工持有股份。虽然可以认为代职工持股构成信托关系，职工是委托人，代持人应当负有受托人的义务和责任，但是目前对此尚未形成一致看法。

企业改制的做法各种各样，因企业改制而代持职工股的情况也比较复杂，职工、企业、代持人之间的法律关系并不十分明确，许多情况下改制企业都有一些特殊因素需要特别处理，因此，代持的职工股发生转让时很容易引发纠纷。本案就是因为原告王某杰所在企业实施改制成立新公司，王某杰同意将其与原企业解除劳动合同应得的经济补偿金转为新公司的股权,并且同其他职工一起,与李某东签订信托合同,将他们在新公司的股权委托给李某东代为持有而引发的诉讼。无论是出于实际操作的原因,还是存在其他法律上的因素,这种代持在企业改制过程中都是一种普遍现象。

意外的是,代持人李某东未征得王某杰同意,就将其代王某杰持有的股权(连同他代持的其他股权以及他自己持有的股权)转让给中国水电七局工程有限公司,由此引发争议。或许是转让的价格不太理想或者涉讼股权有较大的升值潜力,原告王某杰要求撤销李某东的转让合同,返还李某东错误转让的股权。

好在王某杰与李某东就股权代持签订信托合同,明确了双方之间的信托关系,使法院比较容易明确审理的法律依据。二审法院直接依据《信托法》第22条的规定,认定代持人李某东作为受托人,在未取得委托人王某杰授权的情况下擅自处分信托财产(代持的股权),并且该处分行为已经被法院判决予以撤销,因此,委托人(受益人)王某杰有权要求李某东及股权受让人中国水电七局工程有限公司恢复信托财产原状或者予以赔偿,据此判决,支持原告王某杰的诉讼请求,于法有据,无疑是正确的。

理论上说,受托人将信托财产转让给第三人的行为,可否依据《信托法》第22条的规定予以撤销,是值得深入研究的。受托人作为信托财产的名义所有人、实际控制人,一般来说应当有权以受托人的身份处分信托财产;对于第三人来说,除非信托文件对受托人处分信托财产有限制性规定,否则,第三人依法应当可以自由地与受托人就信托财产进行交易,而不必担心交易安全,否则就很少有人愿意与受托人就信托财产进行交易了。而信托文件对受托人处分信托财产的限制,第三人可能知道,也可能不知道,特别是信托登记公示制度还很不完善,第三人通常无法知道信托文件对受托人处分信托财产施加了限制。第三人并不知道存在限制,出于善意受让信托财产,并且支付了相当的对价,委托人(受益人)随后要求撤销该交易,对第三人似乎不够公平。

为防止产生不公平的结果,我国《信托法》第22条的规定,一方面明确委托人有权申请人民法院撤销受托人违反信托目的处分信托财产的行为,并有权要求受托人恢复信托财产原状或者予以赔偿,另一方面又对受让人就此承担责任规定了条件,即信托财产的受让人明知受托人是违反信托目的而接受信托财产的,应当予以返还或者予以赔偿。据此,准确、全面地理解《信托法》第 22 条的规定，它实际上包括如下两层意思：受托人违反信托目的处分信托财产的，受托人必须承担责任，即恢复信托财产原状或者予以赔偿；而信托财产的受让人，只有明知受托人违反信托目的处分信托财产仍予以接受的，才应当承担返还信托财产或者赔偿损失的责任。

因此，有学者针对本案判决指出，受让人中国水电七局工程有限公司仅仅知道李某东是股权的受托人，并不能自动地证明受让人是恶意的，还需要证明受让人"明知是违反信托目的"、违背信托权限处分信托财产，方为充分。[1] 不过，从实践的观点出发，本案系争股权的受让人中国水电七局工程有限公司受让李某东的大额股份，应当知道李某东的部分股权是代他人持有的（或许实际上知道），显然应当确认李某东的转让行为征得了股权的真正所有者同意，例如要求李某东出具相应的授权委托书，而本案的受让人显然没有这样做，就此而言，认为受让人明知受托人违反信托目的处分信托财产仍然予以接受，虽然从字面来看稍有些勉强，但就实质而言似乎也不失公平。

---

[1] 赵廉慧：《信托法解释论》，中国法制出版社 2015 年版，第 481~483 页。

案例 56

郑某明诉天邦股份有限公司股东资格确认纠纷案

【案情】

郑某明系天邦股份有限公司职工,并担任过部门经理、总经理助理等职务。2001年3月7日和2004年5月1日,郑某明分别与张某良签订《委托投资合同》两份,后一份合同载明:委托方(郑某明)委托受托方(张某良)以股东身份向天邦公司出资购买并持有股份,两次投资总额343500元,委托持股数额为50万股。委托方在合同签订后3日内将出资额交付受托方;受托方向天邦公司出资后,应向委托方出具由天邦公司财务部门盖章确认的出资证明。委托方的权利和义务:(1)按合同规定向受托方交付出资款;(2)对本合同事宜负保密义务;(3)不得以天邦公司发起人身份向天邦公司行使或者要求行使任何权利,包括不得向天邦公司主张股利分配、不得要求以股东身份参加股东会行使股东权利等;(4)受托方取得股利后,委托方有权就其出资的份额向受托方主张权利;(5)合同签订之日起5年内,若委托方单方面提出辞职离开天邦公司,或者因违反天邦公司相关制度被辞退、开除,须退出在天邦公司的投资股份;退出时有权要求受托方退还出资本金,但无权就股息主张任何权利。

2004年5月1日,天邦公司与张某良向郑某明出具证明一份载明:根据郑某明与张某良签订的《委托投资合同》,委托方委托受托方持有本公司股份50万股,现挂靠在受托方名下,受托方与本公司财务部门对上述事实予以确认。

2007年天邦公司股票上市交易。2008年4月27日天邦公司以资本公积金向全体股东按每10股转赠10股并派发现金4元,郑某明委托张某良持有的股份由50万股增至100万股。2008年4月3日,天邦公司限售股解除限售。

2009年2月25日,郑某明向余姚市人民法院起诉,请求确认张某良名下100万股天邦公司股票归郑某明所有,张某良及天邦公司按照股利分配方案向郑某明派发现金总计17万元。

张某良辩称，郑某明不是天邦公司股东，其与张某良之间只是委托投资关系，双方签订的《委托投资合同》是附有解除条件的合同，是双方真实意思表示，请求驳回郑某明的起诉。

天邦公司辩称，郑某明不是天邦公司股东，其诉讼要求缺乏事实和法律依据。主要理由是：(1) 郑某明委托张某良向天邦公司投资，并不是投资就可以成为股东；天邦公司章程第30条规定，成为股东必须在公司章程上签名盖章并经工商登记。(2) 张某良与郑某明签订的《委托投资协议》是双方委托投资权利义务关系的约定，天邦公司不能据此确认郑某明是公司股东；出资证明是张某良出具，并非确认郑某明是天邦公司股东。(3) 郑某明要求按照股利分配方案派发现金缺乏事实和法律依据，郑某明不是天邦公司股东，不能直接取得天邦公司收益权，郑某明已被天邦公司辞退，按照合同约定只能请求张某良返还委托投资的本金。

【审理与判决】

余姚市人民法院审理认为，郑某明与张某良之间系委托投资合同关系，应认定为合法有效。双方均应按约履行合同义务。郑某明现要求突破合同的约定成为天邦公司的登记股东，既缺乏合同依据，也缺乏法律依据。天邦公司当时知道并确认郑某明与张某良之间的委托投资关系，并不意味着有朝一日应当或者必须接受郑某明成为登记股东，天邦公司确认的仅仅是双方的委托投资关系，郑某明委托出资时即明知自己的权利限于委托投资合同的约定，并不享有登记股东的权利，现要求确认张某良名下100万股为其所有并办理股票过户及股东名册的变更手续，缺乏依据，不应予以支持。郑某明主张的股利款17万元已由天邦公司支付给张某良，张某良应按《委托投资合同》的约定支付给郑某明。依据《民事诉讼法》第64条第1款、《合同法》第404条的规定，判决：（一）张某良支付郑某明股利款17万元；（二）驳回郑某明的其他诉讼请求。

郑某明不服，向宁波市中级人民法院上诉称，原审判决既然已认定双方签订的《委托投资合同》合法有效，且认定郑某明委托张某良持有天邦公司流通股100万股，郑某明就有权随时解除合同。天邦公司股票在起诉前已经属于解除任何限制的自由流通的"无记名股票"，郑某明有权要求张某良及天邦公司承担转移股票所有权的义务。原审判决适用法律错误，请求撤销原审判决，支持郑某明的诉讼请求。

张某良辩称，其与郑某明之间系委托投资关系，郑某明只享有债权，无权要求张某良将其名下100万股股票过户到郑某明名下，原审判决认定事实清楚，适用法律准确，请求驳回郑某明的上诉，维持原判决。

天邦公司辩称，同意张某良的答辩意见。张某良与郑某明签订的《委托投资合同》并未约定郑某明为天邦公司股东，郑某明也未以股东身份参与公司管理或者实际享受股东权利；而且，目前张某良名下已经没有100万股天邦公司记名股票，如判决确认张某良名下100万股股票属于郑某明所有，该判决不具有可执行性，请求驳回上诉，维持原判决。

宁波市中级人民法院认为，张某良及天邦公司对郑某明出资343500元委托张某良持有天邦公司100万股股票的事实无异议，且张某良并未提供证据证明郑某明存在《委托投资合同》第5条约定的"合同签订之日起5年内，若委托方单方面提出辞职离开天邦公司，或者因违反天邦公司相关制度被辞退、开除，须退出在天邦公司的投资股份"的情形，故对郑某明要求确认张某良名下100万股天邦公司股票属郑某明所有的主张予以支持。张某良辩称，根据《投资管理合同》的约定，郑某明不得以天邦公司股东身份行使权利，本院认为，双方签订的《委托投资合同》是一种类似信托或者委托的合同，对合同期限及解除权的行使并未作约定，故参照《合同法》或《信托法》的规定，郑某明作为委托人有权随时提出解除，郑某明虽未明确向张某良提出解除《委托投资合同》，但其通过诉讼程序提出要求张某良将郑某明委托其持有的天邦公司股票过户到郑某明名下，实际上是要求撤销《委托投资合同》约定的委托事项，相当于向张某良提出了解除合同的要求，解除通知到达张某良处，即张某良收到郑某明的起诉状时，《委托投资合同》解除。同时，天邦公司于2007年4月3日成为上市公司，作为纯资合性公司，其股票除法律有限制性规定外，完全可以自由流通，张某良持有的发起人股于2008年4月3日解除锁定，故郑某明随后起诉要求张某良将其代郑某明持有的天邦公司100万股股票过户到郑某明名下，于法有据，应予支持。郑某明要求天邦公司办理过户的主张，天邦公司不是委托投资合同关系的当事人，该主张无法律依据，不予支持；郑某明要求天邦公司直接向其支付股利的主张没有法律依据，不予支持；对于郑某明要求天邦公司及张某良办理股东名册变更手续的上诉主张，股东名册是记载股东个人信息和股权信息的簿册，天邦公司作为上市公司，其证券持有人名册登记主体是证券登记结算机构，且郑某明起诉时并非天邦公司股东，就股东名册变更并无纠纷发生，故对此主张，不予支持。

综上，原审认定事实清楚，但就郑某明可否主张张某良将其代郑某明持有的天邦公司100万股股票过户到郑某明名下适用法律有误，本院依法予以改判。

据此判决：维持初审判决第一项；撤销初审判决第二项；确认张某良名下的天邦公司100万股股票属于郑某明所有；张某良将其名下天邦公司100万股股票过户到郑某明名下（如张某良名下天邦公司股票不足100万股，按履行判决之日天邦公司股票收盘价折价补偿）。

【评析】

本案名为股东资格确认案，实际上也可以看成一个信托案件。

本案原告是天邦公司职工，由于某种原因，原告出资委托被告张某良代为购买并持有天邦公司的股份，双方签订了委托投资合同，并且都履行了合同义务，张某良如约购买并代为持有天邦公司的股票。后来，天邦公司股票上市，经过送股，股票的数量和价值大幅度增长，随着天邦公司的限售股解除限售，原告要求将张某良代其持有的天邦公司股份过户到自己名下，由此引发纠纷。

初审法院认定双方当事人之间是委托投资合同关系，双方都应当如约履行合同义务，合同并未约定原告郑某明成为公司股东，而是委托被告代持股份，因此，法院认为原告要求变更登记为天邦公司的股东突破了合同的约定，因此驳回了原告的这一请求。二审法院首先指出，既然被告和天邦公司对于原告出资并由被告代持天邦公司100万股股票的事实均无异议，法院对于原告要求确认其100万股天邦公司股票的请求应予支持。二审法院进而认为，原告与被告签订的《委托投资合同》类似于信托合同或者委托合同，其中并未明确规定合同期限和合同的解除，因此，原告有权随时解除合同，而原告向法院起诉的行为就等于原告请求解除合同，被告收到起诉状时合同解除；当时，天邦公司的限售股已经解禁，成为自由流通的股份，原告要求被告将其代持的100万股天邦公司股票过户到原告名下，理应得到支持。至于天邦公司并非合同当事人，而且上市公司的股份登记由证券登记结算机构负责，因此，原告请求天邦公司办理过户和股份登记手续的请求，不予支持。

二审法院虽然认定双方当事人签订的《委托投资合同》类似于信托合同，但可能是因为法官对《信托法》缺乏非常深入的理解，因而在适用时没有充分的把握，显得有些犹豫。法官既然认为双方之间存在信托关系，就应当按照信托法加以处理，但是却以委托合同的任意解除权作为支持上诉人的依据，并且从合同的相对性推导出委托人虽然可以解除合同却无法直接获得股权的结论。如果能够直接适用信托法作出判决，正如有学者指出的，根据我国《信托法》第 50 条的规定，委托人作为信托的唯一受益人本来就具有解除信托的权利，并且，解除信托的法律后果是受托人将信托财产转移给受益人，无论信托财产的数量、形式发生怎样的变化，此即信托财产的同一性。[1]

本案双方当事人签订的《委托投资合同》可以看成是一份信托合同，实际上设立了一项信托，原告是委托人，被告张某良是受托人，原告出资的 343500 元资金是信托财产。因为信托财产为资金，不需要办理信托登记，因此，当事人双方签订合同、原告将资金交付张某良时，信托成立并且生效。随后，张某良履行信托义务，用信托资金购买了天邦公司的股票 50 万股（后来天邦公司用资本公积金送股，结果变成 100 万股），根据《信托法》第 14 条第 2 款的规定，受托人因信托财产的管理、运用、处分或者其他情形而取得的财产，也归入信托财产，所以，这些股票仍然是信托财产。原告在天邦公司的限售股解禁，公司股份全部成为可自由流通股份后，要求将张某良代持有股份过户到自己名下，相当于依据《信托法》第 50 条的规定解除信托，信托自应终止，受托人张某良应当将信托财产（100 万股天邦公司股票）转移给受益人原告。依照信托法，这都是顺理成章的。

目前，法官们大都比较熟悉合同法，而不那么熟悉信托法和信托制度，加上我国《信托法》对设立信托采取严格的形式主义，造成实践中有些实质上的信托关系不能得到法院认定，包括有些通过合同设立信托的情形，在信托成立后本应当按照信托法进行审理、作出判决，但不少法官仍然习惯于按照合同法审理和判决，在当前部分法官对于信托制度还缺乏深入了解、法院严格实行错案追究制度的现实情况下，法官的这种保守和保险的做法也是可以理解的。不过，从上面的分析不难看出，运用信托法作出判决，显然更加简单、清楚、明确。

---

[1] 季奎明：《商事法视角下的商事信托法律问题研究》，法律出版社 2014 年版，第 165 页。

案例 57

沈阳玻璃钢风机厂诉戴某羽借款合同纠纷案

【案情】

戴某羽曾担任沈阳玻璃钢风机厂副厂长，1994年5月因出差从厂里借款5万元。1996年戴某羽购房时又三次向风机厂借款共计174941元。1998年3月戴某羽离开风机厂，前述出差借款5万元仍未向厂里报销，所借购房款亦未偿还。

2001年戴某羽与风机厂17名职工分别作为原告向沈阳市于洪区人民法院提起诉讼，要求风机厂返还股本金及股息和红利，经沈阳市中级人民法院二审终审判决，判令风机厂返还包括戴某羽在内的17名职工的出资款及相应利息，其中返还戴某羽出资款10万元及相应利息。对上述判决，其他职工均执行和解，但戴某羽未予执行，对执行时应退还出资款与戴某羽向企业的前述欠款可否相互折抵，双方曾进行协商，但协商未果。

风机厂遂向沈阳市于洪区人民法院起诉，请求戴某羽应返还购房款174941元、出差款5万元，共计224941元及利息。

戴某羽辩称：购房款系村委会的奖励款项，不应返还；出差款系因为单位出差所借，亦不应返还。况且，上述款项已过诉讼时效。另外，双方的争议属企业内部事项，不属于法院受案范围，应驳回风机厂的诉讼请求。

【审理与判决】

于洪区人民法院审理认为：系争的两笔款项均发生在戴某羽担任风机厂副厂长期间，且都是因为工作而发生的。出差借款5万元，戴某羽虽然没有报销冲账，但属企业内部财会制度调整，尽管有戴某羽出具的借条，但该笔款项并非戴某羽私人支配使用，所以双方没有形成法律意义的借贷关系。风机厂为戴某羽交付的购房款，属企业对戴某羽的奖励，不能认定为借款，所以双方之间未形成债权债务关系,对风机厂的诉请不予支持。依照《民法通则》第84条、《最高人民法院关于民事诉讼证据的若干规定》第2条的规定,判决:驳回风机厂要求戴某羽偿还出差借款和购房借款224941元的诉讼请求。

风机厂不服,向沈阳市中级人民法院提起上诉称,原判存在以下错误:(一)错误采信所谓奖励报告。戴某羽自己命名的"风机厂主管部门奖励戴某羽的批复"是村办企业实业公司总经理赵某恩书写加盖单位印章后向乡党委、政府请示有关奖励戴某羽的报告。从该证据本身来看,书写用的稿纸生产日期是1994年11月,赵某恩起草落款日期为1994年6月,而纸还未生产出来,却已经先行使用,该批复明显是后补的。从批复的内容来看,风机厂当时是股份合作制企业,企业资产由全体股东所有,对购房款这样一笔大资金的去向只能由股东大会决定,村长或乡长都无权决定。因为奖励的钱最终由厂里出,在这个批复中,当时法人代表戴有川既没有签字,又未加盖单位公章,村长、乡长就决定奖励了,不符合常理。(二)错误采信证人证言。赵某恩当时担任村办企业实业公司总经理,在一审时未出庭作证,仅写了个书面材料。金某静系戴某羽外甥女,与本案处理有利害关系,依据《最高人民法院关于民事诉讼证据的若干规定》的有关规定,上述证人证言不应予以采信。综上,请求:(1)撤销原判。(2)改判戴某羽给付风机厂借款224941元及利息损失111690.23元。

被上诉人戴某羽辩称,原判认定事实清楚,适用法律正确,应予以维持。

沈阳市中级人民法院审理认为,本案风机厂与戴某羽争议的焦点为:一是本案是否属于法院受案范围,具体言之,风机厂与戴某羽之间争议是否属于平等主体间的纠纷;二是双方当事人纠纷若属于平等主体之间争议,该债务是否超过诉讼时效。

关于风机厂与戴某羽之间争议是否属于平等主体之间纠纷问题。戴某羽1998年离开风机厂,其解除劳动关系后与风机厂即处于民法意义上的平等主体地位,因此,风机厂和戴某羽于劳动关系存续期间产生的债权债务纠纷,法院应予审理。

关于时效问题。首先应当明确风机厂主张的两笔款项是否存在。(1)购房款性质问题。风机厂依据支票存根及账目记录证明戴某羽尚欠借款17万余元,戴某羽则以一个批复抗辩该款项系奖励用的购房款,风机厂无权再主张。该款项究竟是奖励用的购房款还是借款,是风机厂的主张能否成立的关键。该批复从形式上看，书写用的稿纸生产日期为 1994 年 11 月，而赵某恩起草批复落款日期为 1994 年 6 月，显然该批复内容系嗣后书写而成，而且批复上既无风机厂单位印章，也无风机厂时任厂长戴某川的签名；从内容上看，该批复系时任村实业公司总经理赵某恩起草并由时任乡长陈某泽签署而形成的有关奖励报告，风机厂已于 1992 年被改制为股份合作制企业，其章程规定，涉及企业重大问题应由股东大会决议，为奖励购房支出 17 万元款项不是一笔小数目，无论是按照处置公司重大资产等事项应由股东大会作出决议的规定，还是依据 1990 年国务院颁布的《乡村集体所有制企业条例》[①]关于"企业财产属于举办该企业的乡或村范围内的全体农民集体所有，由乡或者村的农民大会（农民代表会议）或者代表全体农民的集体经济组织行使企业财产所有权"的规定精神，奖励 17 万元购房款都应由风机厂股东大会作出决议，而戴某羽未能举证证明厂股东会对此购房款形成了决议；再者，实业公司与风机厂系两个独立法人实体，赵某恩无论是实业公司法人代表还是作为村委会负责人，均无权对应属于风机厂股东大会决议的重大事项作出决定，更遑论乡政府负责人的所谓"同意"了。由此可知，该批复对风机厂无约束力，戴某羽不能将此批复作为取得购房款的依据，因而负有返还购房款的义务。（2）关于 5 万元借款问题。该借款虽是戴某羽任职期间为出差所借，但只到他离开风机厂后，该款项一直未予报销，戴某羽又未能举证证明该款确系为风机厂出差所花销，因此，风机厂向其主张返款，理由正当，应予支持。

  法院认为，风机厂在本案主张的两笔款项与一般借款有别，依据合同法第 196 条的规定，借款合同是借款人向贷款人借款，到期返还借款并支付利息的合同。由此得知，贷款人据此享有依约请求借款人支付本息的权利，该请求权为债权请求权，理应受到诉讼时效的规制。而本案戴某羽作为分管技术的副厂长与风机厂之间形成受信任关系，戴某羽对风机厂负有忠实义务，即不得处于其职责与个人利益相冲突的地位，不得利用其受信任人地位从厂里获取利益，因而，其取得的购房款系为风机厂所代为持有。即戴某羽是该笔款项名义上的使用人，风机厂是该笔款项实质上的权利人，由于该款项已用于购房（已由金钱转化为房产），因此，戴某羽对该房屋负有返还义务，亦即风机厂可对该房产主张返还的物权性权利，该权利不受诉讼时效限制。由

[①] 《乡村集体所有制企业条例》已于 2011 年 1 月 8 日修订。

于风机厂诉讼中仅主张当时购房款的价额17万余元,本院对此予以准许。同样理由,本案中争议的5万元款项系戴某羽出差从单位所借,其用途系用于单位出差这一特定目的,故该款项仍然是戴某羽为单位所代为持有,戴某羽虽是该款项名义上的使用人,但实质上该款项仍为风机厂所有,其应为金钱(货币)所有与占有相一致规则之例外。而戴某羽至今不能举证证明其系为该特定目的之所用,风机厂据此享有返还款项的物上请求权,故戴某羽关于借款已过时效的抗辩理由不能成立。

综上,依照《民事诉讼法》第153条第1款第3项①之规定,判决:(一)撤销初审判决;(二)戴某羽返还沈阳玻璃钢风机厂借款224941元及利息(计息方法:从2001年6月18日起至付清之日止,以上述借款本金为基数,按照中国人民银行同期贷款利率计付)。

【评析】

本案表面上是一个借款合同纠纷案,实际上涉及信义关系和信义义务。

本案二审法院认定,双方当事人之间存在信任关系(信义关系),被告是受信任者(受信人),不论有意还是无意,法院在一个小案件里提出了一个关于信义关系和信义义务的重大法律问题。

一般认为,法律制度化的信义关系和信义义务法起源于英国衡平法;有学者甚至认为,平衡法的灵魂和核心是信义义务,而信义义务存在于信义关系之中。②衡平法孕育的信托是委托人基于对受托人的信任,将特定事务委托给受托人处理或者将财产委托给受托人管理、处分,以实现受益人的利益或者特定目的。受托人依据普通法享有财产的法定所有权和管理、处分权,委托人信任受托人,为防止受托人背信弃义利用委托人的财产谋取私利,衡平法确认他们双方之间存在信义关系,受托人是受信人(受到他人的信任),因此,一旦受托人承诺接受信托,就负有道德上的义务信守承诺,为受益人的利益或者特定目的管理、处分信托财产,处理信托事务,即受托人负有信义义务,这是衡平法施加给受托人的义务,这种义务具有强制性

具体来说,信义义务主要包含两项义务:(1)忠实义务(duty of loyalty),

---

① 对应《民事诉讼法》(2012修正版)第170条第2项。
② 汪其昌:"信义义务:英美金融消费者保护的一个独特制度",载《国际金融》2011年第2期。

即受托人必须为受益人的最大利益处理信托事务，管理、处分信托财产，不得利用信托财产或者受托人地位谋取私利，不得处于受托人职责与个人利益相冲突的地位，包括不得购买信托财产（禁止自我交易规则），受托人购买信托受益权必须进行公平的交易（公平交易规则），不得以个人偏好影响信托利益等；（2）注意义务（duty of care），通常译为谨慎义务，即受托人处理信托事务必须采取合理的谨慎，像一个谨慎的商人处理自身事务一样处理信托事务；商业受托人应当符合其所在行业应具备的业务素质和谨慎要求；受托人进行信托财产投资时，还应当符合谨慎投资者标准。

随着英国衡平法与普通法的融合，衡平法施加给信托受托人的信义义务变成了法定的义务。而且，随着信托法的发展，信托当事人之间的信义关系被衡平法进一步扩展到其他一些当事人之间，衡平法把越来越多的当事人纳入了信义关系，并且给受信人施加信义义务，逐渐形成了比较完善的信义义务法律制度。根据衡平法的理念，只要一方合理地信赖他方，将自己的财产或者处理事务的权利托付给他方，使他方拥有自由裁量权进行决策并处理事务或者管理、处分财产，双方之间就构成信义关系（fiduciary relationship），他方即为受信人（fiduciary），应当承担信义义务（fiduciary duty）[1]。甚至更简明地说，如果存在当事人一方信任和信赖另一方的情况，双方之间的关系就是信义关系。[2]

信义关系的构成要素主要包括，委托人对受信人的信赖，受信人对委托人的支配地位，信赖的合理性以及受信人对合理信赖的预见。即委托人应当像一个理性的人那样，合理地信赖受信人（信赖的合理性，不能是不合理地信赖），并且，受信人应当能够预见到委托人的信赖（信赖的可预见性，不能是不可预见的），以及受信人对委托人具有支配性影响。

信义关系大体可以分为两类。其中，一类是法定的信义关系，即法律明确规定（在英美法系国家，包括法院判例确定）当事人之间存在信义关系，比较常见的有，信托的受益人与受托人、委托人与代理人、公司董事与公司、合伙人与合伙组织、基金管理人与基金持有人、金融服务企业与金融消费者

---

[1] 国内对 fiduciary duty 有不同的译法，如诚信义务、受信义务、信赖义务、诚信责任等，作者在《信托法原理与判例》等著作里曾经译为受信人义务，这里参照我国香港学者何美欢教授的译法，译为信义义务。

[2] 范世乾："信义义务的概念"，载《湖北大学学报》2012 年第 1 期。

等,双方之间存在信义关系;

另一类是事实信义关系,是指法律没有明确规定的情况下,一方当事人基于对另一方的信赖而将自己置于易受伤害的地位时,法院根据衡平法的公平正义理念,认定双方之间存在信义关系,进而对受信人施加信义义务。根据判例,法院判断存在事实信义关系主要考虑三个因素:(1)信任,即一方(甲)像一个理性人那样合理地信赖另一方(受信人);(2)承诺,即受信人承诺自己将为甲的利益行事;(3)甲的脆弱性,表现为甲很容易受到受信人的伤害或者任受信人摆布,而受信人拥有自由裁量的权力或者机会,能够单方面行使权力并影响甲的法律权益或者实际利益。[①]

一般来说,只要符合这些要素,法院就可能认定当事人之间存在信义关系,并要求受信人承担信义义务。例如,在英国Lloyds Bank v Bundy(1975)案,银行业务经理诱使一位没有金融知识的老年农民在不合适的情况下以唯一住房为儿子的经营贷款提供担保,儿子不能按照偿还贷款,银行要求占有老年农民的住房被法院驳回,法院认为,没有金融知识的农民信赖银行的业务经理,后者应当知道这一点,双方之间存在信义关系,但业务经理未能履行信义义务向农民清楚地说明贷款的风险,因此,银行不能占有农民的住房。

信义关系与合同关系存在重要区别。合同的基础在于双方当事人的意思自治,信义关系的双方当事人可能签订合同,但是,信义关系是衡平法发展起来的,其基础是一方对另一方的合理信任和信赖,因此,追求"良心和正义"的衡平法更加强调道德因素,从信义关系双方当事人的实际出发,强制要求受信人承担信义义务,这种义务并非合同约定的,而且,一般来说受信人不能排除信义义务。

信义义务充分体现了平衡平法的法律理念,通过考量当事人之间在信息、决策能力、签约能力等方面的优劣,赋予当事人不同的权利义务,使拥有信息优势和较高专业技能的一方承担更高的诚信义务,以寻求双方之间利益的制衡。[②] 可以说,信义义务的实质是对处于优势地位的受信人与处于劣势地位的受益人之间不对等关系的一种矫正,要求受信人信守承诺,凭良心行使权

[①] 汪其昌:"信义关系:金融服务者与金融消费者关系的另一视角",载《上海经济研究》2011年第6期。

[②] 陈学文:"商业银行非保本理财业务的投资者法律保护——以英美法系国家的信义义务为借鉴",载《政治与法律》2012年第7期。

力、履行义务，决不能背信弃义。因此，一旦当事人之间构成信义关系，对受信人的信义义务不讲究权利义务的对等，受信人的信义义务是一个单方面的义务。①

目前，除信托的受托人与受益人、代理人与委托人以外，英美法律确认的信义关系比较广泛，大体可以分为两类：一类是公司董事及高级管理人员与公司、公司的控制股东与公司或者小股东、普通合伙人与合伙组织或者有限合伙人、雇主与雇员等之间，由于双方的法律地位和职权不同，后者信任前者，法律确认他们之间存在信义关系；另一类是律师与客户、医生与病人、金融顾问与客户等专业人士与服务对象之间，前者具有专业知识和技能，因而自然地处于优势，后者只能信任前者，他们之间也构成信义关系。此外，国外有判例认为，父母与子女之间也存在信义关系，但是，一般认为，为了防止受信人违背义务，才有必要施加信义义务，而友情、亲情、慈善促使当事人相信受信人的信任关系，如父母对子女、朋友之间等纯粹因为感情因素信任对方的，不宜要求受信人承担信义义务。②

信托的委托人基于对受托人的信任，主动将信托事务委托受托人处理，或者将财产委托给受托人管理、处分，受托人享有信托财产的所有权和处理信托事务的自由裁量权，可以说，委托人对受托人的信任和信赖程度是很高的，因此，信托法规定的受托人的信义义务，是所有受信人之中最严格的。

信义义务的适用范围日益扩展。许多国家通过立法（如信托法、公司法、合伙法等）分别确立了特定受信人的信义义务，并且明确了信义义务的具体内容，例如，信托受托人对受益人、公司董事对公司、公司的控制股东对公司或小股东的信义义务。就公司法来说，信义义务中的忠实义务意在克服董事、经理的贪婪、自私行为，阻止拥有权力者将权力为己所用；注意义务则要求董事认真履行决策和监督职能来实现公司利益最大化。③

一些国家的相关法律（如《公司法》、《合伙法》等）先后将信义义务规定为特定受信人的法律义务，并且进一步明确了信义义务的具体内容。特别是，对于不同的受信人，信义义务的内容可能有所差别。例如，在美国，公

---

① 汪其昌："信义义务：英美金融消费者保护的一个独特制度"，载《国际金融》2011年第2期。
② 易涛："信义义务泛化探析"，广西大学2014年法律硕士学位论文。
③ 徐晓松、徐东："我国《公司法》中信义义务的制度缺陷"，载《天津师范大学学报（哲学社会科学版）》2015年第1期。

司与信托在资本市场上的角色不同，法律规定的信义义务规则也有所不同，就注意义务来说，公司遵循商业判断规则而信托采用理性的谨慎人标准；就忠实义务来说，公司摒弃了信托采用的完全为受益人利益的规则。美国的判例法和制定法都确认，商业信托受托人适用公司董事的信义义务规则；加拿大和新加坡的商业信托立法，也依据公司法的信义义务来构建受托人的信义义务体系。[①]

随着大陆法系与英美法系公司法律制度的相互交融，特别是大陆法系引入信托制度后，信义关系法律在大陆法系的运用日益广泛。然而，大陆法系国家并未建立起有关信义关系的统一的、体系化的法律制度，实践中对信义关系也缺乏清晰的认识。[②]

近些年来，随着公司法律制度的不断完善，以公司董事的信义义务为起点，我国学者对信义义务的研究日渐深入，特别是《信托法》的颁布实施和信托制度的引入，对于深化和扩展信义关系和信义义务的研究发挥了积极的推动作用，不少学者分别就公司董事及控制股东、公司经营者、基金管理人、普通合伙人、证券投资咨询机构及银行等金融服务企业、P2P平台[③]等受信人的信义义务开展了比较深入的研究。

司法实践中，我国不少法院的一些判决已经明确了特定受信人（主要是公司董事）的信义义务，对于规范受信人（公司董事）的行为和诚信具有积极意义，但是，直接确认当事人之间存在信义关系的案件仍然鲜见，本案就是这样一个比较少见的案例。

本案被告戴某羽担任沈阳玻璃钢风机厂副厂长期间借用公司款项久不偿还，引起争议。二审法院确认戴某羽与沈阳玻璃钢风机厂之间处于一种信任关系（信义关系），戴某羽作为受信任者（受信人）对沈阳玻璃钢风机厂负有忠实义务，不得利用其地位使其职责和个人利益相冲突，对其违反信义义务所获的利益，沈阳玻璃钢厂享有返还请求权，该请求权性质上属物权，不受诉讼时效的规制。应当说，这是在相关法律规则不明确的情况下谨慎创新作出的判决，既有法理支持，也符合案情，比较公平，是值得赞赏的。

[①] 陈杰："商业信托制度研究"，西南政法大学2014年博士学位论文。
[②] 彭插三："信义法律关系的分析及适用"，载《湖南社会科学》2010年第3期。
[③] 苗青："引入信义关系构建P2P平台的义务"，载《甘肃金融》2015年第4期。

信义关系和信义义务法律是一个大课题，这里只作了概要说明，尚需进一步深入研究，更需要司法机关像本案二审法院那样，在适当的案件里大胆运用信义关系法律原理，明确受信人应当承担的信义义务，通过司法实践深化和完善我国的诚实信用制度，更好地解决现实生活中依靠普通合同法难以处理、需要通过信义关系和信义义务法律原理加以解决的问题。正如有法官指出的，二审法院处理上诉案件时应当发挥更大的能动性，不仅要在保持判决客观公正的基础上向民意靠拢，还要考虑案件带来的社会影响及对司法发展的影响[①]。

[①] 曹雅楠、冉志明："法官如何思考"，载《人民法院报》2015年9月11日第6版。

案例 58

石某斌等诉合肥市虹桥小学财产权属纠纷案

【案情】

石某斌、余某武的女儿石某燕原系合肥市虹桥小学学生。2004年12月16日，石某燕经合肥市第一人民医院诊断患有再生障碍性贫血而住院，四天时间花费5074.5元，实际支付3300元，尚欠1774.5元。根据石某燕的病情，医院预计石某燕的治疗所需医药费巨大，石某燕家庭不能承受。为此，石某燕所在班级率先发起募捐活动，继而合肥市虹桥小学向全校，合肥市庐阳区教育局团委、庐阳区少先队总队向局属各单位发起募捐活动，倡议大家"献出点滴爱心，共同呵护石某燕同学的生命之光"，当时因情况紧急，募捐时要求各单位将捐款直接送至合肥市虹桥小学。此后，多家媒体对此集中进行报道，引起社会关注。虹桥小学陆续收到各项捐款共计92354.1元；同时，石某斌、余某武也直接经手收取社会捐款7750元捐款。

2004年12月22日至2005年1月19日，石某燕在安徽医科大学第一附属医院住院28天，用去医药费47662元。石某斌向其所在单位报销医药费19230元，石某斌已领取9230元，余款1万元尚未领取。

2005年1月18日石某燕因病去世。1月31日，虹桥小学将其收取的社会捐款92354.1元扣除已支付给石某斌、余某武的36662.3元及募捐活动中支出的219元后的余款55472.8元，交至庐阳区教育局团委。

随后，石某斌、余某武与虹桥小学对剩余善款的数额和归属发生争议，经多次协商，最终未能达成一致意见。

2005年3月15日，石某斌、余某武向合肥市庐阳区人民法院提起诉讼，请求判令合肥市虹桥小学支付石某斌、余某武欠医院的医疗费、垫付的医疗费23130元、办理后世费用7000元；判令合肥市虹桥小学交付社会捐款的剩余款。

【审理与判决】

庐阳区人民法院认为：双方争议的焦点为捐赠余款55472.8元所有权归属。鉴于捐款人的捐款行为是为特定第三人石某燕的利益而进行，故捐款行为符合民法一般规则之民事法律行为可以附条件的赠与行为，这个条件就是所捐之款是给石某燕治病，而非他用。目前我国立法对此种捐款行为没有作出规定，这种情况下应首先依据民事一般规则和合同法有关赠与的相关规定及精神处理；虽然捐款行为不同于《公益事业捐赠法》规定的为不特定的公益事业捐赠的行为，但基于该捐款与公益事业捐赠存在诸多共性，故可以同时参照《公益事业捐赠法》第5条规定（即捐赠财产的使用应当尊重捐赠人的意愿，符合公益目的，不得将财产挪作他用）来确定该捐款余款的归属。整个捐款过程中被告只是代收代管人，石某燕去世后，捐款人捐款为石某燕治病的条件已不存在，其余款应用于相近的公益事业，若由其父母继承或挪作他用均违反捐款人意愿和伤害捐款人感情，故捐款余额55472.8元既不属于原告亦不属于被告所有，现该款的实际占有人应将其转给公益事业机构用于发展同样目的的公益事业。对原告提出的该款应首先支付尚欠的医疗费及垫付医疗费23130元、事后费用7000元的主张，因原告仅提供了欠合肥市第一人民医院1774.5元的证据，其他欠费无证据证实，且原告为女儿花费治疗是其应尽义务，垫付之说错误，应予纠正；再者，捐款也不宜用作事后费用及偿还他人欠款，否则将违背捐款人的意愿；原告在本单位尚有一万余元报销未领，有能力支付所欠1774.5元医疗费，故该主张不予支持。对原告提出余款中的一部分应用于满足石某燕看大海、拾贝壳心愿的主张，因石某燕去世后该行为其本人已不可能实施，他人也不能代替，其主张不予支持。对原告提出被告延误支付医疗费造成石某燕过早去世应赔偿损失及支付精神抚慰金的主张，因原告未能提供证据，该主张不予支持。原告对申请本院调取的被告为石某燕捐款设立的明细账目存有异议，因其未能提供相反的证据证明该账目有假，且在形式上怎样设立账目亦无明确规定，我院对该账目的真实性、合法性、关联性应予确认。对被告提出捐款时余额部分有约定交庐阳区教育局团委作为以后爱心基金的辩护意见，鉴于庐阳区教育局团委、少先总队亦是倡议人之一，捐款时并未成立专门爱心机构，原告否定有理，故该辩护意见不予采信；又鉴于被告及合肥市庐阳区教育局团委、少先总队均为捐款活动的发起和倡议人，故对捐款只享有管理权和依石某燕病情承担支付捐款的义务，现被告将余款交于庐阳区教育局团委，后者对该款仍属管理行为，不享有所有权。

据此，依照《民法通则》第 62 条、《合同法》第 185 条、《公益事业捐赠法》第 5 条的规定，判决：驳回原告石某斌、余某武的诉讼请求。

石某斌、余某武向合肥市中级人民法院提起上诉称：捐款人捐款给石某燕的目的包括给石某燕看病以及满足其看大海、拾贝壳的心愿，石某燕去世后，其法定监护人可以代其完成心愿，原审法院以本人不能实施、他人不能代替为由不予支持是错误的。合肥市虹桥小学收到捐款后既不及时主动将捐款交石某燕一家，又不告知捐款数额，侵犯了原告的知情权，造成石某燕未能及时转院，延误了石某燕获得更好治疗的机会，应当承担侵权责任。石某燕系未成年人，捐款人捐款之时，其法定监护人有权代为处置。此外，原审适用简易程序违反法定程序，适用《公益事业捐赠法》不当。请求二审法院判决捐赠款归石某斌、余某武所有，扣除医院欠款及代石某燕看大海、拾贝壳等费用，余款以石某燕名义捐给慈善机构。

合肥市虹桥小学辩称：庐阳区教育局团委、庐阳区少先队总队的募捐通知中只有为石某燕看病一个目的，不包括满足看大海的心愿。看大海、拾贝壳是石某燕生前愿望，死后不能完成，他人无从代替，原审法院据此作出的判决正确，应予维持。捐款是逐步形成的最后数额，本校对此并未隐瞒，也未拒绝支付石某燕发生的医药费。石某斌、余某武请求判决善款归其所有，由其捐给慈善机构，但本案捐款行为系附条件赠与行为，条件不成就不能形成所有权的转移，石某斌、余某武对善款不享有所有权，其诉讼请求本身即是矛盾的：如果善款归其所有，法院无法责令其将善款捐出；如果善款不归其所有，善款无须经其手捐出。原审认定事实、适用法律均正确，并不违反法定程序。请求二审法院驳回上诉，维持原判。

合肥市中级人民法院审理认为，我国尚无完善的慈善捐赠法律规定，本案应根据现有法律原则、精神和规定对当事人的诉讼请求进行评判和认定。募捐活动中，众多捐赠者的捐赠行为系附义务赠与行为，即附有医治石某燕这一义务，受赠人接受赠与的权利以履行这一义务为前提。现石某燕已去世，医治石某燕这一义务已无法履行，受赠人即无法享有接受赠与的权利。众多捐赠者将善款交至合肥市虹桥小学，即与合肥市虹桥小学形成了事实上的委托代理关系，善款在委托人与代理人之间流转并不发生所有权的转移。石某斌、余某武对争议善款不享有权利，他们要求将善款判归其所有的上诉请求不能成立。石某斌、余某武认为捐赠人捐赠除为了医治石某燕外，还包括满足石某燕看大海、拾贝壳的心愿。石某燕看大海、拾贝壳这一美好心愿经媒体公之于众后，的确触动善良人们尽力救治这位可爱的孩子，但在医药费与预测相比尚有较大缺口、石某燕生命危在旦夕之时，看大海、拾贝壳不会成为众多捐赠人所附义务的内容。无论合肥市虹桥小学、庐阳区教育局团的倡议书、通知，还是媒体报道均未将此作为募捐事项。且看大海、拾贝壳的主体石某燕已经去世，石某斌、余某武主张代石某燕看大海、拾贝壳及将石某燕骨灰撒向大海等系为人父母寄托情感与哀思之举，已超出捐赠人合理的意愿范围，石某斌、余某武这一上诉请求不能成立，不应支持。石某斌、余某武上诉称合肥市虹桥小学隐匿善款导致石某燕丧失接受更好治疗的机会应当赔偿相应损失，但石某燕去世时在其就诊的医院未拖欠医药费，石某斌、余某武这一主张没有证据予以证实，亦不应予以支持。原审法院认定事实清楚，判决并无不当。附义务赠与是对赠与附加一定的条件，但不同于附条件的赠与，原审法院适用法律不够完备、准确，应予补正。

据此，判决：驳回上诉，维持原判。

本案结案后，二审法院向合肥市庐阳区教育局团委出具了司法建议函，建议将捐赠余款55472.8元转交慈善组织或公益事业机构，用于发展相同目的的公益事业。

【评析】

本案是社会公众捐款救治特定危重病人而引发剩余捐款权属争议的一个典型案例。近些年来，这类案件屡见不鲜，新闻媒体时有报道，社会影响较大。

随着人民收入水平和生活水平不断提高，社会公众参与公益事业的热情不断增强，为了救助特殊困难人士自愿奉献爱心的社会风尚发扬光大，媒体上经常出现素不相识的公众为了救助某个病人而热心捐款的报道，不时出现一方有难、八方支持的善举，让特殊困难人士感受到社会的温暖，体现了中华民族扶危济困的传统美德。

但是，由于法律规定不够完善，法律规则不够明确，有些情况下，社会捐款的目的已经实现或者已经无法实现了，但捐献的款项还有剩余，有关方面针对剩余捐款的归属产生争议，甚至诉至法院，结果把一场社会公众无私奉献爱心的善举，演变成相关人士争抢剩余捐款的闹剧。

本案这样通过社会募捐救治特定病人的现象不时出现，既体现了社会公众奉献爱心的热情，也反映了我国慈善事业发展的不足。在英美等慈善活动比较发达的国家，除了一般性慈善组织，还成立了各种各样专门救治特定类型病人的慈善组织，即类似于国内的嫣然天使基金主要救治唇腭裂儿童的慈善组织，这些慈善组织会专门救助特定类型的病人，因为法律规定，这类慈善组织必须在一定时间内将一定比例的慈善资金用于实现慈善目的（有的国家甚至规定，当年必须将募集的慈善捐款的大部分用于慈善目的），而不能将慈善资金积累起来或者存放不用，因此，特定类型的病人通常首先会获得这些基金的资助。我国现有慈善组织的慈善目的通常都比较宽泛，救助对象的指向不十分明确，加上慈善组织开展慈善活动缺乏足够的透明度和社会监督，社会公众捐款后对于慈善资金的用处和使用效果缺乏直观感受，所以，不少人更愿意捐款救助特定的病人或困难人士，因为救助的对象和救助的结果都比较明确。但是，由于法律不够完善，相关的法律规定缺乏现实的针对性，这类公众募捐活动很容易引起争议。

本案就是因为公众捐款救治患有重病的石某燕而引发的。社会公众捐款后，最终石某燕因病情危重难以救治而去世，公众的捐款还有剩余，负责接收捐款的学校与石某燕的父母就剩余款项的用途和归属产生争议，因协商未果而诉至法院。法院主要根据公众捐款的目的，按照现有法律原则、精神，判决驳回了石某燕的父母要求取得剩余捐款的请求，应当说是正确的、公平的。毕竟，将社会捐赠的剩余划给受赠人或其继承人，不仅违背捐赠人的意愿，也有违公平正义原则和社会捐赠不应谋求私利之公序良俗，有悖于法律价值的实现。[①] 并且，二审法院在本案审结后发出司法建议函，建议石某燕生前所在学校将剩余捐款转交慈善组织和公益事业机构，用于发展相同的慈善事业，也是符合相关法律精神的。

本案在一定程度上反映出我国立法特别是慈善立法方面的不足。依普通人的观点，本案是为了救助危难病人而向社会公众募捐的，应当属于公益性募捐。事实上，我国对于社会捐款开展慈善活动已经制定了相关的法律，如《合同法》、《公益事业捐赠法》、《信托法》等，但是，由于立法的不足，像本

---

① 唐春杨、杨洁："社会捐赠剩余的法律分析"，载《广西政法管理干部学院学报》2011年第6期。

案这样的纠纷实际上很难适用这些法律。慈善捐赠作为一种特殊的民事行为，既不能直接适用赠与合同的有关规定，又不能单独适用《公益事业捐赠法》、《信托法》或者《合同法》来调整。[①] 加上现行有关法律法规的原则性规定过多，缺乏可操作性，例如《公益事业捐赠法》只有32条，实质性条文不多，而且内容都相当简单概括。[②] 现行有关法律对捐赠人权利义务的规范不够全面、有欠完善，由此造成有法难依的尴尬状况。

按照《公益事业捐赠法》第10条的规定，只有公益性社会团体和公益性非营利事业单位可以接受公益捐赠。本案接收捐赠的是患病学生石某燕所在学校，并非该法规定的公益组织，因而难以适用该法的相关规定；而且，由于该法规定接受捐赠的是公益性社团和非营利事业机构，它们不存在剩余捐款的归属问题，所以，即使适用该法，本案也难以依法确定剩余捐款的归属。

按照《信托法》第72条的规定，公益信托终止后，剩余信托财产的权利归属人是不特定社会公众的，经公益事业管理机构批准，受托人应当将剩余信托财产用于与原公益目的相近似的目的，或者将剩余信托财产转移给具有近似目的的公益组织或者其他公益信托。这一规定体现的是各国普遍承认的公益信托的近似原则。如果本案的公众募捐可以认定为公益信托，依据上述规定，本案的判决简单而明确，就是将剩余的捐款用于近似的公益目的（比如，救治类似病人）或者转交给近似目的的公益组织或其他公益信托。

但是，按照《信托法》的规定，设立公益信托应当采取书面形式，而且，公益信托的受益人应当是不特定的社会公众而不能是特定的个人；设立公益信托还应当设立信托监察人，并且必须经过公益事业主管机关批准。像本案这样的社会募捐行为与这些规定明显不符。[③] 因此，本案的社会募捐不能成立一项公益信托，因此也不能适用《信托法》的有关规定。最终，二审法院只能在案件审结后提出类似信托法规定的司法建议。

在更广泛的意义上说，某些立法的形式主义和脱离实际，在一定程度上可能也是当前法律实施效果不够理想的原因之一，因为某些法律的现实针对性不强，法律条文的规定又比较原则、抽象，结果，表面看来似乎都有法律

---

① 朱文文："慈善捐赠人权利保障的调查报告"，载《广西政法管理干部学院学报》2013年第1期。
② 李文红："社会募捐法律问题研究"，山东大学2012年硕士学位论文。
③ 李文红："社会募捐法律问题研究"，山东大学2012年硕士学位论文。

规定，但实际运用（包括法院审理案件）时又找不到具体的法律依据，导致有法难依或者有法可依，难以执行。

为了解决各种慈善活动无明确法律可依的问题，有关方面加快推进慈善立法，慈善法草案即将提请 2016 年 3 月召开的十二届全国人大第四次会议审议，期望这部法律法能够从法律上解决本案这样的社会募捐无法可依的问题。

附录：信托纠纷涉及的主要法律文件

1.《中华人民共和国民法通则》

1986年4月12日第六届全国人民代表大会第四次会议通过，1987年1月1日起施行；根据2009年第十一届全国人民代表大会常务委员会第十次会议《关于修改部分法律的决定》修正

2.《中华人民共和国民事诉讼法》

1991年4月9日第七届全国人民代表大会第四次会议通过，1991年4月9日起施行；根据2007年10月28日第十届全国人民代表大会常务委员会《关于修改〈中华人民共和国民事诉讼法〉的决定》第一次修正；根据2012年8月31日第十一届全国人民代表大会常务委员会第二十八次会议《关于修改〈中华人民共和国民事诉讼法〉的决定》第二次修正

3.《中华人民共和国合同法》

1999年3月15日第九届全国人民代表大会第二次会议通过，1999年10月1日起施行

4.《最高人民法院关于适用〈中华人民共和国合同法〉若干问题的解释（一）》

1999年12月1日最高人民法院审判委员会第1090次会议通过，1999年12月29日起施行

5.《中华人民共和国信托法》

2001年4月28日第九届全国人民代表大会常务委员会第二十一次会议通过，2001年10月1日起施行

6.《信托公司管理办法》

中国银行业监督管理委员会2007年1月23日颁布，2007年3月1日实施

7.《信托公司集合资金信托计划管理办法》

中国银行业监督管理委员会 2007 年 1 月 23 日颁布，2007 年 3 月 1 日实施 根据2008年12月17日中国银行业监督管理委员会第78次主席会议《关于修改〈信托公司集合资金信托计划管理办法〉的决定》修订 2009 年 2 月 4 日发布

8.《信托公司净资本管理办法》

中国银行业监督管理委员会 2010 年 8 月 24 日颁布，2010 年 8 月 24 日实施

9.《中国银监会信托公司行政许可事项实施办法》

中国银行业监督管理委员会 2015 年 6 月 5 日颁布，2015 年 6 月 5 日实施

图书在版编目（CIP）数据

信托法案例评析/何宝玉著.—北京：中国法制出版社，2016.1（2022.12重印）
ISBN 978-7-5093-7144-2

Ⅰ.①信… Ⅱ.①何… Ⅲ.①信托法—案例—中国 Ⅳ.①D922.282.5

中国版本图书馆CIP数据核字（2016）第015698号

策划编辑：赵　宏（health-happy@163.com）
责任编辑：黄会丽　　　　　　　　　　　　　　　　　　封面设计：蒋怡

信托法案例评析
XINTUOFA ANLI PINGXI

著者/何宝玉
经销/新华书店
印刷/北京虎彩文化传播有限公司
开本/730毫米×1030毫米　16　　　　　　　　　　印张/26.5　字数/434千
版次/2016年3月第1版　　　　　　　　　　　　　2022年12月第2次印刷

中国法制出版社出版
书号 ISBN 978-7-5093-7144-2　　　　　　　　　　　　　　　　　定价：69.00元

　　　　　　　　　　　　　　　　　　　　　　　　　　　值班电话：010-66026508
北京西单横二条2号　邮政编码100031　　　　　　　　　传　真：010-66031119
网址：http://www.zgfzs.com　　　　　　　　　　　　编辑部电话：010-66070084
市场营销部电话：010-66033393　　　　　　　　　　　邮购部电话：010-66033288
（如有印装质量问题，请与本社编务印务管理部联系调换。电话：010-66032926）